"十二五"普通高等教育本科国家级规划教材
面向 21 世纪课程教材
本教材第六版曾获首届全国教材建设奖全国优秀教材二等奖

企业管理概论

（第七版）

主　编　尤建新　邵鲁宁
副主编　卢　超　单蒙蒙

中国教育出版传媒集团
高等教育出版社·北京

内容简介

本书是"十二五"普通高等教育本科国家级规划教材、面向 21 世纪课程教材，是修订的第七版。

本书在第六版的基础上，更加关注党的二十大以来我国市场经济不断改革完善的过程和企业的发展进步，紧扣新发展理念，与时俱进更新了相关的内容。新版沿用第六版的结构，分为导论、组织与战略、资源管理、产品运作、创业与创新五篇十六章进行全面、系统的阐述，更新了章节的数据、法律法规、行业标准和案例分析等内容，同时提供更多数字化资源，反映了企业管理领域许多新的进展，力求给读者呈现企业管理理论与实践的全貌，更好地支持学生在知识与能力两个方面得到提高。

本书内容全面、体系清晰，适用于高等学校非管理类专业学生学习，也可以作为管理类专业的基础课程用书。

图书在版编目（CIP）数据

企业管理概论 / 尤建新，邵鲁宁主编 ；卢超，单蒙蒙副主编. -- 7版. -- 北京 ：高等教育出版社，2025.9. -- ISBN 978-7-04-064691-7

Ⅰ. F272

中国国家版本馆CIP数据核字第2025MS5213号

QIYE GUANLI GAILUN

策划编辑	韦寅蕾	责任编辑	韦寅蕾	封面设计	李沛蓉	版式设计 童 丹
责任绘图	邓 超	责任校对	张 然	责任印制	张益豪	

出版发行	高等教育出版社	网 址	http://www.hep.edu.cn
社 址	北京市西城区德外大街 4 号		http://www.hep.com.cn
邮政编码	100120	网上订购	http://www.hepmall.com.cn
印 刷	北京中科印刷有限公司		http://www.hepmall.com
开 本	787mm×1092mm 1/16		http://www.hepmall.cn
印 张	21.75	版 次	1998 年 5 月第 1 版
字 数	530 千字		2025 年 9 月第 7 版
购书热线	010-58581118	印 次	2025 年 9 月第 1 次印刷
咨询电话	400-810-0598	定 价	53.00 元

第七版前言

站在人类文明演进的历史坐标系上审视，当今世界正经历着自工业革命以来最为深刻的系统性变革。新一轮科技革命与产业变革重构全球创新版图，地缘政治格局加速演变催生国际秩序新范式，气候变化与公共卫生危机叠加考验人类文明韧性，人类社会进入大发展大变革大调整的关键期。置身于这样的时代洪流，中国这艘巨轮正以党的二十大擘画的宏伟蓝图为航标，全面开启以中国式现代化推进中华民族伟大复兴的征程。

百年未有之大变局下，中国企业既面临着全球产业链重构带来的挑战，也迎来了数字经济革命创造的机遇。全球企业数字化转型提速以及数字经济规模迅猛增长，所呈现的这种指数级变革，对当代企业战略思维、组织架构、运营模式提出了革命性要求。在此背景下，管理知识的迭代更新已不再是锦上添花的选项，而是关乎企业生存发展的必修课题。

本书自1998年首版问世以来，历经六次修订再版，获得使用院校的广泛好评，形成了独特的理论前瞻性、实践指导性、教学适应性"三位一体"特色，连续入选"十一五""十二五"国家级规划教材，并于2021年获得了首届全国教材建设奖（全国优秀教材二等奖）。

面对从VUCA到BANI的时代特征① 演变和随之而来的挑战，以及企业管理范式的深刻变革，我们对本书的内容进行了更新，持续推进国家级规划教材的建设。第七版内容保持第六版的五篇十六章的布局，第一篇导论，包括企业、管理与管理的基本职能以及企业管理；第二篇组织与战略，包括企业组织结构、企业战略管理和企业管理体系；第三篇资源管理，包括企业人力资源开发与管理、公司理财、企业设施与工作环境、信息管理与信息系统；第四篇产品运作，包括市场研究与市场营销、生产运作管理、质量管理、企业物流与供应链管理；第五篇创业与创新，包括创业与创立期企业管理、企业创新与创新管理。本次修订内容着重强化了三大维度：其一，系统融入新时代新发展格局下的供应链重构与组织发展；其二，深度剖析人工智能技术集群（涵盖ChatGPT、DeepSeek、工业元宇宙、数字孪生等）对传统管理理论的颠覆性影响；其三，聚焦ESG（环境、社会、治理）可持续发展和社会责任等理念。为读者进一步学习和加深理解提供指导和帮助。

本书第七版继续由第六版的修订者进行修订。由尤建新（同济大学）拟定修订大纲，在第六版内容的基础上对全书制定了修订规划，并与邵鲁宁（同济大学）、卢超（上海大学）、单蒙蒙（复旦大学）等共同对全书进行了梳理和更新，最后由尤建新、邵鲁宁对全书进行统稿。

---

① VUCA指不稳定、不确定、复杂和模糊。BANI指脆弱、焦虑、非线性和难以理解。

本书的第一版和第二版都是由黄渝祥（同济大学）任主编，尤建新、蒋景楠（华东理工大学）、杨思远（上海大学）任副主编。为了培养中青年学者，从第三版起，在黄渝祥的鼎力举荐下，主要由中青年学者参与修订，并由尤建新担任主编。在此，我们衷心感谢从第一版开始至今为本书不断更新作出重要贡献的黄渝祥、蒋景楠、杨思远、彭正龙（同济大学）、叶明海（同济大学）、刘杰（复旦大学）、霍佳震（同济大学）、陈德棉（同济大学）、范体军（华东理工大学）、雷星晖（同济大学）、赵红（中国科学院大学）、蔡三发（同济大学）、陈守明（同济大学）、杜学美（同济大学）、杨洋（同济大学）、苏涛永（同济大学）等学者！

在本书的编写和修订过程中，我们自始至终得到了高等教育出版社的大力支持和帮助，也得到许多兄弟院校的热情关照和指点，在此一并表示衷心的感谢。

尤建新

2025 年 2 月 20 日于同济园

第六版前言

放眼世界，我们面对的是百年未有之大变局。立足中国，党的二十大胜利召开，擘画了全面建设社会主义现代化国家、以中国式现代化全面推进中华民族伟大复兴的宏伟蓝图，开启了中国特色社会主义新时代新征程的崭新篇章。快速变化的世界和蓬勃发展的中国，给国内企业高质量提出了众多新挑战新要求。

本书自1998年第一版出版后，至今已经过去二十多年。本书不仅获得了各使用学校的广泛好评，还获得了上海市高校优秀教材一等奖、全国普通高等学校优秀教材二等奖和首届全国优秀教材二等奖等荣誉。在第四、五版的更新过程中，本书被分别列为"十一五""十二五"国家级规划教材。2020年伊始爆发的新冠疫情在全球大部分地区流行，极大冲击了全球经济社会发展，一些企业发展和管理的新理念新模式新路径成为新主流。我们必须坚持解放思想、实事求是、与时俱进、求真务实，一切从实际出发，着眼解决新时代改革开放和社会主义现代化建设的实际问题，不断回答中国之问、世界之问、人民之问、时代之问，因而很多新的内容有必要在教材中得到体现。据此，本书的作者们在出版社的支持下对第五版的内容进行了更新，持续推进"十二五"国家级规划教材的建设。

本书内容保持第五版的五篇布局，第一篇导论，介绍企业的概念、管理的基本职能，并对企业管理进行概述；第二篇组织与战略，包括企业组织结构、企业战略管理和企业管理体系；第三篇资源管理，包括企业人力资源开发与管理、公司理财、企业设施与工作环境、信息管理与信息系统；第四篇产品运作，包括市场研究与市场营销、生产运作管理、质量管理、企业物流与供应链管理；第五篇创业与创新，包括创业与创立期企业管理、企业创新与创新管理等。全书共十六章，每章之后均附有相关内容的案例讨论以及进一步阅读的文献和研讨题，为读者进一步学习和加深理解提供指导和帮助。

本书第六版继续由第五版的修订者进行修订。由尤建新（同济大学）拟订修订大纲，并在第五版内容的基础上对全书制定了修订规划，邵鲁宁（同济大学）、卢超（上海大学）、单蒙蒙（复旦大学）等青年学者对全书的所有案例进行了梳理和更新，最后由尤建新、邵鲁宁对全书进行统稿。

本书的第一版和第二版都是由黄渝祥（同济大学）任主编，尤建新、蒋景楠（华东理工大学）、杨思远（上海大学）任副主编。为了培养中青年学者，从第三版起，在黄渝祥教授的鼎力举荐下，主要由中青年学者参与编写和修订，并由尤建新担任主编。在此，我们衷心感谢从第一版开始至今为本书不断更新作出重要贡献的黄渝祥、蒋景楠、杨思远、彭正龙（同济大学）、叶明海（同济大学）、刘杰（复旦大学）、霍佳震（同济大学）、陈德棉（同济大学）、范体军（华东理工大学）、雷星晖（同济大学）、赵红（中国科学院大学）、蔡三发（同济大学）、陈守明（同济大学）、杜学美（同济大学）、杨洋（同济大学）、苏涛永（同济大学）等教授和青年学者们！

在本书的编写和修订过程中，我们自始至终得到了高等教育出版社的大力支持和帮助，也得到许多兄弟院校的热情关照和指点，在此一并表示衷心的感谢。

尤建新

2018 年 2 月 18 日于同济园

（2023 年 11 月修订）

第三版前言

本书第一版自1998年出版后，作为面向21世纪课程教材得到了广泛使用，读者普遍反映本书内容全面、体系清楚，且不乏管理学的新进展。在第二版编著过程中，本书还被列为上海市普通高校"九五"重点教材并得到了世界银行贷款的资助。由于受到各使用学校的广泛好评，本书被评为同济大学优秀教材一等奖、上海市高校优秀教材一等奖和全国普通高等学校优秀教材二等奖。最近几年以来，随着社会主义市场经济体制的逐步健全，企业管理在理论和实践上都有了很大的发展，又有很多新的内容有必要在教材中加以体现。据此，编者们经过一年多的努力完成了第三版书稿。本书对第二版的内容作了较大幅度的修改和补充，但仍然保持了第二版的风格和形式。本书内容分为五篇，第一篇主要包括企业的概念、管理的概念和管理基本职能以及企业管理概述；第二篇主要陈述企业的组织结构、战略管理和管理体系；第三篇从资源管理的角度介绍了企业人力资源管理、财务管理、设施管理和信息管理；第四篇介绍了企业运作管理，包括企业市场营销、生产运作、质量和物流与供应链管理；第五篇阐述企业变革和发展，包括企业环境、创业管理和创新管理等。全书共五篇十七章，每章之后均附有进一步阅读的书目、思考练习题和参考文献，为读者进一步学习和加深理解提供指导和帮助。

本书由尤建新拟定大纲，各章编写人员如下：第一、三、十五和十七章蒋景楠（华东理工大学），第二和十三章尤建新（同济大学），第四章陈守明（同济大学），第五章赵红（中国科学院研究生院），第六和第九章杜学美（同济大学），第七章彭正龙（同济大学），第八章雷星晖（同济大学），第十章刘杰（同济大学），第十一章叶明海（同济大学），第十二章范体军（华东理工大学），第十四章霍佳震（同济大学），第十六章陈德棉（同济大学）。全书由尤建新担任主编，蒋景楠、雷星晖和杜学美担任副主编。

本书的第一版和第二版都是由我任主编，尤建新、蒋景楠、杨思远任副主编。为了培养青年学者，此次第三版主要由青年学者编写，并由尤建新担任主编。这些青年学者都是博士毕业，有比较扎实的理论基础，目前已经从事了较长时间的高等教育工作，积累了比较丰富的科研和教学经验。今天，我欣喜地看到年轻的一代终于成长起来了。承上启下是我们这一代人的任务，在今后的道路上，青年学者需要不断地学习，秉承前辈的优良传统，同时我也希望年长的学者们能够继续给予青年学者较多的帮助和支持。只有他们得到更大的发展，我们才能感到无比欣慰。因此，也恳切希望使用本教材的师生们提出批评和改进意见。

本书的编写得到了高等教育出版社有关人员的帮助，同济大学李奚也帮助做了大量的文字整理工作，在此一并表示感谢。

黄渝祥

2005年11月15日于同济园

第一版前言

本书是根据国家教委管理类专业教学指导委员会公共课教学指导小组于 1996 年拟定的《企业管理概论》教材编写大纲组织编写的。本书主要作为高等院校非经济管理类专业选修企业管理课程的教材。此外，还可供有关科研、工程技术人员参考。

本书的编写充分注意到我国从计划经济体制向社会主义市场经济体制过渡的现实，也注意到管理学的新进展，充分考虑非经济管理类专业大学生的基础和需要，为他们拓宽知识面提供素材，力求做到深入浅出。本书内容可大致地划分为三大块，第一块包括企业概念和组织、管理的概念和管理思想以及企业管理环境；第二块主要提供企业在社会主义市场经济条件下的经营管理基础知识；第三块着重介绍企业内部的专业管理知识。全书共三篇十一章，每章之后均附有进一步阅读的书目、思考练习题和参考文献，为阅读者进一步学习和加深理解提供指导和帮助。

本书的编写执笔人如下：第一、三章蒋景楠（华东理工大学），第二章张红（华南理工大学），第四章黄渝祥（同济大学），第五章叶明海（同济大学），第六章黄渝祥、黄杰（同济大学），第七章杨思远（上海大学），第八章尤建新（同济大学），第九章彭正龙（上海大学），第十章卫民堂（西安交通大学），第十一章刘杰（同济大学）。全书由黄渝祥担任主编，尤建新、蒋景楠、杨思远任副主编；华南理工大学许统邦和东北大学杨锡怀担任本书的主审。

本书的编写得到了高等教育出版社付英宝、陈薇的帮助，同济大学经济管理学院陶英杰、姜波也参与了部分文字整理工作，在此一并表示谢忱。

由于编写人员水平有限，书中缺点错误在所难免，恳切希望使用本教材的师生提出批评和改进意见。

编著者
1997 年 9 月

目　录

第一篇　导　论

第二篇　组织与战略

第四篇　产品运作

第五篇　创业与创新

第一篇

导　　论

第一章
企　业

　　学习企业管理知识，必须从认识企业开始。企业一般是指从事生产、经营或服务等活动，为满足社会需求自主经营、自负盈亏、承担风险、实行独立核算，具有法人资格的基本经济单位。企业是国民经济的细胞，是最重要的市场主体。

　　随着市场经济的不断发展和经济社会的不断进步，人们对于企业的认识有所提升，更多人的观点认为，企业的首要任务是为社会提供服务，承担其社会责任，企业满足了社会需求，也就能获得回报、赢得利润，从而获得生存和发展。基于社会责任的观点并且在企业实践的影响下，人们对于企业有了进一步的认识。特别是 2009 年年底至 2010 年年初的日本汽车"召回门"事件以及 2021 年康美药业财务造假事件等，让人们对企业有了更深刻的认识，盲目追求利润而不顾消费者和社会的利益将成为企业发展的障碍，盲目追求市场追捧而借社会责任掩盖其造假行为也将成为企业发展的阻碍。因此，企业要把为社会提供有益的服务、以此为社会增添财富并助力市场经济发展作为自己的宗旨。2020 年 7 月 21 日，习近平在企业家座谈会上强调："企业家要带领企业战胜当前的困难，走向更辉煌的未来，就要在爱国、创新、诚信、社会责任和国际视野等方面不断提升自己，努力成为新时代构建新发展格局、建设现代化经济体系、推动高质量发展的生力军。"

第一节　企业的发展 ▧▮▮▮

　　企业起源于社会需求和分工，是社会生产力发展的产物，并伴随商品生产与商品交换而不断丰富、发展。最早的企业雏形，是手工作坊或类似的家族组织，源于社会需求的发展和专业化分工。这些原始的经济体逐步形成一定的生产规模并拥有一定数量的劳动者，同时也开始了商品交换。到资本主义社会，随着社会生产力水平的提高和商品生产的发展，社会的基本经济单位发生了根本变化，产生了现代意义上的企业。经过工业革命后近两百年的风风雨雨，跨入了 21 世纪，虽然企业的形式千变万化，其组织和运作等变得越来越复杂，但是，学习企业管理知识必须从本源上认识企业，这样，学习才不会迷失方向。即使在商业模式不断变化创新的今天，企业仍然是建立在需求和分工的发展之上，万变不离其宗。

　　进入 21 世纪，学习企业管理更强调要从企业的发展变化上认识管理理论和企业实践。企业既是社会生产力发展到一定历史阶段的产物，又是一个动态变化的经济单位，它随着人类社会的进步、生产力的发展、科学技术水平的提高而不断地发展、进步。读懂企业和其发展环境，才能认识企业管理的理论与实践表现。无论是美国的福特、沃尔玛、微软、苹果、特斯拉，日本的丰田、索尼，还是中国的华为、腾讯、海尔、上汽集团、京东、比亚迪，企业个性和发展的跌宕起伏都给予人们许多思考。借助课堂和课本外的文献资料，或许只能了解企业的表面，而深入企业的实践，有助于更好地、全方位地读懂企业的行为、发展现状和趋势。学习企业管理更应注重企业实践，并以宏观视野全方位认识企业的所作所为以及发展历程。这种全方位，兼具全球视野所要求的宽度以及历史的深度。纵观企业的发展历史，其大致经历了以下几个时期。

一、手工业生产时期

手工业生产时期主要是指从封建社会的家庭手工业到资本主义初期的工场手工业时期。此时生产者都属具有一技之长的专业劳动者。16 世纪到 17 世纪，西方一些国家由封建制度向资本主义制度转变，主要表现在资本主义原始积累加快，开始不断向海外殖民扩张，大规模地侵占农民土地，使家庭手工业急剧瓦解，向资本主义工场手工业过渡。工场手工业呈现出规模大、产业结构明确和细化、采用机器和专业化分工等特征，已经具有企业的影子。

二、工厂生产时期

在 18 世纪，随着西方各国相继进入工业革命时期，工场手工业逐步发展到建立工厂制度。到 19 世纪，工厂制度在采掘、煤炭、机器制造、运输、冶金等行业的相继建立，是工场手工业发展的质的飞跃，它标志着企业的真正形成。作为真正意义上的企业到这时才诞生。

三、企业运作时期

19 世纪末 20 世纪初，从工厂生产时期过渡到企业运作时期，确立和形成了现代企业制度。这个阶段不仅仅体现为生产规模空前扩大、新技术和新设备迅速发展，更重要的是企业建立了一系列科学管理制度，并产生了一系列科学管理的理论。

从宏观角度看，政府的宏观管理和市场规制也更加完善，促进了现代企业制度的进步。从微观角度看，企业内部逐步形成了一支专门的职业经理人队伍，出现了所有权与管理权分离；并且随着互联网的发展，企业的组织形态也发生了千变万化，促进了企业管理理论和实践的迅猛发展。

在众多制约和推动企业发展的因素中，科学技术的发展影响是最根本的。每次技术革命后，必然伴随一场空前规模的产业结构调整，一大批适应社会经济发展需要的全新企业迅速崛起，开拓出一系列新的商业模式、市场和生产领域，构成新的经济发展热点。21 世纪，互联网企业和平台企业的蓬勃发展、数字经济的崛起都印证了这一论点。

第二节 企业的组织形式

在市场经济条件下，企业是法律上和经济上独立自主的实体，它拥有一定组织形式下自主经营和发展所必需的各种权利。因此，无论是新建企业，还是老企业改制，都会面临企业的组织形式选择问题。法律规定的企业组织形式有多种，常见的有独资企业、合伙企业、公司等。不同的组织形式有不同的特点和适用范围，企业可以根据自身的经营规模、业务特点和发展需要选择合适的组织形式，一般以公司为基本形式，广义上讲独资企业和合伙企业是小型企业的组织形式。

根据《中华人民共和国公司法》（简称《公司法》，2023 年修订），公司主要有两种形式：有限责任公司和股份有限公司。有限责任公司的股东以其认缴的出资额为限对公司承担责任；股份有限公司的股东以其认购的股份为限对公司承担责任。

一、有限责任公司

有限责任公司（limited liability company，LLC）是指全部资本不区分为等额股份，股权转让通常受法律或章程限制，股东承担有限责任，公司以其全部资产对公司债务承担责任的公司。《公司法》规定，有限责任公司由 1 个以上 50 个以下股东出资设立。有限责任公司的注册资本为在公司登记机关登记的全体股东认缴的出资额。全体股东认缴的出资额由股东按照公司章程的规定自公司成立之日起 5 年内缴足。法律、行政法规以及国务院决定对有限责任公司注册资本实缴、注册资本最低限额、股东出资期限另有规定的，从其规定。股东可以用货币出资，也可以用实物、知识产权、土地使用权、股权、债权等可以用货币估价并可以依法转让的非货币财产作价出资；但是，法律、行政法规规定不得作为出资的财产除外。对作为出资的非货币财产应当评估作价，核实财产，不得高估或者低估作价。

有限责任公司股东会由全体股东组成。股东会是公司的权力机构，依照行使职权。只有 1 个股东的有限责任公司不设股东会。股东会作出决议，应当经代表过半数表决权的股东通过。股东会作出修改公司章程、增加或者减少注册资本的决议，以及公司合并、分立、解散或者变更公司形式的决议，应当经代表 2/3 以上表决权的股东通过。普通决议要求的表决权数通常是半数以上或过半数。有限责任公司设董事会，股东人数较少或者规模较小的有限责任公司，可以设 1 名执行董事，不设董事会。执行董事可以兼任公司经理。有限责任公司设监事会，其成员不得少于 3 人。股东人数较少或者规模较小的有限责任公司，可以设 1 至 2 名监事，不设监事会。监事会应当包括股东代表和适当比例的公司职工代表，其中职工代表的比例不得低于1/3，具体比例由公司章程规定。

二、股份有限公司

股份有限公司（limited company，Ltd），是指全部资本分成等额股份，股东承担有限责任，公司以其全部资产对公司债务承担责任的公司。股份有限公司的设立有两种形式：发起设立和募集设立。发起设立，是指由发起人认购公司应发行的全部股份而设立公司。募集设立，是指由发起人认购公司应发行股份的一部分，其余股份向社会公开募集或者向特定对象募集而设立公司。设立股份有限公司，应当有 1 人以上 200 人以下为发起人，其中须有半数以上的发起人在中国境内有住所。

股份有限公司采取发起设立方式设立的，注册资本为在公司登记机关登记的全体发起人认购的股本总额。在发起人认购的股份缴足前，不得向他人募集股份。发起人应当书面认足公司章程规定其认购的股份，并按照公司章程规定缴纳出资额。以非货币财产出资的，应当依法办理其财产权的转移手续。发起人不依照前款规定缴纳出资的，应当按照发起人协议承担违约责任。发起人认足公司章程规定的出资后，应当选举董事会和监事会，由董事会向公司登记机关报送公司章程以及法律、行政法规规定的其他文件，申请设立登记。

股份有限公司采取募集设立方式设立的，注册资本为在公司登记机关登记的实收股本总额。发起人认购的股份不得少于公司股份总数的 35%，但是，法律、行政法规另有规定的，从其规定。发起人向社会公开募集股份，必须公告招股说明书，并制作认股书，由认股人填写认购股数、金额、住所，并签名、盖章。认股人按照所认购股数缴纳股款，并且由依法设立的证券公司承销，签订承销协议，同银行签订代收股款协议。以募集方式设立股份有限公司公开发行股票的，还应当向公司登记机关报送国务院证券监督管理机构的核准文件。

股份有限公司股东大会由全体股东组成。股东会是公司的权力机构，依照《公司法》行使职权。股东会会议由董事会召集，董事长主持；董事长不能履行职务或者不履行职务的，由副董事长主持；副董事长不能履行职务或者不履行职务的，由半数以上董事共同推举一名董事主持。董事会不能履行或者不履行召集股东会会议职责的，监事会应当及时召集和主持；监事会不召集和主持的，连续 90 日以上单独或者合计持有公司 10% 以上股份的股东可以自行召集和主持。单独或者合计持有公司 10% 以上股份的股东请求召开临时股东会会议的，董事会、监事会应当在收到请求之日起 10 日内作出是否召开临时股东会会议的决定，并书面答复股东。股东出席股东会会议，所持每一股份有一表决权，类别股股东除外。但是，公司持有的本公司股份没有表决权。股东会作出决议，应当经出席会议的股东所持表决权过半数通过。但是，股东会作出修改公司章程、增加或者减少注册资本决议的，以及公司合并、分立、解散或者变更公司形式决议的，应当经出席会议的股东所持表决权的 2/3 以上通过。

股份有限公司设董事会。董事会成员中可以有公司职工代表。董事会中的职工代表由公司职工通过职工代表大会、职工大会或者其他形式民主选举产生。董事会设董事长一人，可以设副董事长。董事会每年度至少召开两次会议，董事会会议应有过半数的董事出席方可举行。董事会作出决议，必须经全体董事的过半数通过。董事会决议的表决，实行一人一票。董事会会议，应由董事本人出席；董事因故不能出席，可以书面委托其他董事代为出席，委托书中应载明授权范围。董事应当对董事会的决议承担责任。

股份有限公司设监事会，其成员不得少于 3 人。监事会应当包括股东代表和适当比例的公司职工代表，其中职工代表比例不得低于 1/3。监事会设主席 1 人，可以设副主席。董事、高级管理人员不得兼任监事。可以按照公司章程的规定在董事会中设置由董事组成的审计委员会，行使本法规定的监事会的职权，不设监事会或者监事。

《公司法》第五章第五节明确了上市公司组织机构的特别规定。上市公司是指公司股票在证券交易所上市交易的股份有限公司。《中华人民共和国证券法》（简称《证券法》，2019 年修订）明确推行证券发行注册制，即公开发行证券必须符合法律、行政法规规定的条件，并依法报经国务院证券监督管理机构或者国务院授权的部门注册；同时简化了公司发行新股的条件。上市公司在一年内购买、出售重大资产或者担保金额超过公司资产总额 30% 的，应当由股东会作出决议，并经出席会议的股东所持表决权的 2/3 以上通过。上市公司董事会、独立董事、持有 1% 以上有表决权股份的股东或者依照法律、行政法规或者国务院证券监督管理机构的规定设立的投资者保护机构，可以作为征集人，自行或者委托证券公司、证券服务机构，公开请求上市公司股东委托其代为出席股东会，并代为行使提案权、表决权等股东权利。上市公司设董事会秘书，负责公司股东会和董事会会议的筹备、文件保管以及公司股东资料的管理，办理信息披露事务等事宜。上市公司董事与董事会会议决议事项所涉及的企业有关联关系的，该董事应当及时向董事会书面报告，不得对该项决议行使表决权，也不得代理其他董事行使表决权。该董事会会议由过半数的无关联关系董事出席即可举行，董事会会议所作决议须经无关联关系董事过半数通过。出席董事会的无关联关系董事人数不足 3 人的，应将该事项提交上市公司股东会审议。公司董事、监事、高级管理人员应当向公司申报所持有的本公司的股份及其变动情况，在任职期间每年转让的股份不得超过其所持有本公司股份总数的 25%；所持本公司股份自公司股票上市交易之日起一年内不得转让。上述人员离职后半年内，不得转让其所持有的本公司股份。上市公司必须依照法律、行政法规的规定，公开其财务状况、经营情况及重大诉讼，在每会计年度内半年公布一次财务会计报告。股份有限公司上市后，由于面向社会发行股票，具有大规模的筹资能力，能迅速扩展企业规模，增强企业在市场上的竞争力。此外，由于股票易于迅速转让，提高了资本的流动性。当流通股股东认为公司经营不善时，会在证券市场上抛售股票，把资金转向其他投资项目。这会带来公司市值的巨大波动，对公司经理人员形成强大的压力，鞭策他们努力提高企业的经济效益。

本章小结

　　企业源于需求和分工，是商品生产与商品交换的产物，也是一个动态变化的经济组织，它随着人类社会的进步、生产力的发展、科学技术水平的提高而不断地发展、进步。纵观企业的发展历史，从手工作坊演变到企业这一基本经济组织，是一个漫长的过程，大致经历了手工业生产、工厂生产和企业运作三个时期，各个时期都表现出一些明显的特征，了解这些特征对从事企业管理理论的学习和研究大有帮助。

　　企业在其数百年的发展过程中逐步形成了一些基本的企业制度，且以法律的形式确定了下来。每一个新建企业或改制企业，都有一个企业的法律形式的选择问题。

思考题

　　1. 企业是怎么产生的？其目的就是为了营利吗？为什么？

　　2. 有限责任公司与股份有限公司有哪些区别？

　　3. 你是如何理解我国目前的坚持公有制为主体、多种所有制经济共同发展的基本经济制度？

4. 2015 年小米创始人雷军曾提出：“《公司法》没有认可人力资本制度，股东只能以物力资本注资来获得股权，股东的持股比例等同其出资比例，创始人通过管理承诺获得的股权没有法律依据……如果不解决这个问题，鼓励大众创业就是一件很难的事情。这是我在过去做天使投资人时每天要处理的问题。”请你结合最新的《公司法》谈谈看法。

案例分析

▶ **案例 1-1：全员持股——华为公司治理创新之路**

华为投资控股有限公司（简称华为）成立于 1987 年，是全球领先的信息与通信（ICT）基础设施和智能终端提供商。目前华为拥有 19.5 万名员工，业务遍及 170 多个国家和地区，为全球 30 多亿人口提供服务。当全世界都在关注华为会不会倒下的时候，华为最关注的还是坚持为客户创造价值、与生态圈合作共赢，同时踏踏实实提升经营质量、持续投入未来。

华为是一家较早启用员工持股计划（employee stock ownership plan，ESOP）的非上市民营企业。根据华为 2021 年年报，华为由员工 100% 持股，股东会是公司最高权力机构，由工会和任正非两名股东组成。公司通过工会实行员工持股计划，从法律上说，华为的股东有两个：一个是华为工会，截至 2021 年 12 月 31 日，员工持股计划参与人数为 131 507 人，参与人均为公司员工；另一个是任正非，任正非作为公司个人股东持有公司股份的同时参与了员工持股计划，总计持股比例约 0.84%。工会作为公司股东参与决策的公司重大事项，由持股员工代表会审议并决策。持股员工代表会由 115 名持股员工代表组成，代表全体持股员工行使有关权力。每个目前受雇于华为的持股员工都有权选举和被选举为持股员工代表和候补持股员工代表，选举为每 5 年一次，任期 5 年。享有选举权的持股员工一股一票选举产生持股员工代表会，持股员工代表会一人一票选举公司董事会、监事会。持股员工代表会及其选举产生的公司董事会、监事会对公司重大事项进行决策、管理和监督，具体流程如图 1-1 所示。2021 年华为董事会成员共 17 名，由全体持股员工代表选举产生，任正非为副董事长。而在华为的公司章程中，任正非对于公司重大决策保有一票否决权，实现了对公司的控制。华为创立的新型产权治理结构，使员工个人发展与企业的利益联结起来，形成长期奋斗、荣辱与共的良性激励机制。

华为财务报表显示，2017—2020 年公司营业收入从 6 036 亿元稳步上升至 8 914 亿元。2021 年华为的营业收入由于受到消费者业务收入下降的影响同比下降 28.6%，仅达 6 368 亿元，而净利润由于出售部分业务的收益、经营质量的改善和产品结构的优化而达 1 137 亿元，同比增长 75.9%，实现公司近 5 年来净利润的巨大突破。其实施的员工持股计划当居首功。

华为初创时期资金链非常紧张，因此融资成为公司当时最紧要的工作之一。创业初期，注重技术的华为，公司稍有钱就投入技术研发，租赁的办公和生产地点，因租金拮据，公司每过一两个月就要搬一次办公室，而且经常半年发不出工资，很多时候发工资都是打白条，员工私下里议论最多的就是“公司哪天会破产”，甚至高薪聘来的专家在新技术刚研发出来之后带着整个团队离职。对任正非来讲，那是一段刻骨铭心的日子。融资艰难逼迫华为不得不把拖欠员工的工资折成了公司股份以稳定军心。

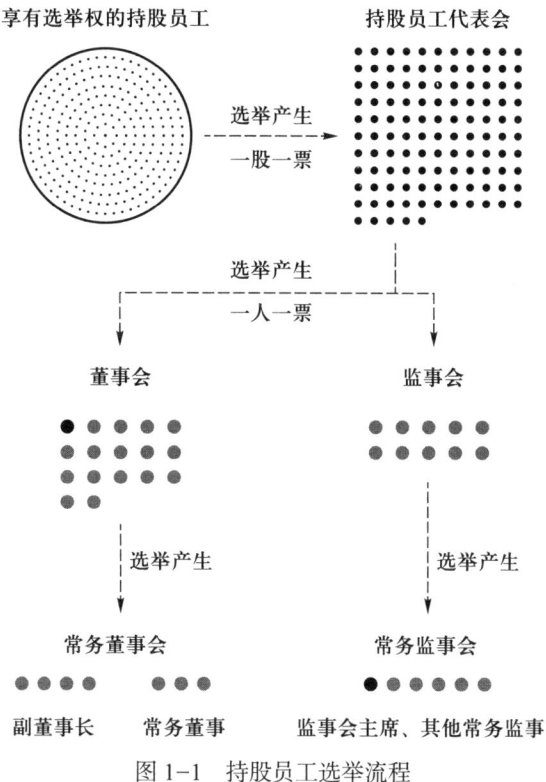

图 1-1 持股员工选举流程

在度过了艰难的初创期之后，全员持股的传统被传承下来。1990年，华为第一次提出内部融资、员工持股的概念。凡是工作1年以上的员工均可以购买公司的股份，由员工的级别、绩效、可持续贡献等决定可购买股份的数量，员工享受分红，分红情况与公司效益挂钩，但没有《公司法》上规定的股东所享有的其他权利；员工离职时，公司按照购买价1元/股回购，员工不享有股东对股票的溢价权。

1997年，华为开始对员工持股计划进行规范改制。一方面，员工股由工会代持及管理；另一方面，员工不具备购买股票的能力时，公司可以协助其贷款。

2001年年底，华为实行员工持股改革：新员工不再派发长期不变一元一股的股票，而老员工的股票也逐渐转化为期股，即所谓的"虚拟受限股"。虚拟受限股（简称虚拟股）是工会授予员工的一种特殊股票。员工按照公司当年净资产价格购买虚拟股。拥有虚拟股的员工，可以获得一定比例的分红，以及虚拟股对应的公司净资产增值部分，但没有所有权、表决权，也不能转让和出售。在员工离开企业时，股票只能由工会回购。

2008年，华为进行了新一轮员工持股制度，实行饱和配股制，规定每个级别员工的配股的上限，达到上限后，就不再参与新的配股。对已经持有数量巨大股数的华为老员工来说，这无疑带来了负面影响。但对公司来说，这一规定限制了老员工的持股数量，给新员工留下了激励空间。

2012年，由于国家金融监管政策的变化，华为联合金融机构为员工购买虚拟股提供贷款的做法被叫停。因此，员工购买虚拟股只能通过自筹资金。同时，随着外籍员工比例的增大，全球化经营的华为也必须考虑解决外籍员工的长期激励问题。并且，随着时间的推移，虚拟股激励的弊端愈加明显，其导致内部分配严重不公，老员工、级别高的员工可以"一劳永逸""少劳多获"，背离了华为"以奋斗者为本，长期坚持艰苦奋斗"的核心价值观。因此，华为推出"时间单位计划"（time unit plan，TUP），最先是用来解决外籍员工的激励问题，后在中国全面推广。TUP 实际上是一种奖励期权计划，是基于员工历史贡献和未来发展前途来确定的一种长期但非永久的奖金分配制度。根据员工的工龄、级别、绩效，分配一定数量的期权，规定 5 年为一个周期，并在 5 年后清零，不需要员工负担购买期权的费用。

华为 TUP
方案设计

2013 年在外籍员工试点 TUP 之后，华为发现该计划的激励效果不错，于 2014 年开始全面推行 TUP。这一计划的实行，使得原来已经持有虚拟股的老员工不能坐享其成，而新员工只要付出努力就能获得与老员工同样的收益。

自 2014 年开始，华为提高了对虚拟股配股的工龄要求，规定员工工作满 3 年才能获得配股资格。自 2014 年 TUP 全面实施后，华为实施虚拟股与 TUP 分层激励。对于入职年限不长但表现优秀的员工使用 TUP 激励。对于虚拟股的获取，需要更长时间的考查，发放条件变得更加严格。目前在华为获取虚拟股的基本门槛：入职 3 年以上、上一年 KPI 考核结果为 B＋ 以上，级别 15 级以上并达到考勤要求，不存在重大恶性关键负向事件。

2020 年新年伊始，国际形势出现更多的不确定性，商业环境也更加严峻。华为在这一年进一步改革其员工持股计划，推出 ESOP1。这是在虚拟股的基础上进行的修订。它的主要特点是：激励的普惠性更强，员工覆盖面更广，但不享受股东代表的选举权和被选举权。华为对此次激励改革的解释是：希望让那些为公司作出贡献的员工，在退休或离开公司后有一份更好的物质保障。ESOP1 在试点期间配股的额度参考值为：员工上一年度的（工资＋奖金）×25%。

华为这种推行大面积员工持股的创新的公司治理机制，吸引、团结、黏合住了大批人才，包括国际化员工。用任正非的话说，正是这种制度，形成并沉淀了公司"利益分享，以奋斗者为中心的文化"。华为无疑是未上市公司中员工持股人数最多的企业，这一公司治理制度的创新不仅体现着创始领袖的奉献精神，也考验着管理者的把控能力。在如此分散的股权结构下，如何达成股东、员工、管理者等不同利益相关者的诉求，如何实现公司战略发展的内外部平衡？显然，华为有其自己的一套逻辑。

研讨 你是如何看待华为员工持股计划的？你认为公司员工持股的目的何在？

▶ **案例 1-2：万科管理层四两拨千斤的奥秘**

阅读文献

1.《中华人民共和国公司法》（2023 年修订），施行日期：2024-07-01。

2.《中华人民共和国证券法》（2019 年修订），施行日期：2020-03-01。

3. 上海证券交易所科创板专栏.

4. 宝能接管南玻集团. FT 中文网，2016-11-21.

5. 平安信托与上海家化资本局. 经济观察报，2014-05-30.

6. 梁上坤，金叶子，王宁，等. 企业社会资本的断裂与重构——基于雷士照明控制权争夺案例的研究. 中国工业经济，2015（4）：149-160.

7. 沈红波，张金清，张广婷. 国有企业混合所有制改革中的控制权安排——基于云南白药混改的案例研究. 管理世界，2019，35（10）：206-217.

8. 东北证券－复旦大学课题组，董晨，张宗新. 注册制新股发行市场化改革成效及其优化研究. 证券市场导报，2022，355（2）：2-13.

9. 龚焱，李磊，于洪钧. 公司制的黄昏：区块链思维与数字化激励. 北京：机械工业出版社，2019.

第二章
管理与管理的基本职能

学习企业管理，必须认识管理的基本概念和职能，这是学习管理的基础。管理是一门科学，也是一门艺术，是科学与艺术的结合。围绕"管理"这一概念，本章将从管理的任务和定义、管理者和管理的基本职能等方面进行阐述。

第一节　管理的任务和定义

管理是人类组成群体后产生的需求。人类之所以组成群体，是因为生存的需要，以及在此基础上改善生活的需要，群体使人们的生活丰富多彩、更有意义。这样，人们就自愿放弃各自为政的行为方式，通过协同行动来构成群体和壮大群体。这种协同人们行为的活动，就称为管理。为了更好地阐述管理的定义，本节将对管理的任务作简单的陈述。

一、管理的任务

人们组成群体的最初和最基本的目的是生存和改善生活，而群体的一个重要特征就是步调一致。为此，人们在群体中就必须放弃以前各自为政的散漫行为方式，在群体中通过成员间的协同行动和群体目标的实现来满足个人的需要。因此，群体中的个人目标与群体目标在大方向上应该是一致的，并且在不同视角下互为基础。

在群体中协调个人的行为，就需要管理。随着群体中人员的职责、权限和相互关系逐步得到有序安排，组织（organization）就形成了。这样，一个组织的存在肯定有其目标，管理的任务就在于引导和协调组织成员的行为以实现组织的目标。具体讲，管理就是把组织所拥有的人力、物力、财力等资源加以合理的组合和运用，保证组织目标的实现。为推动组织向目标一步一步地接近，必须规定组织中每个成员应当从事的活动，并使他们的活动相互协调。如果这些活动都规定得当、协调一致、进行顺利，那么组织中各成员的活动就会对组织目标的实现产生积极的促进作用。从这一意义上讲，在管理过程中要鼓励那些助力组织目标实现的有利行为，阻止那些妨碍组织目标实现的不利行为。在规范组织成员行为的过程中，制度建设是一项基础性工作，是组织管理的"基础设施"。由于影响组织成员行为的因素错综复杂，组织必须以系统思想为指导进行持续的"基础设施"建设，并不断优化、夯实和保障实施。管理的现代化不仅需要"基础设施"的方方面面现代化，更需要将其内涵升华为先进的企业文化，潜移默化地作用于所有组织成员的态度和行动之中，并影响组织的精神面貌和整体影响力。

二、管理的定义

管理（management）的定义是：确立组织战略和目标，整合组织所有的一切资源，通过优化配置和运作资源更好地实现组织战略和目标的所有活动过程。这一定义有五层含义：第一，管理是一个活动过程，因此，管理是动态的。第二，管理的任务是达成组织的战略和目标。第三，管理的手段是配置和运作组织拥有的资源。由于资源是有限的，并且可能是分散的或多种多样的，所以必须对资源进行整合和优化配置。第四，管理的核心是持续改进和追求更好（卓越）。第五，管理的本质是决策和协同。过程中的矛盾和不协调可能会成为组织实现既定目标的阻力和障碍，管理就是要努力消除各种冲突和障碍，使成员能够协同行动进而实现组织既定的目标。

第二节　管理者

管理的任务是完成组织的战略和目标，这是组织整体的需求，也是组织整体的共同任务，必须依靠组织整体资源的力量和积极贡献。组织能否在完成组织战略和目标的过程中，优化配置组织资源并体现出卓越的水平，管理者起着关键的作用。

一、管理者的作用

管理者（manager）是组织中被授权指挥和帮助他人活动的人。在企业中，管理者的作用是领导全体员工共同实现企业的战略和经营目标，具体的管理活动主要体现在资源管理和决策制定两个方面。其中，企业的资源主要包括人力资源、资产资源、信息资源三个方面。

在人力资源管理方面，管理者的作用主要是代表、沟通和指挥。高层管理者代表企业整体，中层管理者代表企业的某个局部，基层管理者代表企业中的一个基层单位。管理者要在企业中进行上下左右的沟通，在纵向和横向建立和保持良好的人际关系。另外，管理者还要指挥和激励下级有效地完成任务。

在资产资源管理方面，管理者要清晰解读企业资产负债表、现金流量表和利润表，审视资产管理过程中存在的风险和问题，积极采取措施改善资产管理，有效发挥企业资产的积极作用，持续提升企业资产价值，实现资产的保值增值。

在信息资源管理方面，管理者的作用主要是有效地获取信息、处理信息和发布信息。管理者要保持信息渠道的畅通，保证信息的正常和快速传递、信息系统的正常运转。管理者要借助信息系统为作出正确决策收集大量有效的信息，并进行有效的信息处理，发布指令并推动指令有效实施。

在决策制定方面，管理者的作用主要是制定决策和推动落实管理者要在自己行使职权的领域制定解决问题的有效决策方案，并通过合理配置资源和协调各方矛盾推动落实决策方案。

二、管理的有效性和效率

管理者在其管理活动中必须关注管理的有效性（effectiveness）和效率（efficiency）。

（一）管理的有效性

管理的有效性是指管理工作对投入后的产出与企业目标的一致性的影响。如果一个企业能够很好地利用其拥有的资源去实现既定的目标，则说明其管理是有效的。

（二）管理的效率

管理的效率是指管理工作对投入与产出的关系的影响。投入少、产出多，说明发挥作用的资源比例高，浪费的资源少，管理的效率高。

管理的有效性和效率是相互联系的。管理中只讲有效性不讲效率，或只讲效率而不讲有效性，都是应当避免的。良好的管理应该既有效，又高效，既能达到企业的目标，又能充分地利用企业的资源。从投入和产出的角度来看，就是以最小的投入取得既定的有效产出，或以一定的投入取得最大的有效产出。图 2-1 展示了管理的有效性和效率之间的关系。

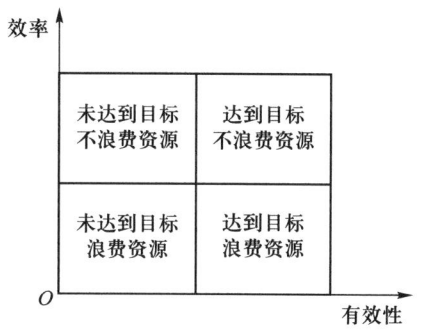

图 2-1　管理的有效性和效率之间的关系

第三节　目标管理

企业目标的实现必须依靠良好的管理。因此，管理者必须对管理的目标有非常清楚的认识。为此，管理者在其管理活动的起始就应清楚自己在干什么和为什么而干。

一、目标的作用

目标（objective）就是管理活动努力的方向。企业的目标明确了企业存在的理由。在开始任何行动之前，管理者必须清楚地确定企业追求的目标，并且必须表达透彻而使人人理解它。这就是目标原则。

确定的目标必须在企业力所能及的范围内，但又要有一定的难度和突破。一方面，如果确定的目标不能够达到，就会挫伤企业及其成员的工作活力和动力；另一方面，如果一个目标没有一定的难度，则目标就失去了激励员工积极向上和激发员工潜力的作用和意义。

企业目标应该具有如下作用：

第一，指明管理方向。目标的必要性表现为它是管理活动的最终方向，即方向的需要。一个企业不仅要有总的目标，其内部各个部门或个人也都应有明确的分目标。明确即有书面的说明。目标的说明不仅应指明企业及其成员的努力方向，还应指出企业资源的分配方向，从而使组织内各方面的努力能够相互协调，为追求共同的最终目标而奋斗。

第二，激发成员潜力。目标除了指明方向外，还是激发企业内每一个成员潜力的激励因素。目标的实现反映了企业及其成员获得了成功，这体现为不仅在收益上有所获得，而且在精神上或心理上能获得满足，从而激发成员完成下一个目标任务的信心和愿望，这就是目标的激励作用。

第三，促进管理成效。目标可以促进管理活动取得成效，因为它是衡量管理活动成效的尺度。管理的计划职能是为了达到组织目标，企业与领导职能是为了落实计划，而控制职能则是对企业计划完成程度的测定并纠正偏差，以保证组织计划的完成。因此，如果没有一个明确的目标，那么管理的这几个职能工作都将难以开展。

第四，完善管理基础。如果企业没有明确的目标，就难以区别因"应急计划"或"特殊政策"而进行的管理，这会导致出现一系列短期计划或短期行为，使企业的目标具有随意性，不利于企业的长期发展。如果目标不明确，企业努力的方向就会不断地转移，从而使各项活动随意且没有效率，管理过程中会难以避免地出现不可协调的矛盾。

二、企业的外部目标和内部目标

对于一个企业来讲，往往存在多重目标。企业的有些目标是考虑本企业以外的组织或个人的利益，即外部目标；而有些目标则是与本企业的成员或其所有者（如企业的投资者）休戚相关，即内部目标。这里讨论的焦点不是企业内部或外部的目标哪一方面较为重要，而是如何最大限度地达到企业的这些目标。

（一）外部目标

管理者必须认识到，顾客是企业生存和发展的前提。树立为顾客服务的理念、以顾客需求为导向开展经营活动必须贯穿于整个企业，而不只是与顾客有直接接触的部门的工作。管理者必须明白，企业之所以能够存在，是因为存在需求，有一部分人愿意成为它的服务对象，即顾客。为了争取顾客，企业必须使它的服务和产品在价格、质量等方面能与其他企业竞争且具有一定优势，以获得足够的利润继续发展。因此，企业的基本目标就是服务目标，即服务于顾客的需求。当人们接受了企业的服务，自然也就接受了这个企业。

另外，企业的目标还必须同社会的意愿相一致。由法律和法例所表达的，由社会公众的信仰、习俗所反映的，由社会环境和生态等所强调的社会价值观，以及顾客对企业的产品或服务的接受程度都是企业的外部目标。若想让企业健康发展，就必须认识并满足这些外部目标。

（二）内部目标

在实现服务于顾客和社会的外部目标的同时，企业还应关注满足自身利益的一些目标，即企业的内部目标。企业的内部目标有三类：

第一类，竞争目标。企业存在成为同行中佼佼者的愿望。

第二类，员工目标。企业一般都是录用能够满足组织发展需要的应聘者，同时，为了能够吸引和留住优秀人才，企业也必须满足被录用者的利益要求。

第三类，回报目标。企业必须以利润和良好的发展愿景来满足投资者的投资欲望，坚定投资信心，并且为今后的发展吸引更多的投资者和资金。

总之，企业的目标可以划分为外部目标和内部目标。企业的外部目标是服务目标，企业的生存和发展取决于它能够提供顾客愿意接受的并为社会认可的产品和服务。企业的内部目标则决定它同竞争者抗衡的地位和满足其员工及投资者利益的程度。显然，利润在此之间既具有目标作用，又具有激励的功能。但是，如果企业不能满足顾客的要求，企业的目标不能为社会所认可，那么利润的获得将是不可持续的。

三、企业的目标范畴

由于企业存在外部和内部两种可能互相冲突的目标，所以，企业只设置单一的目标去表达组织的宗旨是不可取的，也是不现实的。美国管理学家彼得·德鲁克（Peter Drucker）认为，企业的目标设置应从下述八个领域考虑：

（一）市场地位

企业的目标应能反映其产品和服务所占的市场份额，以及与竞争对手相比所处的地位。这是可以定量分析的目标。

（二）技术革新

企业的目标应包含有发展新产品、新工艺、新设备、新方法等技术革新的内容。技术上的目标也是可以量化的。

（三）生产率和生产能力

生产率和生产能力是企业竞争能力的主要内容之一，也是可以定量设置的目标。

（四）资源

人力、物力、财力等资源是企业开展生产经营活动必需的条件，所以，企业必须针对有限的资源设置获得、使用、维护等方面的目标。

（五）获得利润

盈利是企业存在的基本目标。就一个企业而言，应根据社会、市场和企业自身的发展设置其适当的获利目标。

（六）管理者的成就和发展

企业应对管理者设置目标，指明管理水平、管理效率和行为成果方面的努力方向。

（七）员工的成就和态度

企业应设置反映员工工作业绩和工作态度的目标，以便最大限度地发挥出员工的潜力。

（八）社会责任

企业必须对社会承担其应尽的责任，只有承认这一点并使企业的目标得到社会的赞同和认可，企业才能生存下去。因此，企业必须建立能够反映其对顾客和社会负责以及负责内容和程度的目标。

这八个方面都是企业建立其目标的领域。企业是由人组成的，而社会责任又是企业存在的基础，因此，前五个方面必须得到后三个方面的支持，否则就会毫无意义。总之，从企业发展的观点来看，这些方面的目标都是不可或缺的。

四、目标管理的理论

设置目标，在管理过程中对这些目标进行运用，并以这些目标鉴定企业及其成员的工作成效，这一切即为目标管理（management by objective，MBO）。

在 1954 年出版的《管理实践》一书中，德鲁克首先提出了"目标管理与自我控制"的主张。他认为企业的各级管理人员必须以"目标"来领导其下级并衡量下级的贡献，以实现企业的总目标。如果没有计划好的并且方向一致的目标来指导每个成员工作，则企业的规模越大，人员越多，发生冲突和浪费资源的可能性就越大。所以，德鲁克认为，各级管理人员必须清楚地知道企业总目标对其个人有什么要求，他的上级领导也必须知道他对总目标的贡献能力如何，企业对他有什么期望，并且确定如何鉴定他的成就。当企业的每个层次都能这样做的时候，企业的总目标才有希望实现。

五、目标管理的内容

目标管理的基本内容是动员企业的全体员工参与制定企业和个人的目标，并努力实现这些目标。目标管理的具体内容包括三个方面：目标体系的制定、目标的实施和目标成果的评价。

（一）目标体系的制定

目标体系的制定是目标管理的第一个阶段。首先由企业的总经理根据投资者、社会和市场的要求，结合企业的发展状况，在听取董事会及各层人员的意见后确定企业的总目标；其次是企业内各部门根据其职能，为完成企业的总目标而提出部门目标；再次是部门内各小组为完成所在部门的目标而制定小组的目标；最后由小组中各岗位人员根据小组的目标和岗位职能制定各岗位个人的目标。这样，自上而下把企业的总目标层层展开，最后落实到企业的每个员工，形成一个完整的目标连锁体系，共同为实现企业的总目标而奋斗。

（二）目标的实施

目标的实施是目标管理的第二个阶段。目标的实施包括三方面的工作：一是通过对下级人员委任权限，使每个员工都能明确自己在实现企业总目标中的责任，让他们在工作中能实行自我管理，独立自主地实现个人目标；二是加强与下级人员的意见交流和进行必要的指导，由下级人员自行选择实现目标的方法和手段，从而充分发挥各级人员的积极性、主动性、创造性和工作才能，提高工作效率，保证各级目标的全面实现；三是各级目标的实施者都必须严格按照"目标实施计划"的要求开展工作，使每个员工都能在其工作岗位上有条不紊、忙而不乱地进行工作，从而实现预期的各项目标值。

（三）目标成果的评价

对目标成果的评价是目标管理的最后一个阶段，其目的是促进各级管理工作的改善，鼓舞企业全体员工的斗志，以便更好地为达到总目标而奋斗。评价工作是在目标实施活动已按预定要求完成时开始的，根据预定的目标值对实际取得的工作成绩进行比较评价，并与奖惩制度挂钩。评价的结果应及时反馈给目标的实施人员，以便让每一个员工都能很好地总结其工作的经验教训。

目标成果的评价有以下几个步骤：

第一，目标实施者自我评定个人成果。各级目标的具体实施人员应根据预定的目标值，对自己的实际工作情况进行自我评定，要求其自我检查在目标的实施过程中原定的措施手段是否合适、自己的适变能力和努力程度如何以及怎样改进等。

第二，上级对评定工作的指导。各级管理者应对下级的自我评定进行指导，使各级人员能恰当评价个人成果。各级管理者在进行指导时，应以积极的态度提出自己的看法，引导和鼓励下级为达到下一个目标而继续努力。

第三，考核评定小组的综合评议。各级考评小组应根据各部门、各岗位的目标实施计划和自我评定情况，对各项目标逐一进行考核评定。在评定过程中，应注重实际取得的成果，要与目标的实施者充分交换评定意见，以减少或避免评定工作中的片面性和局限性。

第四，奖励与总结。目标成果的评价应与企业的人事制度和奖惩制度相结合，目标的达成要有利于个人的发展并与个人的经济利益挂钩，从而充分体现出目标管理的激励作用。

总之，目标管理是一个不间断的、反复出现的循环过程，每一循环都是在前一循环的基础上提出新的目标体系，使新一循环的目标管理活动有更新的内容，从而使企业管理水平得到不断提高。

六、目标管理对企业的贡献

目标管理活动的正确开展，除了有助于管理目标的实现，还能为企业运作水平的提高作出积极贡献。

（一）增强沟通和理解

开展目标管理，管理者应在确定目标、定义目标、设定目标优先顺序等环节进行上下左右广泛的沟通，听取意见，使管理者和员工之间的认识和思想得到交流，增强大家对目标及目标管理的理解。

（二）增强积极性和自律性

开展目标管理，有助于调动企业员工主动参与企业运作管理活动的积极性，增强他们按目标计划开展工作的责任感。目标管理要求上下级通过沟通，对目标和实现目标的活动达成共识，沟通中的宽松环境有利于各成员的积极参与，同时也有利于增强他们对目标及目标实施计划的认同感和工作的自觉性。

（三）促进组织变革和人力资源重新整合

目标管理活动有助于促进企业以支持管理目标为导向变革组织的结构，并带动资源分配的改善。在这样的条件下，为有效地管理目标和实现目标，管理者必须结合组织结构中的岗位及岗位职能的变更、管理系统和管理环境的改变而积极推动人事制度的改革，对人力资源进行重新整合。

（四）督促按计划付诸行动

目标管理不是纸上谈兵，必须按计划付诸行动才能有助于目标的实现。因此，企业的目标管理活动在给出目标的同时，也要提出目标实现的途径，并借助目标的指导促进管理者及其下属的行动，纠正行动偏差。

第四节　管理职能

管理是一个过程，这一过程中管理职能（management functions）可以划分为计划（planning）、组织（organizing）、领导（leading）、控制（controlling）四个方面。

一、计划职能

计划是管理过程中的首要职能。计划的含义可从两个角度讨论。第一，从名词的角度（静态的）理解，计划是指实现组织目标的行动方案。第二，从动词的角度（动态的）理解，计划是拟订实现组织目标和行动方案的过程。后者就是管理的计划职能。通常实现组织目标的途径不会只有一条，因而会存在多种行动方案可供选择。从有效性和高效率的观点出发，对两种或两种以上的可选择行动方案进行比较分析，从中作出一个选择的过程，即为决策过程。最后抉择的行动方案，即为决策。

二、组织职能

组织的含义也可以从两个方面来解释：第一个方面是以静态结构来解释组织的含义，这是指为达成某些目标而设计并建立的具有明确职责、权限和相互关系的管理系统。这一管理系统有如下特点：① 开放系统，不断地与外部环境进行各种资源的交换；② 技术系统，不断地进行由投入转化为产出的过程；③ 整合系统，不断地与环境相互作用，并与其各子系统（或系统元素）相互依存。第二个方面是从动态活动来解释组织的含义，这是指对管理系统拥有的资源的职责、权限和相互关系进行有序安排的活动过程。这就是管理的组织职能。这一动态的过程具有如下作用：明确管理系统的哪些资源用于哪项活动，或哪项活动使用哪些资源，这些资源何时使用、何地使用、由谁使用、如何使用等，使得管理系统内的全部资源之间建立起合理的关系。

三、领导职能

领导，静态地讲是能够影响他人行为的个人或集体；从动词和组织的管理活动来讲是指管理者的一种行为和影响力，这种行为和影响力用于引导和激励组织成员去实现组织目标。所以，领导职能的内容是激励、指导、引导、促进和鼓励，一个组织目标的实现，是靠组织全体成员的共同努力。管理的重要职能，就是通过领导的作用引导和激励组织成员去实现既定的组织目标。

四、控制职能

控制是促使组织的活动按照计划规定的要求展开的过程。控制职能意味着主动发现计划实施中出现的（或潜在的）偏差并加以纠正（或预防）。

一个组织，在实现目标的过程中会受到来自组织内部或外部各种因素的影响，其运营计划的执行会因种种干扰的出现而或多或少地发生偏离既定目标的情况。控制职能是以组织运营的作业标准和目标实现情况来测定实际的作业，通过将标准、计划目标与实际结果进行比较来决定是否需要采取纠正行动或进行改进。所以，控制职能是组织的一切职能活动按计划进行并实现组织目标的重要保证。

计划、组织、领导、控制这四种职能是相互关联、不可分割的一个整体。其中某一职能的完成情况会受其他职能完成情况的影响。比如，计划是管理过程的第一个职能，为实现组织目标而提供的计划方案会直接影响组织的特点和结构，可以想象一个旨在为顾客提供食宿的组织同一个以生产电器产品为营利手段的组织，它们在工作任务和结构上可能是完全不同的。另外，精心制定的周密计划还是组织工作的基础。同时，组织在很大程度上决定着计划的成败，一个适当的、合理安排的组织是计划得以实现的重要保证。领导必须适应计划和组织的要求，控制则对计划、组织、领导加以全面检查，纠正偏差，以保证组织目标的实现。

第五节　学习企业管理的目的

每一个人在企业中所面临的不是管理他人，就是被他人管理，甚至两种情况同时发生。那么，学习企业管理不仅是要了解如何有效地管理他人，也要了解如何有效地接受他人管理，领悟领导者的管理方式和企业的管理体系。

学习企业管理，对每个人来说都是有益的，因为从管理的基本理论学习中可以领悟到许多道理。随着管理理论的发展和实践，以及现代科学技术的迅猛发展、高度社会化大生产和经济全球化进程的加快等环境变化，人们对管理的认识也在不断深化。如何系统地认识现代化的管理呢？大致可归纳为以下几个方面：

一、管理思想现代化

思想、观念的创新是企业管理现代化的首要因素。应立足于先进的科学技术和社会化大生产，站在经济全球化发展的高度来探索企业管理的现代化发展。

二、管理体制现代化

要适应市场机制的变化和发展，从完善企业治理结构方面实施深层次的改革，有效地优化资源配置并建立企业适应变化的机制，以顺应新经济环境下的集中化、专业化、协作化、联合化的发展趋势。

三、管理方法现代化

要采用科学的管理方法和管理技术，广泛运用现代社会科学和自然科学的研究成果支持企业的发展。

四、管理手段现代化

要充分发挥现代信息技术、人工智能技术的作用，建立企业的管理信息系统，运用现代管理软件和网络发展的最新成果，有效地实现管理的现代化，提高企业在不确定环境下的韧性。

本章小结

只要有群体存在，就会有管理。管理的目的是更有效地达到群体（组织）的目标。如何进行评判？有两个标准：管理的有效性和管理的效率。良好的管理结果应该是在充分利用组织资源的基础上，有效地实现组织的目标。

组织的目标是组织存在的理由，是管理活动努力的方向。对企业来讲，其外部目标是服务于顾客和社会，其内部目标是满足其自身的利益，而前者则是后者能否实现的基础。虽然营利是企业存在的主要目的之一，但其管理活动的目标不可能是单一的，德鲁克提出了企业设置目标时可考虑的八大领域。1954年德鲁克提出了目标管理的理论和方法，为企业开展目标管理、提高企业经营管理水平作出了积极的贡献。

管理的职能是计划、组织、领导和控制。这四种职能的简单陈述，不仅说明了管理是要干什么，而且还揭示了组织的目标是如何达到的。

思考题

1. 为什么说管理既要追求效率，更要强调有效性？
2. 为什么说企业管理活动存在诸多的目标？请陈述企业的外部和内部目标的内容。

3. 德鲁克是目标管理理论的先驱，他认为企业的目标设置应该考虑八个领域，请陈述这八个领域的内容。

4. 请陈述管理的四大职能以及这四大职能之间的关系。

案例分析

▶ **案例 2-1：海尔与它的量子组织——人单合一**

海尔集团（简称海尔）创立于 1984 年，是全球大型家电品牌，全球领先的美好生活和数字化转型解决方案服务商。海尔坚持"人的价值第一"的发展主线，首创人单合一模式，并以其普适性实现跨行业、跨文化的输出。

自创业以来，海尔秉持"人即企业，企业即人"的理念，认为企业要关注内部员工以及外部用户，才能带来企业的增值。改革开放初期，家电供不应求，在张瑞敏对市场形式敏锐直觉的引领下，海尔仍坚持全面质量管理，提出了"要么不干，要干就干第一"的原则，凭借差异化的质量赢得竞争优势。张瑞敏认为"引进日本的全面质量管理，关键是解决员工的思想问题"。1985 年，当收到反映质量问题的用户来信时，张瑞敏让员工用大锤砸毁 76 台有缺陷的冰箱，砸醒了员工的质量意识，敲响了强化质量观念的警钟。

1989 年，海尔引入了"全方位优化管理（OEC）"的管理模式，提出"日事日毕、日清日高"的管理口号，企业激励员工在完成每日目标的同时，持续挑战自我。2001 年，海尔以用户订单为中心，将订单的目标变成每个员工的预算目标，使每个员工成为市场链的一环①，建立用户与员工的联系，打造更为及时的用户响应模式。

随着海尔的日渐庞大，企业行动比较迟缓，对市场的反应速度偏慢的问题日渐凸显，张瑞敏敏锐地感到海尔必须以勇敢的变革迎接新的挑战。2005 年 9 月，张瑞敏在海尔全球经理人年会上首次系统地阐述了人单合一双赢的物联网时期商业模式。"人"指员工，"单"指用户价值，人单合一指员工直接面对用户，而"双赢"则体现为员工在为用户创造价值的过程中实现自身价值。人单合一以"人的价值最大化"为宗旨，打破了传统管理模式中的主客体之分。

从 2013 年开始，海尔进入了网络化战略时代。在这一企业平台化的物联网时期，倒金字塔式的组织结构不再起作用，海尔成为一个分散、灵活的公司，可以更好地做到员工与用户的零距离互动。2013 年 10 月，海尔设计师根据 673 372 名网友和海尔研发平台的交互，了解到用户对空调的需求为不直接吹冷风、能改善空气质量、无噪声，由此推出了创新空调：天樽。

2015 年 9 月，经过 10 年探索，海尔的人单合一模式进入 2.0 阶段。张瑞敏将"人"升级为各利益攸关方，"单"升级为用户增值，人单合一被进一步解释为各利益攸关方在海尔生态平台上共创共赢。具体而言，就是要做到企业平台化、员工创客化和用户个性化。在海尔生态中，没有管理者、没有科层制，每个人都可以成为自己的 CEO。同时，海尔转换用户角色定位，让用户从消费者转变为价值共创者，全流程参与到价值共创中，实现用户最佳体验。

2018 年，海尔生物医疗根据创新的疫苗网安全方案，为共建"一带一路"国家提供太阳能疫苗冰箱、太阳能光伏直接驱动制冷等设备及技术服务，构建全球疫苗网生态链群，实现人单合一模式的跨行业、跨文化的输出。

---

① 资料来源：K B S Kumar. 海尔"人单合一"模式. 中国工商管理国际案例库，2019-06-30.

2019 年，人单合一模式正式进入 3.0 阶段。海尔精神和海尔作风调整为诚信生态、共赢进化；人单合一、链群合约。其中，共赢进化是指在以用户价值为中心的基础上，让用户通过参与价值创造，与企业共同进化，最终实现共创共赢。而小微组织与外部利益攸关方建立的链群合约，是人单合一的精髓。具体地，链群主负责提出用户需求及底线目标，小微成员负责凭借设计方案抢入链群以满足用户需求。当超预期地满足用户需求并创造增值时，整个链群就可以获得超额利益分享。目前，链群合约机制在海尔已经进入"自组织，自驱动，自进化"的良性循环，利用利益共赢机制，海尔将生态系统中的生态资源高效地统一起来，实现增值分享。

2020 年 1 月 25 日，海尔生物医疗积极响应武汉当地医院的需求，向火神山医院和雷神山医院等武汉医疗机构捐赠价值 300 万元的医疗设备。针对湖北省疾控部门发出的是否能制造社区移动预防接种车的询问，海尔平台以最快的速度响应，生成了"疫苗网链群"，跟投 50 万元造出了 5 台接种车，打造全球首款智慧预防接种车的疫苗接种方案。人单合一使得海尔生态平台能够很好地适应高风险、高不确定的运营环境，实现价值创造和共赢。

2021 年，张瑞敏和欧洲管理发展基金会主席联合签署第一张全球人单合一认证证书，标志着中国企业创造的管理模式成为国际标准，开创了中国企业从接受国际管理标准认证到输出国际管理标准认证的新格局。

如今，海尔在全球有 8 个人单合一研究中心、14 万家人单合一联盟企业学员，坐拥 10 个研发基地、28 个工业园、122 家工厂，更将 GEA、AQUA、斐雪派克等国际知名品牌纳入麾下。人单合一不断激发人的价值，致力于让价值循环变为自趋，这一先手棋让海尔在未来的竞争中牢牢占据制高点。

研讨　海尔的人单合一模式是如何实现企业目标管理的？请结合本章内容谈谈你的看法。

阅读文献

1. 尤建新. 管理学概论. 5 版. 上海：同济大学出版社，2020.
2. 上田惇生. 德鲁克思想入门. 汤文杰，译. 北京：中信出版社，2008.
3. 李维安. 公司治理学. 4 版. 北京：高等教育出版社，2020.
4. 稻盛和夫. 稻盛和夫经营学. 曹岫云，译. 北京：机械工业出版社，2018.
5. 孙力科. 任正非传. 杭州：浙江人民出版社，2017.

第三章
企业管理

企业管理，就是企业管理者为了实现企业战略和经营目标而有效整合企业资源、优化资源配置和提升资源价值的过程，是管理者进行计划、组织、领导、控制等职能活动的总称。因此，企业管理的任务是把企业作为整个社会经济系统的一个要素，按照客观经济规律，科学地组织企业的全部活动，以有效实现企业战略和发展目标。

第一节　现代企业管理的发展

企业管理是随着经济和社会的发展、企业的不断进步而不断发展的，已经经历了几个不同的历史阶段。在互联网、人工智能、数字化、元宇宙等技术革命不断发展的今天，现代企业管理较之传统企业管理有了巨大发展，已经表现出许多新的特点，形成了一系列新的发展趋势。

一、人是管理的重心

从传统管理发展到现代管理的一个重要标志，就是如何认识人在管理中的地位和作用。现代企业管理的重心已经从过去对物的管理转移到对人的管理。世界各国企业管理在新技术革命发展过程中，都有不同程度的发展。尽管方式和内容各有不同，但在注重对人的管理上，都有许多相同之处，并形成一种新的发展趋势。

现代企业的管理者越来越认识到，最成功的企业往往是最关注人力资源作用的。这包括：相信人、尊重人，尊重每个员工的人格，承认每个员工的贡献；让员工积极思考和规划自己的人生，掌控自己的命运，表现和发展自己的才干，了解企业的经营情况，感受工作的意义，体验组织的保障，把企业当作大家庭。企业管理者要依靠共同的信念来激励大家，而不是靠行政命令搞管、卡、压。

二、组织结构柔性化、扁平化

一家经营良好的企业，一定有一个良好的组织结构给予支持。以著名的管理组织学家韦伯、法约尔等为代表的专家，提出了建立良好的企业组织结构应遵循的一些原则，如严格的等级制度、命令和指挥的统一、合理的专业化分工、适当的控制幅度等。这些早期的原则实际上是建立金字塔形结构的原则，适合于一个相对稳定的外界环境。今天，森严的垂直等级制度在企业中已经被淡化，为了满足快速反应的需要，决策的层次已经逐步减少。由此，企业的组织结构开始由金字塔形的刚性结构走向柔性化、扁平化，即减少管理决策层次，提高信息沟通效率，强化协同与合作，提升组织的敏捷性和决策效率。

三、企业管理模式百花齐放

（一）创新发展成为主流

进入 21 世纪，企业管理模式创新已经成为常态，不积极创新意味着落后。企业创新发展，就是要树立市场竞争观念和风险经营观念，善于将企业资源转化为经营优势，提高企业的创新应变能力，以在急剧变化的外部环境中，把握开拓市场的主动权。随着互联网技术的迅猛发展，许多借助于互联网发展的新型网络企业呈现出许多新的商业模式，并带来新型的组织结构和人力资源概念。互联网企业的组织形态和其管理模式，导致了企业边界模糊化，企业人力资源与顾客的概念没有明晰的边界，资源力量在许多热点上碰撞、共振，爆发出高热量的创新产品和市场需求，不断更新人们的价值观。

（二）"软件"管理更加系统化

现代企业管理的系统模式是由战略、结构、制度、技巧、人员、作风及共同价值观七方面组成的，简称"7S"模式。在此模式中，战略、结构和制度是管理的"硬件"，它适用于一切企业的管理；而技巧、人员、作风、共同价值观则是管理的"软件"，不同的企业有不同的"软件"。未来企业管理的重点，就是要提高企业"软件"管理的水平。其中，企业文化将显示出越来越重要的作用。

（三）权变管理扮演主要角色

现代企业管理的发展将是实行一种宽严相济的权变管理，能因人、因时、因地随机采用各种各样的方式进行管理，使企业管理中一方面具有严格控制的刚性，另一方面又允许甚至坚持从最下级的普通职工起都享有自主权，且富有企业家精神和创新精神，体现企业管理的柔性。在人力资源关系发生巨变的今天，管理者与被管理者的关系也显示出微妙的变化，领导力的被选择和被接受不仅影响管理者的权威，也在时刻挑战企业的凝聚力。因此，权变管理的理念和方式对于提升企业管理活力具有积极贡献。

（四）管理更善于借用外脑

在面对外部环境剧烈变化的挑战时，企业已不能完全依靠企业内部管理人员开展决策活动，而必须借助外部力量，特别是借助对企业的生产、技术、经营、法律等方面有专长的专家和顾问，为企业提供经营管理方面的咨询服务。由此，咨询服务业已经超越了一般层面的咨询业务，开始与发达国家接轨，企业外部的专家和顾问形成承接决策业务外包的高水平外脑团体，成为企业的高级智囊团。

（五）数字技术赋能企业管理

为顺应更加全球化、网络化、信息化、数字化时代发展的需求，实现互联网、大数据、人工智能、5G 等信息技术与产业的融合，传统管理模式开始向数字化管理模式转型，数字技术赋能现代企业管理。数字化管理模式是利用数字化相关技术和工具，将企业的业务量化后，通过管理数字对企业进行管理。它将企业内的各个部门、组织都联系起来，对管理活动进行量化，打破了企业内部的"数据孤岛"，改变了传统的组织工作形式。数字化工具带来的数据可视化，使得组织中的每个人、团队、部门都可以看到自己正在进行、未来规划的任务，可以对具体工作活动进行即时的监控和分析，有助于管理者掌控组织的和员工的工作节奏，提高组织管理效率。

四、数据成为一种新的生产要素

信息技术革新推动数字经济快速发展，数据要素成为各行各业快速发展变革核心所在。2019 年 10 月，党的十九届四中全会首次提出把数据作为一种新的生产要素；2020 年 10 月，党的十九届五中全会再次确立了数据要素的市场地位。根据《数据要素流通标准化白皮书（2022 版）》，数据资源是指可供人类利用并产生效益的一切记录信息的总称，并属于一种社会资源。数据要素是参与到社会生产经营活动、为使用者或所有者带来经济效益、以电子方式记录的数据资源。数据不同于传统要素，其具有可复制、易衍变、流动性强等特点，数据从基础资源到数据资产、数据产品，再到数据共享、数据开放、数据交易的转变过程。

第二节　企业的管理者

企业管理，就是由企业的管理者（或管理层）对企业的经济活动过程进行计划、组织、领导、控制，以提高经济效益，实现盈利这一目的的活动的总称。

企业的生产经营活动包括两大部分：一部分是属于企业内部的生产活动，即以生产为中心的基本生产过程、辅助生产过程以及产前的技术准备和产后的服务过程，对这些过程的管理统称为生产管理；另一部分是属于企业的经营活动，从企业与外部的联系到社会经济的流通、分配、消费等过程，包括物资供应、产品销售、市场预测与市场调查、对用户服务等，对这些过程的管理统称为经营管理，它是生产管理的延伸。随着现代商品经济的发展，企业管理的职能逐渐由以生产为中心的生产型管理发展为以生产经营为中心的生产经营型管理。因此，企业管理的任务是，不仅要合理地组织企业内部的全部生产活动，而且还必须把企业作为整个社会经济系统的一个要素，按照客观经济规律，科学地组织企业的全部经营活动。这一切，都需要企业有一支高素质、强有力的管理者队伍。

一、企业管理者队伍的职业化

企业的正常运行，需要从事各方面管理工作的管理者，为了提高管理的效率和有效性，必须推动管理者队伍的职业化。随着专业技能分工越来越精细化，职业经理人的主要职能分工也越来越精细化。

（一）市场营销管理

市场营销的管理者，例如首席营销官（chief marketing officer，CMO），主要从事以下几方面的组织管理工作：市场信息的收集，提出符合市场需要的产品计划，开展行之有效的宣传和广告，分析顾客心理、需求的变化趋势，以及组织实际的产品推销活动。

（二）生产运作管理

生产运作的管理者，例如首席运营官（chief operating officer，COO），掌管制造产品和提供服务的运作系统，负责计划和控制企业的日常生产活动。他们的主要工作包括：生产规划、质量控制以及有关工厂的布局、厂址的选择等。受技术进步和资源稀缺的影响，生产业务经理在企业中的作用不可低估。随着企业不断推进的非核心业务外包的发展，物流与供应链管理逐渐成为生产运作管理的核心业务，形成一批新型的职业经理人岗位。

（三）财务管理

财务管理的管理者，例如首席财务官（chief financial officer，CFO），负责企业的资金筹集、预算、核算、成本控制和投资等各项管理及与之有关的其他活动，是企业的关键管理岗位。

（四）人力资源管理

人力资源的管理者，例如，首席人力资源官（chief human resource officer，CHRO），顾名思义就是对企业的人力资源进行管理，如制定人力资源的计划，招聘和选择组织所需要的合格人才，并对各类人员进行经常的和有效的培训及合理聘用，建立合理而有效的业绩评估、晋升、奖励和惩罚等机制。随着市场竞争的日益激烈，人力资源的角色越来越关键，人力资源管理的难度也随之提高，人力资源部门的地位也显得越来越重要。

（五）行政管理

企业内部行政事务是很烦琐的，行政管理的管理者，例如首席行政官（chief administrative officer，CAO），帮助企业总经理把持好企业内部的各项流程，确保企业的正常运行和信息流畅。尤其是在大型企业，行政管理方面的职业经理人扮演着更加重要的角色。

此外，随着企业组织结构的变革与发展，国内外不少企业还设立了专职的公共关系经理岗位，例如首席公共官（chief public relation officer，CPRO），处理公共关系方面的事务。有的企业还设有研究与开发方面的经理岗位，例如首席研发官（chief research officer，CRO）或首席技术官（chief technology officer，CTO），组织新产品研发和协调、处理科技人员与其他部门的合作等事务。特别是，随着知识价值的提升，知识产权管理也逐步成为企业的重要管理领域，许多创新型企业相继设立了知识产权总监或首席知识产权官（chief identity and patent officer，CIPO）。还有的企业会设置负责后勤管理的经理岗位，例如首席后勤官（chief logistics officer，CLO），主要负责公司基建投资、内部服务管理工作。还有诸如首席媒体官（chief media officer，CMO）、首席法务官（chief law officer，CLO）、首席数字官（chief data officer，CDO）等职位。由此可见，企业需要设置方方面面的职业经理人岗位来管理其具体的运作活动。这些岗位的管理者无论级别高低，都必须清楚岗位的任务，要善于学习，不断进步，才能适应企业发展和岗位的需要。

二、企业管理者的任务

德鲁克很早就已经指出，那种将管理者仅仅喻为乐团指挥的说法是不充分的。因为乐团指挥可以依据作曲家的作品——乐谱来进行工作，而对于企业管理者，要求他（她）不仅具有类似乐团指挥的能力，还必须具备类似作曲家的能力，要制定决策并领导决策的实施。管理者要能够充分认识自己所扮演的角色，并结合组织的需求扮演好自己的角色，完成管理者角色必须承担的任务。

企业管理者的根本任务是为企业创造出更好的绩效。首先，管理者要定义（制定和明确）岗位的目标，并计划如何去实现这一目标。其次，管理者必须按计划的方案，组织资源来实现既定的目标。再次，管理者必须领导下属共同完成各项业务，进而实现企业的目标。最后，管理者必须对创造企业绩效过程中发生的偏离目标的问题实施控制。管理者必须认清实现企业目标的路径和测量绩效的方法，并告知员工，让他们明白要实施的控制及其意义，以获得全体员工对工作绩效的测量、分析、评估以及纠正和改进活动的理解和支持。

管理者每天面临很多的问题要去解决，制定决策就成为管理者必不可少的工作。由于问题的性质不同，管理者的决策工作性质也有所不同。通常管理问题可分为结构良好问题和结构不良问题。结构良好问题是指那些直观的、熟悉的（有过经验）和易确定的问题。比如顾客退货、供应商不遵守合同、不合格品处理，等等。而结构不良问题是指那些不直观的、不全面的和信息含糊或不完整的问题。比如新产品市场战略、风险投资、例外问题，等等。当管理者遇到结构良好问题需要判定决策时，由于问题直观、处理目标明确，甚至一些情节也在预料之中，管理者不需要费尽心机或花大量时间和精力，可按既定的工作程序进行决策，这称为程序性决策。而当遇到全新的问题时，管理者没有事先准备的方法可循，必须经过较为复杂的分析、判断过程，这称为非程序性决策。

管理者为提高企业管理效率，应尽可能地使决策工作程序化，并尽可能地规范管理体系、完善管理工作程序。管理工作的标准化可以减少非程序性决策、提高管理工作效率，管理者必须加以重视并积极推动。但是，管理工作的标准化会使得管理者在部分领域中的自由度减少，管理者必须有充分的思想准备，并且要充分认识标准化能够降低不确定性带来的风险和提高管理工作效率等方面的积极作用。但是，在管理标准化过程中，管理者已有的知识和经验是有限的，需要学习和体会新的知识和管理体系。即使企业管理的标准化程度已经很高，管理者仍然会面临结构不良问题需要去研究和决策，这就更需要补充新的知识和能力。停滞不前是管理者取得成功之后最容易犯的错误，成功的代价越高，管理者就越可能在以往的成功中故步自封。所以，管理者的学习能力是很重要的。只有不断地学习，管理者才会发现前进道路上自己的不足和缺陷，才会更加清楚地认识学习和补充知识的重要意义。这样，就会在思想和行动上更加努力、自觉地学习。在更加全球化、数字化、透明化的今天，信息流动和创新活动都十分迅速，传统的评价方式已经不足以支撑管理者进行有效的决策。企业的各级管理者都要具备自觉学习和终身学习的能力。

三、企业管理者的成败

人生有成功，也会有失败。成功当然值得庆贺，但失败并不需要垂头丧气。企业管理者不仅应该能够坦然面对成功，也应该能够坦然面对失败。

坦然面对成功或失败是需要有一定能力的。具备这种能力的管理者才能在取得成功之后不骄傲、不目空一切、不自以为是、不忘乎所以，即没有忘记自己是谁，能够冷静和从容地与大家分享成功的喜悦。具备这种能力的管理者也才能在遭遇失败之后不气馁、不心灰意懒、不唉声叹气、不一蹶不振，能够牢记自己的责任，积极分析失败的原因、吸取失败的教训、学习他人的成功经验，从而能够从失败的阴影和困境中从容地走出来，不仅能够避免重蹈覆辙，还能在站起来后取得巨大成功。坦然面对成功或失败，是企业管理者必须具备的能力。

成功是应该庆贺的，但如果管理者缺乏理性认识成功的能力，因为成功而迷失方向和失去理智，成功变成了失败的前奏，那么就会上演"成功乃失败之母"的悲剧。同样的问题，失败本身也并不可怕，一次失败并不一定是致命的，可怕的是管理者缺乏正确认识失败的能力，在失败后放弃了追求，在失败中迷茫和颓废，这样的企业就没有希望可言，这才是真正致命的问题。所以，管理者的能力是不仅能够领导企业取得一次成功，还要能坚持不懈地不断取得成功；不仅能承受失败的痛苦和压力，更能够充满自信并鼓舞士气反败为胜。

第三节　企业外部环境

企业是社会的一个基本单位，不可能离开社会而独立存在。企业内外环境的任何变化都将对它产生影响。因此，每一个管理者除了认真分析和对待企业内部的条件外，还必须对企业所处的外部环境进行认真的分析和研究。企业外部环境一般包括经济和技术、政治和法律、社会和文化等方面的因素，如图3-1所示。

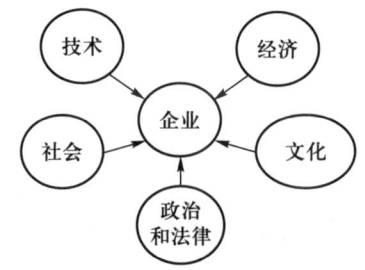

图3-1　影响企业的主要外部环境因素

一、经济和技术环境

（一）经济环境

在市场经济条件下，企业的经济环境主要包括国内外的总体宏观经济形势以及相关的政策、法律法规等。具体的因素有经济增长及其周期性、通货膨胀或通货紧缩、资本市场、外汇管制、产业发展政策和税收环境等方面。

1. 经济增长及其周期性

当一个国家或地区处于经济高速增长阶段的时候，会不同程度地刺激市场的需求，这往往给企业带来发展的机遇。由于各种原因，任何国家和地区经济增长都具有不同程度的周期性，中国也不例外。企业如果能正确把握经济周期波动的规律，在高速增长时期采取适当的扩张战略，在萧条时期到来之前采取适当的紧缩战略，就可以把握住企业发展的机会。但是，应该注意，经济的增长和波动都不同程度地伴随结构性的变化，并非所有的产业都是具有同样机会的。例如，改革开放以来，随着沿海地区经济的发展和投入要素价格的上升，广东、上海等地的部分制造业已不具备比较优势，逐步向内地转移，并随着跨国公司的大规模进入，结构性的调整势在必行。随着 2008 年国际金融危机的出现，许多地区和企业以紧缩作为保存实力的重要举措，但也有部分地区和企业乘势调整结构，在经济复苏之前练好内功，蓄势待发。比如，当国际金融危机使西方的金融市场受到重大冲击，大量人才流失，机构缺乏资金，中国政府抓住机遇，果断决策推进将上海建设成为国际金融中心，为迅速实现要素驱动发展向创新驱动发展转型创造了条件。最近几年，随着中国劳动力技能与收入、福利水平的提升，低附加值、劳动密集型的产业开始向东南亚国家转移。2020 年受国内外各种因素影响，跨国公司全球供应链的安全性面临挑战，越来越多的跨国公司正在改变以成本为导向、在全球范围进行资源配置的传统供应链模式，转而构建兼具安全性和稳定性的供应链，以提升供应链在全球范围内的韧性和抗风险能力。全球供应链正朝着多元化、近岸化、区域化、本土化方向发展。

2. 通货膨胀或通货紧缩

一个国家和地区在经济高速增长或大的结构性变动时期，难免伴随较高的通货膨胀或通货紧缩。过高的通货膨胀或通货紧缩对社会经济活动有严重危害，对企业来说，有明显的不利影响。在通货膨胀或通货紧缩的宏观经济环境下，企业要注意与政府、债务人和债权人的利益分配关系。

3. 资本市场

企业在经营过程中存在从企业外部筹措或募集资金的需求，同时又有外部投资的需求。因此，良好的资本市场以及规范的法规，对于企业的正常经营是重要的外部环境因素之一。关于上海建设国际金融中心的决策、沪港通政策，对上海乃至长三角的资本市场建设起到了积极的作用，也是我国推进金融市场建设的战略性举措，将从全局上影响中国资本市场的健康发展。2019 年上海证券交易所科创板和 2022 年北京证券交易所的设立，从增强资本市场有效性、增加优质科创资源配置角度来说，是资本市场的供给侧结构性改革，可以更好引导价值投资、培育优质科创企业和专精特新中小企业，有利于推动科技创新，加快建设科技强国，实现高水平科技自立自强。

4. 外汇管制

我国在 21 世纪开始逐步松动的外汇管制，为企业创造与国际市场全面接轨的良好条件，也使企业面临国内与国外的两个方面的竞争。随着外汇管制的进一步改革，汇率也将随货币市场的供求变化而波动。汇率的波动必然影响企业的进出口的效益，同时也使企业承担较大的汇率风险。2008 年以来，美国次贷危机以及欧洲主权债务危机的压力，对我国进出口贸易产生了巨大影响，许多出口加工企业和出口贸易企业面临巨大压力。但是，人民币走强，也大大提升了人民币在世界金融体系的话语权，对重构世界经济格局产生了巨大影响。

5. 产业发展政策和税收环境

税收是国家财政收入的主要来源。对企业来说，依法纳税是应尽的义务，纳税支出构成企业生产经营活动开支的重要组成部分。因此，税收环境既是企业的经济环境，也是必须正视的法律环境。税收与政府的产业发展政策是密切相关的，对于鼓励发展的行业或产业，政府除了在资本市场予以必要的支持外，还会给予必要的税收优惠。比如，近年来实施的"研发费用税前加计扣除"政策，就是鼓励企业积极开展自主研发活动。企业要详细了解国家的产业发展政策和税收政策，争取有益的发展。

自 2013 年起，我国不断完善自贸试验区布局，截至 2023 年共设立了上海、广东、辽宁、海南、山东、北京等 22 个自贸试验区。自贸试验区在贸易、投资、金融、航运、人才等方面对接国际通行规则，推出了一大批基础性、开创性改革开放举措，形成了许多标志性、引领性制度创新成果，培育了一批具有国际竞争力的产业集群，站在了中国高水平对外开放的前列，也积极服务了区域重大战略、区域协调发展战略和共建"一带一路"。

（二）技术环境

技术环境是指一家企业所在国家或地区的技术水平、技术政策、新产品的开发能力以及技术发展的动向，等等。技术的影响体现在新产品、新机器、新工具、新材料和新服务上。技术的益处就是取得更高的生产率、更高的生活水准、更多的休闲时间和更加多样化的产品。在任何一个社会或企业，对于决定生产何种产品及提供何种服务，采用何种设备以及如何管理生产，技术水平是一个重要因素。技术环境对企业的影响，主要表现在以下几个方面。

1. 技术进步加快了企业更新换代的步伐

当前世界技术发展迅速，技术的影响范围广泛而且深入，以至于人们把各种技术发展称为"革命"：内燃机带来的工业革命，微电子带来的计算机革命，纳米技术带来的新材料革命，等等。技术的进步，使人类改变自然环境的能力大大加强，创造新资源、新效用的能力大大提高。在竞争的社会环境中，新技术推动新企业不断成长，也加速淘汰了许多落后企业。目前，互联网、人工智能等一系列技术的突破更将影响企业未来的发展路径。因此，企业不能对技术环境的影响掉以轻心。

2. 产品寿命缩短

技术发展带来的产品更新换代加速，使得新产品寿命周期也大为缩短。近几十年，约有 20% 的新产品寿命不超过 10 年，而 80% 以上的新产品无法享有 20 年的主宰地位。其原因就是技术进步。同时，顾客的需求也在不断发展变化，给产品的更新换代带来了巨大压力。世界各国从政府到企业，都非常重视对科研经费的投入。总体来看，我国科技经费投入快速增长有力支撑了创新型国家建设，但在研发经费投入强度、基础研究经费占比等方面仍与世界科技强国建设要求存在一定差距。因此，必须增强企业技术和新产品开发的投资意识，加快新产品研发的步伐，提高产品的竞争能力。例如，华为的研发投入占比一直保持在高位，2022 年华为研发投入达 1 615 亿元，占全年收入的 25.1%。这一比例远高于国内同行的平均水平，显示出华为对研发的高度重视和持续投入。

3. 团队或合作研究

组织一支研究队伍，有目标地联合攻关，这是第二次世界大战前后产生的新的研究工作模式。当今世界各国，特别是在发达国家，一些重大的发明创造、技术进步都是在科研机构、大学以及企业等通力合作下实现的。我国的企业要积极进取，合理组建研究开发队伍，充分发挥产学研创新模式的协同效应。尤其在创新生态系统（innovation ecosystem）时代，创新行为不是单个创新主体决策的结果，更多的是由多个主体在一个共建、共享、共生的创新生态系统中相互合作、共同参与完成的。企业只有开放合作，才能实现多方共赢。例如，2025 年 3 月，比亚迪召开发布会推出了兆瓦闪充电池、全球首款量产 3 万转电机、全新一代车规级碳化硅功率芯片等多项全球领先的技术产品，宣布将兆瓦闪充技术向全行业开放，并已联合国家电网、华为等企业，向国际电工委员会（IEC）提交 12 项超充标准提案，涵盖安全规范、通信协议、接口标准等关键技术领域。

4. 跨界

国界、产业边界随着互联网时代的到来不断地被跨越，许多企业面临着全方位、立体式的竞争压力，比如汽车产业刮起的特斯拉旋风、银行业被支付宝逼宫，这些都是全新的挑战，企业唯有持续创新才能积极应对当前的产业竞争环境。

今天的企业，在面临全球资源稀缺和节能环保的巨大压力之下，必须在技术创新方面有所突破，或者至少跟上技术发展的步伐。作为一个企业管理者，尤其是企业高层决策者，必须留意企业所处的技术环境，了解当前新技术发展的趋势，以保持企业竞争能力和可持续发展优势。

当然，跨界不等于无边界，有所不为才能有所为。企业的开放创新是以自身的核心成长为基础进行开放且有边界的跨界与创新合作。

5. 人工智能与数字技术发展

随着 5G 时代的到来，以人工智能为代表的数字技术推动各领域向数字化转型升级。以人工智能为代表的数字技术在数据分析和决策效率上有显著优势，将有助于对研发设计、生产制造、经营管理、市场服务等环节的高效赋能，促进全产业链的协同转型，成为未来经济增长的新动能。

而元宇宙更是集成了一大批现有技术，包括 5G、云计算、人工智能、虚拟现实、区块链、数字货币、物联网、人机交互等，是人类运用数字技术构建的，由现实世界映射或超越现实世界，可与现实世界交互的虚拟世界。

2025 年 1 月，DeepSeek 发布人工智能大模型 R1，R1 凭借较少算力资源实现了和全球顶尖人工智能大模型相当的效果，打破"堆算力"的传统路径，引发人工智能研发领域巨震。DeepSeek 应用程序在短短一个月内累计下载量超过 1.1 亿次。DeepSeek 模型采用开源模式，任何人都可以从官网自行下载与部署模型，网站提供了详细说明模型训练步骤与窍门的文档。一时间，几乎国内所有主流互联网平台、云服务商、高等院校等都全面接入 DeepSeek 模型，以响应公众对人工智能的需求。

二、政治和法律环境

国家的政治和法律环境直接影响企业的发展战略。政治与法律属上层建筑领域，它们相辅相成，互为因果关系。政治与法律环境由当权的政府构造，企业必须在既定的法律构架下从事生产和经营。

从世界范围内分析，构成一个国家政治环境的要素有：① 政党多寡；② 执政党的主张；③ 政权的稳定性；④ 政府官员的廉洁勤奋程度；⑤ 行政手续繁简；⑥ 社会开放及民主程度；⑦ 对工商企业管制程度；⑧ 对外国投资企业管制程度；等等。

2016 年英国脱欧、2018 年中美贸易摩擦升级，民粹主义、贸易保护主义、逆全球化思潮凸显，2022 年俄乌冲突爆发且持续，更进一步加剧了学术界和实务界有关经济全球化的讨论。我们需要认识到，近 10 年，新兴市场国家的崛起、人口结构与收入差距的变化以及全球债务泡沫和资产价格的膨胀，不应成为阻碍经济全球化的借口。经济全球化是社会生产力发展的客观要求，是科技进步的必然结果，是满足人类美好生活需要的必由之路。技术创新、知识与信息以及人才的跨境流动、跨境贸易与投资自由化，是全球经济可持续发展的动力。

政治和法律给企业的生产经营创造了复杂的环境。因此，企业管理者要熟悉适用于本企业经营活动的法律上的必要条件和限制因素。有见识的企业管理者通常聘请法律和政治方面的专家当自己的顾问，请他们帮助预见和处理政治问题，预见和应对法律问题，以减少企业的决策失误，进而减少决策损失。

三、社会和文化环境

一个社会的价值观念、风俗习惯、社会成员接受教育的程度等因素也会影响企业的生产和经营。

（一）社会环境

社会是人群生活所组成的各种组织体及行为规范与态度的集合。在社会这个大家庭中，企业只是一个成员，比较重要的社会组织还有家庭、学术团体、公益团体、体育团体以及同乡会、职业公会、劳动工会、宗亲、宗教团体等。企业与这些组织和群体同处共生，不得不注意相互之间的影响关系。

1. 家庭

家庭对于企业管理者、员工以及顾客的行为都会产生积极或消极作用。比如家族式企业，具有浓厚的家庭色彩，对于企业的发展战略、管理体制、管理者行为以及员工的心理和行为都有影响。另外，随着互联网与电子商务的不断发展，顾客的消费行为也发生了很大变化。企业必须看到这一现实与发展趋势，把握机会，促进企业的生产经营和发展。得益于网络化、数字化技术的兴起，未来企业员工选择远程办公、居家办公会成为新趋势，这在提高人们的工作效率和生活质量的同时，也给那些对工作和生活充满激情的人们提供了一种实现自我价值的新方式。

2. 社会团体

现代社会里的各种团体形形色色、五花八门。一个越开放及进步的社会，此类团体的数量和活动就越多；反之，越落后和闭塞的社会，这些团体及活动就越少。学术团体不仅在专业技术领域可以为企业技术进步提供帮助，在创造和拓展市场方面也能起到积极作用。目前，在节能环保方面，学术团体的影响力越来越大。体育团体对相关产业的影响力是很大的，比如健身运动可以影响健身器材、服装鞋帽等的生产和品牌的发展。公益团体在近几年发展较快，为推动社会公益事业、协助有社会责任的企业在大众中树立良好形象起到了积极作用。

3. 人力资源

人力资源的发展变化对企业的影响是很关键的，不仅是管理者队伍和员工的整体素质，还有顾客的发展变化，都与企业密切相关。教育水平和人才观念是其中很重要的因素。从"读书无用"发展到"唯有读书高"，我国的教育发展有了翻天覆地的变化，大量的接受高等教育的人才队伍推动了企业的发展。同时，顾客的消费观念和行为也随着国民受教育水平的提高有了很大发展。随着经济社会的发展和人口结构的变化，未来职业化教育（vocational education）会受到更多的重视，具备某一行业特殊技能、专业知识的技能型人才会成为企业发展的关键人才。例如，江苏太仓市持续探索"标准化＋职业教育"的双元制职业教育人才培养模式，为高质量技术型人才培养打开了新思路，构建了新路径。

4. 公共卫生安全

2020 年全球新冠疫情暴发，对全球经济和企业的发展带来持续、巨大的冲击与挑战。全球公共卫生安全会影响企业正常的商务往来，在充分考虑公共卫生安全前提下，创新的消费场景、提供"线上＋线下"沉浸式消费体验、带动消费升级是当今企业实现快速发展的当务之急。

（二）文化环境

文化是人类社会所拥有的知识、信仰、道德、习惯和其他才能与偏好的综合体。从总体上看，文化环境的变化是缓慢的，但就一段时间（如相隔 10 年、20 年）而言，其变化还是明显的，尤其是物质文化的改变。一个 40 岁的人回顾 20 年前的事物与人们的行为，必然会感叹文化变化的快速。

社会文化的不断演进对企业而言是一项重要的外部影响因素。人类学家早就指出，文化的不同将反映出人们价值观的差异，从而影响企业经营的方法。

1. 对权威及下属的看法

我国传统文化尊重中央集权，比较讲究下属的忠诚、服从。此种文化对行政管理和维护国家的统一是非常有效的，但在大型、复杂的企业组织里，效果并非最佳。从现代企业管理的发展趋势看，大型企业更需要分权、尊重下级、提倡民主和参与精神。

2. 机构间的合作精神

一个有益于企业管理的文化应该是企业组织、政府机构、教育机构及各社会团体相互密切合作，形成社会化的环境，使全国成为一个"公司"。在这方面，有的国家企业众多，为了各自的利益相互竞争，但在对外贸易、涉及民族利益时抱成一团，如同一个公司，确切地说是一个坚实的"联合体"。

3. 追求团体成就并努力工作的态度

高度追求团队成就并努力于个人工作岗位的态度，是社会文化的一个重要方面，越是倾向于全心致力于团体成就的文化，就越有助于现代企业的经营；同时，个人若能时刻思考如何贡献于工作岗位，而非只想靠岗位混日领薪，企业的发展也会更有希望。

中国人的勤奋、耐心举世闻名。个人工作努力也许为物质生活而为，也许为心理成就所动，若能再加强高度追求团体成就的精神，则有助于推动企业乃至整个社会实现更好的发展。

4. 社会阶层及就业迁移性

随着城镇化水平的提高，大批高校毕业生进入不同的城市就业。伴随信息化和数字化技术进步和应用，大量新就业群体[①] 出现。由此带来的文化融合不仅有助于经济社会的发展进步，也推动了企业的多元化成长。

5. 追求美好生活的态度

追求美好生活的态度是引导人们勤奋工作、发展经济、提高生活水平的原始动力。中国政府先后出台一系列发展政策，鼓励全国人民团结奋斗、不断创造美好生活、逐步实现共同富

---

① 社会学界对此已经有了很多研究，这类群体也被称为"新职业群体""新零工经济人群""新业态从业者""平台经济从业者""灵活就业人群"等。

裕。无疑，这些做法对推进现代社会文化和现代企业发展十分有益。

6. 追求改变与冒险的态度

现代企业成功的要素之一，就是创新、改变与冒险突破。企业是在市场竞争中求生存、求发展的。企业在竞争压力的困境里，最佳的解围策略就是集中力量于战略点的突破创新，优势是在变化中形成和发展的。

在不断扩大对外开放的我国，东西方文化交织在一起，影响着人们的心理和行为，许多人的生活价值观念正在发生着变化。现代企业管理者应该密切注意文化变化的新趋向，因为它会影响企业的现在和将来。

本章小结

企业管理，就是企业管理层为了实现企业目标而有效整合企业资源的过程，包括进行计划、组织、领导、控制等职能活动。

随着企业环境的变化和企业管理理论与实践的进步，以人为本、扁平化组织以及创新管理等成为企业管理发展的重要趋势。

由于市场竞争环境的压力，企业管理者队伍的职业化发展已经成为一种趋势，这为 MBA 教育创造了条件。但是，必须注意管理实践对于管理教育的重要意义，因为仅仅依靠课堂是不能教育出高素质的管理者队伍的。因此，认识管理者的素质要求和相关的能力要求，对学习企业管理知识而言大有好处。

企业是社会的一个构成部分，它不可能离开整个社会而独立存在。企业的生存和发展除了自身的条件外，还与企业外部环境有关。一名卓有成效的高层管理人员，既要考虑本组织的自身条件，又要考虑外部环境的种种影响。本章内容主要探讨影响企业生产经营活动的经济、技术、政治、法律、社会和文化等环境。

思考题

1. 企业的扁平化管理就是减少企业的中间管理层次，由公司总经理直接领导基层的员工，以便有效进行信息沟通吗？

2. 你认为管理者一定要"作曲"和"指挥"兼于一身吗？能否只当"指挥"呢？

3. 对于企业的环境，有哪几个关键的方面必须要时常关注？在新一轮科技革命和产业变革到来之际，你觉得企业应该关心哪些变化趋势？

4. 经过 2008 年国际金融危机、2018 年中美贸易摩擦、2020 年全球新冠疫情的洗礼与考验，那些成功走出困境的企业给了我们什么启示？

案例分析

▶ 案例 3-1：HTC 衰落背后

雪崩时，每一片雪花都负有责任。作为曾经的行业巨头，HTC 的衰落是多方面共同作用的结果。

　　宏达国际电子股份有限公司，简称宏达电子，英文缩写为 HTC。HTC 成立于 1997 年，最初从事手机代工业务。为了自我革新和突破，2006 年，HTC 开始创立自己的品牌，并于 2007 年、2008 年分别推出了 HTC Touch 和外形惊艳、名噪一时的 HTC Diamond 两款手机。再后来，HTC 与谷歌合作开发安卓系统的手机 G 系列，此系列手机一度让 HTC 一跃成为可以与苹果相抗衡的公司之一。HTC 在手机市场上一路高歌猛进，市场份额不断攀升。2007 年至 2012 年，苹果只发布了 5 部 iPhone，而 HTC 以量取胜，2008 年至 2012 年，加上 WM 系统手机，HTC 一共发布了超过 50 款手机。

　　2011 年，HTC 的全球手机市场份额达到 21%，仅次于苹果的 29%。彼时的 HTC 是安卓手机制造商中当之无愧的"一哥"，与手握大量通信专利的摩托罗拉和拥有完整手机生产链的三星不同，HTC 的优势在于手机系统操作界面更为人性化，在原生的安卓系统上，HTC 进行了大量的改进，这些优化大大改善了用户的体验，为 HTC 赢得了不少忠实的品牌粉丝。

　　但春风得意的 HTC 并不满足于此，它开始觊觎苹果的"宝座"。它不仅积极与各地的通信运营商达成合作协议，为它们提供定制手机，更开始引领手机科技创新的潮流：2011 年，HTC EVO 3D 发布，成为首部具有裸眼 3D 和后置双摄像头功能的智能手机；2013 年，HTC ONE X 问世，指纹识别功能第一次出现在了智能手机上……最辉煌时，HTC 的一举一动都牵动着整个智能手机销售市场，它的产品被消费者视为完美的艺术品，被竞争对手当作模仿的榜样。

　　然而，幸运之神没有一直眷顾 HTC。2013 年开始，HTC 的发展渐露颓势：2013 年第三季度，HTC 运营利润亏损 35 亿元新台币，销售收入同比暴跌 1/3；2015 年第二季度，HTC 亏损 51.4 亿元新台币，销售收入仅为上年同期的 50%；2017 年 9 月，连续亏损 9 个季度后，HTC 宣布与谷歌达成协议，以 11 亿美元的价格出售自己旗下移动设备部门的部分人员和相关非独家知识产权……①

　　曾经的市场宠儿 HTC，为何会被消费者所抛弃？又是什么原因，让庞大的行业巨头颓势尽显，积重难返？HTC 究竟做错了什么？

　　核心技术是市场制胜的秘诀。无论是后来的新兴安卓手机霸主三星、后起之秀华为，还是一直霸占着手机销量榜前列的苹果，都掌握着主板、芯片、闪存等手机重要元器件的设计和生产技术，这些技术大多集中在硬件领域，具有独占性和不可替代性，任何一个生产手机的制造商，都无法回避这些技术。而与此相比，HTC 的技术则主要集中在软件领域，手机系统操作界面的美观度和易用性等这些 HTC 曾引以为傲的"杀手锏"，随着竞争对手的不断模仿而逐渐失去了优势，而那些开创性的功能大多在不成熟时就被 HTC 推向了市场，这反而损伤了 HTC 的口碑。

　　同时，暂时的成功也蒙蔽住了 HTC 的高层。他们认为曾经成功的经验具有可重复性，于是面对瞬息万变的智能手机市场，他们不采取任何新的企业战略，只是不断地"啃老本"：万年不变的手机外形、偏执追求手机操作系统界面的与众不同、越来越不亲民的定价……HTC 逐渐失去了消费者的"芳心"，而面对竞争对手的不断推陈出新，曾经身为"老大哥"的骄傲，让HTC 不愿放下身段去模仿，故步自封让 HTC 一次又一次错过了跟上智能手机发展脚步的机会。

　　最后，也是最致命的，是 HTC 在与竞争对手直接交锋中的屡屡失败。欧洲、北美市场是 HTC 曾经非常重要的两大市场，这两个市场消费者的高购买力为 HTC 提供了大量的利润。然

而，这块"肥肉"也引来了竞争对手的觊觎，它们向HTC发动了专利"战争"，被动应战的HTC在一系列专利官司中屡屡败诉：2011年，美国国际贸易委员会裁定HTC侵犯苹果的647号专利，并于2012年4月19日对HTC涉及该专利的智能手机实施进口禁令；此后，HTC又在欧洲与诺基亚发生了多起专利纠纷，多次败诉让HTC越发陷入困境。雪上加霜的是，国内手机制造商强势崛起，华为、小米、OPPO……这些制造商和HTC展开了激烈的价格战，缺乏性价比的HTC手机逐渐失去了国内消费者的青睐，市场份额随之缩水。

2017年12月，HTC获批将部分智能手机资产移交谷歌，HTC股价涨了近6%，投资者貌似相信这笔交易能够提高HTC的盈利能力。2018年，HTC宣布一体机产品Vive Focus在中国虚拟现实（VR）市场大热，HTC将进一步发展VR业务，以减少全球智能手机市场竞争加剧带来的影响。

研讨 面对如今国外品牌的强大市场占有率，以及国内智能手机自主品牌的强势崛起，HTC会有新的出路吗？请深度挖掘相关资料并进行分析。

阅读文献

1. 尤建新，等. 管理与组织行为学. 2版. 北京：清华大学出版社，2023.
2. 彼得·德鲁克. 卓有成效的管理者. 许是祥，译. 北京：机械工业出版社，2009.
3. 泰普斯科特，蒂科尔. 赤裸的公司：透明化时代将如何推进企业变革. 上海：上海译文出版社，2008.
4. 查尔斯·莫里斯. 特斯拉：埃隆·马斯克的颠覆创新与商业智慧. 王正林，译. 北京：华龄出版社，2023.
5. 刘杰. 管理的颠覆：把握数字时代新机遇. 上海：东方出版中心，2023.
6. 黄卫伟. 以客户为中心：华为公司业务管理纲要. 北京：中信出版社，2016.

第二篇

组织与战略

第四章
企业组织结构

组织结构（organization structure），即组织的框架体系。就像人类由骨骼确定体形一样，组织也是由结构来决定其形状的。企业管理者设立和变革组织结构的行为称为组织设计。本章首先介绍企业组织结构的基本形式，即企业主要采用的组织框架体系；其次分析企业进行组织结构设计时需要回答的基本问题；然后讨论权变思想指导的组织结构设计；最后展望组织结构未来的变革与发展。

第一节　企业组织结构的基本形式

随着企业的产生和发展，企业的组织结构也经历了一个发展和不断演进的过程。到目前为止，企业尝试的组织结构的主要形式有：直线制、职能制、直线参谋制、事业部制、矩阵制等。随着互联网时代的到来，资源的概念、作用形式和价值出现了巨大变化，企业组织结构也开始呈现巨大改变。但是，即使如此，对传统的企业组织结构的认识仍然有助于构建企业组织的新形态。

一、直线制

直线制是一种最先出现的也是最简单的组织形式。它的特点是企业各级行政单位从上到下实行垂直领导，下属部门只接受一个上级的指令，各级主管负责人对所属单位的一切问题负责。部门内不另设职能机构（可设职能人员协助主管负责人工作），一切管理职能基本上都由行政主管自己执行。其结构如图4-1所示。

直线制组织结构比较简单，责任分明，命令统一，但要求行政负责人通晓多种知识和技能，亲自处理各种业务。因此，直线制适用于规模较小、生产技术比较简单的企业，对生产技术和经营管理比较复杂的企业则不适用。

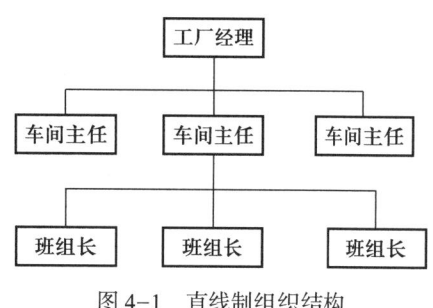

图4-1　直线制组织结构

二、职能制

职能制组织结构，是各级行政单位除主管负责人外，还相应地设立一些职能机构。如在工厂经理下面设立职能机构和人员，协助工厂经理从事职能管理工作，如设立计划科负责计划工作、设立财务科负责财务工作等。这种机构要求行政主管把相应的管理职责和权力交给相关的职能机构，各职能机构就有权在自己业务范围内向下级行政单位发号施令。因此，下级行政负责人除接受上级行政主管指挥外，还必须接受上级各职能机构的领导。其结构形式如图4-2所示。职能制能充分发挥职能机构的专业管理作用，但容易形成多头领导，导致下级无所适从，不利于建立和健全各级行政负责人和职能科室的责任制。

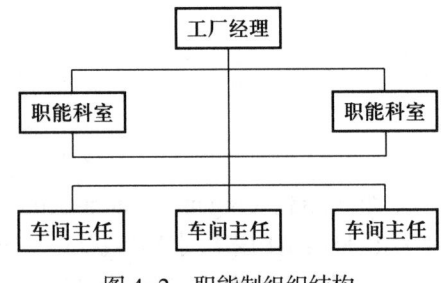

图4-2 职能制组织结构

三、直线参谋制

直线参谋制是在直线制和职能制的基础上，取长补短而建立起来的。这种组织结构形式是把企业管理机构和人员分为两大类：一类是直线领导机构和人员，按命令统一原则对组织各级行使指挥权；另一类是职能机构和人员，按专业化原则，从事组织的各项职能管理工作。直线领导机构和人员在自己的职责范围内有一定的决定权和对所属下级的指挥权，并对自己部门的工作负全部责任。而职能机构和人员，则是直线指挥人员的参谋，不能直接对部门发号施令，只能进行业务指导。直线参谋制既保证了企业管理体系的集中统一，又可以在各级行政负责人的领导下，充分发挥各专业职能机构的作用。直线参谋制组织结构如图4-3所示。

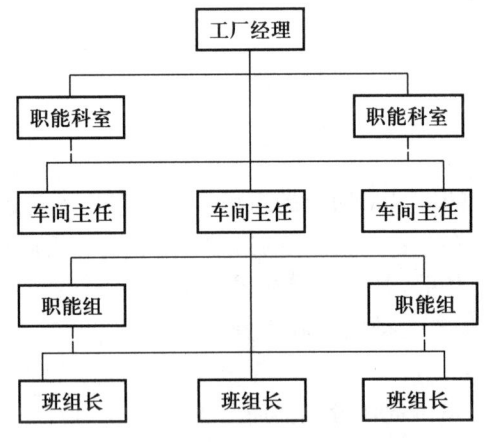

图4-3 直线参谋制组织结构

四、事业部制

事业部制最早是1924年由美国通用汽车公司时任总裁艾尔弗雷德·斯隆（Alfred Sloan）

提出的。它是一种高度（层）集权下的分权管理体制组织形式，适用于规模庞大、品种繁多、技术复杂的大型企业。

事业部制是分级管理、分级核算、自负盈亏的一种形式，即一个公司按地区或按产品类别分成若干个事业部，从产品的设计、原材料采购、成本核算、产品制造，一直到产品销售，均由事业部及所属工厂负责，实行单独核算，独立经营，公司总部只保留人事决策、预算控制和监督大权，并通过利润等指标对事业部进行控制。事业部制组织结构的一个例子如图4-4所示。

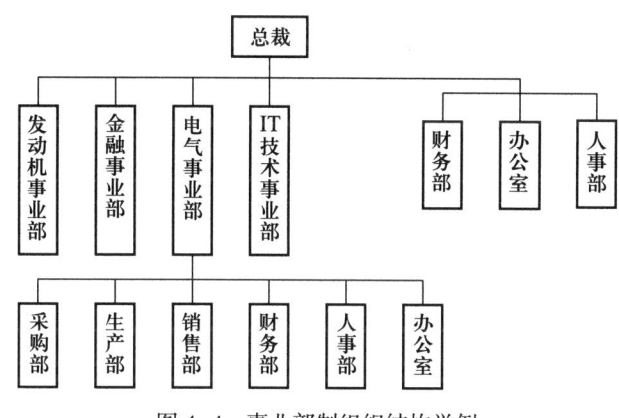

图4-4 事业部制组织结构举例

五、矩阵制

在组织结构上，把既有按职能划分的垂直领导系统，又有按产品（项目）划分的横向领导关系的结构，称为矩阵制组织结构。

矩阵制组织结构是为了改进直线参谋制组织结构横向联系差、缺乏弹性的缺点而形成的。它的特点表现在围绕某项专门任务成立跨职能部门的专门机构上，例如，组成一个专门的产品（项目）小组去从事新产品开发工作，在研究、设计、试验、制造各个不同阶段，由有关部门派人参加，力图做到条块结合，以协调各有关部门的活动，保证任务的完成。其示例如图4-5所示。这种组织结构形式是固定的，人员却是变动的，需要谁，谁就来，任务完

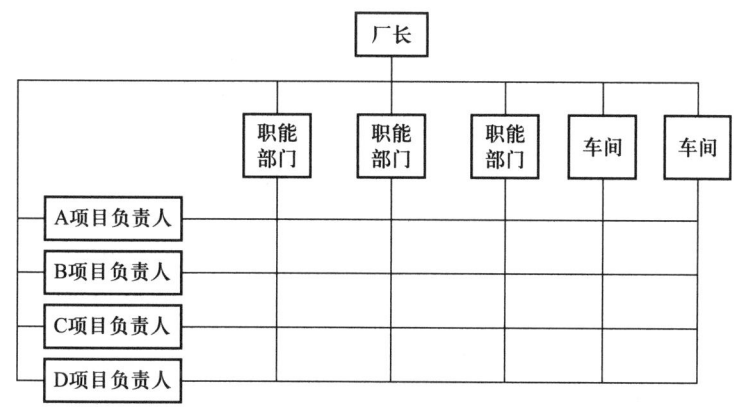

图4-5 矩阵制组织结构

成后就可以离开。项目小组和负责人也是临时组织和委任的，任务完成后就解散，有关人员回原单位工作。因此，这种组织结构非常适用于横向协作和攻关项目。

第二节 组织结构设计中的基本问题 ▮ ▮ ▮

对企业组织结构有了初步了解之后，可以进一步分析三个基本问题：① 怎么设置部门，依据什么标准设置部门？② 组织管理幅度为多少比较合适？③ 职权在组织中如何进行分配比较好？

一、部门化

部门化，就是将组织中的工作和人员组编成可管理的单位。部门化是设计组织结构的首要环节和基本途径，其根本目的在于有效地分工。

企业部门划分方法有多种，企业可以根据组织目标和单位目标选择有利的部门化方法。一般来讲，组织部门化依据的基础有下述几个方面。

1. 人数

由于组织中人数较多，若工作内容几乎完全相同，为便于管理，可将人员划分成几个部分，其标志为人数。这种部门化依据没有体现分工的优势。最典型的是军队中连、排、班的划分和学校中同一年级的学生分班上课。这种部门化方法有较大的局限性，如部队中有不同技术兵种的连排建制，他们的划分难以用人数作为标志；学校中也会按照专业或学科的侧重（兴趣、偏好等）进行编班；等等。

2. 职能

职能是分工的基础，因此也是部门化依据的重要基础。每个职能部门完成某项特定的工作，各个部门都负有不同的义务和责任。以职能为依据基础进行部门化的优点在于：提高了各职能部门的专业化程度，有利于节约人力和提高工作效率，减少了培训工作，简单易行且效果好。

3. 产品

按照产品和产品系列组织业务活动，在经营多品种产品的大型企业中显得日益重要。产品部门化主要是以企业所生产的产品为基础，将生产某一产品的有关活动完全置于同一产品部门内，再在产品部门内细分职能部门，进行生产工作。产品部门化有利于采用专业化设备，并能使个人的技术和专业知识得到最大限度的发挥，同时也有利于总经理评价各部门的业绩。

4. 顾客

为了满足不同顾客的服务需要，组织可以以顾客部门化来迎合某些顾客阶层，如设置精品部、中老年特色服装部、儿科等。顾客部门化方式的一个隐含假定是，每个部门所服务的顾客都有一类共同的问题和要求，各自需要不同的专家才能予以更好地解决。顾客部门化方式越来越受到重视。

5. 地区

对地理上分散的企业来说，按地区划分部门是一种比较普遍的方法。其原则是把某个地区或区域内的业务工作集中起来，委派一位经理来主管其事。按地区划分部门特别适用于规模庞大、地理上分散的公司，尤其是跨国公司。这种组织结构形态在设计上往往设有中央服务部门。区域部门化有助于将责任分配到区域，每个区域都是一个利润中心，有利于地区内部协调与沟通。

6. 过程

这是按产品形成过程的各阶段进行部门化。这样做有利于各过程的专业化，从而提高工作效率。

部门化的过程中有三点必须注意：第一，部门化工作以什么标准划分部门，其本身不是目的，它是便于完成组织目标的一种手段。第二，按某一标准划定部门后，不宜多变。必要的改进是不可或缺的，但变动过于频繁会影响工作效率和组织成员的心理状态，因而不宜多变，变则需慎重。第三，部门化所依据的基础不是单一的，可以先按产品部门化，后按职能部门化。

二、管理幅度

一个人究竟能领导多少个部门或直接的下级？对这个问题的回答即是管理幅度。管理幅度的大小还直接影响组织结构的另一个问题——组织层次。管理幅度增大，组织层次减少；管理幅度减小，则组织层次增多。因此，确定适宜的管理幅度对组织结构有很大的影响，在很大程度上制约了组织层次的多少。

（一）管理幅度和组织层次的限制

从充分利用人力资源的角度来讲，管理幅度越大越好。但是，管理幅度的增大带来了另一个问题，就是人际关系复杂化，难以实行有效的管理。比如，上级 A 只管辖一个下级 B，只存在一个关系 AB。如果上级 A 同时管辖两个下级 B 和 C，则构成了 6 种结构关系：AB 关系、AC 关系、BC 关系、A（C）B 关系、A（B）C 关系和 B（A）C 关系。法国管理咨询专家格兰丘纳斯（V. A. Graicunas）在 1933 年的研究报告《组织中的关系》（*Relationship in Organization*）中推出了一个有趣的公式：

$$N = n(2^{n-1} + n - 1)$$

式中，n——直接管辖的人数；

　　　N——人员之间的结构关系数。

于是可以计算出：有 3 个直接下级会产生 18 组关系，有 4 个直接下级会产生 44 组关系。由此可见，管理幅度的增大会带来人际关系的复杂化，这必须引起组织足够的重视。

然而，管理幅度的减小势必导致组织层次的增多，这也不是组织所希望的。因为，第一，组织层次增加，要求配备的管理人员也增多，并且增加了许多协调工作，增加了管理费用的投入。第二，组织层次增加，会对上下信息的沟通不利，影响沟通的速度并产生信息"失真"或"断路"。第三，组织层次增加，会使计划和控制工作复杂化，其效率和有效性降低。因此，组织要确定适宜的管理幅度，以便组织的层次有利于上下级之间的信息沟通和组织实施控制。

（二）影响管理幅度的因素

除了人际关系因素之外，管理幅度的变化还受到其他一些因素的影响。

1. 领导的能力

这是影响管理幅度的首要因素。如果一个领导具有较强的工作能力、组织能力、理解能力、表达能力，能与下级融洽相处，得到下级的信任、尊重和拥护，善断各类问题，从而减少了议而不决的现象，其管理幅度可以适当增大；反之，则必须减小管理幅度，以免力不从心。

2. 下级的素质

如果下级个个训练有素，具有独立的工作能力和丰富的工作经验，事事得心应手，则可大大减轻其领导的负担，管理幅度也可增大。因此，作为领导，一要严格挑选自己的下级，二要加强对下级的培养和训练。

3. 授权的明确程度

管理人员的有些负担是由组织结构设计不善和组织关系不明确造成的。其一是任务不明确，导致太多的请示；其二是权限不明确，导致事事需批示；其三是授权幅度与下级的能力不符，使其无法胜任，迫使领导事必躬亲。这些问题导致管理幅度不断减小，否则管理人员将不堪负担。

4. 计划的周全程度

如果制定的计划方案考虑比较周全，执行就会很顺利，从而减少管理者的协调和控制工作，可以适当地增大管理幅度；反之，若事事需随机应变、临时对策，会加重管理人员的负担，则管理幅度只能减小。

5. 结构的稳定程度

组织结构的稳定能减少管理者对工作的指导，可以适当增大管理幅度；反之，多变的结构将导致管理幅度相应减小。

6. 信息的畅通程度

上下级之间的信息沟通是否灵敏和快捷，也是影响管理幅度的重要因素。信息畅通，管理幅度可以增大；反之，只能减小管理幅度。互联网使信息透明、规整，但同时也增加了许多"噪声"，这一变化对于管理幅度的认识有很大影响。

7. 复杂的程度

管理问题越是复杂，其管理幅度越小；反之，则管理幅度可增大。比如，上层领导面临的决策问题以及对下级的指导越复杂，其管理幅度也就越小。随着对复杂问题认识的深入，大数据的作用越来越重要，也影响了对管理幅度的把握。

8. 组织的内聚力

组织的内聚力越强，相互配合就越默契，工作效率就越高，管理幅度就越大；反之，内聚力越弱，协调越困难，管理幅度将不得不减小。在知识员工比例不断提高的今天，主观能动性对于内聚力的影响逐步提升，对管理幅度应该有更新的认识。

三、组织中的权力分配

由于组织结构中各岗位被授予的权力不同，组织中各岗位之间形成了上下级组织关系。权力是指为了达到组织的目标而进行行动或指挥他人行动的权利。权力的运用只有与组织目标的实现相一致，并发挥出有助于组织目标实现的作用，才能实现有效的管理。权力在企业组织中的分配是组织结构设计的重要内容，在组织结构设计中重点要研究组织的集权和分权、直线权力和参谋权力两个问题。

（一）集权和分权

分权，就是上级把其决策权分配给下级组织机构和部门的负责人，以便他们能行使这些权力，支配组织的某些资源，自主解决某些问题，完成其工作职责。与分权相对应的是集权。集权，是指把决策权集中在组织领导层，下级部门和机构只能依据上级的决定、命令和指示办事，一切行动听上级指挥。

组织目标的一致性必然要求组织行动的统一性，因此，集权是必要的。但是，一个组织有其组织结构，存在上级和下级之间各组织层次及职能的分工。实行分工就必须分权，否则组织就无法运转。因此，集权与分权对组织来讲都是必不可少的，是缺一不可的，且其程度都是相对的。本该由下级获得的权力过于集中，则是上级的"擅权"；同样，本该由上级掌握的权力过于分散，则是上级的"失职"。所以，集权和分权都要适度，从国内企业的实际情况看，许多组织都存在权力过分集中的倾向，这样就造成了一系列弊端，如降低决策的质量和速度、降低组织的适应能力、降低组织成员的工作热情等。

影响集权与分权的因素可能来自主观方面，也可能来自客观方面。从主观方面来讲，组织的最高领导的个人性格、爱好、能力、价值观等都会影响职权的分散程度。比如，有的上级非常信任其下级，喜欢职权分散一些，这样既可调动下级工作积极性，又可减轻自己的负担，何乐而不为呢？而有的上级对别人的能力和动机始终抱着怀疑的态度，事必躬亲，使委任给下级的职权形同虚设，不能起任何作用。客观因素的作用往往比主观因素更大，主要表现在组织规模、决策的风险和缓急程度、投资结构、下级素质、控制能力等方面。

一般来讲，涉及组织的重大决策问题，如目标、战略、政策、综合计划、财政预算等，应倾向集权；而具体的执行工作应尽量将权力委任给下级。

（二）直线权力和参谋权力

在组织关系中，除了上下级的权力关系，还存在另外一对有着同样重要意义的权力关系，即直线权力和参谋权力的关系。

直线权力包括两层含义：第一，直线权力将赋予上级指挥下级工作的权力，实际上就是一种下命令的关系。凡对某一工作范围负有直接责任的人，必须被委任直线权力。第二，直线权力是对于达到组织目标具有直接贡献、负有直接责任的权力。比如企业组织中直接致力于产品和劳务的生产和分配的职权。

参谋权力不能直接发布命令，这种权力仅限于向直线人员或其他参谋人员提出建议，具有顾问性、服务性、咨询性和建设性。参谋权力的任务是协助直线权力有效地实现组织目标，通常表现为咨询、服务、检查等。

直线权力表现为命令和指挥权，参谋权力表现为咨询和建议权。参谋人员的建议只有被直线人员采纳并通过命令下达才能起到作用。因此，直线权力和参谋权力的关系是"参谋建议，直线命令"的关系。

协调好直线权力与参谋权力的关系，要注意五点：① 明确直线权力与参谋权力各自的职责范围；② 如果设置了参谋权力，直线人员就应注意倾听参谋人员的意见；③ 随时向参谋人员提供有关信息，充分发挥参谋权力的作用；④ 提高参谋人员的素质和工作水平，以保证参谋的质量；⑤ 创造直线权力与参谋权力相互合作的良好气氛。必须清楚，组织目标的实现是直线权力和参谋权力共同存在的基础。参谋权力的任务是协助直线权力实现组织目标，直线权力则应借助参谋权力更好地为组织目标的实现作出贡献。组织的最高领导要维护直线人员与参谋人员的团结和协作，两者对于实现组织目标都是不可或缺的。

第三节　组织结构设计的权变思想

企业组织结构的设计没有"放之四海而皆准"的理想模式，于是有了权变组织理论。权变组织理论的核心在于把组织看作一个有机的系统。一个组织的结构和职能必须以组织所处的外部（大系统）或内部的许多环境因素（子系统）为基础，并依基础的不同而不同（权变）。

一、权变组织理论考虑的影响因素

（一）组织规模

随着组织规模的扩大，组织结构、组织控制和组织协调的正规性和复杂性能够使组织结构更为规范、组织关系更具有指导性。

（二）经营战略

美国经济管理史学家钱德勒（Chandler）在其 1962 年的著作《战略与结构》中通过对美国工业企业的历史考察，提出了著名的论断，即企业的组织结构决定于战略，而战略又是对市场环境的反映。简化的因果链可表示为：市场—战略—结构，当然，更准确地说还应有其他影响因素。组织结构是为组织目标和战略的实现服务的。不同的组织目标和战略，需要有与其相适应的组织结构。当组织目标及其经营战略发生了变化，组织结构也应相应调整。这些调整可以表现为组织中一些部门的重新划分、新增或撤销，以及一些权责关系的变动和工作内容的重新计划等。

（三）技术

企业组织需要采用某种技术进行生产和管理，企业采用不同类别的生产技术，就会选择不同的组织结构与之相适应。管理技术的改进也会推进企业组织结构的变革。例如，信息技术的推广、数字化转型使得组织的管理幅度得到一定的增加，促使组织结构向扁平化方向发展，中层管理者的比例减少，管理者快速反应的能力提升。

（四）成员个性

有效的组织结构要同组织成员的个性和愿望相一致，因为不同的人对待组织的原则、政策、程序和控制方法的态度是不同的。比如，青年人大多希望组织为他们提供较多的弹性，年长资深者则愿意接受严格的规章制度；受过良好教育的人能很快熟悉工作，并且更自觉和有效地工作，而缺乏教育的人往往需要有更多的指导，否则就会手足无措。一般来讲，凡不希望参与和不依赖别人鼓励、有较强独立工作能力的人，喜欢比较正规的组织结构和激励模式；而希望相互参与和依赖内在激励的人，则比较喜欢参与性的组织结构和比较轻松欢快的激励模式。随着"00后"甚至"05后"员工的加盟，企业文化的多元化趋势已经越来越明显，权变思想更为重要。

（五）目标一致性

当组织目标与成员目标比较一致时，强调参与性是比较适宜的。但是，如果组织目标与成员目标有分歧，则必须更多地依靠外部控制和正规结构来进行适当的控制。针对组织与员工是否志同道合的评估将成为人力资源管理的关键。

（六）系统状态

当组织的状态不佳时，需要强调正规的结构和严格的指导，以纠正和挽救系统的不平衡状态。当组织的状态正常和稳定时，则可以较多地采用参与性的组织模式，以更好地发挥资源价值。

（七）决策层次

不同性质的决策应采取不同的处理方法。有些决策可以放在基层制定，并强调参与性；而有些决策必须在上层制定，有时还必须强调"防火墙"，以摆脱"噪声"干扰。

（八）环境稳定性

外部环境是组织具有稳定的组织结构、工作内容、工作方法的重要外部条件。环境不稳定，组织结构、工作内容、工作方法都要相应变化，一切会变得复杂。不同的工作内容，受环境变化的影响也不同，从而使协调和沟通工作变得更加重要。为了保证组织效率和有效性，组织结构的稳定性和适应性都是不可或缺的。一般认为，在相对稳定的经营环境下，组织结构可以更正规化、正式化；在环境不确定性较高的情况下，组织结构应该是更为精干和灵活的。在当前乌卡（VUCA）时代，即组织将处于不稳定（volatile）、不确定（uncertain）、复杂（complex）和模糊（ambiguous）的状态之中，规范组织结构将是一个艰巨任务，一切规范都可能是相对的，而改变是绝对的，由此提升了权变的重要性。

二、有效组织管理的基本原则

企业组织结构的权变性质使得人们难以从结构本身评价多个组织结构之间的优劣性。于是，管理研究人员从另外的角度突出了组织结构的评价标准。一般认为，为了提高组织效率，在组织管理中必须遵循下述十项基本原则。

（一）目标一致

要保证组织上下目标一致，让组织目标为每个成员所了解，从而使组织的所有成员有一个共同的努力方向。

（二）集权与分权兼顾

战略性的权力集中在最上层，战术性的权力尽量下放，以便发挥各层人员的自主性、灵活性和积极性。

（三）命令统一

命令要统一，不能令出多门，造成下层无所适从。

（四）职权相称

有职无权，无从尽职；有权无职，滥用权力；职高于权，难以尽职；权高于职，干涉他人。权职相称，才能以权尽职。权力主要体现为资源配置方面的力量。

（五）绝对责任

委权使得下级负有对上级的责任，但任何时候上级都负有绝对的责任。

（六）专业化

工作要精益求精，提高效率。所以，要提倡专业化与分工协作。

（七）机构精简

在信息技术的支持下，组织设计可以复杂，但组织运作和表现形态必须简明，从而保证信息沟通（包括认知和共享）良好。

（八）管理幅度合理

高层管理者直接领导的下级不宜过多，基层则相反，以提升指挥和协调的效率为原则。

（九）具有弹性

组织结构应具有弹性空间，以便适应环境的各种变化。

（十）经济性

投入产出比是一个很重要的效率指标，但更重要的是看效果。

第四节 企业变革与发展

企业像人一样，也是一个有机体，要适应各种发展变化，才能在竞争中生存和发展。为了适应发展变化，企业往往需要进行变革。

一、企业变革的原因

企业变革的原因，主要在于企业外部和内部环境的发展变化。

（一）外部环境影响因素

企业的外部环境主要有社会经济环境、技术进步、市场竞争的影响、社会价值观的变化等，这些因素都影响着企业的变化。例如，国际贸易摩擦、传染病肆虐、战争爆发、资本市场的开放、新技术的兴起、外交局势的转变等都会迫使企业作出相应的反应。从政治方面看，政策法规的变化会对企业造成影响，如从核准制到注册制的转变、相关法律政策的变动等。从技术方面看，当代科学技术发展日新月异，新产品层出不穷，加之互联网的推波助澜，给传统企业带来了强大的压力，企业不适时变革组织结构，就有被淘汰的危险。另外，经济的繁荣与萧条、物价的涨跌、居民可支配收入的波动、投资者的变化、社会文化和社会价值观的变化等，都会引发企业组织的变革。

（二）内部环境影响因素

企业内部也有许多因素迫使企业进行变革，如组织目标、人员素质、技术水平、个人价值观念、权力结构系统、管理水平和人际关系的变化等。

什么情况下企业需要变革？西方组织管理学家西斯克（Schienstock）对组织变革的征兆作了深入的研究，认为当组织出现下列情况之一时，就表明该组织需要变革：

（1）决策的形成过于缓慢或时常作出错误的决策，以致常常错失良机。

（2）组织沟通不良，造成不协调、人事纠纷等严重后果。

（3）组织的主要功能已无效率或得不到正常的发挥。

（4）组织缺少创新，没有新的或良好的办法出现，致使组织停滞不前。

二、企业变革的阻力

变革是现代社会永恒的主题。但是，就生产关系变革、组织结构与制度的变革而言，其涉及面广、变革的时间较长且结果具有不确定性，人们对变革存有顾虑，由此产生变革的阻力。

（一）来自个人方面的阻力

多数员工习惯于稳定的工作状态，对企业变革和发展的目标、重要性、紧迫性等缺乏充分的了解和准备，所以，当企业的变革触及员工个人原有的观念、利益、专业、规范、传统、习惯时，员工在心理上和行为上会产生抵触，从而形成变革的阻力。产生这类问题的主要原因可以归纳为：① 变革导致的未知因素引起员工心理恐惧和抗拒感；② 变革造成既得利益的减少和权力丧失，引起员工的反感和不满。表象如此，其实质是信息不对称、沟通不畅通、交流不充分。

为了减少阻力、增强变革的动力和适应变革的要求，企业应该通过沟通、交流，尽量让变革的信息对称，让企业员工了解变革的需求并参与变革计划的制定，使他们心中有底，认清变革的原因和影响。要形成不断进取的企业文化，激发员工接受新观念的愿望，提升员工学习和接受改变的工作能力，树立刻苦、坚毅、进取、负责任和守纪律等优秀品德。

个人适应变革并不是一件容易的事，多年形成的职业习惯和思想观念难以在短时间内迅速转变。要做到"放下包袱、轻装上阵"是相当困难的，即使愿意接受转变的人，转变的方向和程度也会各有不同。因此，在企业变革中消除或减少个人阻力的工作是很艰巨的，管理者需要有足够的耐心和持续改进的毅力。

（二）来自组织方面的阻力

在多变的世界中，组织的变革是绝对的，而组织的稳定则是相对的，适当的和适时的变革不仅有利于组织的发展，也有利于组织的稳定。

企业变革形成的新的组织结构和新的行为规范、新的人际关系等，都会在一定时期内成为变革的障碍，原本稳定的制度、程序会因此支离破碎，对于变革的怀疑和恐惧将可能动摇管理团队的变革决心，削弱组织支持变革的力量。

消除来自组织方面的阻力需要的是战略的力量，管理者从顶层设计开始就坚定变革的信心，并对可能出现的风险、困难等有充分的估计和准备。

（三）克服变革阻力的具体方法

企业克服变革的阻力可采用如下方法：① 说服并动员尽可能多的员工参与到变革中，增加变革的认同感；② 进行教育和加强沟通，提高对变革的认知并保持信息畅通；③ 变革要采取逐步展开的方式，有助于员工对变革的适应；④ 认真分析变革的有利因素和不利因素，争取得到绝大多数员工的拥护和支持；⑤ 对员工适当的激励，有助于提高组织变革的效率。

企业变革有主动与被动之分。有些管理者考虑到组织未来的发展趋势与可能的变化，从变化与发展的眼光主动制定出对本身组织结构进行改革的战略计划，做到随着发展而逐步地变革组织结构，这种有计划的变革被称为主动变革。主动变革也可能因某些原因而加速或放缓。这种对未来的发展具有预见性、前瞻性的积极变革，往往也会遇到更大的阻力，并且其较大的不确定性和战略意图不透明等问题，为化解阻力增加了难度。主动变革总是有计划地进行，这就要求管理者了解变革的阻力并筹划出克服这些阻力的适宜方案。具有权变思维的宏观形势研究是极其重要的，它将有助于设计变革的战略路线图和具体的实施方案，提升变革的成功率。

例如，重污染企业认识到其生产过程排放的废气对社会环境造成的不利影响，同时响应国家生态文明建设的号召，会积极主动变革，设立绿色研发部门、环境、社会和公司治理（enviromental，social and governance，ESG）委员会等，大力推动绿色创新研发活动。在绿色创新研发初始一定会面临人力阻力和组织阻力，需要企业有规划有针对性地推出适合企业绿色发展的方案。而被动变革，往往是基于政策变化、政府强制干预等因素，企业被动对组织结构进行调整和规划，如环境保护税费改革、罚款费用在会计上被记为具有执法刚性的税费等因素，倒逼企业调整自身内部治理结构与发展战略，进而减少企业污染排放。

三、企业发展的方向

现代企业有一个明显的发展趋势，即注重节能环保和健康发展。节能环保不仅是企业努力的一个方面，而且可能成为一个领域的新兴产业。因此，除了在传统产业通过技术进步进行改造外，一些企业开始转向资源类产业、新能源产业、环保产业以及服务型产业。这些产业的特点和发展技术虽各不相同，但它们有一个共同的特征，即能够进一步提升资源的使用价值。

为了在发展中获得财务的支持，一些企业开始向两极发展——从常规企业向集团化或微型化方向发展。前者有助于增强抗风险能力，在人力资源、金融、技术进步、市场和政策影响等方面获得优势；后者有助于分散和降低风险，提高专业化能力和运作效率。集团化、大型化的发展导致了企业的一系列兼并重组，在实践中部分企业实现了发展目标，但是也有一部分企业步履维艰，因企业环境的恶化而加快了失败的步伐。

微型化、小型化企业同样必须具备自己的竞争力才能健康发展。除了有正确的战略思想外，小微企业必须关注以下几种特色的建设：

1. 研发型

以自己特有的人力资源和技术设备进行新技术、新产品的研究和开发，并进行新产品经营。这类企业虽然规模小，但具有专门的知识和技术，在某一领域的研发方面具有一定的优势，而且人力资源队伍年轻而精干，目标明确，全力以赴，为达到自己的目标敢于冒险。

2. 智力型

企业主要从事智力劳动，把为别人提供知识产品和知识服务作为主要经营内容。这类企业的特点是人员少、智力高、资金占用少，主要在咨询服务、信息技术或具有特色的高技术领域。

3. 专业型

在某些或某个零部件方面具有专业特色和优势。这类企业在现代微型企业中所占比重较大，它们拥有固定生产场所和专用设备，专业化程度非常高，其产品主要是为集团型大企业服务，因而它们对大企业有很大的依附性，但工艺先进，经营灵活，产品更新速度快，对市场有很好的适应力。

进入"大云平移"（大数据、云计算、平台、移动互联网）时代，企业的形式和规模发生了巨大变化。特别是由于互联网的作用，企业呈现了"你中有我、我中有你"的混合形态，其规模的界定和发展速度超越了传统的认识。"大云平移"已经影响各行各业，改变了许多产业发展路径，促进了经济活动跨界发展，借助"大云平移"将是许多企业今后发展的必然趋势。例如，借助"大云平移"的力量飞速发展的远程办公软件，如 Zoom、腾讯会议等，也为企业今后的业务发展、组织结构变革提供了新的路径和趋势。

本章小结

随着企业自身的发展和经营环境的变迁，企业组织结构形式也经历了一个发展变化的过程。迄今，企业组织结构主要的形式有直线制、职能制、直线参谋制、事业部制、矩阵制等。部门化、管理幅度和组织中的权力分配是企业组织设计中的基本问题。企业组织的部门化可以依据职能、产品、区域、顾客、过程进行，管理幅度、管理层次、集权和分权、直线权力和参谋权力的分配等决定应该考虑企业的内外诸多因素。要以权变的思想来指导企业组织结构的设计工作，世间没有最好的、理想的组织结构模式可以照搬。

任何企业不管采用哪一种组织结构形式，都必须随着社会环境的变化而变化。企业变革的原因除了外部因素外，自身内在的变化是导致其结构变革的更为直接的原因，而且存在一定的演化和变革的规律性，不同的成长阶段会碰到不同的危机和相应的变革方向。企业变革将遇到来自个人和组织两方面的阻力，应该加以研究并克服。

思考题

1. 企业的组织结构有多种选项，选择的依据是什么？
2. 为什么说"要以权变的思想来指导企业组织结构的设计工作"？
3. 企业组织变革的原因是什么？请谈谈你对 VUCA 时代企业组织变革的看法。

案例分析

▶ 案例 4-1：杜邦公司的组织发展

杜邦公司是一个有 200 多年历史的老企业。在竞争非常激烈的美国，能够如此长时间保持持续发展能力和竞争活力的企业并不多。杜邦公司发展 200 余年而不衰的关键，在于其不断地进行组织创新，以与社会使命保持协调，为股东、客户、合作伙伴和社会创造新的价值，并从其中获得持续发展的动力。

1. 成功的简单组织结构模式

1802 年 7 月 19 日，E. I. 杜邦从法国移民到美国特拉华州，在白兰地酒河边买了一块地，开始建造他自己的火药厂。1804 年 5 月 1 日，杜邦公司开始生产并销售火药；1805 年，第一批火药出口到西班牙；1811 年，火药年产量达 20.4 万磅[①]，销售额达 12.2 万美元，杜邦公司成为美国最大的火药生产商。

在整个 19 世纪，杜邦公司基本上是单人决策经营，在亨利·弗朗克斯时代尤为明显。亨利·弗朗克斯·杜邦是杜邦公司创始人 E. I. 杜邦的儿子，是公司的第二代领导者。他是军人出身，接任公司后完全保持了军人风范，被人们称为"亨利·弗朗克斯将军"。他经营管理公司40 年，用军人严厉粗暴的手腕统治公司。公司的所有主要决策包括很多细微决策都由他亲自制定，所有支票都由他一个人开，所有契约、协议都由他一个人签，利润分配由他一个人决定。由于当时公司规模不大，经营产品单一，公司产品质量占绝对优势，市场相对简单，加之"亨利·弗朗克斯将军"精力非凡，这种管理模式取得了成功。亨利·弗朗克斯接手公司时，公司负债高达 50 多万美元，但在他手中，公司成为业内的首领。

然而，当接力棒传到公司的第三代继承人尤金手中时，这种经营模式终于崩溃了。尤金是亨利·弗朗克斯的侄子，他没有像他的伯父那样与公司一起成长的经历，也没有亨利·弗朗克斯那样充沛的精力。他试图继承伯父的风格，也采取绝对控制的方式，亲自处理具体事务，但很快使公司陷入复杂的矛盾之中。1902 年，尤金去世，两位副董事长和秘书兼财务经理终于相继累死，公司陷入困境。

2. 首创的集团式组织结构模式及职能化管理

在公司处于危机、无人敢接重任、家族准备将公司卖给他人的时候，3 位有过在铁路、钢铁、电气和机械等行业工作经历和大企业管理经验的堂兄弟担起了挽救公司的责任。他

---

① 1 磅 ≈ 453.59 克。

们果断地抛弃了"亨利·弗朗克斯将军"的管理方式，精心设计了一个集团式经营的管理体制，使杜邦公司成为美国历史上第一个把单人决策改为集团式经营的公司。

集团式经营最主要的特点是建立了隶属于最高决策机构董事会的执行委员会，委员会由高层经营管理者和一些助理组成，主席由董事长兼任。在职能分工的基础上，建立了制造、销售、采购、基本建设投资、运输和人事等职能部门。公司执行委员会建立了预测、长期规划、预算编制和资源分配等管理制度，对各类事务采取投票表决制。由于这种管理体制权力高度集中于委员会，实行统一指挥、垂直领导、专业分工等原则，公司秩序井然、职责清楚、效率较高，大大促进了公司发展。20世纪初，公司5种炸药已占全国产量的64%~74%，无烟军用炸药占100%。公司资产由1902年的2 400万美元，增加到1918年的3亿美元。

3. 分权的多分部组织结构模式

由于公司的发展快速，公司组织结构遇到严重问题。为此，公司进行了新的组织结构变革。在执行委员会下，除了由副董事长领导的咨询和财务两个总部外，还按产品种类设置了分部，在各分部下再设置职能部门。各个分部经理独立处理自己管理范围之内的事务。高层管理者通过财务与助手监督各个分部，用利润指标对他们考核。

这种体制把政策制定与行政执行分开，使高层领导摆脱了日常经营事务，使杜邦公司成为一个高效能的企业集团。由于组织结构具有较大弹性，公司经营领域拓展、业务扩张、发展新产品等工作顺利推进。在20世纪中期，杜邦公司已成为全球最有影响力的化学工业公司，控制了一大批有重要意义的产品的制造与生产。1967年，公司第11任领导人科普兰再次调整公司组织结构，史无前例地把公司总经理一职让给了非杜邦家族的马克，把财务委员会议议长也让给别人承担，自己只任董事长，从而开创了"三头马车式"的管理体制。

4. 逐步提炼并形成公司的管理理念

火药厂里处处有隐情，时时有爆炸的危险。杜邦公司经营将近10年的时候，厂里发生了一次毁灭性的大爆炸，死伤40多人，工厂几近瘫痪，而爆炸时浓烟滚滚、血肉横飞的情景成了E. I. 杜邦心中挥之不去的隐痛。痛定思痛，这次爆炸后，E. I. 杜邦给自己下了一条死命令，绝不能让这种事故再次发生，发誓要让他的工厂成为最安全的地方。为了表明自己的决心，E. I. 杜邦在新建厂房时索性把自己的家建在工厂火药库旁边，后面有一条小河与外界相隔。如果发生爆炸，最先受到伤害的就是E. I. 杜邦和他的家人。而由于有小河的阻隔，对其他人的伤害就可以大大减少。E. I. 杜邦还规定，在制造黑色火药时，任何一道新的工序在没有经过杜邦家族成员亲自试验以前，其他员工不得进行操作。

E. I. 杜邦这种"破釜沉舟"、让自己"置之死地而后生"的做法，充分体现了杜邦家族对工人和社会承担的责任和倾注的关怀。他身先士卒，倡导"责任关怀"的企业价值观，建设"以人为本，安全至上"的企业文化，养成了安全制度严格、员工自觉遵守、管理执行坚决的良好传统，公司业务不断发展壮大。然而，在生产炸药的企业，科研和技术创新也是非常危险的工作。在E. I. 杜邦去世44年后，一场触目惊心的意外爆炸使杜邦家族失去了一位著名的科学家——E. I. 杜邦的孙子。从那时候起，"安全第一"的理念成为每个杜邦员工的信仰，每项工作开展之前，他们都把危险因素考虑在前面，把恶性安全事故消灭在萌芽状态。

随着历史的发展，杜邦公司安全理念的内涵变得广泛而深刻。20世纪初期，"任何工业事故都是可以避免的"这一理念逐步扎根在杜邦员工的心中。经过多年发展，杜邦公司形成了"安全至上，不断创新"的理念和文化，安全标准世界第一，众多技术世界第一。正如杜邦公司一任 CEO 所言：我们之所以在不同历史关头勇于变革，实现自我转型，是因为我们有着不断改变和创新的基因。我们的祖先对于改变从未退缩。不过，有所变，也有所不变，不变的是我们的核心价值，包括安全、环境保护、职业操守和对人的尊重。

研讨 在杜邦公司的发展中，其安全理念给公司的组织结构带来了什么变化？其组织变革的过程对你有什么启迪？为什么？

▶ 案例 4-2：华为组织架构的演化

▶ 案例 4-3：美国科技公司的组织架构

阅读文献

1. 尤建新. 管理学概论. 5 版. 上海：同济大学出版社，2020.
2. 尤建新，等. 管理与组织行为学. 2 版. 北京：清华大学出版社，2023.

第五章
企业战略管理

战略（strategy）引导着企业的走向，是企业家实现其理想的具体内容。自 1965 年美国管理学家伊戈尔·安索夫（Igor Ansoff）出版《公司战略》（*Corporate Strategy*）以来，"战略"一词被广泛地应用于社会经济生活中的各个领域，成为管理科学领域中一门年轻的学科。经过几十年的发展，许多企业家和学者对企业战略的概念有着各自不同的观点和解释。服务于企业愿景和宗旨，是众人对企业战略的共同认识。

第一节 企业战略与战略管理

一、企业战略的概念

企业有成功，也有失败。关键的问题是为什么有些企业能够成功，而另一些企业失败了？为什么在激烈竞争的饮料行业中，娃哈哈一方面取得瞩目的成绩，而另一方面又陷入苦苦挣扎之中？同样，为什么沃尔玛在零售业中占据和保持强势的市场地位，而家乐福一蹶不振？问题是没有标准答案的，但其中有一个共同的原因，那就是企业所实施的战略，对该企业相对于竞争对手的表现具有重要的作用。

从广义上讲，企业战略包括企业的使命（mission）、企业的目标（goal）、企业的愿景（vision）和企业的政策（policy）等。持有此观点的代表人物是美国哈佛大学商学院教授肯尼斯·安德鲁斯（Kenneth Andrews），他认为：战略是目标、意图或目的，以及为达到这些目的而制定的主要方针和计划。战略决定着企业正在从事或者应从事的经营业务以及应该属于何种经营类型，它涉及企业所有的关键活动，而且与企业的外部环境紧密相连。因此，它应是长期计划的演变和发展。它体现了战略的两个基本特征：前瞻性——战略形成在经营活动发生之前；主观性——反映企业高层主管对未来行动的主观愿望。

另一位代表人物是美国管理学家安索夫。他根据自己在美国洛克希德飞机公司多年的管理经验，以及在大学里教学和咨询的经验，于 1965 年出版了著名的《公司战略》。他提出：企业战略就是决定企业将从事什么事业，以及如何从事这一事业。这种战略定义更强调关注企业外部环境，尤其是企业的产品构成和目标市场。随着经济全球化的加剧，竞争范围的确定成为企业的一项重要工作，现实中许多企业因业务范围过宽而形不成自己的竞争优势，同样也有许多企业因业务范围过窄而失去发展的良好机会。因此，确定企业正在从事何种事业或决定企业将要进入哪种行业，已经成为企业战略研究的中心议题。

此外，美国哈佛大学商学院教授迈克尔·波特（Michael Porter）在 1980 年出版了《竞争战略》一书。波特认为，战略的形成是一个设计过程。波特的研究为企业战略提供了一种理论基础而不是理论框架，他主张分析企业环境中影响竞争的五种力量，并提出了企业应用的通用战略：成本领先、差异化、目标聚焦等。他的观点至今为很多企业制定战略所用。

加拿大麦吉尔大学的管理学教授亨利·明茨伯格（Henry Mintzberg）认为，在企业经营活动中经营者可以在不同的场合以不同的方式赋予战略不同的定义。他提出了战略是由五种规范的定义阐明的，即计划（plan）、计策（ploy）、模式（pattern）、定位（position）和观念（perspective），即 5P。

企业战略所表现的形态是多样的。作为计划的战略应该是公开的，用于指导企业全体员工的行为；作为计策的战略是用于威胁和战胜竞争对手的一种手段；作为模式的战略表明战略不仅可以是行动前制定的，即由人们有意识地设计出来的，而且可以是人们行动的结果；作为定位的战略应当确定企业在环境中的位置，包括行为选择和在行业中竞争地位的选择；作为观念的战略应当体现企业中人们对客观世界固有的认识方式，是人们思维的产物，一种能够使企业成员共享的观念，有了这种不仅能够共享而且能够转化为全体成员共同行动的观念，战略才可能得到准确的执行，才能获得成功。

综上所述，企业战略就是着眼于企业的未来，根据企业外部环境的变化和内部的资源条件，为求得企业生存和长期发展而进行的总体性谋划。在谋划过程中必须始终牢记企业愿景和宗旨。

二、企业战略的特征

企业战略具有整体性、长远性、整体最优性、风险性、社会性、灵活性、系统性、指导性等特征。

（一）整体性

企业战略是以企业全局为对象，根据企业总体发展的需要而制定的。它规定了企业的总体行为，从全局实现对局部的指导，使局部得到最优的结果，从而保证全局目标得到实现。它所追求的是企业的总体效果，是指导企业一切活动的总体性谋划。

（二）长远性

企业战略的制定要以企业外部环境和企业内部条件的当前情况为出发点，并且对企业当前的生产经营活动有指导和限制作用。同时，企业战略制定的着眼点在于企业未来的生存和发展，只有面向未来，才能保证战略的成功。

企业战略立足于未来，是对较长时期内企业的生存和发展问题进行通盘考虑，从而决定企业当前的行动。凡是为适应环境变化所确定的、长期基本不变的行动目标和实现目标的行动方案，均是企业战略的研究范畴。而那些针对当前形势的，能够灵活地适应短期变化的，用来解决基本问题的方法都是战术。企业战略要实现战略与战术的统一和互动。

（三）整体最优性

战略研究立足于组织整体功能，按照事物各个部分之间的有机联系，把总体作为研究的主要对象，从总体与部分之间的相互依存、相互结合和相互制约的关系中，揭示总体的特征与运动规律，发挥战略的整体优化效应，达到预期的目标。

（四）风险性

风险性的实质是组织的变革，这种变革的正确与否关系到组织的生存死亡，具有很强的风险性，在制定企业战略的时候必须要采取防范风险的措施。同时，战略既是关于组织在激烈的竞争中如何与竞争对手进行竞争的行动方案，也是面对组织外部各个方面的压力时应付各种变化的方案，具有明显的抗争性。

（五）社会性

企业战略研究不能仅仅立足于组织的目标，还要兼顾国家和民族的利益，兼顾组织成员的利益，兼顾社会文化、环境保护等各方面的利益。制定组织战略时还要特别注意组织所应承担的社会责任，注意树立良好的社会形象，维护组织的品牌。

（六）灵活性

企业战略能够对整个企业的发展起指导作用，同时企业的战略需要灵活设定。企业所面对的外部环境是复杂的，在这样一个多变的环境中，企业所规划的战略也不可能是一成不变的，还需要根据行业的变化进行及时的调整，从而发挥战略对企业的指导优势，规避风险。

（七）系统性

企业战略应该立足长远发展，确立远景目标，并围绕远景目标设立阶段目标及实现各阶段目标的经营策略，以构成一个环环相扣的战略目标体系。同时，根据组织关系，企业总体战略需由各类子战略构成一个系统。

（八）指导性

企业战略界定了企业的经营方向、远景目标，明确了企业的经营方针和行动指南，并筹划了实现目标的发展轨迹及指导性的措施、对策，在企业经营管理活动中起着导向的作用。

三、企业战略的分类

（一）按照内容分类

企业战略按照内容可以分为总体战略、竞争战略、国际化战略、数字战略等。

1. 总体战略

安德鲁斯教授认为，总体战略决定和揭示企业经营目的和目标，确定企业重大的方针与计划、企业经营业务类型和人文组织类型以及企业应对职工、顾客和社会作出的贡献。总体战略主要是决定企业应该选择哪类经营业务，进入哪些领域。

2. 竞争战略

竞争战略又称经营战略，主要确定企业如何选择其经营的行业和如何选择在一个行业中的竞争地位，包括行业吸引力和企业的竞争地位。换句话说，竞争战略要解决的核心问题是，如何通过确定顾客需求、竞争者产品及本企业产品这三者之间的关系，来奠定本企业产品在市场上的特定地位并维持这一地位。行业吸引力指由长期盈利能力和影响长期盈利能力的各种因素所决定的行业对企业的吸引力，一个企业所属行业的内在盈利能力是决定这个企业盈利能力的一个重要因素。同时在一个行业中，不管其平均盈利能力怎样，总有一些企业因其有利的竞争地位而获得比行业平均利润更高的收益，这就是企业的竞争地位。

行业吸引力和企业竞争地位两者都可以由企业加以改变。通过竞争战略的选择，企业可以在一定程度上增强或削弱一个行业的吸引力；也可以显著地改善或减弱自己在行业内的地位。因此，竞争战略不仅是企业对环境作出的反应，而且是企业从对自己有利的角度去改变环境的行为。常见的竞争战略为：成本领先战略；差异化战略，又称别具一格战略；集中化战略，又称目标集中战略、目标聚焦战略、专一战略。

3. 国际化战略

国际化（internationalization）是企业跨越国家边界从事经营活动的战略行为，同时也是一种地域多元化（geographic diversification）的战略行为；既有国际产品的流动，也有国际生产要素的流动；既有进出口活动，也有对外直接投资（foreign Direct Investment，FDI），以及技术与管理咨询、非股权的国际合作和许可经营等。国际化战略的初级阶段，往往以利用和发挥母公司的知识和能力来适应各地的不同需要，即企业在其他国家的各种经营活动都是母国意识和能力的输出，在后期往往开始海外投资建厂，设立海外子公司拓展价值链活动，增加海外市场的经营管理活动，必要时候调整母公司战略。影响企业国际化战略的影响因素包括市场、成本、竞争和政府政策等，在管理活动中往往体现跨国性、复杂性、冲突性和可构建性等属性。

4. 数字战略

企业身处智能增强时代，必须考虑如何积累数字资源、掌握数字能力，通过制定和实施数字战略来抢占发展制高点和赢取竞争主动。数字战略意味着企业推进业务和管理模式转型，从基于传统竞争逻辑向基于新型数字逻辑的发展方式转变。有学者认为，数字战略是通过利用数字技术，更优地配置数字资源来创建和实现新的数字能力、打造数字化组织，更好地服务于公司业务组合、业务单元发展和客户需求导向的战略体系。

（二）按照层级分类

企业战略按照层级可以分为公司层战略、业务层战略和职能层战略。

1. 公司层战略

公司层战略包括发展战略、稳定战略和紧缩战略。发展战略是指采用积极进攻态度的战略形态，主要适合行业龙头企业、有发展后劲的企业及新兴行业中的企业选择。具体的战略形式包括市场渗透战略、多元化经营战略、联合经营战略。稳定战略是采取稳定发展态度的战略形态，主要适合中等及以下规模的企业或经营不景气的大型企业选择，可分为无增长战略（维持产量、品牌、形象、地位等水平不变）、微增长战略（竞争水平在原基础上略有增长）两种战略形式。该战略强调保存实力，能有效控制经营风险，但发展速度缓慢，竞争力量弱小。紧缩战略是采取保守经营态度的战略形态，主要适合处于市场疲软、通货膨胀、产品进入衰退期、管理失控、经营亏损、资金不足、资源匮乏、发展方向模糊的危机企业选择，可分为转移战略、撤退战略、清算战略三种战略形式。此外，制定公司层战略最流行的方法之一是由波士顿咨询集团（Boston Consulting Group）开发的公司业务组合矩阵，即 BCG 矩阵，具体如图 5-1 所示。

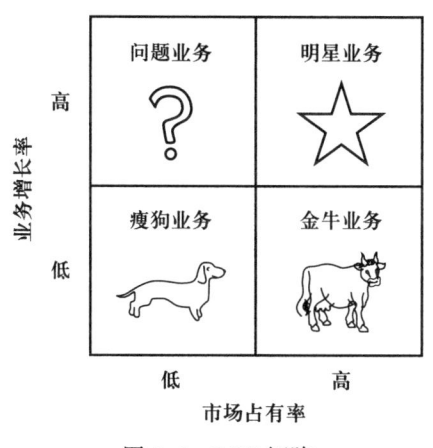

图 5-1　BCG 矩阵

2. 业务层战略

业务层战略是针对企业中能够独立运作的单个分部或战略业务单元（strategic business unit，SBU）而言的战略。总体上，业务层战略考虑的是协调和合并单位战略，使它们与公司层战略协调一致；开发有特色的竞争能力和每个单位的竞争优势；确定产品市场的恰当位置，并开发每项产品的竞争战略；监督产品和市场，以使战略在当前的发展阶段中适应产品市场的需要。

3. 职能层战略

职能层战略是为实现总体战略和经营战略，对企业内部的各项关键的职能活动作出的统筹安排。企业的职能层战略包括财务战略、人力资源战略、研究与开发战略、生产战略、营销战略等，职能战略应特别注重不同的职能部门如何更好地为各级战略部门服务以提高组织效率的问题。

概括地说，企业的总体战略和竞争战略分层次地表明了企业的产品、市场、竞争优势和基本目标，规定了企业的核心任务和总的方向，而企业要实现这样的战略设想，必须通过有效的职能活动来运用资源，使企业的人力、物力和财力与其生产经营活动的各个环节密切结合，与企业的总体战略和竞争战略协调一致才有可能成功。

四、企业战略管理过程

企业战略管理是决定企业将采取何种战略，以及如何对所选战略进行评价和实施，即企业战略管理包括战略制定、实施和评价的全过程。

战略管理过程的基本思路是：企业高层领导者要根据企业宗旨和目标，分析企业生产经营活动的外部环境，确定存在的经营机会和威胁；评估自身的内部条件，认定企业内部优势与弱点；比较企业及其主要竞争对手经营的优势和劣势，建立长期目标，制定可供选择的战略以及选择特定的战略实施方案。管理人员要尽可能多地列出可供选择的战略方案。所以，设计战略方案是进行战略决策的重要环节，在此基础上依据一定的标准对各个方案进行评估，以决定哪一种方案最有助于实现企业的目标，最后作出决策。

战略实施就是要将备选战略转化为行动方案，根据战略计划的要求，进行企业资源的配置，调整企业结构和分配管理工作，并通过计划、预算和进程等形式实施既定的战略。在执行战略过程中，企业管理人员还要对战略的实施成果和效益进行评价，同时将战略实施中的各种信息及时反馈到战略管理体系中，确保对企业整体经营活动的有效控制，并根据情况的变化修订原有的战略，或者制定新的战略，开始一个新的战略管理过程。因此，战略管理是一个循环的、不断发展的整体性管理过程。

战略评价是战略管理的最后阶段。由于外部及内部因素处在不断变化中，所有的战略都将面临不断的调整与修正，所以，管理者有必要了解战略管理各阶段存在的问题。这一阶段的活动包括重新审视外部与内部因素、度量业绩、采取纠正措施。

综上所述，战略管理过程是指对一个组织的未来方向制定决策和实施这些决策的过程。由此，战略管理过程可以大致分为两个阶段：战略分析与选择即战略规划阶段，以及战略实施与评价阶段。战略规划阶段的工作主要包括定义企业使命、建立企业的战略目标、提出企业的组织方针、建立实现企业使命的长期目标和短期目标、选择决定用于实现企业战略目标的具体战略方案、分析与评价企业内外战略环境。战略实施与评价阶段的工作内容主要包括建立实现企业战略的组织结构、确保实施战略所必要的活动能有效地进行、监控战略在实施过程中的有效性、进行战略评价等。

五、企业使命

企业使命应该是为满足社会需求而存在，是企业产生、生存和发展的基础。就具体企业而言，企业使命反映了两个方面的内容：企业哲学和企业宗旨。

企业哲学是企业为其经营活动方式所确立的价值观、信念和行为准则。企业哲学对于一家企业是至关重要的，它提出了企业的价值标准（价值观），确保企业内部对企业目的能够达成共识。它影响企业的全部经营活动和企业中每个人的行为，决定企业经营的成功与失败。它的重要性还体现在不论管理者是否认识到了这一点，也不论管理者是否采用了准确的文字来描述它，它都是客观存在的，且与其他任何企业哲学都是不同的，它决定着企业的活力，左右着企业的前途。

企业宗旨是关于企业存在的目的或对社会发展的某一方面应作出的贡献的陈述，有时也会被等同于企业使命。事实上，因为企业是社会的细胞，其宗旨必然存在于社会之中。尽管企业的宗旨陈述千差万别，但它必须要回答两个基本问题：① 企业是做什么的和按什么原则做的？② 企业应该树立什么样的社会形象以区别于同类企业？

六、企业目标

企业目标的确定在企业战略的制定中有着特殊的作用，它将企业使命和企业的日常活动联结在一起，将企业使命的内容具体化。企业目标就是实现其使命所要达到的预期成效，没有目标的企业是没有希望的企业。

（一）定义企业目标

企业目标规定着企业执行其使命时所预期的成效。企业的战略目标通常在一个财政年度以上。目标需要准确地描述，要尽可能量化，成为事后评价、考核的标准。

（二）目标与愿景的联系和区别

目标与愿景既有联系，又有区别，人们往往将它们混为一谈。企业愿景就是企业最终想要达成的目标，即"最终成为什么"。相比之下，企业一般所陈述的目标反映的是想要尽快达到的境地，以引导或测量人们的行为或行为结果，是即将实现、马上实现的规划目标。从这个意义上而言，愿景是一幅美景，即能够指引企业前进的目标蓝图。

七、战略方案选择

战略方案的建立与选择过程是一个重大的决策过程。战略方案的选择一般包括以下主要内容：分析战略选择影响因素；提出决策目标；确立方案标准；建立、比较和选择备选方案；评估风险。这里有三个要点：

（一）方案选择影响因素

企业在进行战略选择前，应该考虑以下因素：公司过去的战略、高层管理者对风险的态度、公司环境、公司文化与权力关系、低层管理者或职能部门人员的态度、竞争者的行为和反应、时限的长短。

（二）方案标准的分类

方案标准可以分为限定性标准与合格标准。限定性标准是指一个方案能够成为可行方案的最低标准，一般使用限定性标准来确定可行方案；合格标准是指判定一个方案最后是否能够作为最终方案的合格判定标准，一般使用合格标准来确定满意方案。

（三）选择方案标准时应该回答的问题

在战略方案的选择阶段决策者应该明确回答以下问题：什么样的方案可以达到这些标准？即什么样的方案可以达到预期目标？出现什么情况这个方案会失败？发生什么样的情况则会使这个方案产生负效应？对企业会产生什么负效应？对社会将会产生什么样的负效应？

方案标准不仅是判断方案可能产生的效果的标准，而且是判断一个方案是否可行或满意的标准，假如一个方案不能够对上述问题作出明确的回答，那么这一方案就不能列为可行方案。

第二节　企业战略环境分析

企业是一个开放组织，它的经营管理活动必然受到客观环境的控制和影响。企业的产生、存在和发展不仅是因为它们的产品或服务能满足社会的需要，也是因为它们能适应自身所处的环境。所以，把握环境的现状及未来的变化趋势，如何利用有利于企业发展的机会、避开环境的威胁因素，是制定企业战略首先要考虑的问题。企业战略环境分析就是要确定哪些外部因素会影响企业，这些因素将会发生哪些变化，这些变化会以何种方式影响企业，这些因素对企业影响的程度如何，等等。这些多主体、多层次、发展变化的战略环境构成了一个系统。

一、外部环境分析

外部环境可分为一般环境和具体环境两大类。一般环境是指能影响某一特定社会中一切企业的宏观环境，这种影响既包括对企业的直接影响也包括对企业的间接影响。具体环境是指能够直接地影响某个企业的微观环境。

（一）PESTEL 分析

企业宏观环境是指那些来自企业外部并对企业战略产生影响、发生作用的所有不可控因素的总和。企业宏观环境分析大体可以概括为：政治（political）因素分析、经济（economic）因素分析、社会（social）因素分析和科技（technological）因素分析、环境（environmental）因素分析和法律（legal）因素分析，即 PESTEL 分析。

1. 政治因素分析

政治因素是指那些制约和影响企业的政治要素的总和，对于企业战略的影响是巨大的。政治是一种十分重要的社会现象，政治因素及其运用状况是企业宏观环境中的重要组成部分。政治环境中对企业起决定、制约和影响作用的因素主要有政治局势、政党、政治性团体、地方政府的方针政策等。

2. 经济因素分析

经济因素是指构成企业生存和发展的社会经济状况及国家经济政策的多维动态系统，主要由社会经济结构、经济发展水平、经济体制和宏观经济政策四个要素构成。一个企业经营的成功与否在很大程度上取决于整个经济系统运行状况。对于经济环境的分析，关键是要考察以下几点：① 国民经济总体运行情况，即经济周期当前处于哪个阶段，国内生产总值的各项指标变动情况；② 通货膨胀率、银行利率、外汇汇率等项经济指标，这些是影响市场和消费水平的重要指标；③ 经济体制、就业率、失业率、市场机制的完善程度、能源供给与成本等。

3. 社会因素分析

社会因素是指企业所处环境中诸多社会现象的集合。企业在保持一定发展水平的基础上，能否长期地获得高增长和高利润，取决于企业所处环境中的社会、文化、人口等方面的变化与企业的产品、服务、市场和顾客的相关程度。社会中社会阶层的形成和变动、社会权力结构、人们的生活方式和工作方式、社会风尚与民族构成、人口的地区流动性、人口年龄结构等方面的变化都会影响社会对企业产品或劳务的需求。

4. 科技因素分析

科技因素是指一个国家和地区的科技水平、科技政策、新产品研发能力以及新技术发展动向等。在衡量科技因素的诸多指标中，整个国家的研发（R&D）经费总额、企业所在产业的研发支出状况、技术开发力量集中的焦点、知识产权与专利保护、实验室技术向市场转移的最新发展趋势、信息与自动化技术发展可能带来的生产率提高等，都可以作为关键进行分析。

5. 自然环境因素分析

自然环境因素包括土地、森林、河流、海洋、生物、矿产等自然资源以及环境保护、生态平衡等方面的发展变化对企业的影响。自工业革命以来，由于人类活动，特别是开采、燃烧煤炭等化石能源，大气中的二氧化碳气体含量急剧增加，导致以气候变暖为主要特征的全球气候变化，因此低能耗、低污染、低排放为核心的低碳化发展成为新的发展趋势，也成为企业发展的一项重要影响因素。2020 年 9 月中国明确提出，力争 2030 年前实现碳达峰，2060 年前实现碳中和。

6. 法律因素分析

法律因素包括政府制定的一些法律、法规，它们直接影响着某些商品的生产和销售，对企业的影响具有刚性约束的特征，具体包括政府关于税收、专利、环保、反垄断、进出口、政府预算和货币等的规定。我国已经出台的经济相关法律、法规有《中华人民共和国食品卫生法》《中华人民共和国烟草专卖法》《中华人民共和国药品管理法》《中华人民共和国专利法》等近400 项。

（二）SWOT 分析

开展外部环境分析时，企业通常在 PESTEL 分析的基础上积极开展 SWOT 分析。SWOT 的 S（strengths）是指企业自身的优势；W（weaknesses）是指企业自身的劣势；O（opportunities）是指企业外部环境中的机会；T（threats）是指企业外部环境的威胁。

SWOT 分析的具体做法是：根据企业的总体目标和总体战略的要求，列出对企业发展有重大影响的内部及外部环境因素，确定标准、进行评价，判断什么是企业内部的优势及劣势，什么是外部的机会和威胁。

相对于竞争对手，企业自身的优势和劣势可以表现在资金、技术、设备、产品、市场、管理和职工素质等方面。判断企业自身的优势和劣势有两项标准：一是单项标准，如市场占有率低则表示企业在市场上存在一定的问题，处于市场的劣势；二是综合标准，即对影响企业的一些重要因素根据其重要程度进行加权打分、综合评价，以此判断企业内部的关键因素对企业的影响程度。

企业外部的机会是指环境中对企业发展有利的因素，如政府支持、高新技术的应用、良好的供应和销售关系等。企业外部的威胁是指环境中对企业发展不利的因素，如新的竞争对手的出现、市场增速的减缓、供应商和购买者讨价还价能力的增强、技术的老化等，以及其他影响企业目前竞争地位或未来竞争地位的因素。

根据上述分析，就可以基本判断企业应采取什么样的经营或发展战略，如图 5-2 所示。

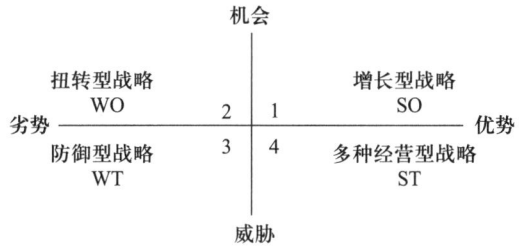

图 5-2　SWOT 分析与企业战略选择

SWOT 分析为企业提供了四种可供选择的战略：增长型战略（SO）、扭转型战略（WO）、防御型战略（WT）和多种经营型战略（ST）。

二、行业环境分析

（一）行业性质分析

行业状况是企业需要面对的最直接、最重要的环境，也可以称为任务环境。企业要判断自己所处行业是否存在发展的机会，根据行业生命周期来判断行业所处的发展阶段，进而判断该行业的行业性质是朝阳产业还是夕阳产业。

行业的寿命周期是一个行业从出现直到完全退出社会经济领域所经历的时间。行业寿命周期主要包括四个阶段：导入期（introduction stage）、成长期（growth stage）、成熟期（maturity stage）和衰退期（decline stage）。行业寿命周期曲线的形状是由社会对该行业的产品需求状况决定的。行业是随着社会某种需求的产生而产生，又随着社会对这种需求的发展而发展，最后，当这种需求消失时，整个行业也随之消失，行业的寿命即告终止。行业的寿命周期长则达百年，短则也有几十年。行业的寿命周期是在忽略产品型号、质量、规格等差异的基础上对行业整体发展水平予以考察和分析得出的。判断行业处于寿命周期的哪个阶段，可以用市场增长率、需求增长率、产品品种、竞争者数量、进入（或退出）行业的障碍、技术变革和用户购买行为等作为分析指标。

（二）行业能力分析

行业能力是指某个行业中每个竞争者所具有的能力的总和。行业能力分析主要是对行业规模结构和行业技术状况的分析。

行业规模结构分析是为弄清行业的发展与社会需求之间的关系，这对于确定企业的经营范围具有重要意义。进行行业规模结构分析的内容有：行业生产产品或提供服务的总量与社会需求之间的关系；行业产品结构与该产品发展趋势之间的关系；行业目前的实际生产能力与设计能力之间的关系；行业内规模能力悬殊型和规模能力均衡型各自所占的比重；本企业规模与行业规模的发展趋势之间的关系等。

在科学技术高速发展的时代，技术状况对行业发展的影响越来越重要，只有对行业技术状况进行全面的分析，才能正确判断行业的发展前景和行业能力的发展水平。进行行业技术状况分析的内容有：行业目前的技术位于技术寿命周期的哪个阶段？行业的总体技术水平如何？行业技术的变化节奏如何？行业技术的发展方向是什么？本企业的技术水平在行业中处于什么地位？

（三）行业竞争结构分析

在某个具体的行业内，企业与企业之间的力量对比构成了行业竞争环境。一个行业的竞争激烈程度取决于行业内的经济结构，行业的经济结构状况又对企业竞争战略的制定和实施起制约作用。所以，要根据行业内影响企业竞争的经济力量及其发展变化来确定企业的竞争战略，进行良好的行业竞争结构分析是制定优秀的企业战略的基础。但是，"大云平移"之下，"跨界"的挑战打破了原来的行业结构认知，因此，在分析讨论时应该加入这方面的思考。

　　波特在其所著的《竞争战略》一书中提出了影响竞争的五种力量。他认为，任何一个行业都存在着五种竞争作用力（five competitive forces），即进入威胁、替代威胁、购买者的议价能力、供应商的议价能力和现有企业间的竞争。企业的竞争环境就源于企业在行业内同这五种作用力之间的相互关系。这些基本竞争力量的状况及其综合强度，决定着行业竞争的激烈程度，同时也决定了行业内企业的最终获利能力。

　　波特认为：企业的获利能力很大程度上取决于企业所在行业的竞争强度，而竞争强度取决于市场上所存在的这五种基本的竞争力量（见图 5-3）。正是这些力量的联合强度影响和决定了企业在行业中的最终盈利潜力，为此企业想在市场上取得竞争优势，必须首先对这五种基本的竞争力量进行分析。

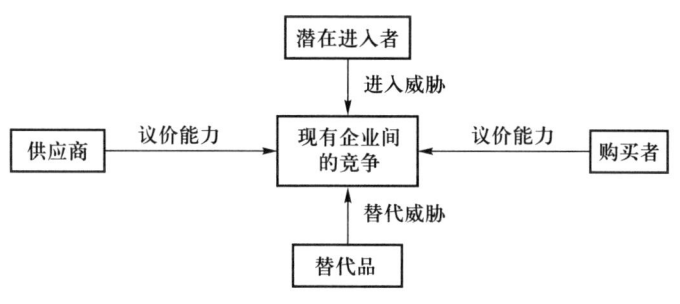

图 5-3　波特的竞争力模型

　　1. 潜在进入者

　　潜在进入者是指当前在本行业外、有能力和准备进入本行业的企业。潜在进入者的加入，使行业内原有的竞争力量的格局将要发生或已经发生变化。因为潜在进入者在加入某一新领域时，会向该行业注入新的生产能力和物质资源，以获取一定的市场份额，可能导致原有企业因与其竞争而出现价格下跌、成本上升、利润下降的局面。这种由于竞争力量的变化而对行业内原有企业产生的威胁称为进入威胁。但是，一个企业能否进入另一个行业，取决于该行业对潜在进入者设置的进入障碍，以及该行业现有企业对进入者的态度。如果进入障碍比较高，对欲进入行业的企业来说就会非常困难，对行业内现有企业来说，进入威胁就会小一些；反之，进入威胁就会增大。决定进入障碍的因素有：规模经济、产品差异、资金需求、转换成本、销售渠道以及政府的政策、法规和法令等。然而，"大云平移"打破了这一规律，不同行业中的企业也可能遭到其他行业新兴主体的"降维打击"，因而企业应当对创新趋势保持关注。

　　2. 现有企业间的竞争

　　现有企业间的竞争是指行业内各现有企业之间的竞争关系和程度。不同行业的竞争激烈程度是不同的。如果一个行业内主要竞争对手基本上势均力敌，无论行业内企业数目多少，行业内部的竞争必然激烈，在这种情况下，某个企业想要成为行业的领先者或保持原有的高收益水平，就要付出较高的代价；反之，如果行业内只有少数几个大的竞争对手，形成半垄断状态，企业间的竞争便会趋于和缓，垄断企业的获利能力就会增大。决定企业间竞争激烈程度的因素有：主要竞争者的数目、竞争者之间的实力对比、行业销售水平的增长程度、产品及服务的差异化程度、企业的战略目标以及退出障碍等。

　　3. 购买者的议价能力

　　如果购买者的议价能力弱，可以为行业内企业提供较大的利润空间，市场竞争也比较缓和；如果购买者的议价能力较强，就可能挤压行业的利润空间，并使行业内企业处于紧张的竞争状态。所以，强势的购买者往往成为行业发展的威胁。比如，汽车零部件厂商受到的最大威胁来自整车制造商，整车制造商时不时的全球采购言行都是对国内零部件行业的威胁，从而导致国内零部件行业被挤压成了微利行业。

4. 供应商的议价能力

供应商的抬价会导致质量方面的风险。所以，强势的供应商威胁行业发展不仅表现在价格，还有质量，从而导致行业内企业竞争优势减弱。

5. 替代品

替代品是指与本企业产品具有相同功能或类似功能的产品。强势替代品是指在质量相同的情况下，替代品的价格会比被替代品的价格更具竞争力，这样的威胁将导致行业内企业格局发生变化。当行业缺乏替代品或替代品竞争力不强，行业内企业仍然是原有的竞争格局，强势企业可以保持较高的价格和利润空间。

虽然五种竞争力量共同决定行业竞争的强度和获利能力，但是，对于不同的行业或在不同的时期，各种力量的作用是不同的，一般是最强的力量或某几种力量共同处于支配地位，起决定作用。因此，进行竞争战略分析就必须抓住那些处于支配地位、起决定作用的竞争力量。应该指出的是，企业对行业的竞争强度和获利能力并不是完全无能为力的，企业可以通过制定适当的战略或进行战略调整来谋求相对优势地位，从而获得更高的利润，甚至改变影响行业的竞争结构。

（四）市场需求状况分析

市场需求是企业生存的根本。可以从市场需求的决定因素和需求价格弹性两个角度分析市场需求。人口、购买力和购买欲望决定着市场需求的规模，其中生产企业可以把握的因素是消费者的购买欲望，企业可通过产品价格、差异化程度、促销手段影响消费者购买欲望。影响产品需求价格弹性的主要因素有产品的可替代程度、产品对消费者的重要程度、购买者在该产品上支出在总支出中所占的比重、购买者转换到替代品的转换成本、购买者对商品的认知程度以及对产品互补品的使用状况等。

（五）行业内战略群体分析

确定行业内所有主要竞争对手战略诸方面的特征是行业分析的一个重要方面。一个战略群体是指某一个行业中在某一战略方面采用相同或相似战略的各企业组成的集团。战略群体分析有助于企业了解自己的相对战略地位和企业战略变化可能产生的竞争性影响，使企业更好地了解战略群体间的竞争状况，发现竞争者，了解各战略群体之间的"移动障碍"，了解战略群体内企业竞争的主要着眼点，预测市场变化和发现战略机会等。进入21世纪以后，尤其是在"大云平移"支撑之下，行业内战略群体分析的作用已经发生变化，研究的视野必须更加宽广。

三、竞争者分析

企业进行竞争者分析的目的在于预测竞争者的行为，开展竞争者分析的重要性依赖于企业所处行业的结构。在一个生产同质产品、分散程度很高的市场上，市场竞争是众多生产者决策的结果，分析单个竞争者显得毫无意义；而对于高度集中的行业，一个企业的竞争环境主要受几个主要竞争者的影响。

竞争者的信息一般包含三大方面：预测竞争者未来的战略和决策，预测竞争者对本企业采取战略的反应，确定如何影响竞争者才能有利于本企业的发展。竞争者分析的基本框架应包括以下六方面的内容。

（一）识别竞争者

企业参与市场竞争，不仅要了解谁是自己的顾客，还要弄清谁是自己的竞争者。从表面上看，识别竞争者是一项非常简单的工作，但是，需求的复杂性、层次性、易变性，技术的快速发展和演进以及产业的发展，使得市场竞争中的企业面临复杂的竞争形势，一个企业可能会被新出现的竞争对手打败，或者由于新技术的出现和需求的变化而被淘汰。企业必须密切关注竞争环境的变化，了解自己的竞争地位及彼此的优劣势，只有知彼知己，方能百战不殆。

（二）确定竞争者目前的战略

分析的起点是确定竞争者正在采用的战略。竞争者的战略可以通过企业的言行表现出来。当然，言、行不一定一致，企业的战略意图与实际实施的战略会有很大的区别。了解企业战略意图的主要来源可以是年度报告、企业股东会发布的信息、一些高级管理者的谈话和一些投资分析家的会议记录。而企业正在实施的战略，必须通过竞争者的行为和决策体现出来，比如正在实施的投资项目、雇佣人员状况、最近启动的收购与兼并计划、最新的广告和宣传计划等。对竞争者目前战略的了解，一方面可以通过与实施计划的员工进行交流，另一方面也可以通过与评估战略的投资家进行沟通。

（三）确定竞争者的目标

要预测竞争者战略的未来变化，就必须了解其目标，特别是确定竞争者基本的财务与市场目标。这样企业才能知道，采取怎样的策略才能赢得更多市场份额。企业必须跟踪了解竞争者进入新的产品细分市场的目标。若发现竞争者开拓了一个新的细分市场，这对企业来说可能是一个发展机遇；若企业发现竞争者开始进入本公司经营的细分市场，这意味着企业将面临新的竞争与挑战。对于这些市场竞争动态，企业若了如指掌，就可以争取主动，有备无患。

（四）竞争者对行业的假定

竞争者的战略决策受外部环境、所处行业、宏观经济状况等因素的影响，也反映了高层管理者的理念。长期的实践表明，行业内流行的高层管理者的理念会直接影响整个行业的发展。因此，以前在任何时点上，不同的企业都遵循相同的原则，这种在行业内流行的理念被称为"行业处方"。进入 21 世纪以后，这一切逐步开始发生改变，行业的"边界"假定已经被互联网"捅破"。

（五）确定竞争者的实力

对企业而言，如何评价竞争对手的实力也很重要。竞争者面对市场威胁的反应能力取决于其自身实力。在评价竞争对手实力这一阶段，关键是要审视该公司的战略资源，主要包括财务状况、资本设备、劳动力、顾客忠诚度和管理技巧；同时也要评价该公司各主要环节的能力，比如研发能力、生产能力、市场营销能力、服务能力、财务能力、市场占有能力、产品竞争力等。

（六）竞争者的反应行为

按竞争者的反应行为可将竞争者分为迟钝型竞争者、选择型竞争者、强烈反应型竞争者、不规则型竞争者。某些竞争企业对市场竞争措施的反应不强烈，行动迟缓。这可能是因为竞争者受到自身在资金、规模、技术等方面的能力的限制，无法作出适当的反应；也可能是因为竞争者对自己的竞争力过于自信，不屑于采取反应行为；还可能是因为竞争者对市场竞争措施重视不够，未能及时捕捉到市场竞争变化的信息。许多竞争企业对市场竞争因素的变化十分敏感，一旦受到来自竞争者的挑战就会迅速地作出强烈的市场反应，进行激烈的报复和反击，这些强烈反应型竞争者通常都是市场上的领先者，具有某些竞争优势。例如，大多数竞争企业对降价这样的价格竞争措施总是反应敏锐，倾向于作出强烈的反应，力求在第一时间采取报复措施进行反击，而对改善服务、增加广告、改进产品、强化促销等非价格竞争措施则不大在意，认为不构成对自己的直接威胁。还有些竞争企业对市场竞争所作出的反应通常是随机的，在某些时候可能会对市场竞争的变化作出反应，也可能不作出反应；它们既可能迅速作出反应，也可能反应迟缓；其反应既可能是剧烈的，也可能是柔和的。

四、可持续竞争优势

一般而言，竞争优势是指能够给某一企业带来高于行业平均利润水平的、具有更多附加价值的、特殊的资源条件和管理基础。如今，还需增加可持续要素和获得资源的优势。

自从波特提出竞争优势论之后，竞争优势的可持续性（sustainability）就一直是争论不休的议题。这方面的争论激发出 20 世纪 90 年代一些极富创造力的策略思考，其中包括资源基础论（resources-based view，RBV）以及知识基础论（knowledge-based view，KBV），前者衍生出核心竞争能力论，而后者衍生出知识管理论。另外，在日趋动态的环境和企业战略必须不断创新的条件下，可持续竞争理论需要通过管理导向转变为对顾客有价值的产品或服务。竞争优势的可持续性直接影响企业战略的实施效果和企业成长的质量。

可持续竞争优势的主要特点可以概括为以下几个方面：

（1）体现为行业结构当中的进入障碍（entry barriers）的显著程度。进入障碍会决定潜在进入者侵入并分享企业竞争优势的程度。

（2）表明企业价值活动的移动障碍（mobility barriers）的显著程度。移动障碍会决定企业调整其本身的价值活动以及追求竞争优势的能力，会影响竞争对手模仿企业竞争策略以追逐相同竞争优势的难易程度。

（3）可持续竞争优势对竞争优势具有防护作用，其主要来自竞争阻绝机能（isolating mechanisms）。如果行业的进入障碍高，对手所遭遇的移动障碍相对于企业较高，加上企业的竞争阻绝机能发挥作用，企业则有机会维持一段时期的竞争优势；反之，行业进入障碍遭到瓦解，对手迅速移动资源模仿企业策略作为，或者竞争阻绝机能失效等，都会使竞争优势荡然无存。

（4）可持续竞争优势通常是那些深刻地镶嵌在组织结构内部特殊的资源条件和管理基础，以及不易被竞争者所模仿的管理要素或无形资产，比如品牌形象、投资方式、技术专利、良好的服务等。在波动日益频繁的环境下，要获得可持续竞争优势，企业还必须关注资源的稀缺性。拥有稀缺资源并有效地利用拥有的资源，将支持企业更快地进入市场并获得创造顾客价值的先动优势。

第三节　企业竞争战略的选择与实施

一、企业竞争战略的提出

在企业经营的现实中经常碰到两种情况：一是在一个非常有吸引力的行业里，一个企业如果处于不利的竞争地位，依然可能得不到令人满意的利润；二是与此相反的情况，即一个具有优越竞争地位的企业，由于栖身于一个前景黯淡的行业，从而获利甚微，即便努力改善其地位也无济于事。这给企业的经营者提出了两个非常严峻的问题，即如何选择企业经营的行业和如何选择企业在一个行业中的竞争地位。这就是企业竞争战略要解决的核心问题。

行业吸引力和企业的竞争地位都不是静止不变的。随着时间的推移，行业的吸引力会增加或减少，而企业的竞争地位则反映出竞争厂商之间的一场永无休止的争斗，甚至长期的稳定局面也会因竞争格局的变动而突然告终。行业吸引力和企业的竞争地位两者都可以由企业加以改变，这也正是竞争战略的选择具有挑战性和刺激性的地方。行业吸引力部分地反映了一家企业几乎无法施加影响的那些外部因素，而通过竞争战略的选择，企业可以从相当的程度上增强或削弱一个行业的吸引力；同时，一家企业可以通过对其竞争战略的选择显著地改善或减弱自己在行业内的地位。因此，竞争战略不仅是企业对环境作出的反应，而且也是企业从对自己有利的角度去改变环境。

二、基本的竞争战略

（一）波特的竞争战略

根据波特的理论，企业三种通用的竞争战略包括成本领先战略、差异化战略和专一战略。成本领先（cost leadership）战略强调以很低的单位成本价格为价格敏感用户提供标准化的产品或服务。差异化（differentiation）战略旨在为对价格相对不敏感的用户提供某行业中独特的产品与服务。专一（focus）战略指专门提供满足小用户群体需求的产品和服务，如图5-4所示。

1. 成本领先战略

成本领先战略又称低成本战略，是指企业在提供相同的产品或服务时，其成本或费用明显低于行业平均水平或主要竞争对手的竞争战略。或者说，企业在一定时期内为

图5-4　波特的竞争战略

用户创造价值的全部活动的累计总成本，低于行业平均水平或主要竞争对手的水平。

成本领先战略使企业在竞争中获得低成本优势，其意义是使企业能够在相同的规模经济下，获得最大的盈利，或累积更多的发展资金，或在不利的经营环境中具有更强的讨价还价的能力。成本领先是三种基本战略中最明确的一种。在这种战略指导下，企业的目标是要成为其行业中的低成本生产厂商。

2. 差异化战略

与成本领先战略形成鲜明对比，差异化战略更直接地强调企业与客户的关系，即通过向客户提供与众不同的产品或服务，为客户创造价值。

在差异化战略的指导下，企业力求就客户广泛重视的一些方面在行业内独树一帜。它选择被行业内许多客户视为重要的一种或多种特质，并为其选择一种独特的地位以满足客户的要求，它因其独特的地位而获得溢价的报酬。

差异化战略赖以建立的基础是产品本身、销售交货体系、营销渠道及一系列其他因素，并且其重点因行业不同而不同。

3. 专一战略

专一战略又称目标聚焦战略，因为着眼于在产业内一个狭小空间内进行选择，专一战略与其他战略相比迥然不同。采取专一战略的企业，往往选择行业内一个或一组细分市场，并量体裁衣使其战略为选定的市场服务而不是为其他细分市场服务。通过为其目标市场进行战略优化，专一战略的企业致力于寻求其目标市场上的竞争优势，尽管它并不拥有在全面市场上的竞争优势。

专一战略结合上述两种战略形成了两种形式：特定目标市场上的成本领先战略和特定目标市场上的差异化战略。在特定目标市场上的成本领先战略指导下企业寻求其目标市场上的成本优势，而在特定目标市场上的差异化战略中企业则追求其目标市场上的差异优势。

采取专一战略的企业较之那些以全行业为战略目标的竞争对手而言，在竞争优势和战略目标方面具有优势：以全行业为战略目标的竞争对手也许会在满足特殊市场需求方面表现欠佳，或者由于在满足某一市场需要时表现过头而难以同时承受多目标市场的高成本压力，这些缺陷为采用专一战略的企业提供了机会。

（二）用户一体化和系统一体化

近年有不少企业创造了另外两种基本的竞争战略：用户一体化和系统一体化，并获得了成功。哈克斯（Hax）和怀尔德（Wilde）在 1999 年将这两种新的竞争类型与波特提出的传统的一般竞争类型组合，提出了竞争战略三角模型（见图 5-5），该模型的一个角是波特提出的传统的一般竞争类型，它们的共同基础是产品的经济性；三角形的另一个角是用户一体化战略，其成功的基础是用户经济性；三角形的最后一个角是系统一体化战略，它们以提高系统的经济性为竞争基础。

1. 用户一体化战略

用户一体化战略是指企业将提高用户价值为己任，力求通过企业的活动来降低用户个别成本，从而提高用户的价值。虽然采用此类型可能会造成企业成本水平的提高，但由于个别用户价值提高的贡献量不但大于市场一般水平，还大于本企业为此提高的成本量，所以企业的利润水平还是有所提高的。用户一体化战略以用户经济性作为竞争的基础。用户一体化战略往往采

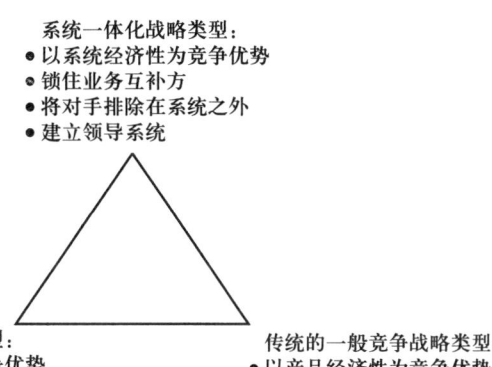

系统一体化战略类型：
- 以系统经济性为竞争优势
- 锁住业务互补方
- 将对手排除在系统之外
- 建立领导系统

用户一体化战略类型：
- 以用户经济性为竞争优势
- 降低用户的成本或提高用户的价值

传统的一般竞争战略类型：
- 以产品经济性为竞争优势
- 低成本或差异化

图 5-5　竞争战略三角模型

用包括供应商、企业及用户在内的合伙或联盟的方式。

2. 系统一体化战略

系统一体化战略是企业以与企业活动有直接关系的整个系统的优势为竞争优势的基础，以形成系统经济为其活动的经济基础。这一战略是通过建立并拥有产业标准来实现的。

三、竞争战略的选择与实施

（一）成本领先战略的选择与实施

成本领先战略，从逻辑上要求企业是成本领先者，而不是竞争这一地位的几个企业之一。成本领先战略采取前向、后向和横向一体化的主要目的在于获取成本领先的收益。

选择成本领先战略往往是因为受这些因素的影响：市场中有很多对价格敏感的购买者；实现产品差别化的途径很少；购买者不太在意品牌间的差别；存在大量讨价还价的购买者。实施成本领先战略的要点在于使价格低于竞争者，从而提高市场份额和销售额，将一些竞争者逐出市场。

成功的成本领先战略通常应贯彻整个企业，其实施结果表现在高效率、低管理成本、制止浪费、严格审查预算需求、大范围的控制、奖励与成本节约挂钩及雇员对成本控制活动的广泛参与。

采取成本领先战略的风险有：竞争者可能会进行效仿，这会压低整个行业的盈利水平；行业内某关键技术上的突破可能会使这一战略失效；购买者的兴趣可能会转移到价格以外的其他产品特征上。

在目前激烈竞争的市场环境下，成本领先战略一般都与差异化战略结合使用。

（二）差异化战略的选择与实施

实施差异化战略的企业为创造和维持与众不同的差异化优势，通常要承担比成本领先战略高得多的成本支出。差异化战略通常考虑差异化形成要素、差异化成本和客户需要以及影响企业价值链中的差异化价值活动，为客户创造可接受的价值。这种价值最终表现为降低客户的成本，或者提高客户的绩效，或者兼而有之。因此，了解和确定什么是客户的价值是建立差异化战略的出发点。客户的价值体现在其价值链中，企业通过自己的价值链与客户的价值链的联系，去识别和确定需要实现的差异化价值。

企业决定采取某种差异化战略，必须仔细研究客户的需求和偏好，以便决定将一种或多种差异化特征结合在一个独特的产品中，达到客户所需要的产品特性。成功的差异化战略能够使企业以更高的价格出售其产品，并通过使客户高度依赖产品的差异化特征而获取客户的忠诚。产品差异化可体现于如下方面：服务水平，零配件的提供，工艺设计，产品的性能、寿命、能耗及使用的方便性。

采取差异化战略的一种风险是，客户对某种特殊产品价值的认同与偏好不足以使其接受该产品的高价格。在这种情况下，成本领先战略会轻而易举地击败差异化战略。采取差异化战略的另一种风险是竞争者可能会设法迅速模仿产品的差异化特征而削弱原有的差异。

相对于实行差异化战略的企业，成本领先者虽然具有成本低的竞争优势，但仍必须在竞争对手差异化的基础上创造出与差异化竞争对手价值相等或价值近似的产品，以领先于产业平均收益水平。差异化基础上的价值相等能使成本领先者直接将其成本优势转化为较竞争对手高的收益。差异化的价值近似意味着为获取满意的市场份额而进行的必要的削价不会抵消成本领先者的成本优势，因此成本领先者能赚取高于产业平均水平的利润。

（三）专一战略的选择与实施

专一战略的成功实施，要求企业所属的行业有足够的规模，有良好的增长潜力，而且对其他主要竞争者的成功并不是至关重要的。诸如市场渗透和市场开发这样的战略可提供相当大的专一经营优势。中型和大型企业要想有效地采取专一战略，必须将其与差异化战略或成本领先战略结合起来使用。所有的企业实际上都在采用差异化战略。因为在任何一个行业中，只有一家企业能够以最低的价格实现成本差异化，其他公司则必须通过其他途径实现产品差异化。

当客户有独特的偏好或需求，或当竞争公司不想专业化于同一目标市场时，专一战略最为有效。采用专一战略的企业将经营目标集中于特定消费者群体、特定地域市场或特定规格的产品，从而能够比服务于更广泛市场的竞争者更好地为特定的细分市场服务。

采用专一战略的风险在于，一旦竞争结构改变或消费者需求偏好改变，则会给企业带来很大的经营风险。如果一个企业能够在其细分市场上获得持久的成本领先或差异化地位，并且这一细分市场的产业结构很有吸引力，那么实施专一战略的企业将会成为其行业中获取高于平均收益水平的佼佼者。

在选择专一战略时，细分市场结构上的吸引力是一个必要条件，因为一个行业中，一些细分市场比其他市场盈利率要低得多。只要实施专一战略的企业选择不同的目标市场，行业中通常总有容纳几种持久的专一战略的市场空间。大多数产业所包含的大量的细分市场，即每一个包含着不同的客户需求或不同的最优化生产或交货体系的细分市场，都是专一战略的候选市场。

（四）用户一体化战略的选择与实施

在采取用户一体化战略时，企业的活动边界实际上已经由仅包括本企业扩大到包括用户活动在内的较大的范围。用户不再是企业的外部环境，而是企业内部成分之一，而且决定企业内部其他活动成分的构成及活动原则。企业可以通过接近用户来与用户形成一体。例如，与用户一起开发新产品，按用户的要求安排自己的系统等。这种一体化有双重作用：其一是用户用于学习如何使用某产品或服务的投资，会形成较高的转换成本，这一较高的转换成本将用户与企业更牢固地捆绑在一起；其二是企业了解用户的要求，将提高企业满足用户要求的能力，从而提高企业对用户的吸引力。在成本敏感性较高、成本结构复杂而且变化较快的产业中，采用用户一体化战略，有可能改变用户的生命周期特征，甚至改变产业的竞争规则，从而改变已经稳定的产业组织关系。产业组织关系的改变可以改变企业在产业中的地位。

（五）系统一体化战略的选择与实施

系统一体化战略不仅意味着企业活动边界进一步扩大，而且改变了传统的企业关系及企业与用户的关系。在系统一体化类型中，企业与其他具有直接业务互补关系的企业（如计算机软件商及硬件商，音响设备制造商及唱片的制造商就互为互补方）的活动成为统一的活动系统。通过相关企业对系统的大量投资及建立与系统相适应的产业标准的方法来提高业务相关企业（主要是供应商和外加工企业）的转移成本，可以锁住业务相关企业和用户，将竞争对手挤出该系统。

第四节　企业战略评价与控制

一、企业战略评价的标准

战略评价对企业战略执行利害攸关，而及时的评价可以使管理者对潜在问题防患于未然。战略评价应主要包括三项基本活动：一是考察企业战略的内在基础；二是将预期结果与实际结果进行比较；三是采取纠正措施以保证行动与计划的一致。

实践中，要想证明某种战略是最佳的或肯定能奏效的，几乎是不可能的，然而我们可以通过评价发现战略的致命弱点。理查德·鲁梅尔特（Richard Rumelt）提出了可用于战略评价的四条标准：一致性、协调性、可行性和优越性。协调性（consonance）与优越性（advantage）主要用于对公司的外部评估，而一致性（consistency）与可行性（feasibility）则主要用于内部评估。

（一）一致性

一个战略方案中不应出现不一致的目标和政策。企业内部的冲突和部门间的争执往往是管理无序的表现，但它也可能是各战略不一致的征兆。确定企业内部问题是否是由战略间的不一致所引起的三条准则是：

（1）如果企业更换了管理人员，管理问题仍持续不断，那么战略间可能存在不一致。

（2）如果一个组织部门的成功意味着另一个组织部门的失败，那么战略间可能存在不一致。

（3）如果政策问题不断地被上交到最高领导层来解决，那么战略间可能存在不一致。

（二）协调性

协调性指在评价战略时既要考察个体趋势，又要考察整体趋势。企业战略必须对外部环境和企业内发生的关键变化作出适当的反应。

（三）可行性

一家良好的企业战略必须做到既不过度耗费可利用资源，也不造成无法解决的派生问题。在评价战略时，很重要的一点是要考察战略可行性，即企业在以往是否已经展示了实行既定战略所需要的能力、技术及人才，以及企业现有的物力、人力及财力资源能否实施这一战略。

（四）优越性

企业战略必须能够使企业在特定的业务领域创造和保持竞争优势。竞争优势通常来自企业对资源的合理配置以及由此带来的企业整体效能的提高。此外，企业在行业中所处的位置也会在企业战略中发挥关键作用。好的位置是可防御的，会阻止竞争对手向本公司发动全面的进攻。只要基础性的关键内外部因素保持不变，位置优势便趋向于自我延续。因此，竞争地位牢固的公司很难被搞垮，尽管它们可能只是技能平平。良好企业竞争地位的主要特征是，它使企业从某种经营策略中获得优势，而不处于该位置的企业则不能类似地受益于同样的策略。因此，在评价某种战略时，企业应当考察与之相联系的位置优势特性。在进行战略评价时，分析哪些技能可以帮助企业在特定的领域建立和保持竞争优势，并确保战略实施的质量，也是至关重要的。

二、战略评价中的关键问题

战略评价对所有类型和规模的企业来说都是必要的。战略评价应能够做到：从管理的角度对预期和假设提出问题，对企业战略目标和价值观进行审视，并激发建立变通战略和判定评价标准的创造性。无论大企业还是小企业，在各个层级实行一定程度的深入实际式的走动式管理（management by wandering around）对于有效的战略评价都是必要的。战略评价活动应当连续进行，而不只是在特定时期的期末或在发生了问题时才进行。连续而不定期的战略评价可以建立并有效监视经营过程中的各种考核基准。

企业可以用建立修正的外部因素评价（external factor evaluation，EFE）矩阵和内部因素评价（internal factor evaluation，IFE）矩阵的方法检查企业战略的基础。修正的 IFE 矩阵应侧重于企业在管理、营销、财务、生产、研究开发及计算机信息系统方面优势和弱点的变化。修正的 EFE 矩阵则应表明企业战略如何对关键机会与威胁作出反应，同时它还应对如下问题作出分析。

（一）外部因素评价中的关键问题

外部因素评价中的关键问题主要有：竞争者曾对本企业的战略作出何种反应？竞争者的战略曾发生了哪些变化？主要竞争者的优势与弱点是否发生了变化？竞争者为何正在进行某些战略调整？为什么有些竞争者的战略比其他竞争者的战略更为成功？竞争者对其现有市场地位和盈利的满意程度如何？主要竞争者在进行报复之前还有多大忍耐空间？我们如何才能更有效地与竞争者进行合作？

有众多的外部及内部因素会阻碍企业实现长期的和年度的目标。从外部看，阻碍企业实现目标的因素包括竞争者行动、需求变化、技术变化、经济状况变化、人口迁移及政府行动。从内部看，有可能采取了无效的战略或者战略实施活动不利，原目标也可能制定得过于乐观。因此，企业目标未能实现不一定是由管理者和雇员的工作不善造成的。应使所有企业员工都明白这一点以鼓励他们支持战略评价活动。当企业战略失效时，企业领导需要尽快作出反应。对于构成现行战略基础的外部机会与威胁和内部优势与弱点，企业应不断地监视其发生的变化。实际上，问题并不简单在于这些因素是否将发生变化，而在于它们将于何时、以何种方式发生变化。

（二）战略评价中需审视的内部关键问题

战略评价中需审视的内部关键问题主要有：本企业的内部优势是否仍是优势？本企业的内部优势是否有所加强？如果是，又体现在何处？本企业的内部弱点是否仍为弱点？本企业是否又有了其他新的内部弱点？如果是，它们体现在何处？本企业的外部机会是否仍为机会？现在是否又有其他新的外部机会？如果是，它们体现在何处？我们的外部威胁是否仍为威胁？现在是否又有了其他新的外部威胁？如果是，体现在何处？

三、影响战略评价的因素

企业的战略制定与选择，基本上是一个战略决策问题，决策反映的是决策者的水平、能力与综合素质。而战略决策很大程度上取决于战略评价。战略评价就是分析论证每一个可行战略方案的机遇与挑战、优点与缺点、成本与收益。但在对战略进行分析评价的过程中，人们希望去进行客观的、公正的评价，但由于影响战略评价工作的因素很多，要保证战略评价工作的准确性，提高评价工作的水平，企业还必须注意以下一些问题。

（一）战略评价人员的价值观与行为偏好

战略评价人员的价值观、认识事物的态度、行为方式与行为偏好会对战略评价的结果产生很大影响。例如，第二次世界大战期间美国的巴顿将军经常选择进攻战略而很少采用防御战略，原因在于他对于进攻与防御的认识、评价不同。再如一个喜欢投机的人与一个喜欢踏踏实实做事的人对同一战略的认识与评价也会大不相同。

（二）战略评价人员所采用的工具与方法

在现代战略评价工作中，评价人员多借用一些评价工具与方法，这正如医生诊断疾病一样。提倡采用现代化的、科学的、有针对性的战略评价方法，反对采用落后的、经验性的、宽泛的工具与方法。从某种意义上讲，战略评价的工具与方法很大程度上影响了战略评价结果的质量。

（三）战略评价者掌握的信息与资料

一般认为，战略评价人员必须掌握充分、及时、准确、全面的信息资料，然后才能作出客观、公正的评价。但由于信息资料的分散性、不对称性和保密性，每一个战略评价工作者所掌握的信息资料都是打了折扣的，这必然影响战略评价的质量。因此在进行战略评价时，应特别注意拥有哪些关键的、重要的信息资料。

（四）战略评价的时效限制

由于人们评价战略总是基于过去的信息资料和对未来的预测，而一个具体战略的短期表现与长期效应往往并不一致，如果人们对于过去的时间关注太短或对于未来的预期过长，就会使战略评价产生偏差。因此，战略评价工作者必须考虑时间限制对评价结果的影响，避免武断或过早下结论。

总之，影响战略评价的因素很多，从而使评价结果具有风险性与不确定性。管理者应确保战略决策过程既要尊重、依据战略评价结果，又不要过于迷信战略评价结果。

四、战略评价中的绩效度量

战略评价中对绩效的度量，主要包括将预期结果与实际结果进行比较，研究实际进程与计划的偏离程度，评价企业绩效和在实现既定目标过程中已取得的进展。战略评价的绩效标准应当是可度量的和易于调整的。对未来绩效指标的预测远比揭示以往绩效指标的完成情况更为重要。战略评价基于定量的和定性的两种标准。战略评价标准的选择取决于特定企业的规模、产业、战略和管理宗旨。

（一）度量企业绩效的定量标准

各种财务比率被广泛地用作战略评价的定量标准。概括地讲，适用于战略评价的一些关键财务比率有：投资收益率、股本收益率、盈利率、市场份额、负债对权益比率、每股收益、销售增长率、资产增长率。

然而，采用数量标准进行战略评价也有一些潜在的问题。第一，绝大多数数量标准都是为年度目标而不是为长期目标而确定的。第二，对很多数量指标，用不同的会计方法计算会得出不同的结果。第三，在制定数量指标时总要利用直觉进行判断。

（二）度量企业绩效的定性标准

鉴于以上战略评价中可能遇到的问题及其他原因，定性评价标准在战略评价中也同样重要。定性标准主要判断以下问题：战略反映的长远考虑是否与企业自身的情况一致？战略反映的前瞻性是否与外部环境变化一致？从可利用资源的角度看，战略是否恰到好处、能够为企业谋取长期的最佳绩效？战略所涉及的风险程度企业是否可以接受？战略实施的时间表是否符合企业的发展要求？总而言之一句话：战略是否可行？

平衡计分卡于 1992 年由卡普兰（Kaplan）和诺顿（Norton）提出，21 世纪初发展为管理科学"过去 75 年来最有影响力的管理工具"。作为一项绩效管理工具，战略评价是其运作的核心。它主要是从财务、客户、内部流程、学习与成长四个维度将战略评价转变为可操作的层面。

无论是定量还是定性地给出战略评价的企业绩效标准，都必须是站在长远发展的角度来审视，这样的战略评价才是有意义的、可持续的。

本章小结

企业战略管理是企业管理的重要内容，关系到企业的长远发展，是对管理者智慧的综合考验。本章内容包括企业战略的特征、企业战略的分类、企业战略管理过程的主要内容、企业宗旨与组织使命、组织目标与目的、战略方案的选择及其标准等问题。企业战略管理面对外部宏观环境、行业环境及主要竞争者的发展变化，开展 SWOT 分析，就是为了帮助管理者在开展企业战略管理时能够较好地把握竞争优势与劣势、机会与挑战。战略评价是企业战略实施过程中非常重要的工作，及时的战略评价可以帮助管理者及时发现潜在问题，以防患于未然。

思考题

1. 企业战略管理的重要意义是什么？
2. 什么是 SWOT 分析？管理者应怎样借助这个方法来支持企业战略管理？
3. 外部环境因素如何影响企业战略制定？
4. 如何衡量企业战略实施与企业战略目标之间的差距？

案例分析

▶ **案例 5-1：比亚迪成为中国汽车新名片** [①]

2023 年 11 月 24 日，比亚迪第 600 万辆新能源汽车在郑州工厂下线，成为全球首家达到这一里程碑的新能源车企，刷新中国汽车规模化、高质量发展新纪录。从 2008 年第 1 辆新能源汽车量产，到 2021 年实现首个百万辆，比亚迪用时 13 年；1 年半后，2022 年 11 月完成第 300 万辆新能源汽车下线。随后 1 年里，比亚迪先后跨越 400 万辆、500 万辆、600 万辆的门槛，而从第 500 万辆到第 600 万辆，仅用时 3 个多月。

比亚迪持续创造新纪录同样离不开其前瞻的战略眼光，以及对技术创新的长期坚守。1995 年 2 月，比亚迪在深圳坪山区成立，以"竞争、务实、激情、创新"为企业价值观，致力于"用技术创新，满足人们对美好生活的向往"，从事电池的研发与制造活动，成为领先的手机电池代工商。2003 年通过收购秦川汽车进入整车领域的比亚迪，一开始就将做电动汽车视为初衷，成为国内新能源汽车市场的先行者。直到 2008 年，比亚迪实现全球首款插电混动汽车的量产，并根据市场需求逐渐确认双模（dual mode，DM）混动与纯电动（electric vehicle，EV）"两条腿、齐步走"的战略。2022 年 3 月，比亚迪全面停产燃油车，显示了加速向电动化转型的决心。比亚迪打造的 DM-i 超级混动架构颠覆了传统混动技术以油为主的设计架构，实现整车、发动机、电机和电池管理系统完全自主研发。在电动化和智能化领域，出于供应链安全和成本考虑，国内主流车企都在加强自研，如芯片、电池、电机、算法、系统等核心软硬件。比亚迪通过提前和持续布局，逐步打造了高度垂直一体化的供应链体系，增强了市场波动下的韧性和成本控制能力，为其持续盈利能力奠定了基础。目前，比亚迪拥有 11 个研究院，超 9 万名研发人员，研发总投

[①] 资料来源：比亚迪官方网站.

入超千亿元，全球累计申请专利超 4 万项，获得授权专利超 2.8 万项，推出刀片电池、DM-i 超级混动、e 平台 3.0、CTB（cell to body）电池车身一体化、易四方、云辇系统、DMO 超级混动越野平台等颠覆性技术。如今来看，比亚迪长期技术的投入正在迎来市场红利的加速释放。

比亚迪积极布局全球市场，采用出口与本地生产并行模式，加速拓展新能源乘用车全球版图。目前比亚迪新能源乘用车已进入德国、日本、法国、巴西、澳大利亚、阿联酋等海外 58 个国家及地区，海外销量累计超 20 万辆，在泰国、巴西等地接连斩获新能源汽车市场销量冠军。同时比亚迪在慕尼黑车展与东京出行展上备受瞩目，汉、海豹、元 PLUS、海豚等车型获得越来越多国际消费者的认可。比亚迪与众多自主品牌正走进全球用户的视野，推动全球汽车产业加速进入新能源时代。

但是，比亚迪一路走来并不是一帆风顺。在 2004 年的北京国际车展上，比亚迪首次展出了 3 款新能源汽车，而全场其他的展台都是燃油车，那时候根本没人相信新能源汽车有未来，甚至连新能源汽车这个词都还没有出现，大家看不懂，也看不上，更看不起。所有人都在质疑比亚迪做电动汽车到底行不行？迎着这些质疑或嘲笑，比亚迪没有放弃，坚定地走这一条没有人走过的路，中国人在许多行业都惊艳了世界，在汽车行业为什么不行？比亚迪就想做一道证明题，证明比亚迪可以，新能源车可以，中国汽车可以。比亚迪依靠的核心还是在研发、在技术上，从一开始就非常注重技术创新，投入了上千亿元的资金。在最近的 12 年，比亚迪有 11 年的研发投入，超过了当年的净利润，甚至很多时候还是净利润的 3~4 倍。

2019 年是比亚迪最艰难的一年，当时比亚迪只有一个目标，就是活下去。如今，中国品牌研发的汽车不仅性能更好、配置更高、科技感更强，而且在外观或内饰的设计上也越来越受到消费者的欢迎。同时，中国品牌在品质服务上全面提升，最大限度地提升了消费者的体验，让越来越多的消费者愿意选择中国品牌。过去，中国汽车受益于经济全球化的浪潮，深度参与其中，实现了产销规模的领先，是名副其实的汽车大国。但在燃油车技术上，我们一直在跟随、在追赶。中国品牌没有领先的技术，也没有成为市场的主导，无法成为汽车强国。如今，新能源汽车的加速变革正推动中国汽车从追赶走向超越，改写"大而不强"的历史。

> **研讨** 查阅相关资料，结合本章节内容，谈谈比亚迪决定进入新能源汽车领域发展的战略制定是必然还是偶然？有哪些方面是科学理性的决策，有哪些是创始人个人情怀选择？请用 SWOT 工具展示分析过程。

▶ **案例 5-2：福耀玻璃的旅美之路**

▶ **案例 5-3：爱回收的标准化处理流程**

阅读文献

1. 徐飞. 战略管理. 5 版. 北京：中国人民大学出版社，2022.
2. 揭筱纹. 企业战略管理. 北京：高等教育出版社，2021.
3. 魏江，杨洋，邬爱其，等. 数字战略. 杭州：浙江大学出版社，2022.

第六章
企业管理体系

管理体系是支撑企业管理活动正常运行的基础。随着顾客利益扮演着越来越重要的角色，以及国际贸易发展的需要，了解和规范企业的管理体系以及标准化概念的引入，使得人们认识到规范和透明化的企业管理体系是一种新的资源。自 20 世纪 80 年代国际标准化组织（International Organization for Standardization，ISO）正式颁布了 ISO 9000 质量管理体系系列标准和 ISO 14000 环境管理体系系列标准以来，这些标准迄今已被近 200 个国家或地区等同或等效采用，这些国家几乎包括了所有的发达国家。在各种管理体系的兼容性日益增强的趋势下，企业能否通过建立一个一体化的管理体系而将具有不同管理重点的体系标准融为一体，从而最大限度地获得各种管理体系以及体系整合所带来的效益？寻求这些问题的答案正是本章的主要任务。

第一节　管理体系概述

一、体系与管理体系

体系（系统）无所不在，大到宇宙、太阳系、社会，小到企业、产品和过程，都可视为一个体系。人们总是通过体系认识自然、了解社会；有效的管理者也试图通过体系管理组织，以提高管理的效率和总体业绩。体系是指由相互关联、相互作用的若干组成部分构成的具有一定功能的有机整体。构成整体的部分称为要素，是体系组成的基础。功能是指系统与外部环境在相互联系和作用的过程中所产生的效能。

对于管理体系（management system），ISO 9000 族标准的界定为建立方针和目标并实现这些目标的体系。显然，管理体系具有三方面特征：第一，具有计划、组织、领导和控制的管理特征；第二，在建立和实现方针和目标方面，具有明确的目标特征；第三，具有体系的所有特征。

前两个特征在本书其他章节中已有详细阐述，在此从体系的角度归纳管理体系所具有的主要特征，包括：

（一）整体性

整体性就是将体系看作由各个要素构成的有机整体。古希腊先哲亚里士多德的整体论思想提出，整体大于局部之和，意指尽管组成体系的各要素都具有自己特定的功能，但体系的整体功能不能简单地理解为各要素功能之和，而是可以大于组成体系各要素功能之和，或具有其要素所没有的总体功能。

（二）关联性

关联性是指组成体系的要素，既具独立性，又具相关性，而且各要素和体系之间同样存在这种"相互关联和相互作用"的关系。某个要素发生变化，其他相关要素甚至整个体系都会连带地发生调整和改变。过程控制的任务之一就是识别、控制和利用要素之间的关联性或相互作用。

（三）有序性

有序性通俗地讲就是将实现体系目标的全过程按照严格的逻辑关系程序化。通常我们不能保证执行体系目标的每个人在认识上完全一致，但必须使他们的行为做到井然有序。体系功能的有效性，不仅取决于要素（内在）的作用，在一定程度上也取决于有序化程度，而这种有序化程度又与组织的产品类别、过程复杂性和人员素质相关。为了做到有序性，可以编制一个经过优化的形成文件的程序，以规定一项活动的目的和范围，由谁来做，如何做，在什么时间、什么场合做等。当然，对于一些约定俗成的活动，只要大家能习惯地遵循，也不一定通过编制文件来达到有序化。

（四）动态性

动态性是指体系的状态和体系的结构在时间上的演化趋势。应当强调，体系的状态和结构（包括其管理职责）总是相对保守和稳定的，而外部环境则是相对活跃和变化的。一般而言，前者总是落后于后者，但又必须服从于或适应于后者。体系的动态性也并非没有规律。世界是物质的，物质是运动的，运动是有规律的。例如，为了保持一个企业的质量管理体系的动态平衡，就要求该企业不仅应当理解和满足顾客当前的需求，而且应当理解顾客未来的需求和争取超越顾客的期望，从而使企业的质量管理体系能适应市场和顾客不断变化的需求。

二、管理体系的标准化

（一）三对基本矛盾

随着经济和科技的发展，企业的活动越来越呈现出高度的复杂性和不确定性。在不断变化的环境中，企业需要利用标准化的科学原理来解决或协调好由复杂性和不确定性带来的三对基本矛盾。

1. 分工与统一

随着社会的发展，人的个性化、专业化、多样化特征日益明显。个体独立的思维习惯、性格、偏好，都有可能影响其与组织中其他个体的分工合作关系，甚至产生矛盾，导致与组织目标相背离。因此，企业必须采用统一的目标取向、严格的纪律、明确的权利和义务、规范的合作程序和制度，以及明确、透明的激励和约束机制，使得分工合作关系协调有序。

2. 规模与集约

企业实现规模化之后，随之而来的是物流、人流、资金流的扩大，生产经营过程的细化和延伸，产品服务数量与种类的增加。整个企业管理体系的日益复杂，容易造成结构庞杂和各个关联环节的转换出现问题，这些都有可能影响企业的正常运转，甚至使企业陷入混乱。因此，必须设计明确的分工职能、科学的工作流程、严格的操作准则和统一的成果标准来简化管理过程，以保证企业管理体系的各个环节能够高效运转和相互承接，使企业活动按照统一的轨迹规范有序地进行，以维持扩大规模的效果。

3. 开放与协调

全球化和信息化正在成为发展潮流，企业将身处一个更为广阔的空间，但也带来了更多难以控制的不同个体之间的协调问题。企业要协调开放化的系统，必须遵循社会通行规则，并在企业内部建立与通行规则相适应的规则体系，协调彼此之间的矛盾，确保企业在均衡有序的状态下不断发展。

（二）标准和标准化

既然标准化活动对于企业管理体系的运行和整个组织的发展具有重要作用，那么究竟什么是"标准"和"标准化"呢？根据 ISO/IEC 第 2 号导则（2004）的定义：

标准是指为在一定的范围内获得最佳秩序，对活动或其结果规定共同的和重复使用的规则、导则或特性的文件。该文件须经协商一致制定并经一个公认机构批准。

标准化是指为在一定的范围内获得最佳秩序，对实际的或潜在的问题制定共同的和重复使用的规则的活动。

研究分析 ISO 9000、ISO 14000、ISO 45000 等管理体系标准可以发现，标准制定者的初衷是期望通过一套管理标准，指导建立管理体系，提出共同遵循和重复使用的规则，从而使各类管理活动有序化（最佳秩序），减少或避免无序的管理行为给组织带来的降低产品质量、破坏环境、增加安全事故风险和危害职工健康等重大影响。在管理体系标准化的过程中，一般需要遵循以下基本原理和设计原则。

（1）标准化的基本原理：简化、统一、协调和优化。管理体系的标准化就是要运用简化、统一、协调、优化等手段，使管理体系的各个要素达到某种程度的一致、均衡或有序状态。统一是管理体系标准化原理的实质，简化是标准化的形式要求，协调和优化原理则是保证管理体系最佳运行的方法。

（2）标准化的设计原则：科学合理、动态化、强制性和人性化等。

总之，标准化原理是科学管理的基础。对管理体系进行标准化可促使企业从"人治"转向"法治"，保证企业各项活动有序高效地运行，从而提高企业整体的管理水平和市场竞争能力。经标准化之后形成的管理体系标准可以充当国际贸易活动中的推动器，有助于消除国际贸易技术壁垒，促进参与国际贸易的各方的相互沟通和理解，因此对国际贸易具有协调、保护的作用。世界贸易组织（WTO）为了减少和消除利用标准手段设立贸易壁垒的问题，经过多年的谈判，签署了《技术性贸易壁垒协定》（简称《TBT协定》），所有 WTO 成员都必须承认和遵守这个协定，而采用国际标准和国际准则即是这个协定的基本原则之一。

第二节 重要管理体系标准简介

ISO 9000 质量管理体系系列标准、ISO 14000 环境管理体系系列标准和 ISO 45000 职业健康安全管理体系系列标准这三个系列的标准已越来越成为企业参与世界范围内贸易活动的国际市场准入证。

一、ISO 9000 质量管理体系系列标准

（一）ISO 9000 族标准的产生与发展

随着质量对世界经济活动的影响越来越显著，质量开始成为各国企业关心的新的重点。由此，一些工业发达国家率先制定出有关质量保证的国家标准，比如加拿大于 1979 年推出的 CAN3-Z299 系列标准和英国的 BS5750 系列标准等。1979 年英国标准协会（BSI）向 ISO 提交了一份建议，希望在 ISO 成立一个技术委员会，以制定有关质量保证技术和实践的国际标准。ISO 根据 BSI 的建议，于 1980 年正式成立 ISO/TC 176，当时命名为质量保证技术委员会，因其工作范围扩大到了质量管理，故于 1987 年改名为质量管理和质量保证技术委员会。ISO/TC 176 成立后，由其制定的所有国际标准都称为 ISO 9000 族标准。ISO 9000 族标准一经发布就受到各国的普遍重视和欢迎，并被各国标准化机构采纳，成为 ISO 标准中推广最好、最迅速的一个标准，这是因为该族标准有其深厚的客观基础。

（1）优胜劣汰的市场经济是产生 ISO 9000 族标准的社会基础。ISO 9000 族标准是为了适应 20 世纪 80 年代之后剧烈的国际市场竞争而制定的。它们既是欧美各市场经济国家企业走质量效益型道路的经验总结，又顺应了国际市场优胜劣汰、激烈竞争态势下各类企业生存和发展的客观需要。

（2）消除国际贸易中的质量体系注册 / 认证等方面的技术壁垒。促进国际贸易顺利发展是 ISO 9000 族标准产生的经济基础，也是产生 ISO 9000 族标准的直接原因。否则，任凭各国依据其不同的国家或团体标准进行质量体系认证，势必导致严重的技术壁垒，阻碍国际贸易的正常进行。

（3）社会科技进步，导致高科技产品不断涌现，而高技术产品势必要求高质量，否则可能会对产品的使用者乃至周围人群造成严重的危害，这是 ISO 9000 族标准产生的技术基础。

（4）世界各国制定与颁布的质量责任、法令、法律、法规，把质量管理体系的建立与实施作为强制性的社会要求，这是 ISO 9000 族标准产生的法律基础。

（5）各国消费者权益保护运动的广泛深入开展，推进各类企业不断建立与实施质量管理体系，改进与稳定产品和服务质量，成为 ISO 9000 族标准产生和发展的群众基础。

（6）ISO 9000 族标准来源于 20 世纪 40 年代的美国军工行业标准，后者经过半个多世纪的实践，逐步发展成国家标准，最后成为国际标准，并取得了显著的经济效益和社会效益，这是 ISO 9000 族标准产生和发展必不可少的实践基础。

1986—1987 年 ISO 首次发布了 ISO 9000 族标准（第一版构成见图 6-1），此后 ISO 9000 族

标准的广泛实施有效地破除了国际商品贸易中因依据不同质量保证标准进行质量体系认证／注册而形成的技术壁垒，促进了国际贸易的正常发展。

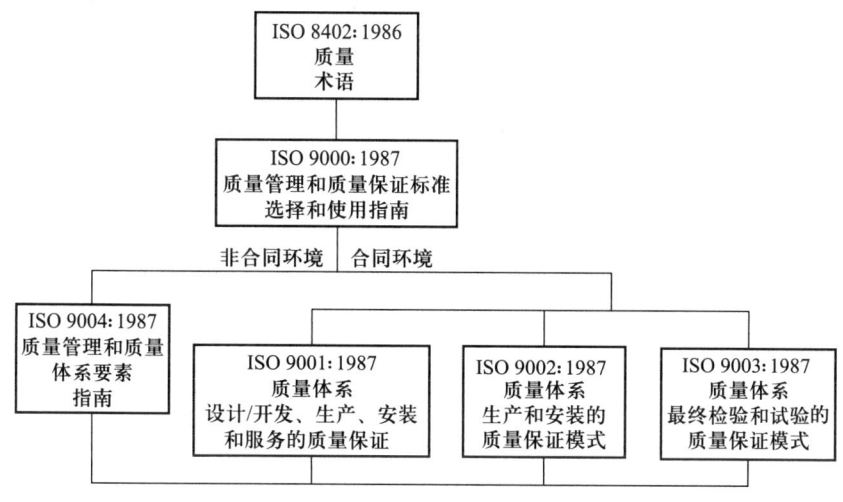

图6-1 ISO 9000族标准第一版的构成图

几十年来，ISO 9000族标准持续进行修订。为了适应21世纪即"质量世纪"对质量管理的客观要求，ISO/TC 176决定对1994版的ISO 9000族标准进行总体结构及技术内容等全面的修改，并把ISO 9000族标准分成三类文件，详见表6-1。

表6-1 2000版ISO 9000族标准文件结构表

| ISO标准 | | 技术报告（ISO/TR） | 小册子 |
核心标准	其他标准		
ISO 9000	ISO 10012	ISO/TR 10006	1. 质量管理原理
ISO 9001		ISO/TR 10007	2. 选择和使用指南
ISO 9004		ISO/TR 10013	3. 小型企业的应用等
ISO 19011		ISO/TR 10014	
		ISO/TR 10015	
		ISO/TR 10017	

2000版ISO 9000族标准中，主要内容都纳入以下四项基本标准中，而其余的都是支持这四项基本标准的其他标准和一些技术报告：① ISO 9000:2000《质量管理体系 基础和术语》，取代了原来的ISO 8402:1994以及ISO 9001—1:1994中的一部分内容，是2000版ISO 9000族标准的基础标准，具有奠定理论基础、统一术语概念并明确指导思想的重要作用。② ISO 9001:2000《质量管理体系 要求》，取代了ISO 9001:1994、ISO 9002:1994和ISO 9003:1994。③ ISO 9004:2000《质量管理体系 业绩改进指南》，提供了质量管理体系的全面指南，以改进组织的总体表现，但不是ISO 9001:2000的实施指南。④ ISO 19011:2002《质量和环境审核指

南》，在阐述与审核有关定义的基础上，为质量和环境审核提供指南，同时也对质量和环境审核员的素质、教育水平、工作经历、审核经历、审核能力等方面提出资格要求。

ISO 和国际认可论坛（International Accreditation Forum，IAF）于 2008 年 8 月 20 日发布联合公报，一致同意平稳转换全球应用最广的质量管理体系标准，实施 2008 版 ISO 9001 认证。2008 版 ISO 9001 标准是根据世界上 170 个国家大约 100 万个通过 ISO 9001 认证的组织的 8 年实践，更清晰、明确地表达 ISO 9001 的要求，并增强与 ISO 14001 的兼容性。从实施的情况来看，2008 版 ISO 9001 标准正式颁布以来，由于标准修改的较少，转换过渡快，ISO 用了很短的时间就结束了 2000 版 ISO 9001 标准的使用。对大多数组织而言，通过正常的监督评审过渡即可，不需要额外时间，审核员只要培训新版的修改之处即可。主要的变更内容如表 6-2 所示。

表 6-2　2008 版 ISO 9001 标准的变更

变更条款	变更内容
3.0	术语与定义，取消了供应链（供方—组织—顾客）
4.1	增加了外包过程的控制，借助 7.4.1 的方法对外包方法进行管控。外包并不能减少组织需承担的责任
4.2.1	变更了一个单一的文件可以包括一个或多个程序的要求，一个文件化程序的要求也可以在多个文件中体现（如纠正预防管理程序）
4.2.3	增加了 4.2.3f 确保质量体系策划和运行所必要的外来文件得到识别，并控制其分发
5.5.2	新标准要求管理者代表应是组织内的下属员工或合同制的全日制员工（不可兼职）
6.2.1	基于教育、培训、技能和经验，从事影响产品质量符合性的工作人员应是能够胜任的（范围较大）
6.2.2	能力、意识和培训：评价培训所要求的有效性；确保达到必要的能力（指实际操作方面的能力加严）
6.3	增加了 6.3c：增加了支持性服务（如运输、通信或信息系统/ERP 系统）、策划、提供、维护全方面评价
7.2.1	与产品有关的要求的确定：增加了交付后的活动，包括保修条款及履行合同的责任，如维修服务和辅助服务（如回收或产品的最终处置）
7.5.1	生产和服务提供的控制：生产和服务包括产品的防护（包装—仓储—搬运—回收）
7.5.2	生产和服务提供过程的确认：阐明确认特殊过程的重要性，以及特殊过程（如焊接、培训、热处理等）和特殊工程的识别（如服务、焊工、司机、仪校工程师、内审员资格的确认）
7.5.4	顾客财产：增加了注解，阐明知识产权和私人信息为顾客财产（如保险公司、银行等）
7.6	监视和测量装置的控制：增加了测量用计算机软件使用的要求（如公司的软件测试站使用的软件适宜性的验证及配置的管理）
8.2.1	监控顾客的感受可能包括从如下的来源输入，如顾客满意度调查、已提交产品质量信息、用户意见调查、失去业务的分析、表扬、保证声明、销售报告等

续表

变更条款	变更内容
8.2.2	内部审核：增加了审核记录的保存范围（如内审计划、签到表、内审报告、查检表、不符合报告等记录）
8.2.3	过程的监视和测量：① 删掉了最后一句话，即"以确保产品的符合性"；② 注解中增加了采用过程控制方法时需考虑的要点，此注释希望组织确定过程监视测量方法时需考虑应用的价值（即范围加大，包括质量体系所有过程）
8.3	不合格品的控制：未满足顾客要求的不合格品，只有得到客户同意放行的条件才能放行，组织内部在未得到客户同意时不能放行，如放行是不符合标准要求的，要开立主要不符合项

2008 年国际金融危机以后，世界各国对于 ISO 9001 这种业已确立、国际公认的标准提出了新的修订需求，即为质量管理提供可持续改进工具。由此，提供质量改进的承诺成为 ISO 9001:2015 的新特点[①]。

（二）ISO 9000《质量管理体系　基础和术语》的主要内容

质量管理原则、质量管理体系基础和术语构成了 ISO 9000 标准的主要内容。质量管理原则是组织的领导者有效实施质量管理工作必须遵循的原则，也是从事质量审核工作的审核员、指导组织建立质量管理体系的咨询人员和组织内所有从事质量管理工作的人员学习、理解、掌握 ISO 9000 族标准必备的理论基础。2015 版 ISO 9000 标准对质量管理原则进行了修改，列出了七项原则：

（1）以顾客为关注焦点。组织依存于顾客，质量管理的首要关注点是满足顾客要求并努力超越顾客期望。因为，组织只有赢得和保持顾客和其他相关方的信任才能获得持续成功。与顾客相互作用的每个方面，都提供了为顾客创造更多价值的机会。理解顾客和其他相关方当前和未来的需求，有助于组织持续成功。并且，认识顾客的未来需求，需要有战略眼光和战略能力。

（2）领导作用。各级领导建立统一的宗旨及方向，并且创造全员积极参与实现组织的质量目标的条件。

（3）全员积极参与。整个组织内各级胜任、经授权并积极参与的人员，是提高组织创造和提供价值能力的必要条件。只有他们的充分参与和全身心投入，才能充分使他们的才干为组织带来收益。

（4）过程方法。将活动作为相互关联、功能连贯的过程组成的体系来理解和管理时，可更加有效和高效地得到一致的、可预知的结果。质量管理体系是由相互关联的过程组成，理解体系是如何产生结果的，能够使组织尽可能地完善其体系并优化其绩效。

---

① 2021 年，ISO 委员会（TC176/SC2）会议决定在未来五年内对 ISO 9001 不实施任何改变，并将允许再用三年的时间制定新的文件。这意味着 ISO 9001 的新一版本会在 2030 年左右推出。

（5）持续改进。成功的组织持续关注改进。这是因为对于组织保持当前的绩效水平、对其内外部条件的变化作出反应以及创造新的机会来说，改进都是非常必要的。

（6）循证决策。基于数据和信息的分析和评估的决策，更有可能产生期望的结果。这是因为决策是一个复杂的过程，并且总是包含某些不确定性。

（7）关系管理。为了持续成功，组织需要管理与有关相关方（如供方）的关系。关系管理对企业而言，将极大地影响组织的绩效。

ISO 9000 关于企业质量管理体系的建立和实施强调了四个问题：

（1）质量管理体系的目的就是要帮助组织增进顾客满意。

（2）顾客是产品是否被接受的最终确定者，因此，质量管理体系方法鼓励组织分析顾客要求，规定为达到顾客要求所必需的过程，并使这些过程处于连续受控状态，以便实现顾客可以接受的产品。

（3）质量管理体系为组织持续改进其整体业绩提供一个框架，以增加顾客和其他相关方满意的机会。

（4）质量管理体系就组织能够提供持续满足要求的产品，向组织及其顾客提供信任。

欲深入了解 2015 版 ISO 9000 关于质量管理体系的基本内容，可继续阅读质量管理学相关教材。

（三）ISO 9001《质量管理体系　要求》的主要内容

ISO 9001 标准为使组织有效地提供产品质量保证，并提高顾客的满意程度规定了质量管理体系的要求。为达到这一目的，ISO 9001 将下述七个部分作为其核心内容：

第 4 章 "组织环境" ——包括：理解组织及其环境，理解相关方的需求和期望，确定质量管理体系的范围，质量管理体系及其过程。

第 5 章 "领导作用" ——包括：领导作用和承诺，方针，组织的岗位、职责和权限。

第 6 章 "策划" ——包括：应对风险和机遇的措施，质量目标及其实现的策划，变更的策划。

第 7 章 "支持" ——包括：资源，能力，意识，沟通，成文信息等。

第 8 章 "运行" ——包括：运行的策划与控制，产品和服务的要求，产品和服务设计与开发，外部供应的过程、产品和服务的控制，生产和服务的提供，产品和服务的放行，不合格输出的控制。

第 9 章 "绩效评价" ——包括：监视、测量、分析和评价，内部审核，管理评审。

第 10 章 "改进" ——包括：不合格和纠正措施，持续改进。

第 5—10 章的内容实质上是对图 6-2 质量管理体系模式中四大过程的具体描述，这些过程彼此相连，最后通过体系的持续改进而进入更高的阶段。

ISO 9001 标准的用途主要在于：① 为各类组织实施内部质量管理提供基本途径；② 为组织内部和外部（包括认证机构）的质量管理体系评价提供基本准则；③ 在合同环境中为组织的产品要求提供补充。

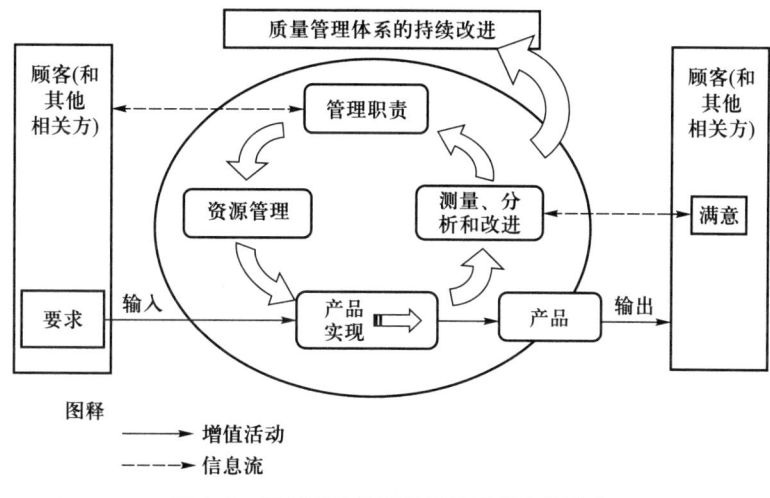

图 6-2　以过程为基础的质量管理体系模式

（四）ISO 9004《质量管理体系　业绩改进指南》的主要内容

ISO 9004 标准的主要目的是，为组织开发更加完善和更趋成熟的质量管理体系提供指南。这一标准的重点内容体现在第 4—8 章：第 4 章"质量管理体系"，第 5 章"管理职责"，第 6 章"资源管理"，第 7 章"产品实现"，第 8 章"测量、分析和改进"。

从结构和内容上看，ISO 9001 标准和 ISO 9004 标准具有相近的目的和结构，是协调一致的质量管理体系标准，既可互补使用，也可单独使用。但两个标准在应用范围上存有差异：ISO 9001 标准为组织建立、实施质量管理体系提出了要求，可用于组织内部的质量管理，也可用于第二方评定和第三方认证；ISO 9004 标准是在 ISO 9001 标准的基础上，从质量管理体系的要求出发，扩展为目标、范围更大的质量管理体系指南。企业的最高管理者为追求业绩的持续改进，超越 ISO 9001 标准的要求，可选择 ISO 9004 标准作为完善组织质量管理体系的指南。

在经济全球化带来市场竞争加剧的今天，企业追求卓越业绩的要求益加迫切，实施 ISO 9004 标准已被越来越多的企业所接受。

（五）企业质量管理体系的建立和改进

依据 ISO 9000 族标准的内容，企业在建立和改进质量管理体系的过程中，应注意以下五个方面：

（1）企业建立质量管理体系的指导思想。该指导思想主要包括：质量管理体系是企业成功发展的保证；质量管理体系要满足顾客和企业双方的需要和期望；质量管理体系应在考虑顾客和企业双方利益、成本和风险的基础上实现质量最佳化。企业应设计出有效的质量管理体系，通过其运转而满足顾客的需要和期望，并保护企业自身的利益。完善的质量管理体系是企业在考虑利益、成本和风险的基础上使质量最佳化以及对质量加以控制的有价值的资源管理。

（2）质量管理体系原则。企业质量管理体系原则包含五项有规律性的活动：分析质量环，确定质量职能；研究质量管理体系结构；形成质量管理体系文件；进行定期的内部审核；定期安排独立的质量管理体系评审和评价。这五项活动中，质量管理体系文件的制定和贯彻执行，是质量管理体系原则的中心内容，其他活动是为这一中心服务的。分析质量环和研究质量管理体系结构是为制定文件进行的准备工作，质量管理体系审核和评审是为了推动执行质量管理体系文件和保持体系文件的现实有效性而进行的必要的活动。

（3）质量手册。企业的质量手册是阐明该企业的质量方针，并描述其质量管理体系的文件。企业的质量手册可以涉及该企业的全部活动或部分活动，手册的标题和范围反映其应用的领域。企业的质量手册通常至少应包括或涉及：质量方针；影响质量的管理、执行、验证或评审工作的人员职责、权限和相互关系；质量管理体系程序和说明；关于手册评审、修改和控制的规定。企业的质量手册在深度和形式上可以不同，以适应该企业的需要。

（4）质量管理体系审核。审核用于确定符合质量管理体系要求的程度，评定质量管理体系的有效性和识别改进的机会。质量管理体系审核是通过对构成质量管理体系各要素的审核来进行的。根据审核目的的不同，质量管理体系审核有内部审核和外部审核两种类型。

内部审核，有时称第一方审核，用于内部目的，由企业自己或以企业的名义进行，可作为企业声明自身合格的基础。也就是说，在企业内部，为了确定质量管理体系是否已经得到有效实施和保持，并符合 ISO 9000 族标准，企业领导应制定内部审核计划，定期地组织客观的内部审核与评价。

外部审核，是当合同环境中需求方对供应方质量管理能力进行评价时，或政府或第三方为了体系认证、产品认证或其他目的而需要对企业质量管理体系进行评价时，由外部审核专家对企业所进行的审核活动。外部审核包括通常所说的"第二方审核"或"第三方审核"。第二方审核由组织的顾客或由其他人以顾客的名义进行。第三方审核由外部独立的组织进行。这类组织通常是经认可的，提供符合要求（如 ISO 9001）的认证或注册。

（5）质量管理体系改进。企业产品质量能否使顾客满意并为企业带来效益，取决于该企业质量管理体系的有效性和效率。体系审核揭示了体系中某些要素或过程存在着改进的可能，企业必须把握住改进的机会。企业质量管理体系改进是一种持续的活动，其目标是追求更高的有效性和效率，避免可控缺陷的出现。

企业质量管理体系的改进活动应制定改进实施计划，内容包括：论证质量管理体系改进的必要性，明确质量管理体系改进项目，明确要素或过程的改进程序。

（六）质量管理体系注册 / 认证的国际互认

为了推进质量管理体系注册 / 认证的国际互认，ISO 理事会于 1992 年通过了第 28 号决议，要求合格评定委员会（CASCO）提交一份有关如何促进与取得合格评定活动相互承认的报告。1993 年 5 月 ISO/CASCO 提交了要求建立质量管理体系注册 / 认证的国际承认体系的报告。根据这份报告，ISO 理事会通过了 1993 年第 23 号决议，批准建立国际承认体系的制度，并为此成立了质量体系评定和承认特别委员会（QSAR）。

QSAR 国际承认体系的建立意味着，如果一个供应商的质量管理体系在 ISO/IEC QSAR 系统中的某个注册 / 认证机构被注册，那么，无论这个注册机构、这个供应商以及其顾客的地理位置在世界的任何方位，其顾客都要承认这一注册的有效性。由此可见，QSAR 国际承认体系为全世界的合格评定活动提供了一个协调一致的条件，从而促进了国际贸易。

ISO 9000 族标准是达到技术方面世界兼容、便利跨国贸易的途径，该标准的发展为全球贸易提供了技术上的支持。

二、ISO 14000 环境管理体系系列标准

（一）ISO 14000 系列标准产生的背景

ISO 14000 系列标准的产生与人类日益对环境问题的关注密不可分。随着人口的增加、经济的增长，全球所面临的环境问题主要有：温室效应所带来的气候变化，臭氧层被破坏，有毒有害化学物质污染与越境转移，海洋污染，生物多样性破坏，生态环境恶化等。一个又一个公害事件的发生让全世界触目惊心，如 1952 年的伦敦烟雾事件造成 4 000 人死亡；1953—1956 年，日本因甲基汞而引发水俣病事件；1979 年美国因三哩岛核电站泄漏造成直接损失 10 亿美元；1986 年因瑞士化学公司仓库起火，30 吨剧毒物入河而使 1 000 英里 ① 流域内的鱼类死亡，300 英里流域内的水不能饮用；2010 年，英国石油公司在美国墨西哥湾租用的钻井平台"深水地平线"发生爆炸，导致大量石油泄漏，酿成一场经济和环境惨剧。2006—2010 年中国的紫金矿业集团铜矿湿法厂污水渗漏引发汀江流域污染，仅养殖鱼类损失就高达 2 200 多万元。

面对这些危及当代乃至后代生存的环境问题，国际社会也采取了对策和行动：

1972 年，美国学者受罗马俱乐部委托，提交了一份研究报告，名为《增长的极限》，它所倡导的"合理的、持久的均衡发展"得到各国学者的普遍认同。

1972 年 6 月在斯德哥尔摩召开的联合国人类环境会议发表了《联合国人类环境会议宣言》《人类环境行动计划》，并将 6 月 5 日定为世界环境日。

1983 年在联合国大会和联合国环境规划署组建世界环境与发展委员会。

1987 年世界环境与发展委员会发表了《我们共同的未来》。

1992 年 6 月联合国环境与发展会议在里约热内卢召开，会议通过了《关于环境与发展的里约宣言》《21 世纪议程》《联合国气候变化框架公约》《生物多样性公约》等。

20 世纪 90 年代起，各国学者对可持续发展的内涵进行广泛探讨，可持续发展得到了国际社会的认可。依据可持续发展理论，人们相继提出生态指南管理和生态消费的问题，许多企业也自动关注对环境的影响和改善，开始评价自身的环境管理活动。同时，一些标准化组织着手制定环境管理体系标准。BSI 于 1989—1992 年着手制定了 BS7750 环境管理体系标准。在这个标准的影响下，欧共体理事会在 1993 年 6 月以法规形式公布了《关于工业企业自愿参加环境管理与环境审核联合体系条例》，建立了生态管理和审核制度（EMAC）。除英国和欧洲外，加拿大也制定了类似的标准。ISO 于 1993 年 6 月正式成立环境管理技术委员会（ISO/TC 207）。其宗旨是支持环境保护，减少人类对环境的污染，改善并维持相应的生态环境质量，使环境保护与经济发展和谐共生，最终实现人类文明进步的可持续性。

1997 年 12 月，149 个国家和地区的代表在日本京都召开《联合国气候变化框架公约》缔约方第三次会议，通过了旨在限制发达国家温室气体排放量以抑制全球变暖的《京都议定书》。内容规定，到 2010 年，所有发达国家排放的二氧化碳等 6 种温室气体的数量，要比 1990 年减少 5.2%，发展中国家没有减排的义务。经过联合国几年的共同努力，2005 年 2 月 16 日《京都议定书》生效。

---

① 　1 英里 ≈ 1.6 千米。

ISO/TC 207 目前的工作是通过制定一套有效的环境管理国际标准，来规范组织的环境行为，以实现对环境的可持续利用。从 1993 年 6 月到 1996 年 10 月 ISO/TC 207 先后制定并颁布 ISO 14000 系列标准，并于 2004 年颁布其修订版。随着全球环保意识不断增强，各国环保法规的日益完善，ISO 14000 系列标准普及程度的逐渐提高，2015 年，ISO 对 ISO 14001 进行了重大修订，重新强化组织管理对于环境保护方面的责任和能力。

（二）ISO 14000 系列标准的指导思想和运行模式

ISO 14000 系列标准的目的主要在于：指导组织建立、实施并保持一个有效的环境管理体系以实现组织的环境方针和目标，并不断改进其环境表现（行为）来满足法律、法规和其他应遵守的要求。为了达到这一目的，ISO 14000 系列标准的指导思想主要包括以下四个方面。

1. 管理体系一体化的思想

ISO 14000 系列标准始终强调：从系统的观点出发，环境管理体系是组织管理系统的一个子系统，不应该将环境管理独立于组织的各项活动之外。2004 版的环境管理体系标准在结构和内容上增强了与其他管理体系的兼容性。

2. 强调领导作用和立足全员参与的思想

ISO 14000 系列标准指出：体系的成功实施有赖于组织中各个层次与职能部门的承诺，特别是最高管理者的承诺。最高管理者的支持不仅是组织建立、实施环境管理体系的动力，而且能为建立和实施环境管理体系提供必要的组织和资源的保证，同时环境的职责不仅限于最高管理者，而且要渗透到组织内"所有的层次与职能"。

3. 预防为主的思想

ISO 14000 系列标准总目标是"支持环境保护和污染预防，协调它们与社会和经济需求的关系"。因此在标准的要素中贯穿了预防为主的思想，如"环境方针"要求最高管理者在方针中承诺预防污染；规划、实施和运行、检查、管理评审等环节都要具备预防的功能。此外，在遵循生命周期环境管理思想的指导下，标准强调将预防为主的思想渗透到产品或过程的全部生命周期之中，以实现全过程预防污染。

4. 持续改进的思想

ISO 14000 系列标准对"持续改进"的定义是：对环境管理体系进行强化的反复发生的过程，目的是根据组织的环境方针，实现对环境表现（行为）的全面改进。这一持续改进的概念包含两个方面：一是环境的改进，是指根据组织的环境方针，实现对整体环境表现（行为）的改进；二是环境管理体系的改进，是指根据组织内外部要求和变化，按照标准的运行模式，经策划—实施—检查—评审的动态循环不断对组织环境管理体系进行改进。

ISO 14000 系列标准采用了 PDCA（策划 plan—实施 do—检查 check—评审 action）环境管理体系的运行模式，如图 6-3 所示。

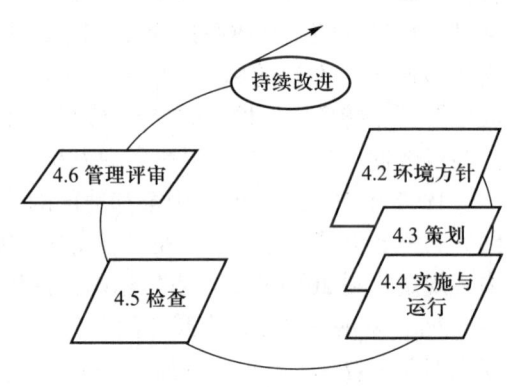

图 6-3　环境管理体系模式

（三）ISO 14001:2015 新版标准

ISO 14001 作为世界上首个被广泛采用的环境管理体系国际标准，已经帮助全球超过数十万家组织提升其环境绩效。该标准 1996 年首次正式发布，经过重大修订后的新版标准，即 ISO 14001:2015 于 2015 年 9 月 15 日正式发布。

新版标准旨在帮助各类组织处理不断变化的业务状况——从气候变化到供应链管理，期望能够继续帮助各类组织改进业务流程、节约成本和应对未来的环境挑战。其中，关键的改进包括：在组织战略策划过程中环境管理的日益突出，领导层更多的关注，以及采取主动措施提高环境绩效的强有力的承诺。

具体而言，新版标准为组织提供了一个框架，使其能够在业务不断发展增长的同时，降低对环境的影响、减少浪费、节约能源。新版标准还有助于企业更具创新性，改进管理体系流程，满足相关法规要求，增强企业在投资者、客户和公众眼中的信誉度。新版标准的采用将帮助企业与环境领域的变化保持同步，确保企业始终处于领先地位。新版标准的变更包括：

1. 采用管理体系标准结构

为了最大限度地实现各领域管理体系国际标准结构上的一致和兼容，以确保管理体系标准的长期稳定性和整合性，新版标准共包括十章内容：① 范围（scope）；② 规范性引用文件（normative references）；③ 术语和定义（terms and definitions）；④ 组织所处的环境（context of the organization）；⑤ 领导作用（leadership）；⑥ 策划（planning）；⑦ 支持（support）；⑧ 运行（operation）；⑨ 绩效评价（performance evaluation）；⑩ 改进（improvement）。

2. 战略性环境管理思维

战略性环境在新版标准中主要体现在两个方面：一是对可持续发展理念的强化，二是将环境管理融入组织的战略策划。

之所以要将环境管理融入组织的战略策划，是因为环境管理需求在组织战略策划过程中的重要性越发凸显。理解组织所处的环境以识别优势机会，已成为一项既有利于组织又有利于环境的新要求。

战略性环境管理思维也是环境管理体系应对风险和机遇、确保成功实施的关键。通过将环境管理融入组织的业务过程、战略方向和决策制定过程，与其他业务的优先项相协调，并将环境管理纳入组织的整体管理体系中，组织就能够有效地应对其风险和机遇。

3. 应对风险和机遇

风险和机遇的概念及其要求在新版标准的首次提出，标志着环境管理体系对风险控制的重视。风险和机遇主要来源于三个方面：环境因素、合规义务，以及基于对组织所处环境与相关方需求及期望的理解所识别出的风险和机遇。

尽管新版标准要求组织须确定并应对风险和机遇，但组织可自行选择确定风险和机遇的方法。方法可涉及简单的定性过程或完整的定量评价，其选择取决于组织运行所处的环境。

4. 强化领导力

环境管理体系的成功实施取决于最高管理者领导下的组织各层次和职能的承诺。为确保体系成功，新版标准特别强调，最高管理者负有环境管理体系有关的特定职责，应当亲自参与或进行指导。最高管理者也可向他人委派这些行动，但有责任确保这些行动得到实施。

5. 突出保护环境的承诺

新版标准将 ISO 14001:2004 的"污染预防的承诺"拓展为"保护环境的承诺",包括资源的可持续利用、减缓和适应气候变化、保护生物多样性和生态系统。这意味着在当前资源低效使用、废物管理不当、气候变化、生态系统退化、生物多样性减少的全球环境形势和压力下,标准对组织的期望已由过去简单被动地预防污染扩展到积极主动地保护环境,以免因组织的活动、产品和服务而导致环境危害与退化。

6. 强调合规义务与合规性评价

新版标准将 ISO 14001:2004 中的"法律法规和其他要求"改写为"合规义务",充分体现了遵守合规义务并进行合规性评价在组织建立、实施、保持和持续改进环境管理体系过程中的重要性。

合规义务包括组织须遵守的法律法规要求,及组织须遵守的或选择遵守的其他要求。合规义务也可能产生风险和机遇。例如,未履行合规义务可损害组织的声誉或导致诉讼;若更多地履行合规义务,则能够提升组织的声誉。

关于合规性评价,新版标准明确:组织应建立、实施并保持评价其合规义务履行情况所需的过程;确定实施合规性评价的频次,对所有合规义务均定期予以评价,必要时采取措施,保持其合规情况的知识和对其合规情况的理解。

7. 通过绩效提升实现持续改进

新版标准更加关注组织建立、实施环境管理体系后环境绩效的评价和提升。从标准结构上看,新版标准的绩效评价涵盖了监视、测量、分析和评价,合规性评价,内部审核和管理评审四部分内容。

关于持续改进,新版标准的变化主要是将重点从改进管理体系转变为改进环境绩效。

8. 强化生命周期观点

生命周期观点是环境管理的重要思想。新版标准指出:环境管理的系统方法可向最高管理者提供信息,组织通过采用生命周期观点,控制或影响组织产品和服务的设计、制造、交付、消费和处置等的方式,能够防止环境影响被无意地转移到生命周期的其他阶段。

新版标准明确指出:组织应在所界定的环境管理体系范围内,确定其活动、产品和服务中能够控制且能够施加影响的环境因素及其相关的环境影响。此时应考虑生命周期观点。新版标准在"运行策划和控制"条款中要求:从生命周期观点出发,组织应制定控制措施,确保在产品或服务设计和开发过程中,考虑其生命周期的每一阶段并提出环境要求。

9. 强调内外部信息交流

信息交流使组织能够提供并获得与其环境管理体系相关的信息,包括与其重要环境因素、环境绩效、合规义务和持续改进建议相关的信息。新版标准重视并强调内外部信息交流,包括建立所需的信息交流过程,对沟通一致的、可信的信息的要求,针对组织控制下工作的人员建立信息交流机制,提出改进环境管理体系的建议等。

新版标准对信息交流提出了透明化、适当性、真实性、事实性、准确性与可信性等一系列较 ISO 14001:2004 更为细化和具体的要求。信息交流是一个双向的过程,建立良好的信息交流机制有利于组织寻找改进环境管理体系的机会。

10. 文件化信息

新版标准将 ISO 14001:2004 中的"记录""程序""文件"合并修订更名为"文件化信息"。

使用"文件化信息"是为了适应大数据和云计算等的发展。

新版标准还明确：组织还可针对透明性、责任、连续性、一致性、培训或易于审核等目的，选择创建附加的文件化信息，并可与组织实施的其他管理体系信息相整合。组织的首要关注点应是环境管理体系的有效实施和环境绩效，而非复杂的文件化信息控制系统。

在一致性方面，ISO 14001:2015 与其他管理体系，如 ISO 9001、ISO 22301、ISO 27001、ISO 20000 等更为相容，更易整合。

但是像其他管理体系一样，只有实施和保持得当，才能带来环境管理益处。ISO 14001:2015 的目标是改进环境管理体系，从而更好地保护环境，其带来的益处如下：

（1）更好地与其他业务活动整合。

（2）加强过程方法及 PDCA 循环。

（3）体系权力下放，组织上下都负起环境管理体系的职责。

（4）最高管理者更多参与环境管理体系。

（5）在环境因素评价中考虑产品或服务的整个生命周期。

（6）更为强调环境绩效监视。

三、ISO 45000 职业健康安全管理体系系列标准

职业健康与安全是许多行业都涉及的问题。例如，粉笔灰对呼吸道的危害，水泥厂粉尘对肺部的危害，建筑业坠落的危险，机加工车间断指、断臂的危险，化工、能源、医药行业对员工呼吸、神经系统的危害，交通运输行业运输工具事故的危害，煤矿瓦斯爆炸和塌方的危险，等等。根据国际劳工组织（International Labour Organization，ILO）2022 年 5 月的统计，全球每年因工作死亡的人数已经达到 200 万人，而且每起致命事故都会造成 500~2 000 人受伤，具体取决于工作类型。每年工作场所的最大杀手是癌症，造成大约 64 万人死亡，占总死亡人数的 32%；其次是循环系统疾病，占 23%；然后是事故，占 19%；传染病占 17%。这些工作产生的危险或危害有无发生、发生的频率、灾害的大小，除客观无法控制的原因之外，绝大部分与企业对员工健康安全的重视程度和所采取的措施是否得力有关。

自 20 世纪 80 年代起，国际社会就对职业健康安全问题日益关注，各国呼吁制定关于职业安全卫生的标准。1999 年 3 月，全球知名的标准制度研究、认证机构 BSI、DNV、SGS、BVQI、NSAI、AS/NZ、UNE、LRQA、SABS 等 13 个组织共同颁布了 OHSAS 18000 系列标准，成为国际社会普遍采用的职业健康安全管理体系系列标准。

在原有的 OHSAS 18001 标准基础上，ISO 于 2018 年 3 月发布了 ISO 45001:2018《职业健康安全管理体系　要求及使用指南》，给相关组织提供了 3 年的转换期，以便适应新的标准要求。这是对管理体系新领域的又一补充，可满足任何有以下期望的组织：① 建立并实施国际认可的职业健康和安全管理体系，使个人和其他相关方的风险减少或者降至最低；② 维护并持续改善健康和安全绩效；③ 确认所有运作满足既定健康和安全方针都符合国际认可的标准。

为确保管理体系标准的长期稳定性和整合性，ISO 45001:2018 标准框架与 ISO 9001:2015、ISO 14001:2015 保持一致。ISO 45001:2018 的内容包括：一般要求事项、职业健康安全方针、策划、实施与运行、检查与纠正措施、管理评审等。企业首先确立职业健康安全方针，其次为实现方针进行职业健康安全管理体系策划、实施与运行，再次采取检查与纠正措施，在体系运

行过程中利用检查的手段发现问题，通过原因分析，制定纠正措施并有效实施，防止问题的再发生，最后通过管理评审对整个循环过程进行评价，根据评价结论对职业健康安全管理体系进行改进，包括方针和目标的调整和修订。如此循环下去，最终实现预防和控制工伤事故、职业病及其他损失的目标，使组织的职业健康安全管理状态得到改善和提高。

职业健康安全管理体系列标准发展历程

ISO 9001:2015、ISO 14001:2015 和 ISO 45001:2018 三大管理体系标准在中国都已经得到及时转化和发布，其认证工作已展开，是全世界发展速度最快和应用地域最广的国家。

第三节　管理体系一体化的必要性与可行性

从本章前两节的阐述可以看出，企业按照国际通行的管理体系标准的要求建立相应的管理体系，能够获得两方面收益：对外可以取得进入国际市场的通行证，尽快地在质量、环境及健康安全等方面全面实现与国际社会的有效接轨，消除国际贸易中由要求的不统一所造成的障碍，减少重复验证和认可；对内可在认证的基础上建立起真正意义上的现代企业制度，从而更有效地提高产品质量，并通过节能减排和安全文明的生产而为今后的发展创造良好的外部环境。然而，当越来越多的企业想要通过多个体系的认证获得竞争优势时，却遇到难以避免的负面效应。本节将对管理体系一体化的必要性和可行性进行陈述。

一、企业实施管理体系一体化的必要性

随着社会的进步和日益严格的法律法规要求，企业除了关注顾客的要求（包括现有的和潜在的需求或期望）外，还必须确保自身的生产经营活动不损害员工的身心健康、不污染环境并满足更多的社会责任要求等。为了满足现代社会的多种要求，越来越多的企业积极采用国际 / 国家标准，建立质量、环境、职业健康安全以及其他管理体系。然而，当多个管理体系在同一企业独立运行时不可避免地产生了一些问题。

（一）重复

各类管理标准的主要关注对象不同，且都是在不同时间以独立形式发布的，因此，企业为了满足质量管理体系、环境管理体系和职业健康安全管理体系不同标准认证的需要，难免做重复劳动，出现了三本手册、三套程序文件、重复内审、重复管理评审的现象，这显然浪费了资金、时间和精力等组织资源。

（二）冲突

在一个企业内如果有多个专业管理体系各自为政、独立运行，就极有可能出现资源配置上的冲突和工作衔接的矛盾，进而导致体系运行的协调成本增加和整体的管理效率降低。

（三）浪费

从内部审核角度看，如果不同管理标准的审核员对同一问题（如文件的控制）有不同的解释和要求，企业的有关人员就会无所适从。从第三方认证角度来说，由于认证审核不统一，企业为了获得三种证书，就不得不接受三种外部审核，这不但使企业的审核费、交通费和接待费大量增加，而且还要消耗管理人员和员工大量的时间和精力。

由此可见，企业为了向相关方证明自身的经营活动满足他们的要求，就必须按照多个标准的要求建立相应的管理体系以取得多张认证证书，而激烈的市场竞争环境又要求企业必须运用科学的管理方法来提高资源的利用率和工作效率，最大限度地降低管理成本。因此，为了增强综合的竞争优势，企业需要不断寻求管理的系统化、规范化的方法，以便在确认顾客需求的基础上，以最合理的管理成本，同时达到管理的整体高效和在更广泛的程度上满足各方要求的目的。

根据系统论原理和国内外企业一体化的实践，实现管理体系一体化对于企业的意义和作用可以概括为：① 管理体系一体化是简化贯标工作，降低认证成本的需要；② 管理体系一体化是强化管理、提高效益的重要途径；③ 管理体系一体化是增强竞争实力、参与国际竞争的有力武器。

二、企业实施管理体系一体化的可行性

管理体系一体化的由来以及相关的研究和实践，都与 ISO 9000 质量管理体系系列标准、ISO 14000 环境管理体系系列标准以及 ISO 45000 职业健康安全管理体系系列标准的广泛认证和重新修订密不可分。研究 ISO 9001、ISO 14001 和 ISO 45001 这三个标准，发现其不同点主要体现在作用、目的、关注焦点、适用范围、过程控制切入点、法律法规及其他要求这几个方面，如表 6-3 所示。

表 6-3　ISO 9001、ISO 14001 和 ISO 45001 之间的不同点

不同点	标准		
	ISO 9001	ISO 14001	ISO 45001
作用	指导组织建立质量管理体系	指导组织建立环境管理体系	指导组织建立职业健康安全管理体系
目的	顾客满意	社会满意	员工满意
关注焦点	控制与产品有关的过程，以提供满足顾客需求和适用法律法规要求的产品	规范组织的环境行为，强调资源的合理利用，预防污染，倡导环境保护，以可持续发展满足相关方（主要指社会）的要求	消除或降低企业的职业健康安全风险，预防事故发生，满足员工及利害关系者的要求
适用范围	对产品质量有影响的活动	对环境有影响的活动	对员工身心有影响的活动

续表

不同点	标准		
	ISO 9001	ISO 14001	ISO 45001
过程控制切入点	将产品生产的质量控制大过程分为管理职责、资源管理、产品实现和测量分析改进四个子过程，分别按顺序进行系统控制	从环境因素分析入手，建立、运行、控制、改进整个体系	从危险源辨识入手，建立、控制、改进整个体系
法律法规及其他要求	·由于各体系的目的和关注焦点有差异，所适用的法律法规也有不同的要求 ·ISO 14001 和 ISO 45001 均要求组织建立程序，用来识别和获取对其适用的法律法规，而 ISO 9001 没有专门的要求，只是要求要符合适用的法律法规		

虽然三个标准存在上述差异性，但是质量管理体系、环境管理体系和职业健康安全管理体系都是组织整体管理系统中的子系统，它们相互依赖并服从于整体管理系统的要求。加之 ISO 9001、ISO 14001 和 ISO 45001 这三大标准在性质、理论基础、管理原则和运行模式等方面具有较多的相同和相似性（见表 6-4），因此，同一企业内不同管理体系的目标及功能的实现都应当并且可以在一个综合的管理体系中得到统一确定和协调控制。

表 6-4　ISO 9001、ISO 14001、ISO 45001 之间的相同及相似性

相同点	标准		
	ISO 9001	ISO 14001	ISO 45001
性质	都是组织自愿采用的管理型标准，具有通用性和国际性的特点，并且均应结合组织自身的产品特性、行业特点、运作方式予以采用，追求体系的适用性、符合性和充分性		
理论基础	系统论、控制（过程）论、信息论是其共同的理论基础		
管理原则	三个标准的内容都体现了"领导作用""全员参与""过程方法""管理的系统方法""持续改进""基于事实的决策方法""互利的供方关系"等管理原则		
预防思想	对不同要素控制的发展过程，都是从重视过程终端逐渐移向过程的前端（输入），即注重预防、发挥预防功能是其共同特色		
体系总要求	都注重承诺和结构化，并要求采用系统的方法（包括内外环境的信息沟通和适当的管理技术），建立一个完整的、有效的、文件化的管理体系		
框架结构	均按照"最高管理者承诺→建立方针、目标（指标）、规划（方案、策划）→强调组织结构和职责、培训、意识、能力、信息交流、沟通、协商和文件管理→按照运行、产品 / 服务实现过程实施控制→对过程、控制结果进行监视、测量→评价方针、目标、过程、结果的适宜性和有效性→持续改进"的顺序进行构思和排列条款，因此各标准具有相似的框架结构，并且都建立三个层次的文件体系，即管理手册（包括所制定的管理方针和目标）、程序文件、作业指导书及记录		
运行模式	都是对体系从体系的策划建立→实施保持→监视测量→评审改进四个方面依次作出规定，反映出各管理体系都是按照以 PDCA 过程模式实现持续改进的思路建立的		

相同点	标准		
	ISO 9001	ISO 14001	ISO 45001
要素管理	都是从注重用技术解决问题发展到注重在组织上、管理职责上去解决问题		
共有或近似的要素	管理承诺、组织结构和职责、信息交流与沟通、管理评审、文件和记录的控制、培训、监控和测量、内部审核、不合格、纠正和预防措施，等等		
对体系一体化的倾向性	都鼓励与其他管理体系的结合或整合，均强调与其他管理体系协同运作、节约资源、不断提高组织的整体绩效		

第四节　一体化管理体系的内涵与实现要求

一、一体化管理体系的内涵

企业进行管理体系一体化的结果是将各类管理体系整合成一个综合的管理体系，即形成一体化管理体系（integrated management system，IMS）。根据前文对体系和管理体系的阐述以及各类管理体系标准对管理体系一体化的倾向性，一体化管理体系的概念可归结为：建立综合的方针和目标，通过两种或两种以上管理体系的有机整合，从而形成使用共有要素以实现这些目标的单一的管理体系。同时，必须关注下述四点：

（一）目的

综合的方针和目标是指将各个管理体系的方针和目标综合成一体化管理体系的方针和目标，旨在同时满足一个企业的多个不同相关方的期望或要求。

（二）不分先后

两种或两种以上的管理体系可以是企业已经分别建立的，也可以是企业打算建立的，但这些管理体系应当分别具有专业性较强的管理目标，并致力于满足不同的相关方要求。

（三）有机整合

有机整合是指遵循系统化原则，形成相互统一、相互协调、相互补充、相互兼容的有机整体，而不是多种管理体系的简单相加。

（四）共有要素

诸多管理体系本身就是针对同一个企业而言，因此各专业管理体系并不能相互独立，而应具有某些相同或相近的要素。这些要素自然可以为一体化之后的管理体系所使用，而且共有要素实际上也为 IMS 的建立和运行提供了平台。因此，IMS 定义中强调共有要素，以防止共有要素因管理体系呈现形式不同而被人为地分开。

根据参与一体化的不同管理体系的数目，可以将 IMS 分为二元、三元和多元（三元以上）三种类型。而这样的分类实际上也反映了管理体系一体化的程度和演变阶段。一体化程度较低的是二元型 IMS，典型的如质量管理体系和环境管理体系的一体化，环境管理体系和职业健康安全管理体系的一体化；多元型 IMS 的一体化程度较高，它不仅涵盖质量、环境及职业健康安全管理的各个要素，而且还融合了其他管理体系（如财务、信息安全、食品安全卫生等）的要求，旨在形成整体的运行机制，以系统的方法落实多项管理体系标准的要求，从而达到让顾客、员工、社会及其他相关方都满意的目的。按照质量、环境和职业健康安全管理标准建立一体化管理体系，是当今各类企业管理体系发展的主要趋势，这对于加入世界贸易组织各国的企业都具有重要的现实意义。

二、一体化管理体系的实现要求

企业实现一体化管理体系应该明确的关键要求体现在以下九个方面：

（一）管理体系要求的一体化

IMS 应覆盖所有参与一体化的各类管理体系的要求。比如，QMS 的关注焦点是顾客，环境管理体系的关注焦点是社会和相关方，而职业健康安全管理体系的关注焦点是企业员工（内部顾客），因此，企业在建立 IMS 时，应确立以顾客、员工、社会等相关方的要求和期望为关注焦点，对这些要求进行综合分析，协调一致并统一管理满足要求的过程。

（二）方针、目标的统一化

企业在策划建立 IMS 时应该对以前建立的各类管理体系方针进行协调，制定与企业战略保持一致的一体化管理总方针，以统一 IMS 对质量、环境和职业健康安全各方面的综合要求和更有利于对 IMS 的理解和实施。在方针统一的前提下，企业还应制定涵盖质量、环境和职业健康安全等内容的一体化管理目标，并把这些目标同时落实到各管理层次和部门。

（三）管理机构的精简化

企业建立 IMS 时，应实行质量、环境、职业健康安全一体化的管理机制，根据职能管理的要求，对组织机构和职能进行适当重组和优化，并结合企业的特点，将各层次和各部门在质量、环境和职业健康安全三方面的管理职责和权限进行统一，合理配置，精简各类管理机构，以消除交叉管理和重复管理等现象。

（四）资源管理的合理化

建立 IMS，需要对企业资源进行统一配置和管理。以人力资源管理为例，应根据职责或所从事工作的特点和要求确定培训的全面需求，包括质量、环境和职业健康安全三方面的技能和意识，进行统筹安排、综合培训，以提供满足需要的人才结构。此外，对于企业生产和服务的设备设施以及环境和职业健康安全的设备设施也应进行统一管理，以降低维护成本，提高管理的效率。

（五）运行过程的协同化

企业应在产品的设计、开发、采购、生产和服务的提供等各阶段将质量、环境和职业健康安全三方面的要求结合起来，统一规定作业规程和控制要求，并进行协调统一的实施和控制，以避免发生多头管理、重复控制的现象。此外，在策划项目计划时，应将质量计划与环境管理方案、职业健康安全管理方案进行协调统一、合理规划，确定综合控制要求。

（六）测量分析的同步化

为实现一体化管理的综合目标，有必要对过程的质量管理、环境管理和职业健康安全管理的状况和业绩进行测量和分析。企业应制定统一的测量计划对过程进行质量、环境和职业健康安全等方面的同步测量。管理体系内部审核和管理评审是质量管理体系、环境管理体系和职业健康安全管理体系标准都规定的体系测量活动。IMS 应将这三个体系对审核和评审的要求统一计划，进行同步审核，这样才有利于对发现的问题进行全面分析，采取综合措施，提高审核和评审的效率。

（七）持续改进的综合化

在对已发生的和潜在的问题采取纠正和预防措施以及开展管理评审时，企业应综合质量、环境和职业健康安全管理等方面的要求和影响，分析和确定持续改进目标，并制定合乎各方要求的改进方案，以提高持续改进效果的全面性。

（八）管理体系文件的一体化

IMS 文件经过统一策划后，应覆盖以前各类管理体系的要求，并进行有机的组合，而不是将这些文件简单相加。编制的体系文件要避免重复、烦琐，要适合于实际运作需要，文件的接口要清晰，便于使用和控制。

（九）全方位的 PDCA 循环化

在建立 IMS 时，要充分考虑组织各个方面都能实现 PDCA 循环，确保管理体系从各个角度都能致力于自我控制和自我完善。

第五节　ESG 及其评价体系

一、ESG 定义及其发展历程

ESG 指企业的环境（environment）、社会（social）和治理（governance），ESG 评价指标体系是从环境、社会和治理三个维度评估企业经营的可持续性及其对社会价值观念的影响。具体而言，在投资层面，ESG 是一种关注企业在环境、社会、治理方面的绩效而非仅关注传统财务绩效的投资理念；在企业层面，ESG 则是指将环境、社会、治理等因素纳入管理运营流程中的一种实践。

随着全球对可持续发展的关注增加，越来越多的企业将环境、社会、治理因素融入其战略规划和日常运营中，ESG 已经成为衡量现代企业成功与否的重要标准之一。它不仅仅是遵守规则或迎合潮流的问题，而是关乎企业能否在未来复杂多变的世界中持续成长和发展，关系到企业长期可持续发展和财务表现。

ESG 与 ISO 系列标准共同致力于提升企业的可持续发展能力和社会责任表现，二者在框架与标准的一致性、风险管理与合规性、持续改进与绩效提升、报告与透明度、创新与发展机遇等方面高度相关。ISO 系列标准为各行各业提供了可遵循的最佳实践指南，同时为企业实现 ESG 目标提供了实用的工具和支持。

近年来，随着国家可持续发展政策和"双碳"战略的持续推进，绿色低碳发展已成为全社会共识，ESG 评级不仅日渐成为衡量企业可持续发展能力的重要指标，更是资本市场对企业价值评估的核心参考标准。2004 年，联合国环境规划署首次提出 ESG 概念，提倡在投资中关注环境、社会、治理问题。2009 年，联合国贸易和发展会议（UNCTAD）、联合国全球契约（UN Global Compact）、联合国环境署金融倡议（UNEP FI）及联合国责任投资原则（UN PRI）共同发起可持续证券交易所倡议，正式开启了由证券交易所、投资者、监管机构等多维度主体共同推动 ESG 快速发展的历史阶段。

国际组织和投资机构在不断完善和深化 ESG 概念的基础上，设计并形成了一套全面系统的评估方法和信息披露标准。联合国环境规划署参与成立的全球报告倡议（Global Reporting Initiative，GRI）所发布的《可持续发展报告指南》及在此基础上发展形成的 GRI 标准是目前全球使用范围最广的 ESG 报告框架。2021 版 GRI 标准新增行业标准板块，于 2023 年 1 月 1 日起生效。

随着 ESG 概念的逐步完善，加上政策和监管的持续推动，ESG 信息披露已成为全球趋势。我国上市公司 ESG 信息披露水平也正在不断提高，近年来主动进行 ESG 信息披露的 A 股上市公司数量逐年增加。中国上市公司协会发布的《2021 年度 A 股上市公司 ESG 信息披露情况报告》显示，2021 年共有 1 366 家 A 股上市公司披露了 ESG 报告，发布 ESG 报告的公司数量占比近 29.42%，同比上升 2.52%。

二、国内外 ESG 相关评价体系

（一）国外主要 ESG 评价体系

国外 ESG 评价体系发展较早，总体体系较为完整，国际影响力较大。其中主流的 ESG 评价机构有明晟（MSCI）、富时罗素、路孚特、穆迪、晨星等。

1. 明晟 ESG 评价体系

明晟是国际市场上使用最广泛、最具影响力和参考价值的指数编制公司，其在 ESG 领域拥有 40 多年的研究经验，是全球首家根据行业的经济效益评估公司的 ESG 服务供应商，也是全球首家将企业的风险敞口纳入评估的 ESG 服务供应商。目前明晟对全球超过 8 500 家公司以及超过 68 万只股票和固定收益证券进行评级，为每家公司收集数千个数据点。

明晟的 ESG 评价体系主要由 3 大类和 10 项主题以及 35 个关键指标构成（详见表 6-5），用以衡量目标公司的 ESG 风险暴露程度和采取的 ESG 风险管理措施，进而计算最终得分并给出评级。公司的最终评级得分在由以上各项评价指标得分加权计算后，还需根据公司所处行业进行调整。根据行业调整后的评分，按照分值区间给出公司的 ESG 评级范围：从领先（AAA、AA）、平均（A、BBB、BB）到落后（B、CCC）。

表 6-5　明晟 ESG 评价体系

一级指标	二级指标	三级指标
环境	气候变化	碳排放、单位产品碳排放、融资环境因素、气候变化脆弱性
	自然资源	水资源稀缺、稀有金属采购、生物多样性和土地利用
	污染和消耗	有毒物质排放和消耗、电力资源消耗、包装材料消耗
	环境治理机遇	提高清洁技术的可能性、发掘可再生能源的可能性、建造更环保的建筑的可能性
社会	人力资源	人力资源管理、人力资源发展、供应链劳动力标准、员工健康与安全
	产品责任	产品安全和质量、隐私和数据安全、化学物质安全性、尽职调查、健康和人口增长风险、金融产品安全性
	利益相关者反对意见	有争议的物资采购
	社会机遇	社会沟通的途径、医疗保健的途径、员工医疗保健的机会、融资途径
治理	公司治理	董事会、股东、财务会计、工资薪酬
	公司行为	商业道德、纳税透明度

资料来源：明晟官网.

2. 富时罗素 ESG 评价体系

富时罗素（FTSE Russel）隶属伦敦证券交易所集团（LSEG）信息服务部门，是全球领先的指数编制公司，在 ESG 评价领域拥有 20 多年的经验。目前富时罗素 ESG 评级和数据模型覆盖了 47 个发达和新兴市场的 7 200 只证券，其中约 1 800 只中国上市公司证券（包括 A 股、港股、中概股等）。

富时罗素 ESG 评价体系主要分为三层（见表 6-6）：第一层为环境、社会和治理三大支柱；第二层下的 14 个主题用于衡量公司管理 ESG 问题的整体质量；第三层是 300 多个独立的评价指标。其中每一个主题下面包含了 10~35 个评价指标，每家公司的评价平均参考了 125 个评价指标。

与其他评级机构不同，富时罗素 ESG 评级体系中的参考资料仅来自公开信息（包括公司季报、企业社会责任报告等强制性会计披露信息，监管文件，证券交易所，非政府组织和媒体），但富时罗素也会与每家公司单独联系，以检查是否已找到所有相关的公开信息。

表 6-6　富时罗素 ESG 评价体系

3 大支柱	14 个主题	300 多评价指标
环境	生物多样性	每一个主题下包含 10~35 个评价指标。每家公司的评价平均参考了 125 个评价指标
	气候变化	
	污染与资源	
	水资源安全	
	供应链	
社会	消费者责任	
	健康与安全	
	人权与社区	
	劳工标准	
	供应链和水资源安全	
治理	反腐败	
	公司治理	
	风险管理	
	税务透明	

资料来源：富时罗素官网.

3. 纳斯达克证券交易所 ESG 考核指标

2019 年，纳斯达克证券交易所发布了《ESG 报告指南 2.0》，将约束主体从此前的北欧和波罗的海公司扩展到所有在纳斯达克上市的公司和证券发行人，并主要从利益相关者、重要性考量、ESG 考核指标度量等方面提供 ESG 报告编制的详细指引。纳斯达克证券交易所 ESG 考核指标见表 6-7。

表 6-7　纳斯达克证券交易所 ESG 考核指标

环境	社会	治理
E1 温室气体排放	S1 CEO 薪酬比率	G1 董事会多样性
E2 排放强度	S2 性别薪酬比率	G2 董事会独立性
E3 能源利用率	S3 员工流动率	G3 激励性薪酬
E4 能源强度	S4 性别多样性	G4 集体谈判

续表

环境	社会	治理
E5 能源结构	S5 临时工比率	G5 供应商行为准则
E6 水资源利用率	S6 非歧视举措	G6 道德与反腐败
E7 环境行动	S7 受伤率	G7 数据与隐私
E8 气候监督 / 董事会	S8 全球健康与安全	G8 ESG 报告
E9 气候监督 / 管理层	S9 童工与强迫劳动	G9 披露惯例
E10 降低气候风险	S10 人权	G10 外部保证

资料来源：纳斯达克证券交易所官网.

（二）国内主要 ESG 评价体系

中国 ESG 评价体系起步较晚，目前仍处于发展初期。随着国内各领域对 ESG 的关注和接受程度的提高，国内 ESG 评价体系发展也正在提速。目前，发展较好的 ESG 评价机构有商道融绿、华证、万得等。

1. 商道融绿 ESG 评价体系

商道融绿基于对 ESG 因素的长期研究经验，于 2015 年推出了自主研发的 ESG 评价体系，并建立了中国最早的上市公司 ESG 数据库。商道融绿的 ESG 评价覆盖全部中国境内上市公司，港股通中的香港上市公司，以及主要的债券发行主体，具体 ESG 数据涵盖企业、行业和宏观层面的 ESG 数据，评价结果和具体 ESG 数据可广泛应用于投资决策、风险管理、政策制定、可持续金融产品的创新和研发。

商道融绿的 ESG 评价体系包括 14 个核心议题（见表 6-8），ESG 分析团队通过对近 700 个数据点进行数据采集后，对近 200 个 ESG 指标进行打分。商道融绿共设立了 51 个行业模型，模型内包括该行业的 ESG 指标和指标权重。通过行业模型，最终得到每家公司的 ESG 得分（0~100）及 ESG 评级（A + 至 D，共 10 等级）。

表 6-8　商道融绿 ESG 评价体系

一级指标	二级指标	三级指标
环境	环境政策	环境管理体系、环境管理目标、节能和节水政策、绿色采购政策等
	能源及资源消耗管理	能源消耗、节能、节水、能源使用监控等
	污染物排放管理	污水排放、废气排放、固体废弃物排放等

一级指标	二级指标	三级指标
环境	应对气候变化	温室气体排放、碳强度、气候变化管理体系等
	生物多样性	生物多样性保护目标与措施等
社会	员工发展	员工发展、劳动安全、员工权益等
	供应链管理	供应链责任管理、供应链监督体系等
	客户管理	客户管理关系、客户信息保密等
	产品管理	质量管理体系认证、产品/服务质量管理等
	信息安全	数据安全管理政策等
	社区	社区沟通、社区健康和安全、捐赠等
治理	商业道德	信息披露、董事会独立性、高管薪酬、审计独立性等
	公司治理	反腐败与贿赂、举报制度、纳税透明度
	合规管理	合规管理、风险管理等

资料来源：商道融绿官网.

2. 华证 ESG 评价体系

华证指数参考国际主流方法和实践经验，借鉴国际 ESG 评价核心要义，结合中国国情与资本市场特点，构建华证 ESG 评价体系，向市场提供中国 A 股及发债主体等证券发行人的 ESG 评价结果。

华证 ESG 评价体系包括环境、社会和治理 3 大支柱下的 14 个主题、26 个关键指标和 130 多个子指标（见表 6-9），具有更新频率高、覆盖范围广（覆盖全部 A 股上市公司）和数据可得性高的特点。

表 6-9　华证 ESG 评价体系

3 大支柱	14 个主题	26 个关键指标
环境	环境管理体系	环境管理体系
	绿色经营目标	低碳计划或目标、绿色经营计划
	绿色产品	碳足迹、可持续发展的产品或服务
	外部环境认证	产品或公司获得环境认证
	环境违规事件	环境违法违规事件
社会	制度体系	社会责任报告质量
	健康与安全	减少安全事故的目标或计划、负面经营事件、经营事故发生趋势

续表

3 大支柱	14 个主题	26 个关键指标
社会	社会贡献	社会责任相关的捐赠、员工增长率、乡村振兴
	质量管理	产品或公司获得质量认证
治理	制度建设	企业自我 ESG 监督
	治理结构	关联建议、董事会独立性
	经营活动	税收透明度
	经营风险	资产质量、整体财务可信度、短期偿债风险、股权质押风险、信息披露质量
	外部处分	上市公司及子公司违规违法事件、高管及股东违规违法事件

资料来源：上海华证指数信息服务有限公司官网.

3. 万得 ESG 评价体系

万得是中国领先的金融数据、信息和软件服务企业，万得 ESG 评级数据库除覆盖上市公司自主披露的年报、ESG 报告、社会责任报告外，还覆盖政府及监管部门、新闻媒体、网络舆情信息源以及行业协会等，总计超过 2 万多数据源，致力于为投资者提供最全面的 ESG 数据。目前，万得 ESG 评级数据库已覆盖全部 A 股上市公司。

万得 ESG 评价体系参考了国际主流 ESG 评价体系，并针对中国资本市场发展情况以及企业特点进行优化调整，由管理实践得分（共 7 分，细分出 27 个议题，并下设 300 多个具体指标）与争议事件得分（共 3 分，着眼于新闻舆情、监管处罚、法律诉讼等）构成，其管理实践得分反映了长期 ESG 基本面的影响，争议事件得分反映了短期突发事件的影响。万得 ESG 评价体系详见表 6-10。

表 6-10　万得 ESG 评价体系

3 大维度	27 个议题	300 多个指标
环境	环境管理、能源与气候变化、水资源、原材料与废弃物、废气、废水、生物多样性、绿色建筑、绿色金融	环境管理体系与制度 能源管理体系与制度 范围一、二、三温室气体排放 节约用水相关措施等
社会	雇佣、职业健康与安全生产、发展与培训、研发与创新、供应链、产品质量、可持续产品、客户、隐私保护、社区、医疗可及性	员工流失率 / 离职率 人均培训时长 知识产权保护 社区公益投入等
治理	ESG 治理、董监高、股权及股东、审计、业务连续性、贪污腐败、反垄断与公平竞争	ESG 表现与高管薪酬挂钩 董监高离职率 独立董事比例 匿名举报制度等

资料来源：万得官网.

本章小结

管理体系是指建立方针和目标并实现这些目标的体系。管理体系的特征在于：具有计划、组织、领导和控制的管理职能；具有明确的方针和目标；具有整体性、关联性、有序性和动态性的系统性特征。为了满足分工与统一、规模与集约、开放与协调的有序化要求，管理体系必须遵循标准化的要求：标准化的基本原理是简化、统一化、协调、优化；标准化的设计原则是科学合理、动态化、强制性、人性化。

鉴于 ISO 9000 质量管理体系系列标准、ISO 14000 环境管理体系系列标准和 ISO 45000 职业健康安全管理体系系列标准正成为企业规范内部管理和参与国际贸易活动的重要工具，许多企业同时建立了上述三类管理体系。但多个管理体系独立运行，会给企业带来重复文件多、工作接口矛盾、管理机构及职责重复等负面影响。于是，企业提出了管理体系一体化的要求。

本章将一体化管理体系界定为：建立综合的方针和目标，通过两种或两种以上管理体系的有机整合，形成使用共有要素以实现这些目标的单一的管理体系。同时指出，实现一体化管理体系的关键在于：① 管理体系要求的一体化；② 方针、目标的统一化；③ 管理机构的精简化；④ 资源管理的合理化；⑤ 运行过程的协同化；⑥ 测量分析的同步化；⑦ 持续改进的综合化；⑧ 管理体系文件的一体化；⑨ 全方位的 PDCA 循环化。

近年来，全球经济增长放缓、资源约束日益加剧，随着创新、协调、绿色、开放、共享的新发展理念深入贯彻和"双碳"战略推进落实，ESG 理念受到社会各界广泛关注。将公司治理与环境保护、社会责任有机融合，提升可持续发展能力，成为越来越多企业的共识，投资者、政府及社会公众越来越关注 ESG。要建设世界一流企业，必须注重将 ESG 理念融入企业一体化管理体系框架和运营决策，重塑企业价值。

思考题

1. 什么是管理体系？管理体系的目标和基本内容是什么？管理体系就是"质量管理体系"的简称吗？

2. 为什么要推进企业管理体系的一体化？一体化的过程中将会遇到什么障碍？

3. 有人说，企业管理体系的作用是规范企业管理行为和运作状态。你认为这样的观点是否有道理？为什么？

4. 企业为什么要进行管理体系的认证？你认为通过认证就可以"高枕无忧"了吗？为什么？

5. 谈谈你对中国"双碳"战略的看法？"双碳"战略对企业的管理体系建设会有怎样的影响？

案例分析

▶ 案例 6-1　中国 ESG 投资的平安样本

中国平安保险（集团）股份有限公司（简称平安）于 1988 年在深圳成立，目前是一家大型的金融科技集团。平安精耕 ESG 领域十多年，以扎根 ESG 的可持续发展理念和管理实践不断发展延伸，成为中国企业 ESG 的标杆和名片之一。

一、环境

1. 发展绿色金融，助力可持续发展

为实现全新的绿色金融战略与目标，平安成立集团绿色金融委员会，统筹绿色金融相关战略、规划、制度等制定和审议。在集团绿色金融委员会下设集团绿色金融办公室，各专业子公司均同步设立绿色金融办公室，负责绿色金融工作的具体落地。2021 年，中国平安全面深化绿色金融工作，宣布 5 年业务目标，力争于 2025 年实现 4 000 亿元的绿色投资与绿色信贷规模、2 500 亿元的绿色保险保费总额，并承诺于 2030 年实现运营碳中和。

2. 用绿色行动实现绿色发展

2021 年，平安持续开展"减塑行动"等一系列运营减排行动，各大办公场所积极响应集团"无纸化办公"的倡导，通过提倡双面打印、使用线上无纸化文件处理系统等形式减少办公纸张使用。在节能方面，平安将节能管理办法融入日常运营管理的各个环节，通过科学系统的管理能耗系统、优化设施设备，逐步提高能源使用效率，降低办公场地及数据中心的用电消耗。

二、社会责任

1. 立足发展理念及主业的模型架构，提升社会影响力

在可持续发展战略驱动下，平安将 ESG 核心理念和标准全面融入企业管理，结合业务实践，构建科学、专业的可持续发展管理体系。同时，平安致力于打造"有温度的金融"，全力以赴推动"综合金融＋医疗健康"服务，践行"专业，让生活更简单"的品牌承诺，为股东、客户、员工、合作伙伴、社区与环境创造价值，不断寻求商业价值和社会价值双重提升，助力人民群众实现美好生活。平安的可持续发展模型如图 6-4 所示。

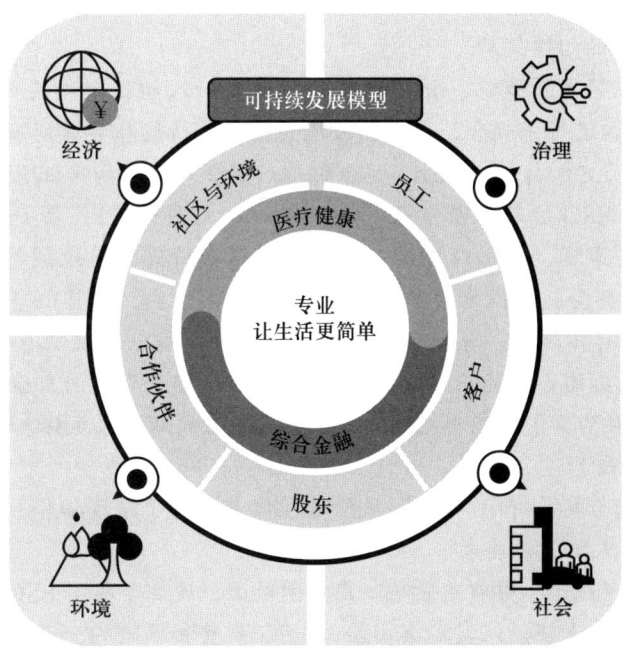

图 6-4　平安可持续发展模型

在产品上，平安率先重构产品体系，围绕大健康产业展开一系列布局，打造"综合金融＋HMO管理式医疗"服务体系。在社区服务方面，2021年平安对标新时代中国特色志愿服务事业的发展需要，围绕平安主业和"有温度的金融"，升级重点品牌志愿项目，发挥企业志愿服务优势。在产业扶贫方面，2018年平安响应国家"精准扶贫"号召，启动了面向"村官、村医和村教"的"三村工程"，从产业、教育和医疗三个方面展开扶贫工作。2021年，在我国脱贫攻坚取得全面胜利之后，平安根据国家脱贫"摘帽不摘责任、不摘政策、不摘帮扶、不摘监管"的要求，通过产业振兴、健康振兴和教育振兴深入推进"三村工程"，实现巩固扶贫成果与乡村振兴的有效衔接。

2. 构建四位一体的ESG投资管理体系

作为中国第一家签署联合国负责任投资原则（PRI）的资产所有者，平安注重长期的可持续发展。"道、控、器、事"四个字可以概括平安的责任投资战略。道是理念，价值观；控是风险管理的手段和方法；器是工具；事是实践和执行。道、控、器、事，四位一体，形成平安的责任投资管理体系。具体来说，道即把ESG投资原则整合进平安投资战略。坚持"ESG纳入原则""积极股东原则""主题投资原则""审慎原则"和"信息透明原则"五大负责任投资原则。控即风险管理，将ESG风险与集团投资风险管理体系进行融合，并渗透在所有投资业务单元的管理中，结合集团资产组合进行风险判断、产品设计、统计与报告。器即开发本土化的投资管理工具，平安从2019年开始搭建CN-ESG评价体系，包含通用指标、行业矩阵、舆情调整三大模块，囊括环境、社会、治理以及行业特色业务四个维度，对中国A股市场超过3 900家上市公司的ESG数据进行分析。事即实践，平安将ESG理论与投资组合全面融合，在业务层面全方位展开应用实践，建立了集团责任投融资体系，涵盖股权型投资、债券型投资、长期股权投资、投资性物业、其他投资等多个类别，以及负责任银行业务体系，涵盖信贷类业务及其他融资类业务，覆盖了绿色及社会普惠类可持续发展议题。

三、治理

1. 融入ESG理念的组织架构

平安把ESG融入了发展战略，并把相关管理理念融入组织架构设计之中。平安将ESG、战略、管理和组织架构进行了耦合，以组织架构为依托，持续指导其所有职能中心和专业子公司进行业务实践，进而更加科学、专业、体系化地加强公司治理和保证ESG管理的有效性。

具体地，平安的ESG治理体系可分为四个层级（见图6-5）：第一层为董事会，负责全面监督企业ESG相关事宜，根据环境的变化和企业自身情况实时地调整企业ESG战略方向；第二层为集团执行委员会，由投资者关系及ESG委员会为主，与其他委员会协作，主要负责ESG相关管理措施的具体制定，包括目标、计划、绩效考核以及识别ESG风险等；第三层为集团ESG办公室协同集团各职能中心形成的ESG执行小组，负责统筹企业内外有关可持续发展的具体工作；第四层为集团职能单元和专业子公司组成的矩阵式主体。

2. ESG全面风险管理

平安将ESG理念与其原有的"251"风险管理体系进行了深度融合，在现有金融风险全面管理体系内覆盖ESG风险管控要求。

"2"是指集团和专业子公司双重管控。在集团层面，设立了集团ESG办公室，并明确了集团各个管理层级的ESG责任，以实现集团层面ESG事宜和风险的全面统筹及监督。在专业子公司层面，明确了ESG落地实践矩阵。

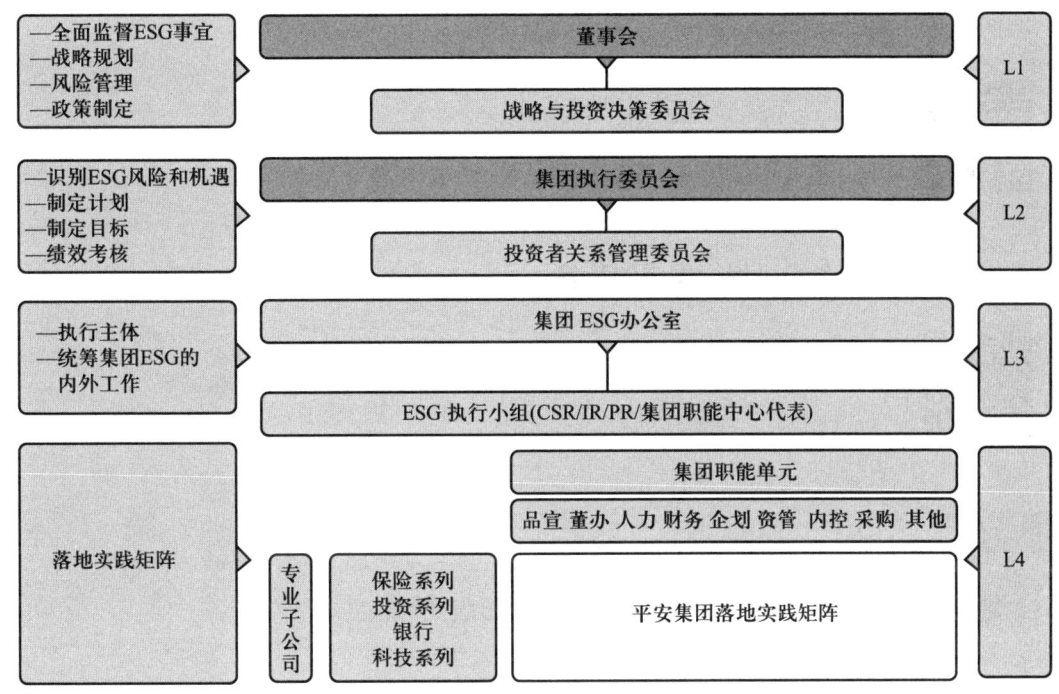

图 6-5 平安的 ESG 组织架构

"5"是指 ESG 风险与原五大类风险融合。平安遵循国际风险管控标准,先在原风险分类下进行 ESG 风险的逐一识别,并在此基础上,在集团层面自上而下地展开了一系列具体行动,从而对 ESG 风险进行补充和加强控制。

"1"是指建立统一的 ESG 管理制度体系和管理工具。平安建立了统一的协同管控平台——AI-ESG 管理与投资平台。在企业内部,通过 AI-ESG 管理平台,平安实现了 ESG 信息披露及评级分析、ESG 流程管理、ESG 争议事件实时监控,在应用层、模型层、技术层、数据层均实现了 ESG 相关管理;在外部,通过 AI-ESG 投资平台,平安能够进行企业 ESG 画像(即企业 ESG 得分情况)、企业 ESG 监控(即对企业进行争议性检测和舆情分析)、投资组合管理(即对企业进行流程管理和投资组合 ESG 分析),还能够构建灵活模块直接对接子公司投资业务系统。[1]

研讨 1. 虽然中国 ESG 实践与研究的起步较晚,却呈现出令全球瞩目的加速成长态势。平安在 ESG 实践中有什么特殊性?在哪些方面形成先发优势?

2. 先知、先觉、先行的平安可以说是中国企业践行 ESG 的重要样本,我国的上市企业能从平安的 ESG 探索中获取什么经验?

---

① 谢永林. 详解公司治理体系——平安集团 ESG 已达到全国金融企业最高水平. 搜狐网,2020-10-29.

▶ 案例 6-2：高通以 ESG 实践推动高质量发展

▶ 案例 6-3：伊利落实可持续发展的秘笈

阅读文献

尤建新，等. 质量管理学. 4 版. 北京：科学出版社，2021.

第三篇

资 源 管 理

第七章

企业人力资源开发与管理

人才是富国之本、兴邦大计。党的二十大报告强调，必须坚持"人才是第一资源"，深入实施"人才强国战略"，坚持"人才引领驱动"。同样，作为组织最为重要的资源，人力资源是所有资源的运作者，影响着企业所有资源绩效的高低，也对组织价值创造起到关键作用。人力资源是企业全部活动的灵魂。

第一节　人力资源开发与管理概述

基于前述的管理定义，可以认为，企业管理的重要活动就是整合和优化配置资源，其中最重要的就是人力资源。

一、人力资源及其特点

人力资源，是对所有能够推动生产力发展、创造社会财富的智力劳动者和体力劳动者的总称。

人类社会的生产需要人力资源和物质资源的结合运用，由于人力资源的社会属性，人类社会生产所创造的价值是为人类服务的。因而，与物质资源相比，人力资源具有主导性、社会性和成长性等特点，这在企业人力资源管理中有充分的表现。

在社会经济发展过程中，人力资源由于其主导性特点，始终处于起决定作用的第一资源的重要地位。因此，要促进经济持续增长，就要优先考虑人力资本的投入需要。由于人力资源具有社会性和成长性的特点，企业必须基于系统的观点、以开放的视角来认识人力资源，在整合和优化人力资源的同时，挖掘和提升人力资源的价值。这是人力资源有别于其他资源的关键，是企业管理活动中必须关注的重点内容。

二、企业人力资源开发与管理的含义及内容

为了有效地提升企业人力资源的价值，整合和优化人力资源配置以更好地实现企业的发展目标，企业人力资源开发与管理是关键。企业人力资源开发与管理活动指企业为实现生

产经营活动和扩大再生产而进行的人力资源开发、优化配置、使用、绩效评价等诸环节的总和。

企业人力资源开发与管理的内容非常丰富，主要有四个方面：第一，人力资源的规划与决策。企业必须结合整体发展战略来制定企业的人力资源战略，并以此确定对各类人员的需求及人员来源，进而制定人力资源开发规划和各项管理政策、制度。第二，人员的招聘与更新。企业必须适时招聘和选聘新员工、支持员工的职业发展，并及时处理员工的离退休及辞退问题，这是企业发展的需要。第三，人员的配置和组织使用。这是企业资源配置的最重要内容，包括薪资、奖惩、健康、安全等，有时候不仅仅是制度，还有管理者的行为影响。第四，人力资源的评价，包括岗位评价、候选人员素质评价、员工绩效考评、人力资源开发利用的总体评价等，借助考核评价的方式更好地优化和提升人力资源质量和价值，以更好地发展企业人力资源，更好地为企业发展目标服务。

三、企业人力资源开发与管理的基本原理

企业人力资源的开发与管理是一件很复杂的工作，从资源的角度来看，必须遵循一定的原理和规律。

（一）系统优化原理

企业人力资源系统的优化是指经过有效的规划、组织、领导和控制，使企业人力资源整体功能获得最优绩效的过程。为此，必须把握四个要点：整体性、动态性、开放性和适应性。

（二）能级对应原理

所谓能级，是指人的能力大小。由于人的能力存在差异，人力资源开发与管理必须分层次、分对象，具有稳定的组织形态；不同能级的人必须与其所处的岗位层次动态对应，并表现为不同的责、权、利；人的能级不是固定不变的，能级本身具有动态性、可变性和开放性。

（三）弹性冗余原理

弹性冗余原理是指在人力资源开发与管理中必须留有充分的余地。一方面，企业的工作强度要具有弹性，要因人、因时、因地、因专业而异，既要有难度，又要力所能及；另一方面，企业的人力资源要有弹性，既要有储备人才，又不能浪费人才，使企业的适变能力有所增强。

（四）互补增值原理

互补增值原理是指群体中个体的差异可以通过取长补短而形成整体的优势，进而有助于实现组织目标。互补增值原理包括知识互补、气质互补、能力互补、性别互补、年龄互补、性格互补、技能互补等。另外，群体间的互补还必须注意互补的群体中要有共同的价值观，并关注合作者的道德、品质、修养等。

第二节 企业人力资源开发

企业人力资源开发是指发现、发展和充分利用人的创造力，以提高企业劳动生产率和经济效益的活动。人力资源开发的成功与否直接影响企业总目标（生存、发展和盈利）的实现。

一、人力资源开发的基本要素

（一）人力需求与投入

人力需求是指围绕企业发展目标而提出的对人力投入的需要，这是人力投入、人力配置、人力发展的基础。

人力投入是指选择适量并满足需要的人力资源，投入企业的生产经营活动中去。劳动生产力与人力投入数量有如图 7-1 所示的关系。

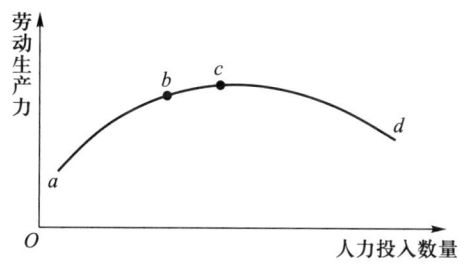

图 7-1　劳动生产力与人力投入数量的关系

在曲线 *abcd* 的 *ab* 段，随着人力投入的增加，企业劳动生产力呈上升趋势；在 *bc* 段，企业的劳动生产力达到最高水平；在 *cd* 段，劳动生产力又开始下降，主要原因是人力投入越多，管理成本越高，企业组织的灵活性下降。最佳的人力投入数量区域与企业所处的行业有关。

投入适量人力，以达到最佳规模经济效益，是人力资源开发的第一个途径，但其前提是必须有事可做，不能无目的地投入；另外，还必须有相应的资金保证，使人均技术装备水平达到一定程度。因此，各企业要根据自身条件及特点来选择适量的人力。

（二）人力配置

人力配置是将投入的人力分层次、分领域地合理安排到企业中最需要又最能发挥其才干的岗位上，以保持生产系统的协调。

合理配置人力，就是调整和优化企业的劳动组合，使得生产经营各环节人力均衡，人岗匹配，充分发挥每个人的作用。

（三）人力发展

人力发展是指通过教育培训等方式，提高劳动者素质，以更好地适应企业发展的需要。劳动生产力与人员素质的关系如图 7-2 所示。

人力发展是企业最有效的人力资源开发的要素。因此，企业应重视员工培训，舍得智力投资，并建立有效的激励机制鼓励员工自我发展的积极性。高素质的员工凭借其专业的知识储备和实践经验

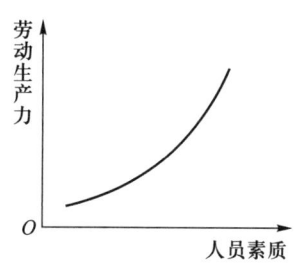

图 7-2　劳动生产力与
人员素质的关系

往往能够为企业带来强大的竞争力，以此形成企业健康发展的基础。

（四）员工激励

员工激励是指激发员工的热情，调动人的积极性，使其潜在的能力充分发挥出来。企业激励水平越高，员工积极性越高，企业的劳动生产力也就越高。这是许多企业管理者学习和应用组织行为学、管理心理学等理论和实践经验的出发点。但也有研究发现，企业激励水平过高，可能容易出现"搭便车"等行为，员工之间相互推诿，从而降低企业的生产效率。劳动生产力与激励水平的关系如图7-3所示。

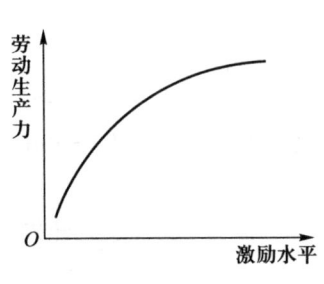

图 7-3　劳动生产力与激励水平的关系

人力资源开发的这四个基本要素紧密相连，缺一不可，是保证企业人力资源数量合理、配置优化、整体素质提高、最大限度地发挥人力资源作用的基础。

二、员工选聘

员工选聘包括招聘和选拔两个方面，是企业寻找、吸收那些有能力、有兴趣到本企业任职的应聘人员，并从中选出适宜人员予以录用的过程。

（一）选聘的原则

在选聘工作中应坚持计划性原则。企业必须按照国家法律、法规和政策，根据企业不同阶段对人力资源的需求，制定人力资源计划。在此计划引领下，根据人力资源需求的轻重缓急制定分阶段的人员招聘计划。在人力资源招聘计划的统筹下，以任人唯贤、择优录用的态度，为应聘人员创造一个平等的竞争机会，也为企业的发展创造一个选聘优秀人才的通道。同时，企业必须制定科学而又切合实际需要的岗位用人标准和规范，为严格考核选拔合格人员提供录用的客观依据；必须形成一套科学的考核方法体系，保证招聘工作的公正性；必须制定出一套科学而实用的操作程序，使招聘工作有条不紊地进行，提高工作效率。

（二）选聘的程序

根据员工选聘的上述基本原则，企业人力资源管理部门应当严格按一定的程序实施招聘选拔工作：① 进行岗位分析和岗位评价；② 提出招聘计划的报告；③ 公布招聘简章，其内容包括招聘的范围、对象、工种、条件、数量、待遇和方法等；④ 接受招聘对象报名；⑤ 进行招聘考试；⑥ 考试合格的人员进行体检；⑦ 连同考试材料、体检表、本人档案以及本人提交的其他有关材料一并报送企业人事主管；⑧ 发放录用通知书，签订劳动合同。

（三）选聘的方法

员工选聘方法是对应聘者进行评价，从而决定是否将其录用的方法。人员选聘方法主要有三类：背景履历分析法、面谈法、测验法。无论采用何种方法或几种方法同时采用，都是为了判断一个应聘者是否适合他所应聘的具体岗位，是对应聘者个人素质的综合评价，特别是较高层次职位（如管理与技术岗位）的应聘者。

三、员工教育培训

现代社会科学技术迅猛发展，知识更新加快，因此，通过员工教育培训，提高员工队伍素质，以适应现代生产技术对人力资源水平不断提高的要求，适应激烈的国内外竞争的要求，是企业人力资源开发与管理的战略任务之一。

（一）员工教育培训的内容

员工教育培训的内容包括思想政治教育、基础文化知识教育、技术业务培训、管理知识培训、法律政策及制度培训等方面。

（二）员工教育培训的特点

企业员工的教育培训不同于普通教育，有它自身的特点，主要表现在以下几个方面：

（1）职业岗位针对性强。

（2）可以有全员培训，也可以是专业性的继续教育和培训。

（3）可以是脱产、半脱产或业余形式的培训。

（4）可以是企业内部培训，也可以委托高等院校或社会办学机构举行，或是企业同高等院校等联合举办等。

（三）员工教育培训效果的分析评价

所谓员工教育培训的效果，是指接受教育培训的员工所获得的知识、技能及其他特性应用于工作的程度。通过对教育培训的效果进行分析评价，可以不断改进企业对员工教育培训的组织管理。

四、员工激励

激励，从一般意义上来说，就是由于需要、愿望、兴趣、感情等内外刺激的作用，使人处于一种持续的兴奋状态。从管理学角度来说，就是激励热情，调动人的积极性。人的潜在能力是否能得到发挥，工作是否有成效，不仅取决于使用配置的客观情况是否合理，更重要的是要受到人的主观积极性的影响。

影响个人（或集体）工作成效的因素主要有三个：个人（或集体）的能力、个人（或集体）的积极性、所处的环境条件。企业实践证明，通过科学的激励方法提高人的主观积极性，能把人的潜在能力充分发挥出来，大大提高生产力。

（一）激励理论

激励理论大致可以分为三类：内容型激励理论、过程型激励理论和行为改造型激励理论。

内容型激励理论着重研究激发动机的因素，认为人的劳动行为是有动机的，而动机的产生是为了满足人的某种需要。人的需要包括自然需要和社会需要两个方面。人的自然需要靠外在的物质生活资料去满足，社会需要则要通过社会或他人对自己的评价和工作成就去满足。因此，通过适当的物质和精神激励，可以激发人的劳动动机，促使人通过劳动来满足各方面的需要。由于该理论的内容是围绕如何满足需要进行研究，所以又称需要理论，主要包括马斯洛（A. H. Maslow）的"需求层次论"、赫茨伯格（F. Herzberg）的"双因素理论"、麦克利兰（D. C. McClelland）的"成就激励论"等。

过程型激励理论着重研究从动机的产生到具体采取行为的心理过程，试图弄清人对付出劳动、功效要求和奖酬价值的认识，以达到激励的目的。其观点是，当人们有需要，又有达到目标的可能，其积极性才能高，激励水平取决于期望值和效价的乘积；人的工作动机，不仅受其所得绝对奖酬的影响，而且受到相对报酬的影响。这类理论主要有弗鲁姆（H. Vroom）的"期望理论"和亚当斯（J. S. Adams）的"公平理论"等。

行为改造型激励理论以操作性条件反射论为基础，着眼于行为的结果研究如何改造和转化人们的行为，使其达到组织目标。该理论认为行为的结果有利于个人时，行为会重复出现；反之，行为则会削弱或消退。研究的目的是改造和修正行为。这类理论主要包括斯金纳（B. F. Skinner）的"强化论"、安德鲁斯（K. R. Andrews）的"归因论"、亚当斯的"挫折理论"等。

学习和借鉴这些理论，对领会激励的深刻内涵，形成人员激励的机制，正确运用科学的激励方法，做好人员激励工作，具有重要的现实意义。

（二）激励的手段

在管理实践中，激励的手段主要有物质激励和精神激励两种。

物质激励常用的形式主要是工资、奖金和福利等。科学、公正、合理的工资和奖金分配制度、福利制度等是达到有效激励的基础，这就要求人力资源管理部门制定公平合理的客观的劳动成果评价标准，在真正体现按劳分配的基础上，才能激发员工的积极性和竞争意识，取得良好的激励效果。

精神激励的主要形式包括表彰与批评、构架共同目标、给予继续发展（培训）机会、改善工作环境、吸引员工参与管理和满足员工的成就感等。

无论是物质激励还是精神激励，有两点必须特别注意：一是二者必须有机地结合起来，在不同的历史阶段、不同的环境条件下，采取恰当的"激励组合"；二是由于二者都以激发员工的劳动积极性为目的，所以必须通过人事考核、绩效考评等科学的方法，客观评价人的行为表现和工作成果，这样才能收到实效。

第三节　企业人力资源规划 ▌▌▌

企业人力资源规划是预测企业未来的人才需求情况，并通过相应的计划制定和实施使供求关系协调平衡的过程。人力资源管理部门可根据此过程所获得的数据资料制定相应的政策（人才的培养、分配、使用、流动、晋升、退休等），从而保证未来人力资源的数量和质量。

一、人力资源规划的任务及内容

企业人力资源规划的任务是根据企业的整体战略发展规划和中长期经营计划，确定企业各部门、各岗位、各种专业和层次的人力资源需求，预测未来人力资源需求的变动情形，制定人力资源发展规划并使之与企业的发展能够互相衔接。

企业人力资源规划的内容包括两个层次，即总体规划和各项业务计划。人力资源的总体规划是有关计划期内人力资源开发利用的总目标、总政策、总体实施步骤及总预算的安排；而业务计划包括人员补充计划、人员使用计划、人才接替及提升计划、教育培训计划、评价及激励计划、劳动关系计划、退休解聘计划等。每一项业务计划也都由目标、政策、步骤及预算等部分构成。业务计划是总体规划的展开和具体化，是人力资源总体规划目标实现的保证。

企业人力资源总体规划和各项业务计划的详细内容参见表 7-1。

表 7-1　企业人力资源总体规划与各项业务计划的内容

计划类别	目标	政策	步骤	预算
总体规划	总目标（绩效、人力总量、素质、职工满意度等）	基本政策（如扩大、收缩、改革、稳定等）	总体步骤（按年安排，如完善人力信息系统等）	总预算（××××万元）
人员补充计划	类型、数量、对人力结构及绩效的改善等	人员标准人员来源起点待遇	拟订标准（×月）广告宣传（×月）考试（×月）录用（×月）	招聘、挑选费用××万元
人员使用计划	部门编制、人力结构优化及绩效改善，职务轮换幅度	任职条件职务轮换范围及时间	略	按使用规模、类别及人员状况决定的工资、福利预算
人才接替及提升计划	后备人才数量保持、提高人才结构及绩效目标	选拔标准、资格、试用期、提升比例、未提升资深人员安置	略	职务变动引起的工薪变化
教育培训计划	素质及绩效改善培训类型数量提供新人力转变态度及作风	培训时间的保证，培训效果的保证（如待遇、考核、使用）	略	教育培训总投入，脱产损失
评价及激励计划	人才流失降低，士气水平、绩效改进	激励重点工资政策奖励政策反馈	略	增加工资、奖金额
劳动关系计划	减少非期望离职，干群关系改进，减少投诉率及不满	参与管理加强沟通	略	法律诉讼费
退休解聘计划	编制，劳务成本降低及生产率提高	退休政策解聘程序等	略	安置费，人员重置费

二、人力资源规划的程序

企业人力资源规划的基础是企业发展战略，其具体的工作内容一般分为六个步骤：

（一）企业的战略决策分析

该步骤的工作包括不同的产品组合、市场组合、竞争重点、经营区域、生产技术组织条件、生产规模等对人力需求的不同要求的分析。

（二）企业的经营环境分析

该步骤的工作主要是对构成外部人力供给的多种制约因素，如人口、交通、文化教育、法律、人力竞争、择业期望等因素的分析。

（三）企业现有人力资源的状况分析

该步骤的工作主要包括对企业现有的人力数量、分布、利用及潜力状况、流动比率等进行统计。

（四）人力资源供求预测

该步骤的工作包括对各类各等级人力的需求预测、企业内部人力供给和外部供给的预测、供求之间的差异分析等。

（五）总体规划和各项业务计划的制定及平衡

企业人力资源规划的内容包括两个层次，即总体规划和各项业务计划。这是企业人力资源开发与管理的行动纲领。这两个层次的规划内容需要适当的平衡。

（六）计划的实施和控制

该步骤的工作主要是在计划的执行过程中，进行动态的监督、分析和调整。

三、人力资源供求预测

人力资源供求预测是为有效制定人力资源规划服务的，是人力资源规划的重要基础工作。具体来讲，人力资源供求预测是从企业发展战略目标出发，在调查人力资源现状的基础上，对企业未来人力资源的供求状况作出的一种估计，这一估计确定了企业未来所需的人力数量、质量、规格以及如何优化配置。因此，这是人力资源规划中技术性较强的关键工作。

（一）人力资源需求预测

对企业人力资源需求的预测应从多方位进行考虑，特别是对以下几个方面的预测：

1. 人力需求量预测

这主要是根据企业的内外环境和发展战略，预测计划期内所需要的人力数量。

2. 人力资源环境预测

人力资源供求预测还需要充分考虑内外部环境变化才能真正地做到为企业发展目标服务。这主要包括社会经济发展（产业结构、行业结构及整个社会结构的变化）预测、科技发展（新技术、新工艺、新材料、新设备的发展趋势）预测、社会发展（人口、教育、生态、社会基础结构的变化）预测、企业发展预测等。

3. 人力合理结构预测

该预测由专业结构预测、学历结构预测、年龄结构预测、职称结构预测等部分组成。基本要求是确定企业人力合理的比例结构，实现人力群体的最佳功能。

4. 人力减员量预测和补充量预测

这主要是推断在计划期内企业的自然减员、调出和内部晋升的数量，以及可能得到的人力补充量。

（二）人力资源供给预测

人力资源供给预测主要是对企业在未来发展的过程中各类人力余缺状况的一种估计，是制定人力资源规划的重要内容之一，包括企业内部人力资源供给预测和企业外部人力资源供给预测。

四、人力资源规划的综合平衡

企业人力资源规划的综合平衡主要在于以下两个方面：人力的供求平衡和总体规划与各项具体计划之间的平衡。

（一）人力的供求平衡

人力供给与人力需求可能出现如下的不平衡：人力不足、人力过剩，以及两者兼而有之的结构性失衡，即某些类别的人力不足，而某些类别的人力过剩。

在进行人力的供求平衡时，通常可以采取如下做法：如人员不足，可以在企业内部调剂、提拔；也可以考虑外部招聘；还可以采取调整晋升政策、培训开发、职位轮换、任务转包、加速自动化等一系列措施。在人力过剩时，则可组织转岗培训、缩短工作时间、辞退临时工、实行提前退休等，利用多种渠道妥善安置员工。

（二）总体规划与各项业务计划之间的平衡

人力资源规划的总目标是通过执行各项业务计划实现的，因此应当将总目标分解为各项业务计划的分目标，并制定相应的政策，规定具体的措施和步骤。在实际操作过程中，坚决贯彻局部服从整体的原则，保证系统的整体优化。

同时，各项业务计划之间也应注意相互平衡协调，例如，教育培训计划与评价及激励计划之间、人员补充计划与退休解聘计划之间等，都必须相互协调配套。

第四节　企业人力资源评价

企业人力资源评价主要包括三个方面：一是侧重于"对事不对人"的岗位评价；二是侧重于"对人不对事"的人员素质评价，或称能力测试；三是人与事相结合的侧重于结果的绩效考评，或称人事考核。人力资源评价的目的就是采用科学的评价方法，分析评价每个岗位在各方面对人的要求，具体测评每位待选人员的素质与能力特点，实际考核每位在岗人员在一定时期内的工作成果与绩效，优化人力资源的使用配置和开发管理。

一、岗位评价

岗位评价是企业人力资源开发与管理的一项基础性工作，其主要内容包括岗位分析、岗位规范的制定、岗位任职资格的评价和岗位相对价值的评价。

（一）岗位分析

岗位分析是整个岗位评价程序的第一个阶段，它是根据"对事不对人"的原则，系统地收集与工作岗位有关的情况，如岗位的任务是什么？目的是什么？方法、程序是什么？任务中使用什么设备和工具？任务在什么条件下完成？岗位对工作人员有什么基本要求等。对岗位本身特征的各种情况进行调查记录、分析整理和确定的过程被称为岗位分析。

（二）岗位规范的制定

岗位规范，也称岗位说明书，或称岗位描述。它是在岗位分析的基础上给出的，包括有关岗位全部重要的要素，如工作任务与责权范围、工作责任、对人员的基本要求、工作条件等。

岗位说明书必须充分准确和完整，才能用于随后的岗位评价。岗位说明书的表达方式和风格也必须统一，以利于评价人员对岗位进行系统的比较。岗位规范是岗位分析结果的体现，在实际工作中，岗位分析和岗位规范的制定往往结合起来统一进行。

（三）岗位任职资格的评价

岗位规范对岗位任职资格已经提出了一些基本要求。但是对企业中一些比较重要的岗位，如领导岗位和关键管理岗位，仅仅根据这些基本要求还不能达到优选人员的目的，这就有必要进一步进行全面的岗位任职资格评价。

岗位任职资格的评价包括评价指标体系的设计、岗位任职标准参照系的建立和评价方式的确定。

（四）岗位相对价值的评价

不同的岗位劳动技能、强度、条件和责任存在着客观差别，因此各个岗位上劳动者的付出、对企业的贡献是不同的，也就是说，各岗位在企业中的存在价值是有差异的。岗位相对价值的评价就是要反映这种差异的程度，其结果可作为支付报酬的主要依据之一。

二、候选人员素质评价

企业的岗位空缺需要补充，但求职者是否具有适应该岗位的素质？在求职者人数超过岗位数的情况下如何择优录用？这就需要借助科学的方法和工具对人的素质进行评价。

所谓候选人员素质评价，是指以人为评价客体，运用各种考核、测试手段，判断评价客体的知识、技能、心理等内在素质以及相关联的其他方面。前述岗位任职资格评价，是以岗位为评价客体，通过调研分析，确定该岗位所需的任职资格。虽然两者的评价目的和作用不同，但内容和形式有相似之处，都离不开对人的素质条件的分析评价，因此，在人的素质评价的指标体系和评价方式方面是完全相通的。

人员素质评价可以采取面谈、测试等不同的手段完成，也可以综合运用不同的手段完成。根据评价的内容不同，大致可以分为两类：知识技能测试和心理测试。

（一）知识技能测试

一般来说，一个人的学历证书和专业证书基本上能够表明其知识与技能水平，但为了进行公正的选拔，或者某些岗位在知识技能上有特殊的需要，仍需进行知识技能测试。一般可采用笔试、口试和现场操作考试的方法来进行测试。

（二）心理测试

人员素质评价时通常采用各种心理测试的方法，对人的气质、思维敏捷性、个性、特殊才干等进行判断，从而确定其适应某种岗位的潜在能力。

运用心理测试法应注意的是：测试工具及使用方法需由专家设计，否则较难保证其信度和效度；测试一般作为参考，它对剔除不合格者有效，但对发现优秀人才未必有效；为了尽量减少偏差，应避免测验项目含糊不清，便于被测者作出回答。另外，还不应暴露测试的评判标准和确切目的，避免被测者作出虚假反应。

三、员工绩效考评

绩效考评，就是考查员工对岗位所规定职责的执行程度，从而评价其工作成绩和效果。因此，绩效考评不仅在分配和人力选拔上有指导意义，而且有很大的激励作用。考评的过程既是企业人力资源发展的评价过程，也是了解员工发展意愿、制定企业教育培训计划和为人力资源开发做准备的过程。

（一）绩效考评的原则

1. 科学客观原则

应尽可能科学地进行评价，使之具有可靠性、客观性、公平性。考评应根据明确的考评标准、针对客观考评资料进行评价，尽量减少主观性和感情色彩。

2. 程序公开原则

应使考评标准和考评程序科学化、明确化和公开化，这样才能使员工对考评工作产生信任和采取合作态度，能理解和接受考评结果。

3. 结果差别原则

如果考评不能产生较鲜明的差别界限，并据此对员工实行相应的奖惩和升降，考评就不会有激励作用。企业应根据不同的考评结果设置不同的奖惩、晋升以及淘汰等制度。

4. 本人知晓原则

考评结果一定要反馈给被考评者本人，这是保证考评民主的重要手段。这样，一方面有利于防止考评中可能出现的偏见以及种种误差，以保证考评的公平与合理；另一方面可以使被考评者了解自己的优点和缺点，使绩优者再接再厉，绩差者心悦诚服、奋起上进。

（二）绩效考评的内容

与人员素质评价的内容侧重点不同，员工绩效考评的内容主要侧重于工作实绩和行为表现两个方面。工作实绩是员工在各自岗位上对企业的实际贡献，即完成工作的数量和质量。它包括员工是否按时、按质、按量地完成本职工作和规定的任务，在工作中有无创造性成果等。行为表现是员工在执行岗位职责和任务时所表现出来的行为。它包括职业道德、积极性、纪律性、责任性、事业性、协作性、出勤率等诸多方面。

（三）绩效考评的方式

按考评时间的不同，可分为日常考评与定期考评。日常考评就是对被考评者的出勤情况、产量和质量实绩、平时的工作行为所作的经常性考评；而定期考评则是按照一定的固定周期所进行的考评，如年度考评、季度考评等。

按考评主体的不同，可分为主管考评、自我考评、同事考评和下属考评。

按考评结果的表现形式的不同，可分为定性考评与定量考评。定性考评的结果表现为对某人工作评价的文字描述，或对人员之间评价高低的相对次序以优、良、中、合格、差等形式表示；定量考评的结果则以分值或系数等数值形式表示。

（四）绩效考评的方法

国内外绩效考评的方法很多，常用的主要有因素评分法、相互比较法和查核表法等。

第五节 人力资源的组织与使用效率管理

通过岗位评价和人员选拔等方法为企业生产经营过程合理配置人力资源，主要是一种静态的优化过程。人力资源一旦投入生产经营的运行过程，就与企业中的其他资源形成一种动态系统。为了使人力资源在这种动态系统中充分发挥应有的作用，有必要对人力资源的组织与使用效率进行分析研究，这是人力资源管理的又一重要内容，并且是提高劳动生产率的直接的主要途径之一。

一、劳动组织

劳动组织就是在合理的劳动分工的基础上，把员工之间的协作关系，从空间上、时间上和数量上有效地组织起来，使所有人员能协调地工作，并保证在安全生产和文明生产的前提下，有效地利用人力和物质资源以及工作时间。

（一）劳动分工和员工配备

企业的劳动分工，可大致分为两大类并形成两种性质的工作部门，一是职能部门（主要是管理部门），二是执行部门（主要是生产部门）。职能部门的劳动分工，主要是根据生产经营特点和需要，形成适当的组织机构和专业分工。例如，分为产品设计、市场营销、人事管理、财务管理等不同性质的工作机构，各机构内再根据不同内容和要求设置不同的工作岗位。执行部门的劳动分工，一般有以下几种形式：按工艺过程的特点分工、按基本工作和辅助工作分工、按技术等级的高低分工以及按准备工作和执行工作分工等。

企业劳动分工的目的在于合理地配备人力资源。员工的合理配备应满足以下三点要求：

（1）要使每个员工的配备，有利于发挥他的技术专长，做到工种对路、等级相适、各尽其能。

（2）要使每个员工都有足够的工作量，做到负荷充分、任务饱满、各尽其力。

（3）要使每个员工都有明确的岗位，并建立相应的岗位责任制，做到职责分明、分工清楚、各尽其职。

（二）劳动协作和劳动组织

许多员工在同一部门中，或在不同的但相互联系的部门中，有组织地协同劳动，这种劳动形式称为协作。在劳动分工的基础上，加强员工的协作配合，才能使整个企业的生产经营活动协调而顺利地进行。

企业在实行劳动分工和协作的基础上，还必须从空间和时间上建立和健全劳动组织形式，包括作业组织和工作轮班的组织。

二、劳动定额

为了提高企业人力资源的使用效率，必须以劳动定额工作为基础，使人力资源在动态运行过程中与其他资源的配合达到可能的最佳状态。

（一）劳动定额及其作用

劳动定额是指在一定的生产技术组织条件下，生产单位产品（部件、零件）或完成单位工作量所预先规定的劳动消耗量的标准。劳动定额有两种基本表现形式：一是工时定额，是指生产单位产品或完成产品的某一道工序所需的时间；二是产量定额，是指单位时间内应完成的产品数量。

劳动定额是企业人力资源等许多方面管理工作的基础，具体体现在：

（1）劳动定额是计划工作的基础。企业编制经营计划、作业计划、成本计划等都以劳动定额为依据。

（2）劳动定额是合理组织劳动力的依据。它规定了完成各项工作的劳动消耗量，为合理配置人力资源提供了数量依据。

（3）劳动定额是经济核算的依据之一。企业内经济核算指标的统计、分析、考核等，都要以劳动定额为依据。

（4）劳动定额是准确确定员工劳动报酬的重要依据。企业需要按照员工的劳动态度、技术高低、贡献大小来进行考核，付给报酬，而劳动定额就是一个衡量尺度。

（二）劳动定额的构成和制定方法

劳动定额的最基本形式是工时定额。工时定额的制定要以工时的消耗情况为依据。劳动定额的制定方法通常有经验估工法、统计分析法、技术测定法等。

本章小结

人力资源开发与管理是现代企业管理的核心。一个企业如能深谙这一管理的思想精髓，并灵活地加以运用，就能富有成效地全面开发人力资源的潜力，实现以人为中心的系统管理优化，进而为提高劳动生产率和社会经济效益提供根本保证。本章重点陈述了四个方面的内容：

（1）人力资源开发。从人力资源开发的四个基本要素——人力需求与投入、人力配置、人力发展和员工激励出发，介绍了员工选聘的程序和方法，员工教育培训的内容和形式，现代激励理论和手段。人力资源开发的成功与否将直接影响企业或组织总目标（生存、获利、发展）的实现。

（2）人力资源规划。这一工作涉及企业的战略决策与环境分析、现有人力资源状况分析、人力资源的供求预测、人力资源总体规划和具体业务计划的制定与平衡、计划的实施与控制等。因此必须具有全局性、科学性和应变性，以保证人力资源的数量与质量。

（3）人力资源评价，主要包括岗位评价、候选人员素质评价和员工绩效评价。其目的就是采用科学的方法，分析岗位对员工的要求，测评员工的素质与能力特点，考核在岗员工在一定时期内的工作成效，以优化人力资源的使用配置和开发管理。这是人力资源开发与管理的核心内容之一。

（4）人力资源的组织与使用效率管理，主要包括劳动组织和劳动定额工作，这是企业人力资源管理的一项基础性工作。

思考题

1. 为什么说人力资源开发与管理是现代企业管理的核心？请举例回答。
2. 为什么企业人力资源规划必须具有全局性、科学性和应变性？具体体现在哪些方面？
3. 企业人力资源评价应注意哪几个关键问题？
4. 如何从人力资源开发的角度认识大学毕业生就业后的继续教育？
5. 劳资问题是人力资源管理的内容吗？为什么？

6. 查阅《中华人民共和国劳动合同法》的有关资料，谈谈在法律环境下企业应该如何做好人力资源管理。

案例分析

▶ **案例 7-1：双童吸管新生代员工培养探索之路** [①]

义乌市双童日用品有限公司（简称双童吸管）创建于 1994 年，是一家专业从事塑料饮用吸管研发、生产和销售的企业。目前企业员工 600 余人，年生产各类塑料吸管 200 多亿支，是全球吸管行业领导者。近年来，由于外部经济形势动荡，具有产品门槛低、利润薄等特点的吸管行业竞争态势越发严峻，部分企业盲目追求扩大订单量，却仍然陷入亏损，只有依靠创新，提高产品利润率，才能在此环境下实现突破。而吸管行业的创新离不开人才，新生代员工目前已成为我国劳动力市场的主力军，他们的个人特征和心理需求与"60 后""70 后"员工相比有着显著的差异。如何根据新生代员工的特征进行人才培养成为双童吸管实现创新突破的重要问题。

双童吸管为了培养员工，提供了良好的生活居住条件、高水平的薪资和崇尚学习的企业文化环境，同时投入大量精力和成本不断地开展学习活动与培训，帮助员工提高能力和绩效。但是员工的工作产出没有提高多少，产品的产量和质量以及新产品的研发效率也并没有什么突破。如今，随着行业竞争的日益加剧和新厂区的建设加快，这个问题显得更加严峻。

总经理在和员工的谈话中了解到，最近公司中有些新生代员工离职，其主要原因是：在双童公司无法充分实现自己的梦想。总经理陷入沉思，想要培养人才，最终还是需要从这些新生代真正的需求入手，只有充分考虑到他们的需求，才能吸引人才、留住人才，激发他们持续工作的热情，提高工作绩效。

其实这几年双童吸管一直非常重视大学生员工的培养工作，但是很难认同他们身上许多年轻人的异想天开与随性而为，培养效果也都不太明显。总经理请教了公司里的一位年轻高管，得到了这样的答复：现在的年轻人，是特别希望能被认可的；多肯定、少否定，他们就有动力去变得更好。也许改变原来对种种细节的严格要求，带着开放性的思维多尝试认可他们的想法和表现，对眼下的人才培养问题会有意想不到的效果。

在新的厂区开辟模具区的问题上，年轻的员工薛某大力支持新增模具区，而不是像过去一样实行外包。她认为这样不仅能够节省开模的成本，还能够激励员工进行产品开发和创新，最终影响产品销量及个人绩效。此外，在产品开发和创新方面，她也建议开发一款微信小程序，便于员工递交新产品的想法，同时也能快速获得奖励，对于提高绩效效果应该会更好。薛某提到的问题，使总经理眼前一亮。的确，在新生代员工的培训中，要注重他们自我的实现，有好的想法、创意要大力支持，同时支持这些新生代，也要靠成绩说话。归根结底，提高员工绩效，才是他们组织这些培训的出发点和落脚点。

经过几天的思考，总经理觉得，梦想的召唤、认可的需要、自我的实现以及切实可行的绩效考核才是培养新生代员工的有效途径。对于往常的学习活动与培训，总经理也有了新的主

---

① 摘编自赵宜萱，陈泰铭. 年轻的你到底要什么？——双童吸管新生代员工培养探索之路. 中国管理案例共享中心，2017–07–22.

意。新的改变正逐步走来，而在这改变中，似乎蕴含着一种令人期待的希望。

在人才培养方面，双童吸管坚持"企业要改变赋能方式，让年轻人接受并喜欢；要改变企业的价值创造方式，把管理者转变为创业者，再通过平台赋能"。正是基于这些认知，2020年双童吸管作出了选择，推动"员工创业体"孵化，让一些优秀的员工骨干在公司内部再创业，把管理者转为创业者，把能担当的人培养成老板，后将众多创业体结合于一个平台，进行相互赋能、彼此协同，形成"创业共享平台"。通过这种方式，双童吸管实现了从"授权"到"分权"，推动组织效率得以在巨变环境下获得最大地释放，满足了部分核心价值型员工的创业诉求，填补了优秀个体与卓越企业之间的认知鸿沟，消解了双方的价值冲突，实现了个体价值和组织价值的一体化。组织关系也逐渐由"雇佣关系"转向现在的"协作关系"，"上下属关系"逐渐转向"利益共同体"关系，从而推动双童吸管在动态环境下的协同和持续增长。①

研讨 1. "80后""90后"员工已成为时下职场的主力军，也成为企业人力资源开发与管理关注的重点。与"60后""70后"员工相比，"80后""90后"员工具备哪些特点？

2. 有效的人力资源开发与管理，需要以需求为导向，将"好钢用在刀刃上"。你是否同意双童吸管公司总经理最后对新生代员工需求的判断？除此之外，你还有哪些可以补充的？

▶ **案例7-2：外卖骑手变个体工商户与劳动权益保护**

阅读文献

1. 赵曙明，周路路，罗伯特·马希斯，等. 人力资源管理（等13版）（中国版）. 北京：电子工业出版社，2012.

2. 赵曙明. 人力资源战略与规划. 5版. 北京：中国人民大学出版社，2021.

3. 加里·德斯勒. 人力资源管理（第14版）. 刘昕，译. 北京：中国人民大学出版社，2017.

---

① 楼仲平. 双童如何通过组织变革把传统企业做成"创业共享平台"？. 双童吸管官网，2021-05-07.

第八章
公司理财

人、财、物是企业管理活动的核心资源，公司理财（corporate finance）是企业资源配置和优化的重要活动。在企业整体目标下，资源配置及相关的融资、投资和营运等的管理活动均为公司理财的活动内容。公司理财是以资金运动为考察对象，利用价值形式针对各种资源进行优化配置的综合性管理活动。因此，公司理财包括了各种客观存在于企业生产及再生产活动过程中的、与资金运动或现金流相关的事务。

第一节　公司理财的有关基本概念 ███

从基本概念出发，公司理财即公司的财务管理（financial management），是企业管理的重要组成部分，是有关资金获得和有效使用的管理工作。为便于对公司理财的理解，本节将介绍公司财务管理中的一些基本概念。

一、公司理财的目标和环境

（一）公司理财的目标

公司理财的目标取决于企业经营管理的总体目标，公司理财必须服务于企业总体目标的实现。关于公司的理财目标，一直存在不同的认知与争论，一些学者从不同的角度对之加以描述。然而，随着经济社会的发展，企业管理、财务理论与实务的不断进步，公司理财的目标也在不断地发展和变化。由于企业组织形式的不同，公司理财目标的多元化有其客观存在的基础。孤立、片面地强调某一种目标并排斥其他目标是不合理的。最有代表性的公司理财目标主要有利润最大化、股东财富最大化和公司价值最大化三种。

1. 利润最大化

从 19 世纪初至 20 世纪 50 年代，西方财务管理理论界认为利润最大化（profit maximization）是公司理财的最优目标。以追逐利润最大化作为公司理财的目标，理论上有其合理性：① 利润是剩余产品的价值形式，追逐利润最大化将鼓励企业创造更多剩余产品；② 利润是经营收入减去经营成本的剩余，追逐利润最大化将鼓励企业加强管理、提高收入、降低成本、节约资源；③ 全社会范围内的企业追逐利润最大化，将促进全社会的财富最大化，进而促进全社会的繁荣与发展。其不足之处在于：① 利润概念在计算时间、包含内容等方面的内涵模糊不清，不足以作为有关决策的依据；② 利润概念模糊了利润实现的时间差异，即没有考虑货币时间价值因素，使相关决策失去科学依据；③ 利润概念忽略了风险，而事实上要求收益越高就要承担越大的风险，片面追求利润最大化的风险显而易见；④ 利润的最大化没有考虑其与投入资本之间的关系，相同利润下投入资本越少的企业越符合公司理财的目标，若不考虑投入资本只看利润水平，则无法作出正确的判断。

2. 股东财富最大化

公司制企业是企业组织形式的典型形态，有限责任公司和股份有限公司是现代企业的主要形式。现代委托－代理理论中：投资者是股东，是委托人，委托经营者经营管理企业；企业经营管理者是代理人，在其企业经营管理中最大限度地为股东谋取利益。股东财富最大化（shareholder wealth maximization），就是指通过公司理财为股东谋取最大限度的财富。与利润最大化相比较，以股东财富最大化作为公司理财目标的优点是：① 股东财富，即股东权益的市场增加值，考虑了股东的投入资本因素，若不能为股东创造财富，股东不愿意为企业注资，企业没有了权益资本，也就无法实现生存发展；② 充分考虑了货币时间价值因素，因为股份的市场价值是股东持有股票未来现金净流量的总现值；③ 综合考虑了风险因素，以上市公司为例，在运行良好的资本市场中每股市价的变动已反映了风险情况；④ 股东财富的计量，以现金流量为基础而不是以利润为标准，有利于克服片面追求利润的短期行为。其不足之处主要有以下几个方面：① 只强调了股东利益的最大化而忽略了其他利益相关者，比如债权人、员工等；② 要求具有运行良好的资本市场这一重要前提条件；③ 股票价格本身是受多种因素影响的。

3. 公司价值最大化

公司价值是公司全部资产的市场价值，公司价值最大化（corporate value maximization）强调的是包括负债与股东权益在内的全部资产市场价值的最大化，而股东财富最大化强调的仅是股东权益市场价值的最大化。因此，公司价值最大化是股东财富最大化的进一步扩展和演化。以公司价值最大化为理财目标，就是在公司理财中通过最优资本结构决策和股利政策等财务决策活动，在充分考虑货币时间价值和风险报酬、保持公司长期稳定发展的基础上，使公司总价值达到最大。其优势主要表现在所追求的不仅仅是股东财富的最大化，还包括公司的内在价值和长期价值，这就兼顾了与公司相关的各方面利益相关者的利益。但是公司价值最大化比股东财富最大化更为抽象，这就为实际操作带来了很大困难。而且公司价值最大化使用的是存量的概念，无法准确衡量股东等利益相关者的投入。

公司理财的目标，除了以上三种典型观点外，还有许多其他观点，如利益相关者利益最大化、每股收益最大化、经济附加值最大化等。这些观点虽然都有一定的理论基础，但事实上都难以逾越股东财富最大化或公司价值最大化目标的内涵。综合以上论述，公司制企业，特别是股份有限公司，以股东财富最大化作为理财目标，应该是一个比较合理的选择。但是并不意味着利润最大化就是一个应该彻底抛弃的目标。理财目标必须紧密结合自身组织形式和特点，不能盲从。

（二）公司理财的环境

公司理财是在一定的环境中进行的，而环境中存在着众多对理财活动产生影响的外部约束条件，它们会影响公司理财目标的实现程度，企业必须关注和适应它们的要求和发展变化。环境影响因素有很多，对公司理财而言，最主要的是制度环境因素、金融市场环境因素和宏观经济环境因素。

1. 制度环境因素

制度环境是指企业在进行理财活动时所处的涉及公司理财的体制、机制与法制环境，具体讲是企业应遵守的各种法律、法规和制度。企业所有的理财行为都离不开相关法律、法规和制度的约束，并不断适应相关法律、法规和制度的调整和规范。这方面的法律和法规主要包括四个层面：国家和市场层面的法规，如证券法等；企业法律组织层面的法规，如公司法等；税务层面的法规，如所得税法等；财务层面的法规，如会计准则等。

2. 金融市场环境因素

金融市场是企业投融资的场所，是企业长短期资金进行转换的场所，因而也为企业的各种财务决策提供重要的信息，如利率、汇率和股价指数等。

3. 宏观经济环境因素

宏观经济环境不仅会影响金融市场和政府的经济制度改变，进而影响企业，更是会直接影响企业的生存和发展。这方面的影响因素主要包括经济发展的状况、行业发展趋势、通货膨胀状况、利率与汇率变动趋势、政府的宏观经济政策和行业政策、竞争态势等，它们会影响企业的战略性财务决策。

二、公司理财的任务与内容

图 8-1 描述了公司的理财目标与理财内容之间的关系。公司的理财目标是利润或价值最大化，其实现的途径是提高报酬率或降低风险，而决定报酬率高低或风险大小的则是企业的投资项目、资本结构、股利分配政策和营运资金管理。因此，企业的投资决策、融资决策和股利分配决策、营运资金安排决策就构成了公司理财的主要内容。

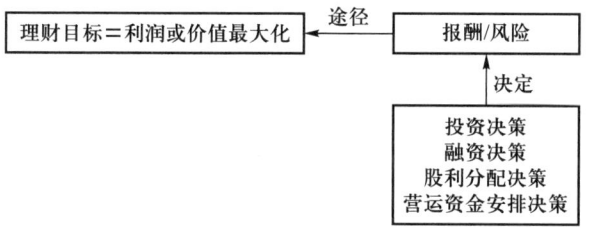

图 8-1 理财目标与理财内容的关系

以实现公司价值最大化为例，提高企业投资项目报酬率的途径是提高实体现金流，而企业现金流源于企业的经营活动和金融活动，经营活动包括投资决策和营运资金安排决策，金融活动包括融资决策和股利分配决策；降低项目风险的途径是改善公司的资本结构。因此，公司价值最大化目标的实现与公司理财内容之间的关系如图 8-2 所示。

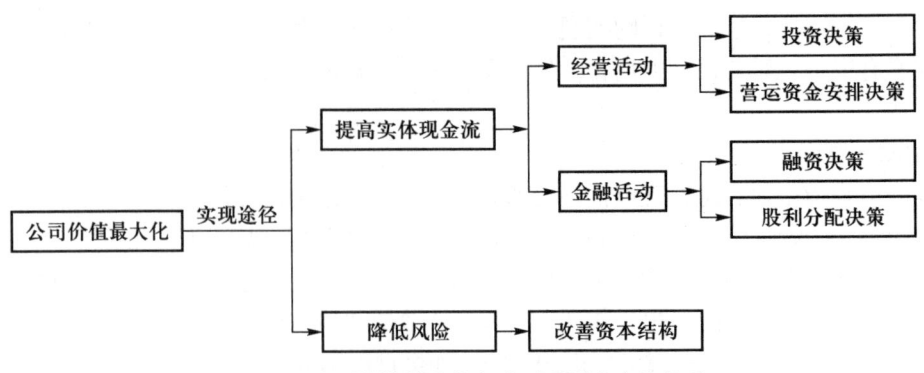

图 8-2 公司价值最大化与公司理财内容的关系

（一）融资决策

根据时间期限长短，企业的融资决策可以分为短期融资决策和长期融资决策。公司投资的资本不可能自给自足、完全来自企业内源性融资，还需要获得外源性融资。外源性融资是企业资本的重要来源，而外源性融资的获得方式也是多样的，主要包括债权融资和股权融资，而债权融资又包括普通债券融资和可转换债券融资，股权融资包括优先股融资和普通股融资。在制定融资决策时，首先需要根据自身情况选择具体的融资方式；其次需要估计公司的融资成本及其对资本结构和公司价值的影响程度、融资本身的风险大小等；最后找出合理的长期融资方案，以便使公司既满足资本需求，又能够实现成本最低、公司价值最大。

（二）投资决策

根据时间期限长短，企业的投资决策可以分为长期投资决策和短期投资决策。短期投资涉及有价证券、应收账款、存货等方面，长期投资涉及固定资产、长期股权、无形资产等方面。购置长期资产的原因可能是扩大经营规模的需要或掌握核心技术的需要，也可能是更新旧资产的需要。因此，分析和判断公司是否应该购置长期资产，需要估计购置新资产的成本支出及其对资产结构和公司价值的影响程度、资产本身的风险大小、新旧资产替换的成本高低等，最终作出公司的长期投资决策——选择新建或扩建项目，以及接受还是放弃更新改造项目。在财务管理中，这一部分内容也称资本预算决策。

（三）营运资金安排决策

公司的营运活动包括原材料采购、劳动力的雇用、产品生产活动、商品销售等，是公司实现投资目标的基础。营运资金安排决策，是对公司长、短期生产以及长、短期资金安排的决策，以及对产品定价与生产规模、存货管理的决策等。具体来讲，就是决定分配多少资金用于应收账款和存货、保留多少现金以备日常支付、对这些资产进行日常管理，以及短期资金的借入、对供应商的支付政策等。营运资金安排决策，就是在满足生产、销售各环节的资金需求的前提下，尽可能提高资金的周转速度和使用效率，降低资本成本。

营运资金管理主要是对企业流动资产及流动负债的管理，因此，一般将短期融资决策、短期投资决策与营运资金安排决策放在一起展开分析，是财务管理的重要组成部分。

（四）股利分配决策

股利分配决策，也可以简称为股利决策。在公司的财务管理中，股利分配是给予公司股东的红利。公司是应该实施相对稳定的股利政策还是根据各年度的具体经营情况变动制定具体的股利政策以及在制定股利政策时需要考虑哪些影响因素等，都是财务管理人员面临的重大决策问题。为了分析和解决公司的股利决策问题，需要深入了解股利支付的目的、程序、方式、数量和条件。

三、公司理财的基本概念

货币的时间价值和投资的风险价值是现代公司理财的两个基本概念，是企业在进行各种理财决策时的基本准则。

（一）货币的时间价值

货币的时间价值或称资金的时间价值，是指经过一定时间的投资与再投资所带来的增加价值，反映的是无风险和无通货膨胀条件下的社会平均资金利润率。货币的时间价值因素存在，使得不同时间点同等单位货币的价值不相等，因此，不同时间的货币收入不能直接进行比较，而必须换算到相同的时间基点上才能进行比较和进一步研究，这是财务决策时所必须遵循的首要原则。一般换算时常采用计算利息的方法，有单利计算法和复利计算法，另外也可采用贴现率计算方法来计算资金（货币）的时间价值。

（二）投资的风险价值

公司的理财活动都是在有风险的情况下进行的，而风险和报酬往往是相对应的，冒风险就会要求得到额外的报酬，冒风险程度越大，要求的收益补偿就会越高，否则，就不值得去冒风险。由于冒风险进行投资而获得的超过货币时间价值的额外收益，称为投资的风险价值或风险报酬。

风险，在不同的领域，其定义和计量方法各有不同。从公司理财角度出发，风险是指在一定条件下和一定时期内无法达到预期报酬的可能性。如果企业的一项财务活动有多种可能的结果，其将来的财务结果是不确定的，就是有风险。

从企业角度来看，其在经营过程中所面临的风险是不同的，一般分为经营风险和财务风险。经营风险是指企业生产经营活动本身的不确定性带来的风险。由于经营环境的变化、竞争格局的调整、原材料的供应和价格变化，或者技术的发展等因素，企业的经营状况和报酬变得不确定，经营风险是任何商业活动都有的，又称商业风险。而财务风险则是指由企业负债融资所带来的风险，又称融资风险，企业负债融资会放大经营风险。

在市场竞争的情况下，风险和报酬呈对应关系：即高风险的项目必须要有高报酬，否则就没有人投资；而低报酬的项目必须风险低，否则也没有人投资。因此，风险和期望投资报酬率的关系可以表示为如图 8-3 所示的关系。

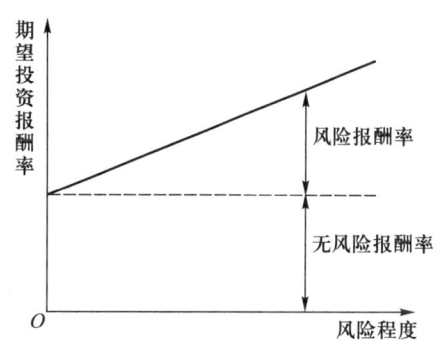

图 8-3 风险和投资报酬率的关系

第二节 财务分析

财务分析、财务预算和财务控制是公司理财职能的展开过程，是企业各项理财决策得以落实的活动流程。财务分析是对企业的诊断，财务预算是为了让计划具体化，而财务控制则是理财目标实现的关键。对企业的各项财务决策而言，财务分析无疑是重要的基础工作。

财务分析是指以财务报表和其他资料为依据，采用专门的分析方法，系统分析和评价企业的过去和现在的经营成果、财务状况及其变动，目的是了解企业过去、评价现在和预测未来。因此，财务分析的最基本功能就是将大量的报表及其他数据转换成对特定财务决策有用的信息，以减少决策的不确定性。

财务分析的起点是财务报表，分析使用的数据大部分来自企业发布的财务报表。因此，财务分析的前提是要正确理解财务报表，不仅是知道报表各个项目的含义，而且要能理解不同的财务决策对报表的影响，并通过分析，对企业的盈利能力、资产流动性、偿债能力和抵御风险能力等作出评价。

企业对外发布的财务报告，是根据全体使用人的一般要求设计的，即财务报告的用户不仅仅是企业管理者自己，还有与企业有着利益关系的方方面面，由于他们的立场往往不同，分析的目的也不同，在选择具体的分析内容时也会不同。一般而言，报告使用人要从报告中选择自己具体需要的信息，重新排列，并研究其相互关系，使之符合特定的决策要求。企业财务报告的主要使用人有七种，他们的分析内容和分析目的不完全相同，参见表 8-1。

表 8-1 财务报告使用者及其分析目的和内容

使用者	分析目的	分析内容
投资人	决定是否投资； 决定是否转让股份	企业的资产和盈利能力，风险状况； 盈利状况及股价变动和发展前景； 资产盈利能力，破产风险及竞争能力（包括营业净利率、权益净利率等）； 融资状况（包括长短期借款、股本情况等）； 股利分配状况（包括现金股利、股票股利分配情况等）
债权人	根据债务人的长短期偿债能力以及信用水平等，决定是否为企业提供贷款； 是否出让债权； 贷款成本的确定	贷款的报酬和风险； 资产周转状况（包括资产周转率等）； 盈利状况、长期融资能力； 短期偿债能力（包括速动比率、流动比率等）； 长期偿债能力（包括资产负债率、产权比率等）
管理者	经营管理以实现股东利益最大化	涉及的内容最广泛，几乎包括外部使用者关心的所有问题

续表

使用者	分析目的	分析内容
供应商	决定企业是否能长期合作； 决定是否延长付款期	销售信用水平； 营运能力水平（包括应收账款周转率以及存货周转率等）
政府	了解企业纳税情况； 了解企业遵守政府法规和市场秩序的情况； 了解员工收入和就业情况	企业纳税、产品价格、员工工资、成本资料等
员工和工会	判断企业盈利与员工收入、保险、福利是否相适应	企业盈利状况、保险金缴纳情况、员工收入情况等
中介机构（审计师、咨询人员等）	确定审计的重点； 提供专业咨询报告	涉及的内容广泛

一、财务报表简介

财务报表是对企业财务状况、经营成果和现金流量的结构性表述，包括报表本身与财务附注。

按照最新会计准则和国际惯例，企业应提供的会计报表有资产负债、利润表和现金流量表，简称"三大报表"。资产负债表和利润表可以直接从调整后的试算平衡表编制。根据《企业会计准则第 30 号——财务报表列报》的要求，财务报表在上述三张报表之外，至少还应当包括所有者权益（或股东权益）变动表和附注，在这之前，所有者权益（或股东权益）变动表作为资产负债表的附表予以体现。

利润表和资产负债表按权责发生制编制，现金流量表按收付实现制编制。资产负债表是"静态"的报表，反映的是某一特定日期的时点数，而利润表和现金流量表是"动态"的报表，反映的是某一会计期间的时期数。

（一）资产负债表

资产负债表（balance sheet）反映企业在某一特定日期的财务状况，反映的是时间点的概念。资产负债表的结构有两种：一种是报告式，上下结构，按照资产、负债、所有者权益的顺序编制；另一种是账户式，左右结构，左侧是资产，右侧是负债和所有者权益。资产负债表的编制遵循会计平衡原则，用如下会计方程式表示：

$$资产 = 负债 + 所有者权益$$

其中，资产（asset）是指企业过去的交易或者事项形成的、由企业拥有或者控制的、预期会给企业带来经济利益的资源。资产按流动性可区分为流动资产和非流动资产。流动资产（current asset）是一个正常营业周期（一般是一年）内能够收回的资产，包括现金及银行存款、有价证券、应收账款、存货等，这类资产在企业的日常经营活动中占有极其重要的地位；非流动资产（non-current asset）是指流动资产以外的资产，一般是企业持有超过一个正常营业周期的资产，包括长期股权投资、固定资产、无形资产、研发支出等。

负债（debt）是指企业过去的交易或者事项形成的、预期会导致经济利益流出企业的现时义务。负债分为流动负债和非流动负债。流动负债（current debt）是指企业预计在一个正常营业周期内清偿或主要为交易目的而持有的债务，包括短期借款、应付票据、应付账款、预收账款等；非流动负债（non-current debt）是指除流动负债以外的负债，包括长期借款、应付债券、长期应付款等。

所有者权益（equity）表示企业资产扣除负债后由所有者所享有的剩余权益，又称股东权益，包括所有者投入的资本（实收资本、股本）、直接计入所有者权益的利得和损失、留存收益、盈余公积等。

会计方程式右边"负债 + 所有者权益"表示企业所拥有的资产的资金来源方式。企业取得任何资产不外乎两个途径：借款或所有者投资，所以任何企业的资产必须始终等于负债加所有者权益，反映在账户式资产负债表上即该表的左右两边必须始终相等。这就是以上会计方程式的内在逻辑。

对资产负债表的判读，其主要目的是评价企业的财务流动性和财务弹性。

财务流动性是指资产转换成现金的能力。资产转换成现金的速度越快，表明其流动性越强。如现金的流动性最强，而短期投资的流动性比应收账款强，资产负债表的资产项目就是按流动性从大到小排列的。无论是短期债权人还是长期债权人都十分关心企业的流动性，它是企业偿债能力大小的象征。而现在的或潜在的永久性资本投资者也会根据企业的流动性来评价企业破产风险的大小，一般而言，企业的流动性越大，企业破产的可能性就越小。

财务弹性是指企业为适应未来投资的需要和机会，采取有效的措施改变企业现金流的流量的能力。财务弹性强的企业不仅能从经营中获得大量的资金，而且可以充分借用债权人的资金和所有者的追加资本获利；需要偿还巨额债务时，可以较快筹集还债资金；发现新的获利能力更高的投资机会时，也能及时调整投资，获取高的收益。一般而言，企业的财务弹性越强，经营失败的风险就越小。

（二）利润表

利润表（revenue/income statement）又称损益表，反映企业在一定会计期间经营成果的报表，具体包括营业收入、营业成本、管理费用、税金及附加、投资净收益、营业外收支、非常损益和收益等项目。它从营业收入开始直到最终的税后利润总额为止，表达这一期间内各种收入，以及费用（或成本）的累积金额。利润表的构成内容及等式关系可以简单表述如下：

$$净利润 = 营业收入 - 营业成本 - 税金及附加 - 期间费用资产减值损失 \pm$$
$$投资收益 \pm 营业外收支 - 所得税费用$$

利润表的作用表现为以下四个方面：

（1）评价和预测企业的经营成果和获利能力，为投资决策提供依据。经营成果是一个绝对值指标，可以反映企业财富增长的规模。获利能力是一个相对值指标，它指企业运用一定经济资源获取经营成果的能力，经济资源可以是资产总额、净资产，可以是资产的耗费，还可以是投入的人力。因而衡量获利能力的指标包括资产收益率、净资产（税后）收益率、成本收益率以及人均实现收益等指标。经营成果的信息直接由利润表反映，而获利能力的信息除利润表外，还要借助其他会计报表和注释附表才能得到。

根据利润表所提供的经营成果信息，股东和管理部门可评价和预测企业的获利能力，对是否投资或追加投资、投向何处、投资多少等作出决策。

（2）评价和预测企业的偿债能力，为融资决策提供依据。偿债能力指企业以资产清偿债务的能力。企业的偿债能力不仅取决于资产的流动性和资产结构，也取决于获利能力。获利能力不强甚至亏损的企业，通常其偿债能力不会很强。

债权人通过分析和比较利润表的有关信息，可以评价和预测企业的偿债能力，尤其是长期偿债能力，对是否继续向企业提供信贷作出决策。

财务部门通过分析和比较利润表的有关信息和偿债能力，可以对融资的方案和资本结构以及财务杠杆的运用作出决策。

（3）企业管理人员可根据利润表披露的经营成果作出经营决策。企业管理人员比较和分析利润表中各种构成因素，可知悉各项收入、成本费用与收益之间的消长趋势，发现各方面工作中存在的问题，作出合理的经营决策。

（4）评价和考核管理人员的绩效。董事会和股东从利润表所反映的收入、成本费用与收益的信息可以评价管理层的业绩，为考核和奖励管理人员作出合理的决策。

由于资产负债表和利润表都是依据权责发生制原则编制的，加上会计上广泛使用的收付实现制、配比原则以及众多的分摊方法，使得这两张报表的数据无法全面地反映出经营者、投资者和债权人所关心的信息，利润的计算中基于权责发生制的会计计量也包含了太多的估计，难以全面地真实地反映出企业的经营绩效与获利能力。因此，无论是企业内部的管理者还是投资者、债权人，都非常关注与决策有关的现金流量的信息。

（三）现金流量表

现金流量表（cash flow statement）是反映一家公司在一定时期现金流入和现金流出动态状况的报表。其组成内容与资产负债表和利润表相一致。现金流量表，可以概括反映经营活动、投资活动和融资活动对企业现金流入流出的影响，对于评价企业的实现利润、财务状况及财务管理，可以比利润表提供更好的基础。

现金流量表提供了企业经营是否健康的证据。如果企业经营活动产生的现金流无法支付股利与保持股本的生产能力，从而它得用借款的方式满足这些需要，那么这就给投资者或管理者一个警告，企业从长期来看维持正常情况下的支出存在困难。如果现金流量表显示经营中产生的现金流量的不足和不得不用借款来支付无法永久支撑的股利水平，则揭示了企业内在的发展问题。如果企业的现金流有足够的支付能力，那么至少反映出企业在现金流方面的状况是良好的。

简要地说，现金流量表的作用可归纳为：① 反映企业的现金流量，评价企业未来产生现金净流量的能力；② 评价企业偿还债务、支付投资利润的能力，可以谨慎判断企业财务状况；③ 分析净收益与现金流量间的差异，并解释差异产生的原因；④ 通过对现金投资与融资、非现金投资与融资的分析，全面了解企业财务状况。

（四）所有者权益变动表

所有者权益变动表（statement of changes in equity）反映构成所有者权益的各组成部分当期的增减变动情况，体现所有者权益增减变动的重要结构性信息。按照《企业会计准则——基本准则》和《企业会计准则第 30 号——财务报表列报》的要求，企业应该对外呈报所有者权益变动表，所有者权益变动表成为与资产负债表、利润表和现金流量表并列披露的第四张财务报表。当期损益、直接计入所有者权益的利得和损失以及与所有者（或股东）的资本交易导致的所有者权益的变动，应当分别列示。在所有者权益变动表中，企业至少应当单独列示反映下列信息的项目：

（1）净利润。

（2）直接计入所有者权益的利得和损失项目及其总额。

（3）会计政策变更和差错更正的累积影响金额。

（4）所有者投入资本和向所有者分配利润等。

（5）按照规定提取的盈余公积。

（6）实收资本（或股本）、资本公积、盈余公积、未分配利润的期初和期末余额及其调节情况。

（五）附注

附注（notes）是对在资产负债表、利润表、现金流量表和所有者权益变动表等报表中列示项目的文字描述或明细资料，以及对未能在这些报表中列示项目的说明等。附注应当披露财务报表的编制基础，相关信息应当与资产负债表、利润表、现金流量表和所有者权益变动表等报表中列示的项目相互参照。具体可参考《企业会计准则第 30 号——财务报表列报》。

二、财务分析方法

财务分析范围的确定以及方法的选择要根据分析的目的而定。一般常用的分析方法有趋势分析法、百分率（同型）分析法、财务比率分析法、杜邦分析法以及综合分析法等几种，并且在一份完整的分析报告中，往往需要几种方法同时使用。本书简单介绍趋势分析法、财务比率分析法和杜邦分析法。

（一）趋势分析法

趋势分析法（trend analysis）就是对企业财务报表各项目（或财务比率）的趋势进行分析，借以观察和判断企业的经营成果与财务状况的变动趋势，预测企业未来的经营成果与财务状况。通常的做法是在年度（或中期）财务报告中，将财务报表中连续几年（一般为 3~5 年）的数据连接起来，以比较财务报表的形式列示，便于趋势分析。依据这种比较，就可以计算出财务报表中主要项目数据变动的金额及百分比，从而确定引起企业财务状况与经营成果变动的主要因素，以及它们的变动趋势和延续性，揭示公司的成长能力。

（二）财务比率分析法

财务报表上的各个项目，彼此之间都有着紧密的联系。比率分析就是将这种联系用比率的形式表示出来，以揭示企业的各项财务状况，并进行企业之间、企业与行业之间及企业当期与过去期间的比较，分析企业的发展趋势，作出各项投资决策和财务决策。

财务比率分析法（financial ratio analysis）是评价企业财务状况和经营成果的重要方法。它使人们可以把注意点从复杂的经济过程中超脱出来，而集中于分析企业财务方面的各种相互关系上。需要再次强调的是：具体的一个比率本身没有什么意义，它必须与同行业其他企业作比较，或者与会计前期比较才具有意义；而且，不同的国家、不同的行业对比率计算中的各要素定义可能会有不同，分析人员必须加以调整。另外，会计处理方法不同，或通货膨胀的影响等，都会使得财务数据缺乏可比性或失真，财务分析人员要充分注意这一点。

（三）杜邦分析法

杜邦分析法（DuPont analysis）是由美国杜邦公司的财务经理创造的，它是一种利用各个主要财务比率之间的内在联系，通过建立财务比率分析的综合模型——杜邦模型，来综合地分析和评价企业财务状况和经营成果的综合分析方法。采用这一方法，可使财务比率分析的层次和条理更加清晰，为财务分析人员能全面地、仔细地了解企业的经营和获利状况提供方便。

杜邦模型由杜邦延伸等式和杜邦修正图两部分内容组成，其最显著的特点是将若干个用以评价企业经营效率和财务状况的比率按其内在联系有机地结合起来，形成一个完整的指标体系，并最终通过净资产收益率来做综合反映。

具体表达公式如下：

$$净资产收益率 = \frac{净利润}{所有者权益} = \frac{净利润}{总资产} \times \frac{总资产}{所有者权益}$$

$$= \frac{净利润}{销售收入} \times \frac{销售收入}{总资产} \times \frac{总资产}{所有者权益}$$

$$净资产收益率 = 销售净利率 \times 资产周转率 \times 权益乘数$$

简单来讲，企业给股东赚钱的能力，取决于销售一次赚多少钱、总资产周转率以及用了多少债务融资。

前面的三种财务分析方法中，财务比率分析法无疑是最常见和最重要的方法。但每一项财务比率只能反映企业某一方面的财务状况，即使是综合性最强的净资产收益率也不能反映企业财务状况的全貌。因此，为了对企业的财务状况进行综合的评价，可以选定若干财务比率，按其重要程度给定权数（即重要性系数），并使权数总和为100。然后将实际比率与标准比率比较，评出每项指标的得分，最后求出综合系数并与权数之和进行比较，以判明企业财务状况的优劣，这种方法称为综合评价法。

第三节　投资管理

投资管理是企业根据日常生产经营活动和自身发展战略规划的需要，对企业资金如何分配和投入运营所进行的管理，是"钱到哪里去"的问题。投资管理最终的呈现形式就是资产负债表中资产的结构。按照资产的流动性，企业投资管理可以分为短期投资管理和长期投资管理，涉及流动资产的投资管理、固定资产的投资管理、有价证券的投资管理与企业并购等内容，本章主要介绍流动资产的投资管理和固定资产的投资管理。

一、流动资产的投资管理

流动资产的特点是流动性大、周转期短。流动资产一般在企业全部投资中占有很大比重，因此对流动资产管理水平的高低直接关系到企业资产的效率和经营效益。

1. 现金及有价证券管理

现金是指以货币形态存在的资金，包括库存现金、银行存款等。现金是企业可以立即作为支付手段的资产，在企业所拥有的全部资产中，现金的流动性最大。由于企业持有现金属于非收益性资产，因此，对现金的管理主要围绕以下两个目标进行：一是保证企业生产经营对现金的需要；二是尽量缩小企业闲置现金数量，提高资金的使用效率。

现金与有价证券管理的关键就是要根据现金预算对现金收付的要求，合理地优化企业持有的现金余额，即目标现金余额。现金是一种盈利率很低的资产，企业的库存现金没有收益，银行存款的利息率一般也低于企业经营所得的投资报酬率。因此，企业持有的现金过多，会降低企业的资产收益率，但如果企业的现金余额过少，又可能导致企业丧失支付能力，增加企业的财务风险。企业在现金余额的确定上面临着收益与风险的权衡，目标现金余额就是一个既能保证企业经营对现金的需要，又能使持有现金的代价最低的现金数量。

在成熟的证券市场条件下，企业可将现金管理与有价证券管理结合起来，有价证券投资管理是指当企业持有的现金余额超过正常经营活动的需要时，就可将闲置现金投资于有价证券，以获取高于银行存款利率的报酬；而当现金较少时，就售出有价证券，以换回现金。企业目标现金余额取决于企业对现金的需要量、有价证券的利息率以及现金与有价证券之间的转换成本。

目前在我国证券市场上流通的有价证券主要有国库券、金融债券、企业债券和股票等，其特点是可在二级市场上流通，具有很强的变现能力。这里有价证券投资管理所指的是：当企业持有的现金余额超过正常经营活动的需要时，就可将闲置现金投资于有价证券，以获取比银行存款利率更高的报酬率。与其他资产投资时主要关注收益性和风险性稍有不同，企业在进行有价证券投资与管理时还应注意以下三个问题：证券的安全性、证券的流动性和证券的期限性。

2. 应收账款管理

应收账款是企业因赊销商品或劳务而形成的应收款项，是企业流动资产的一部分。应收账款相当于企业向客户提供的短期贷款。企业提供商业信用的目的在于扩大产品销路，增加企业收益，但提供商业信用必然加大企业无法收回账款的风险，因此，企业对应收账款的管理就是对其应收账款上的投资进行收益与风险的权衡，制定出最优的信用政策。

信用政策就是通过权衡收益和风险，对最优应收账款水平进行规划和控制的一些原则性规定，以及企业针对不同信用状况的客户采取不同政策的原则性规定。企业的信用政策包括信用标准、信用条件和收账政策。

信用标准就是企业同意给予顾客信用所要求的最低标准，它反映了应收账款的质量水平。信用标准通常用坏账损失率表示，坏账损失是由于客户违约不支付货款而造成的损失。

信用条件是企业规定客户支付赊销款项的条件，包括信用期限和现金折扣两项内容。信用期限是企业为客户规定的最长付款时间，如 30 天内付款等。现金折扣是企业为使买方尽早支付货款而给予提前付款客户的货款优惠。

收账政策是指企业向客户收取逾期尚未付款的应收账款的程序。收账费用是确定收账政策时需要考虑的重要因素之一。收账费用包括收账所花的邮电通信费、派专人收款的差旅费和不得已时的法律诉讼费用等。要确定适宜的收账费用水平，就要在收账费用与坏账损失和应收账款机会成本之间进行权衡。企业信用政策和收账政策的制定都面临着报酬与成本的权衡问题。制定应收账款管理最优策略须将信用标准、信用条件和收账政策三者结合分析，决策中应比较每一种政策改变后的收益与改变后的成本，通过比较，选择最优的政策。

3. 存货管理

存货（inventory）是企业在生产经营过程中为销售或耗用而储备的物资，包括各种原材料、在产品、产成品。存货是流动资产中所占比例较大的项目，在工业企业中占流动资产的50%~60%，因此，存货管理水平的高低对企业财务状况影响极大。存货管理的目的是既要充分保证生产经营对存货的需要，又要尽量避免存货积压，降低存货成本。

存货成本包括采购成本、订货成本、储存成本和缺货成本四部分。存货管理的首要任务就是要合理确定一次订购的批量大小，由于订货成本与订购批量成反比，储存成本与订购批量成正比，采购成本在无数量折扣时，一般与订购批量无关，缺货成本难以计量有时不予考虑，则存货成本主要取决于订货成本和储存成本。因此，经济订购批量就是使一定时期内订货成本和储存成本之和最低的每次订购批量。

在企业的实际存货管理中可能存在每批订货不是一次到达，而是在一定时期内每日均衡到达，适用存货管理中的陆续到货模型，或者是不允许缺货等各种情况，适用提前订货模型，对应地可以有相应的经济订购批量的计算公式。

二、固定资产的投资管理

固定资产（fixed asset）是指使用期限超过一年，单位价值在规定标准以上，并且在使用过程中保持原有实物形态的资产，包括房屋及建筑物、机器设备、运输设备、工具器具等。固定资产的特征主要有回收期较长、变现能力较差、资金占用数量相对稳定、实物形态与价值形态可以分离等。

（一）固定资产分类

企业固定资产按其经济用途和使用情况可分为以下六类：

1. 生产经营用固定资产

这是指企业生产单位和为生产服务的行政管理部门使用的各种固定资产，包括建筑物、运输设备、生产设备、仪器及试验设备以及消防用具等生产经营使用的固定资产。

2. 非生产经营用固定资产

这是指非生产经营使用的各种固定资产，如职工宿舍、俱乐部、食堂、浴室等单位所使用的房屋、设备、器具等。

3. 租出固定资产

这是指以经营租赁的形式出租给外单位使用的多余或闲置的固定资产。

4. 未使用固定资产

这是指尚未使用的新增固定资产，购建的尚待安装的固定资产，进行改建、扩建的固定资产，以及长期停止使用的固定资产等。

5. 不需用固定资产

这是指本企业目前和今后都不需用，准备处理的固定资产。

6. 融资租入固定资产

这是指企业通过租赁取得使用权的资产，包括机器设备、运输设备和生产设备等固定资产。

（二）固定资产折旧

固定资产折旧（depreciation of fixed assets）是指固定资产在使用过程中逐渐损耗而转移到商品或费用中的那部分价值。除房屋及建筑物以外的未使用、不需用的固定资产，以经营租赁方式租入的固定资产，已提足折旧但继续使用的固定资产，以及提前报废的固定资产等，不属于计提折旧的范围。

企业固定资产折旧，从固定资产投入使用月份的次月起，按月计提；停止使用的固定资产，从停用月份的次月起，停止计提折旧。

固定资产折旧方法有：平均年限法、工作量法、双倍余额递减法、年数总和法等。

（三）固定资产投资决策

企业需要根据日常生产经营状况和自身发展战略规划，对企业的固定资产进行投资决策及后续计量决策等，具体包括固定资产的购入、维修、改扩建、更新换代或重置、折旧计提、盘点、处置等。

固定资产投资决策的常用方法有：投资回收期法、投资回收率法、净现值法、现值指数法和内涵报酬率法等。

（四）数据资产入表管理

随着数字经济的蓬勃发展，数据已经从简单的信息记录转变为一种关键的生产要素。在传统经济中，生产要素主要包括土地、劳动力、资本和技术。而在数字经济时代，数据要素的重要性日益凸显，它不仅能够优化传统生产要素的配置，还能创造出新的价值和商业模式。

2022年12月，中共中央、国务院发布《关于构建数据基础制度 更好发挥数据要素作用的意见》（简称"数据二十条"），明确提出探索数据资产入表新模式，对于探索用货币度量数据要素的资产价值，推动数据资产化、资本化，更好发挥数据对生产效率提升的倍增效应具有重要意义。

2024年1月1日起，《企业数据资源相关会计处理暂行规定》施行，分别从数据资产定义与分类、会计处理原则等角度进行了明确规定。这一政策标志着数据资产正式被认可为企业的一种资产，并可以在财务报表中体现其价值与对业务的贡献。

当然，数据要素的利用、数据资产的评估和管理是一项复杂的工程，因此也伴随一系列挑战，包括数据安全、隐私保护、数据所有权以及如何公平地分配数据产生的价值等问题。为了应对这些挑战，需要建立完善的数据治理框架，包括法律法规、技术标准和伦理规范，以确保数据要素能够健康、可持续地服务于经济社会发展。

第四节　融资管理

融资管理是企业根据日常生产经营活动和自身发展战略规划的需要，对企业资金来源所进行的管理，是"钱从哪里来"的问题，融资管理最终的呈现形式就是资产负债表中负债和所有者权益的结构。按照时间期限长短，融资管理分为短期融资管理和长期融资管理，涉及企业股权融资和长期债务融资、短期融资与营运资金政策、资本成本和资本结构等问题。考虑到通常意义上的公司融资仅指长期决策，本章暂不讨论短期融资与营运资金政策。

一、股权融资

股权融资（equity financing）是企业通过向投资人筹集权益资金而获得企业发展所需长期资金的一种融资渠道，具体融资方式有发行普通股和优先股等。

1. 普通股融资

普通股（ordinary shares）是股份有限公司发行的、具有表决权和剩余索取权的一类股票，是最基本的一种股票形式。相对于债务融资，普通股融资通常不需要归还本金也没有固定的股利负担，因此投资者将承担更高的财务风险，资本成本更高。

普通股具有面值、内在价值、市场价值、控制权和表决权等基本要素。普通股的面值是股票上注明的固定价值（我国规定普通股的面值统一为人民币 1 元），表明股东对公司承担的责任限度；内在价值表明每一股份实际拥有的权益的大小（即每股净资产），是普通股的账面价值（book value）；而市场价值（market value）是指普通股在证券交易市场上的交易价格，反映市场对该股票价值的度量和确认；控制权则说明普通股股东是公司的所有权人，他们控制着公司，选举董事会和监事会；而表决权则说明普通股股东在选举董事会和对其他重要事项表决时有投票权。

公司发行普通股融资的好处在于：① 没有固定到期日。发行普通股融资具有永久性，无到期日（除公司清算除外），不需归还，这对保证公司最低资本需要、维持公司长期稳定发展极为有利。② 没有固定利息负担，财务风险较小。③ 增加公司信誉。发行普通股筹集的资本是公司最基本的资金来源，反映了公司的基本实力，可作为其他方式融资的基础，尤其可为债权人提供保障，增强公司的举债能力。④ 融资限制较少。债券融资或优先股融资通常有较多的限制，这些限制往往影响公司在日常经营活动中的决策，而普通股通常没有这种限制。⑤ 比较容易吸引资金。因为普通股的预期收益较高并可一定程度抵消通货膨胀的影响。

公司发行普通股融资的弊端在于：① 普通股融资的资本成本较高。一方面，普通股股东投资普通股的风险较高，因此要求有较高的期望投资回报率；另一方面，普通股股利在所得税后支付，无法像债务融资那样起到抵税作用。② 发行费用高。股票的发行往往需要向承销机构支付一笔较大金额的发行费用，因此发行费用高于其他融资方式。③ 稀释股权和带来被收购风险。普通股融资会增加新的股东，从而稀释原有股东的控制权且可能带来原有股东收益的下降。股票上市之后，公司会面临被收购的风险。

2. 优先股融资（或混合融资）

优先股（preferred shares）是公司权益股本之一，是指依照《公司法》，在一般规定的普通种类股份之外，另行规定的其他种类股份，优先股股东优先于普通股股东分配公司利润和剩余财产，但参与公司决策管理等权力受到限制。

相对于普通股，优先股具有两个方面的优先权。第一，公司进行利润分配时，在完全支付约定的优先股股息之前，不得向普通股股东分配利润。第二，公司进行剩余资产清算时，优先股股东有优先获得清偿的权利。但是，优先股的表决权行使具有劣后性，由于优先股股东能按时收到股息，他们一般不具有对公司事务的表决权，只有在特殊事项下才具有表决权，如修改公司章程中与优先股相关的内容、发行优先股等。公司在进行优先股融资时，相应的条款必须在发行契约中加以详细规定，以使公司和优先股股东能够明晰其相应的责任和义务。

公司发行优先股融资的好处在于：① 与债券相比，股利支付的非强制性使公司现金流更具弹性。② 优先股没有到期期限，使得企业的财务安排更具主动性和灵活性。③ 与普通股相比，优先股不会稀释普通股的每股收益和表决权，能够增加权益资本，发挥类似永续年金的作用。

企业发行优先股融资的弊端在于：① 在税收抵免方面，上市公司支付优先股的股利不能税前扣除，无法像债券利息在税前抵扣，具有税收劣势。但是对投资者而言，购买优先股所获股利能够实现免税。② 在财务风险方面，优先股股利支付有经济约束，尤其是固定优先股股息通常和债券利息一样被视为固定融资成本，会因此增加企业财务风险。

优先股，一方面具有普通股的特征，可申请上市交易或转让，股东投入的本金无须偿还；另一方面又具有债券的特征，有固定的面值、票面利息率。对企业而言，优先股融资同样具有财务杠杆作用，因此优先股融资属于混合融资，是兼具股权融资和债务融资特征的金融工具。

3. 其他金融工具

除优先股融资之外，永续债券（perpetual bond）和可转换债券（convertible bond）作为具有一定权益属性的债务工具，也是混合融资工具之一。

永续债券（简称永续债）是指没有到期日或者期限非常长的债券，即理论上永久存续。相关规定可参考《企业会计准则第22号——金融工具确认和计量》《永续债相关会计处理的规定》。

可转换债券（简称可转债）是指公司依法发行、在一定期间内依据约定的条件可以转换成本公司股票的公司债券，属于《证券法》规定的具有股权性质的证券，是兼具"股性"和"债性"的混合证券品种。相关规定可参考《可转换公司债券管理办法》。

二、债务融资

长期债务融资是指企业通过负债的方式来筹集资金。负债是企业一项重要的资金来源，几乎没有一家企业是仅靠股权融资，而不运用负债来筹集发展资金的，并且，债务融资还能充分发挥财务杠杆的作用。由于债务融资和股权融资是两种性质完全不同的融资方式，因此，其各有不同的特点。债务融资具有以下特点：

（1）筹集的资金具有使用上的时间性，需到期偿还，对企业现金流管理要求高。

（2）不论企业经营的好坏，都需固定支付债务利息，形成企业的固定负担。

（3）长期债务发行契约的各种保护性条款可能会使企业的财务决策灵活性降低。

（4）发行成本和资本成本均比股权融资成本低，并且不会稀释企业的每股收益和股东对企业的控制权。

（5）债务融资还能使企业充分发挥财务杠杆的作用。

长期债务融资的主要方式有：长期借款和长期债券。长期借款指企业向银行或其他非银行金融机构借入的使用期超过1年的借款，主要用于满足企业长期资金的需求，如构建固定资产、长期流动资金占用等。

长期债券一般是指期限超过1年的公司债券，依照《公司法》规定，公司债券是指由企业依照法定程序向社会公众公开发行的、约定在一定期限内还本付息的有价证券，其目的是筹集企业长期需求资金。公司债券是企业重要的一种债务融资工具，也是证券市场上最为活跃的交易品种。一般分为抵押债券、信用债券和其他如担保债券、可转换债券、零息债券、浮动利率债券、垃圾债券等各种形式的债券。

公司债券的期限一般较长，世界上一些大公司的债券期限甚至长达30年或40年，公司债券已成为大型公司筹集长期稳定资金的重要方式；另外，由于公司债券的持有人一般是相当广泛和分散的社会公众，债券合同一经确立，就不可能变更，公司将在第三方（投资银行或证券公司等）的监督下完全执行合同，如果公司在合同期间没有能力履行而违约，则等于宣告公司破产。因此，一方面债券合同对发债公司会有一些限制性条款来保护投资人，如新债券发行限制、资产流动性限制、股息限制、并购限制和抵押品限制等；另一方面，公司债券的信用评级状况非常重要，它对债券的利率及债券对投资人的吸引力都有直接并且可度量的影响，公司债券等级对债券的风险起到标志作用。

需要注意的是，在我国公司债券（corporate bonds）不同于企业债券（enterprise bonds），根据《公司法》和《证券法》规定，公司债券是股份有限公司或有限责任公司发行的债券，非公司制企业不得发行公司债券，监管部门是中国证券监督管理委员会和证券交易所；企业债券是中央政府部门所处机构、国有独资企业、国有控股企业发行的，监管部门是国家发展和改革委员会。

三、资本成本

资本成本是指公司为取得和使用资金所付出的代价，它包括资金占用费和资金筹集费。资金占用费实际上就是投资者对特定投资项目所要求的收益率，包括无风险收益率和对特定投资项目所要求的风险补偿两部分；资金筹集费是指公司在融资过程中所发生的费用，如银行借款手续费、股票和债券的发行费用、资信评估费、律师费、公证费、审计费等。

1. 决定资本成本高低的因素

资本成本的高低是由多种因素综合作用而决定的，其中，主要有总体经济环境、证券市场条件、公司内部的经营和融资状况、项目融资规模等因素。

（1）总体经济环境决定了整个经济中资本的供给和需求状况，以及预期通货膨胀的水平。总体经济环境变化的影响，反映在无风险报酬率上。显然，如果整个社会经济中的资金需求和供给发生变动，或者通货膨胀水平发生变化，投资者也会相应改变其所要求的收益率。

（2）证券市场条件影响证券投资的风险。它包括证券的市场流动难易程度和价格波动程度。如果某种证券的市场流动性不好，投资者想买进或卖出证券相对困难，变现风险加大，要求的收益率就会提高；或者虽然存在对某证券的需求，但其价格波动较大，投资的风险大，要求的收益率也会提高。

（3）公司内部的经营和融资状况主要指经营风险和财务风险的大小。经营风险是公司投资决策的结果，表现在资产收益率的变动上。财务风险是公司融资决策的结果，表现在普通股收益率的变动上。如果二者都比较大，投资者便会有较高的收益率要求。

（4）项目融资规模是影响公司资本成本的另一个因素。融资规模大，资本成本较高。比如，公司发行的证券金额很大，资金筹集费和资金占用费都会上升，而且证券发行规模的增大还会降低其发行价格，由此也会增加公司的资本成本。

2. 资本成本的作用

资本成本是公司理财中的重要概念，广泛运用于公司理财的许多方面，主要用于融资决策和投资决策中的以下方面。

（1）个别资本成本是比较各种融资方式优劣的一个尺度。公司筹措长期资本有多种方式可供选择，如股票、债券、贷款、融资租赁等。融资方式不同，资本成本也各异。为了以最小的代价并最方便地取得企业所需的资金，就必须分析、比较各种不同来源资金成本的高低，通过资本成本的计算与比较，按成本高低进行排列，从中选出成本较低的融资方式并合理地加以配置。

（2）由于公司全部长期资本通常是采用多种方式融资组合构成的，这种融资组合有多个方案可供选择，因此，综合加权资本成本的高低将是比较各融资组合方案、作出资本结构决策的依据。

（3）随着融资数额的增加，资本成本会不断变化。当公司融资数额很大，资本的边际成本超过公司的承受能力时，公司便不宜再增加融资数额。因此，边际资本成本是比较追加融资方案的重要依据，也是限制追加融资数额的一个重要因素。

（4）资本成本是评价投资项目、比较投资收益的重要依据。一般而言，项目的投资收益率只有大于其资本成本率，才是经济合理的，否则投资不可行。它表明，资本成本是公司项目投资的"最低收益率"，或者是判断项目可行性的"取舍率"。

（5）资本成本可以作为衡量公司整体经营业绩的基准，即经营利润率（一般可用总资产报酬率表示）是否高于资本成本。如果一定时期的综合资本成本率高于总资产报酬率，就说明公司资本的运用效益差，经营业绩不佳；反之则说明企业资本的运用效益好。

四、资本结构

资本结构是指公司各种长期资本来源的构成和比例关系。它有广义与狭义之分。广义的资本结构是指全部资金的来源构成，它不但包括长期资本，还包括短期负债，又称财务结构。狭义的资本结构是指长期资本（长期债务资本与股权资本）的来源构成及其比例关系，而将短期债务资本列入营运资本进行管理。因此，资本结构问题总的来说是债务资本的比率问题，即负债在公司全部资本中所占的比重问题。

1. 影响资本结构的因素

资本结构除受资本成本、财务风险等因素的影响外，还要受到公司和环境等因素的影响。

（1）公司所有权结构和管理者的态度对资本结构有着重要影响。股权分散的公司可能会更多地采用发行股票的方式来筹集资金，因为其所有者并不担心控制权的旁落；反之，股权集中的公司为了保证少数股东的绝对控制权，一般尽量避免采用普通股融资，而是采用优先股或负债方式筹集资金。管理人员对待风险的态度，也是影响资本结构的重要因素。喜欢冒险的财务管理人员，可能会安排比较高的负债比例；反之，一些持稳健态度的财务管理人员则使用较低的债务比率。

（2）获利能力。息税前利润是用以还本付息的根本来源。息税前利润越大，即总资产报酬率大于负债利率，则利用财务杠杆能取得较高的净资产收益率；反之亦然。可见，获利能力是衡量企业负债能力强弱的基本依据。

（3）公司成长性。规模增长快的公司，总是期望通过扩大融资来满足其资本需求，而在股权资本一定的情况下，扩大融资即意味着对外负债。

（4）金融机构的态度。企业都希望通过负债融资来取得净资产收益率的提高，而银行等金融机构的态度在企业负债融资中起着决定性的作用。在这里，银行等金融机构的态度就是商业银行的经营规划，即考虑贷款的安全性、流动性与收益性。

（5）信用评估机构的意见对企业的对外融资能力起着举足轻重的作用。因为，如果公司债务太多，信用评估机构就可能会降低企业的信用等级，这样就会影响公司的融资能力，提高公司的资本成本。

（6）公司所得税税率。公司利用负债可以获得减税利益，因此，公司所得税税率越高，负债的好处越多；反之，如果税率越低，则采用举债方式的减税利益就不十分明显。由此可见，税收实际上对公司资本结构具有某种导向作用。

（7）不同行业及同一行业的不同公司之间，其资本结构有很大差别。在资本结构决策中，财务经理必须考虑本公司所处行业资本结构的一般水准，并以此作为确定本公司资本结构的参考，分析本公司与同行业其他公司的差别，以便确定最优的资本结构。

2. 最优资本结构

最优资本结构是指在一定期间内，使综合资本成本最低、公司价值最大时的资本结构。其判断标准有三个：有利于最大限度地增加所有者的财富，能使公司价值最大化；综合资本成本最低；资产保持适宜的流动，并使资本结构具有弹性。其中，综合资本成本最低是其主要标准。从资本成本及融资风险的分析可看出，负债融资具有节税、降低资本成本、使净资产收益率不断提高等杠杆作用和功能，因此，对外负债是公司采用的主要融资方式。但是，随着负债融资比例的不断扩大，负债利率趋于上升，公司破产的风险加大。因此，如何找出最优的负债点（即最优资本结构），使得负债融资的优点得以充分发挥，同时又避免其不足，是融资管理的关键。

没有一家公司是零负债或 100% 负债经营，适度杠杆经营需要一定的智慧。目前决定最优资本结构的理论主要包括权衡理论、代理成本理论和控制权理论。最优资本结构的决策方法基本上包括两种：一种是比较资本成本法；另一种是每股收益分析法。

比较资本成本法是指通过计算不同资本结构的综合资本成本，以其中综合资本成本最低的资本结构为最优资本结构的一种方法。它以资本成本的高低作为确定最优资本结构的唯一标准，在理论上与公司价值最大化相一致。其决策过程包括三个步骤：

（1）确定各方案的资本结构。

（2）计算不同方案的综合资本成本。

（3）进行比较，选择综合资本成本最低的资本结构为最优资本结构。

每股收益分析法在确定合理的资本结构时，注意资本结构对公司盈利能力和股东财富的影响，因此是将息税前利润和每股收益作为确定资本结构的两大因素，分析资本结构与每股收益之间的关系，进而确定最优资本结构的方法。从根本上说它是利用每股收益无差别点来进行资本结构决策的方法。每股收益无差别点，是指两种或两种以上融资方案下普通股每股收益相等时的息税前利润点，也称息税前利润平衡点或融资无差别点。将每股收益无差别点的息税前利润计算出来以后，可与预期的息税前利润进行比较，据以选择融资方式。当预期的息税前利润大于无差别点的息税前利润时，应采用负债融资方式；当预期的息税前利润小于无差别点的息税前利润时，应采用普通股融资方式。

第五节 股利分配管理

财务管理中的利润分配，主要是指对公司的净利润进行分配，即有多少净利润留在公司，有多少净利润分给投资者。利润分配必须遵照《公司法》的有关规定，非股份制企业按下列顺序分配：第一，弥补以前年度亏损；第二，提取法定盈余公积金；第三，提取法定公益金；第四，向投资者分配利润。股份制企业的利润分配顺序为：第一，弥补以前年度亏损；第二，提取法定盈余公积金；第三，提取法定公益金；第四，支付优先股股利；第五，提取任意盈余公积金；第六，支付普通股股利。本章主要介绍向投资者支付股利的有关政策。

一、股利政策的目的

派息分红是股东权益的具体体现，也是公司有关权益分配和资金运作方面的重要决策。企业应该通过股利政策的制定与实施，体现以下目的：① 保障股东权益，平衡股东间利益关系。② 促进公司长期发展。股利政策的基本任务之一是通过股利分配这条途径，为增强公司发展后劲、保证企业扩大再生产的进行而提供足够的资金。③ 稳定股票价格。一般而言，公司股票在市场上的股价过高或过低都不利于公司的正常经营和稳定发展。股价过低，必然影响公司声誉，不利于今后增资扩股或负债经营，也可能引发被收购兼并事件；股价过高，会影响股票的流动性，并将留下股价急剧下降的隐患；股价时高时低、波动剧烈，将动摇投资者的信心。因此，保证股价稳定成为股利分配政策的目标。

二、影响股利政策的因素

选择一个公司的股利政策时，不仅取决于当年有多少可供分配的利润，还要受其他多种因素的影响。

1. 公司盈利能力

如果公司盈利状况稳定且逐步增长，其股利支付就会有一定保障，有可能发放较高股利；

反之，如果盈利状况不佳，利润波动大，则股利支付也会受一定的影响。

2. 现金流量

股利的支付不仅要看有多少利润可供分配，还要看公司有多少现金可用于分配股利，特别是发放现金股利。因为有利润不一定有足够的现金用于支付现金股利，利润是按权责发生制计算出来的，而现金余额是按照收付实现制原则记录、反映的，从而造成净利润与现金余额的不一致。

3. 融资能力

一般新成立或处于发展中的公司对外融资能力有限，为扩充规模，其资金需要量较大，会更多地利用内部资金来源进行融资，从而减少股利支付。而信誉良好、业绩显著的大公司，融资能力较强，便可以维持较稳定的股利支付。

4. 债务偿还情况

公司债务有短期债务和长期债务之分，如果有较多短期内需要偿还的债务，公司会考虑这一因素而减少股利支付。

5. 投资机会

如果企业有良好的投资机会，可能会将大部分可供分配的利润用于投资项目而减少股利支付。

6. 股东

股东是企业的投资人，但其投资目的各不相同。按税法规定，政府对企业征收企业所得税后还要对股东分得的股息和红利征收个人所得税。个人所得税为累进税率，收入越多税率越高，且大多高于其股票交易所得的应纳税额。因此，股东为了避税就会反对发放过多的现金股利。

7. 法律因素

《公司法》和企业会计制度对企业利润的分配顺序作了规定，同时也对弥补亏损和盈余公积金的提取作了规定。企业在利润分配和发行股利时必须要遵循有关的法律、法规的规定。

因此，企业在制定股利政策时，要认真考虑影响股利政策的因素，制定出合理的股利分配方案。

三、股利形式

1. 现金股利

现金股利是公司以货币形式发给股东的投资收益，是最普遍的股利形式。支付现金股利要求公司必须有足够的净利润和现金，要综合分析企业的投资机会、融资能力等各方面因素，确定适当的现金股利支付率。

2. 股票股利

股票股利是公司利用增发股票的方式代替现金股利向投资人支付的投资收益。其具体形式有送股、配股和股票回购等。① 送股是指公司将红利或公积金转为股本，按增加的股票比例派送给股东。如每 10 股送 5 股，是指每持有 10 股股票的股东可无偿分到 5 股。② 配股是指公司在增发股票时，以一定的比例按优惠价格配售给老股东的股票。配股和送股的区别在于：配股是有偿的，送股是无偿的。配股成功会使公司现金增加。配股实质上是给予老股东的补偿，是给予股东一种以优惠价格购买股票的权利。③ 股票回购是指上市公司从股票市场上购回本公司一定数额的、发行在外的股票。股票股利的发放对所有者权益的总额并没有影响，它既不导致现金资产的流出，也不导致负债的增加。由于企业价值未改变，从理论上讲，如果企业配股或送股，企业股票的数量会增加，股票数量增加会造成股票价格的下降，由于价格的下降可能会吸引一部分投资人购买，而购买量的增加又会造成股票价格的上涨，使投资人得到更多的好处。

四、股利分配政策

在进行股利分配的实务中，公司经常采用的政策有以下四种：

1. 剩余股利政策

这是指公司在有良好的投资机会时，根据一定的资本结构，测算出投资所需的权益资本，先从盈余中扣除，此后如有剩余，再将剩余部分作为股利进行分配的股利政策。在确定投资机会对权益资本的需求时，必须保证公司的最优资本结构，所以这种股利政策也是一种有利于保持公司最优资本结构的股利政策。其比较适合于新成立的或处于迅速成长的公司。剩余股利政策以股利无关论为依据，该理论认为股利是否发放以及发放的多少对公司价值以及股价不会产生影响，而且投资人也不关心公司股利的分配。因此，企业可以始终把保持最优资本结构放在决策的首位。在这种结构下，公司的加权平均资本成本最低，同时公司价值最大。

2. 固定股利支付率政策

这是指公司按每股盈利的一个固定比例向股东分配股利。这种股利政策对公司财务的压力较轻，但股利会随公司盈利水平而上下波动，对股价产生不利的影响。主张采用此政策的人认为，通过固定的股利支付率向股东发放股利，能使股东获得的股利与公司实现的盈余紧密配合，以真正体现"多盈多分，少盈少分，无盈不分"的原则。另外，采取此政策向股东发放股利时，实现净利多的年份向股东发放的股利多，而实现净利少的年份向股东发放的股利少，所以不会给公司带来固定的财务负担。由此可见，固定股利支付率政策充分地体现了收益与分配的关系，收益多则分得多，收益少则分得少，各年股利的多少会随企业利润而波动。

3. 固定股利政策

这是指公司的股利是固定不变的，无论公司的盈利状况如何，向股东支付的股利每期都是相同的。它通过稳定的股利支付，向投资者传递公司经营状况和财务状况良好的信息，有利于树立公司形象，稳定股价，同时还能满足投资者对股利的偏好。但是，如果公司业绩下滑、利润大幅削减时还采用这种股利政策，则会增加公司的财务压力。固定股利政策以股利相关论为基础，该政策认为股利政策会影响公司的价值和股票的价格，投资人关心公司股利是否发放及其发放的水平。

4. 低正常股利加额外股利政策

这是指公司先制定一个较低的股利，在公司盈利状况一般时，每年只支付固定的、数额较低的股利；当公司盈利状况良好时，在支付固定股利基础上，再支付一笔额外的股利。这种股利政策使公司财务具有较大的灵活性，同时使投资人的最低股利收入得到保证。因此，低正常股利也可以保证股东得到比较稳定的股利收入，从而吸引这部分股东；当公司盈余增长时，增发股利，又可以增强投资人的信心，稳定股价。正因为这种股利政策既具有稳定的特点，即每年支付的股利虽然较低但固定不变，又具有变动的特点，即盈利较多时额外支付变动的股利，所以这种政策的灵活性较大，被许多公司采用。

以上四种股利政策各有利弊，公司在选择股利政策时，必须结合自身情况，选择最适合本公司当前和未来发展的股利政策。公司可以根据自己所处的发展阶段来确定相应的股利政策。

在初创阶段，由于公司面临的经营风险和财务风险都很高，公司急需大量资金投入，融资能力差，即使获得了外部融资，资金成本一般也很高。因此，为降低财务风险，公司应贯彻先发展后分配的原则，剩余股利政策为最优选择。

在迅速增长阶段，公司的产品销售量急剧上升，投资机会快速增加，资金需求大而紧迫，不宜宣派股利。但此时公司的发展前景已相对较明朗，而投资者又有分配股利的要求。为了平衡这两方面的要求，应采取低正常股利加额外股利政策，股利支付方式应采用股票股利的形式，避免支付现金。

在稳定增长阶段，公司产品的市场容量和销售收入稳定增长，对外投资需求减少，每股收益呈上升趋势，公司已具备持续支付较高股利的能力。此时，理想的股利政策应是稳定增长股利政策。

在成熟阶段，产品市场趋于饱和，销售收入不再增长，利润水平稳定。此时，公司通常已积累了一定的盈余和资金，为了与公司的发展阶段相适应，公司可考虑由稳定增长股利政策转为固定股利支付率政策。

在衰退阶段，产品销售收入减少，利润下降，公司为了不被解散或被其他公司兼并重组，需要投入新的行业和领域，以求新生。因此，公司已不具备较强的股利支付能力，此时应采用剩余股利政策较为稳妥。

总之，上市公司在制定股利政策时应综合考虑各种影响因素，分析其优缺点，并根据公司的成长周期，恰当地选择适宜的股利政策，使股利政策能够与公司的发展相适应。

本章小结

公司理财是企业管理的重要组成部分，是有关资金获得和有效使用的管理工作。公司理财就是要合理有效地规划设计和运作"资金流"，即资金本身不能"断流"，同时还要和"物流"能够匹配，并且共同集成到"信息流"上。

公司理财的目标是提升资金效率，理财目标的实现会受到法律、政策、经济等环境因素的影响。公司理财的内容是投资决策、融资决策、股利分配决策和营运资金安排决策。企业在进行各种财务决策时必须牢记货币的时间价值和投资的风险价值。

财务分析、财务预算和财务控制是公司理财职能的展开过程，是企业各项理财决策得以落实的活动流程。财务分析是对企业的诊断，财务预算是为了让计划具体化，而财务控制则是理财目标实现的关键。对企业的各项财务决策而言，财务分析无疑是重要的基础工作。

资产负债表反映某一时刻企业所有资产、负债和所有者权益的状况；利润表反映企业某一期间的经营成果；而现金流量表反映的则是企业经营、投资和融资现金流的情况。

企业投资管理、融资管理和股利分配管理对企业的财务结果会产生各种影响，并且都会在报表上予以反映。

思考题

1. 为什么企业的资金流不能"断流"？
2. 企业为什么要进行财务预算和控制？要做好财务预算和财务控制的关键在哪里？
3. 为什么要读懂企业资产负债表、利润表和现金流量表？这三张表的作用是什么？
4. 为什么企业在进行各种财务决策时必须牢记货币的时间价值和投资的风险价值这两个基本概念？
5. 企业投资和融资管理的关键是什么？
6. 企业在利润分配时应该考虑哪些因素？

案例分析

▶ 案例 8-1：格力收购银隆始末

2015 年，作为我国空调家电行业的领头羊，珠海格力电器股份有限公司（简称格力）自上市 20 年来首次遭遇营业收入和净利润的双双下滑，核心业务的萧瑟景象使时任格力董事长的董明珠逐渐感受到了危机，空调市场已趋于饱和，格力的家用电器市场份额也很难进一步突破。为了企业的未来，除了继续研发格力小家电、手机等产品外，格力需要寻找新的利润增长点来破解企业面临的困局。一次会议上，董明珠遇到了珠海银隆新能源有限公司（简称银隆）的董事长魏银仓，魏银仓向董明珠发出进入新能源汽车行业的邀请，二人一拍即合，格力收购银隆被提上议程。

银隆成立于 2009 年，主要从事汽车锂电池的相关研发、生产和销售业务，握有一项非常具有前景的新能源电池技术——钛酸锂电池技术。应用这一技术生产的电池具有循环寿命长、可快充、耐宽温和安全性好等优点，虽然也存在着成本高、能量密度低、电池体积大等缺点，但仍然有着广阔的发展空间。

投资银隆是否可行？素来雷厉风行的董明珠这时却有些拿不定主意，格力内部支持和质疑的声音也此起彼伏。2016 年 8 月 19 日，经过近半年的漫长停牌期后，格力连发 35 条公告，宣布以 130 亿元作价收购银隆 100% 股权。收购方案主要包含两个部分：第一部分是并购，格力拟通过发行股份的方式购买银通投资集团、阳光人寿、华融致诚贰号、东方邦信等共计 21 位交易对方持有的银隆 100% 股权；第二部分是定增，格力拟向大股东格力集团等共计 8 名特定投资者非公开发行股份募集不超过 96.94 亿元的配套资金，募集配套资金不超过拟购买资产交易价格的 100%。收购计划正式拉开了帷幕。

但收购之路远没有那么顺利。2016 年 8 月 25 日，好不容易敲定并公布了收购方案的格力却收到了深圳证券交易所（简称深交所）的问询函，与以往"例行公事"的问询函不同，这封问询函质询内容多达 29 项，深交所不仅关注交易标的的"前世今生"，更对交易和财政补贴细节"刨根问底"。为了回应深交所的质询，格力于 9 月 1 日深夜连发 14 份公告，算是对深交所的 29 问交上了答卷。

2016 年 10 月 28 日举行的格力股东会，与会的中小股东和管理层就收购方案产生了重大分歧，增发收购方案以 66.96% 的赞成比例踩线通过，但 97 亿元的配套定增被否，否决票绝大多数来自中小股东。这意味着董明珠谋划已久的收购方案最终无法实施。方案中格力拟以 15.57 元向银隆股东发行 8.34 亿股份收购银隆，稀释了格力当前 60 亿股股本的 13.9%，拟向格力集团、员工持股计划、银隆相关方、中信资产管理计划定向增发 6.4 亿股，则进一步稀释了 60 亿股本的 10.6%。由此带来的是发行数量大增、摊薄损害中小股东利益等一系列的结果，因此，中小股东希望能将增发方案作进一步的优化。

收购陷入了僵局，为此格力调整了收购方案的部分内容，包括调整股价和锁定区间等，但遗憾的是银隆方同样传来了新方案未获股东审议通过的消息，银隆基于表决结果决定终止交易。2016 年 11 月，格力宣布终止收购银隆事宜，并承诺一个月以内不再筹划重大资产重组事项。格力并购银隆最终折戟。

虽然格力收购银隆失败已无法改变，但是董明珠没有放弃关于格力进军新能源汽车领域的设想，她在 2016 年中国企业领袖年会上再次表示了决心："新能源虽然没有收购成功，但是我董明珠一定要做。"2016 年 12 月，董明珠以个人名义自掏腰包 10 亿元入股银隆。同时，董明珠还拉上了大连万达集团股份有限公司、中国国际海运集装箱集团股份有限公司下属企业、江苏京东邦能投资管理有限公司、北京燕赵汇金国际投资公司等 5 家公司注资 30 亿元取得银隆 22.39% 股权。截至 2017 年 3 月，董明珠个人持股比例上升至 17.46%，成为银隆的第二大股东。然而，银隆虽然在钛酸锂电池技术方面存在较大的发展空间，但是在财务方面屡屡"爆雷"。2018 年 1 月，银隆被媒体报道称其拖欠供应商货款达 12 亿元。因大股东涉嫌侵占公司利益等违法行为导致的公司治理问题，银隆融资受限，产能未能完全释放。在其他新能源汽车企业纷纷上市成功并且扭亏为盈时，银隆近两年却维持亏损状态。

2021 年 8 月，格力通过参与司法拍卖公开竞拍方式竞得银隆 30.47% 的股权，同时董明珠将其持有的银隆 17.46% 股权对应的表决权委托公司行使。此次竞拍格力以 18.28 亿元成功将银隆纳入囊中，银隆成为格力的控股子公司，格力将银隆纳入其合并报表范围。此次收购，银隆的对应估值为 60 亿元，比 5 年前被中小股东投票否掉的收购方案中的 130 亿元足足少了 70 亿元。如今的银隆早已不是董明珠口中"沙子里的金子"。

研讨　　1. 为什么 2016 年格力收购银隆遭到中小股东的一致反对？

2. 你如何看待格力执意进军新能源汽车行业这件事？请结合案例最新进展思考并分析。

▶ **案例 8-2：茅台的高派现股利政策**

阅读文献

1. 斯蒂芬·A. 罗斯，等. 公司理财（原书第 9 版）. 吴世农，等，译. 北京：机械工业出版社，2012.

2. 吴世农，吴育辉. CEO 财务分析与决策. 2 版. 北京：北京大学出版社，2013.

第九章
企业基础设施与工作环境

基础设施是指为直接生产部门和人民生活提供共同条件和公共服务的各种设施和机构的总称。任何活动都离不开基础设施，这是基础设施的平台价值。基础设施是企业人力资源发挥生产作用赖以依靠的资源，是企业管理的重要内容。随着人们认识的不断提升，基础设施的概念也有了很大发展，涵盖了传统意义上讲的"硬"基础设施和现在越来越重视的"软"基础设施。由于"软"基础设施涉及的面较广，本章讲解内容以传统的基础设施为主，加上对企业工作环境的一些思考。良好的基础设施配套，往往意味着高效的设施设备管理和舒适的工作环境，既可以吸引本土团队落户创业、外地企业投资建厂，又能够助力企业提升生产效率、扩大市场规模，具有重要的支撑作用。

第一节　基础设施管理

基础设施是企业正常运行的基本条件和根本保证。企业在考虑相关方需求和期望的同时，应确定、提供并维护为达到企业运行要求所需的基础设施。

一、基础设施的范围

基础设施包括企业运作所必需的设施、设备和服务的体系，主要分为三大类：

（1）建筑物、工作场所和相关的设施，例如，厂房、生产车间、储存和试验场所、办公室以及与其配套的设施。

（2）生产过程设备（包括硬件和软件），例如，机床、生产线、工具和设备、计算机硬件及软件系统。

（3）支持性服务装备，例如，企业的运输设备、供水、供电、供气和通信设施，也包括交付后活动的维护网点、咨询培训等支持性或辅助性服务设施。

对基础设施管理的重点在于依据企业运行的需求，对已有的基础设施进行维护保养，以延长其使用寿命，或更换、增添必要的基础设施以满足发展需求。设备是基础设施最重要的项目，设备管理仍然是基础设施管理的重点。关于设备管理的阐述详见本章第二节。

二、基础设施的提供

基础设施一旦确定和投入使用，往往就很难作出根本的改变。企业确定和提供基础设施的依据和前提条件包括以下几方面：

（1）企业的目标（包括所提供的是什么产品和服务、经营规模、经营要达到的目标、质量、环境和安全等领域的方针及其目标等）。

（2）企业的业绩（基础设施是一笔很大的投资，如果企业暂时没有业绩或预计的业绩不大，对基础设施的投资就应十分慎重）。

（3）基础设施的可用性（所有的基础设施并不是用于装饰和欣赏的，如果不具备可用性，投资即是浪费）。

（4）提供基础设施的成本（企业在确定提供基础设施时，需要进行成本—效益分析，以评判支付基础设施的成本费用能否得到回报，能否给企业带来增值效益）。

（5）基础设施的安全性（如果不安全，或者安全性措施未指明或难以实施，就可能给组织造成巨大损失。一般来说，采用成熟的技术风险较小）。

（6）基础设施的保密性（基础设施投入使用后，对组织的机密是否会造成危害，特别是通信设施更要重视其保密性问题）。

（7）基础设施的改进更新（任何基础设施，特别是设备，都存在一个改进更新的问题，如果其本身不具备改进更新的条件，很可能过早被淘汰而给组织造成损失）。

在确定对基础设施的需求时，应注意两种不良倾向：一是一味追求高、精、尖，贪大求洋，加大企业成本支出；二是故步自封，得过且过，不着眼于组织的发展而使原先投资的基础设施很快过时。因此，企业在确定和提供基础设施时，应综合各个部门的意见，全面考虑、综合平衡，以确保获得适用的基础设施，满足企业在质量、环境和安全等方面的管理要求和整体发展要求。

企业提供基础设施的方式包括：购置、新建、租赁、借用、通过委托加工等方式使用供方和合作者的基础设施。

三、基础设施的维护

在使用过程中，基础设施会磨损和消耗。因此，企业应对基础设施进行规范化管理，以确保基础设施持续满足组织的需求。基础设施的维护工作包括：

（一）制定并实施基础设施的维护保养方法

不同的基础设施在运行中的磨损和消耗是不同的，对过程和质量的影响也是不同的，因而需要采取不同的维护方法。如何维护和保养，什么时候维护保养，都应根据每个基础设施单元的重要性和用途，规定其维护保养和运行验证的类型与频率，不能一概而论。一般来说，加工设备（包括工具）在使用过程中经过磨损，其性能、精度很可能衰退，难以继续保持产品质量或过程质量，因而应当是基础设施运行维护的重点。

（二）明确各项工作的责任者和监督考核部门

在实践中，往往是不同的基础设施被分到不同的部门去管理。企业有必要对下列管理职责予以明确：① 基础设施由谁进行管理；② 基础设施由谁维护保养；③ 基础设施由谁负责维修；④ 基础设施何时进行一次大型检查或修理；⑤ 基础设施管理由谁进行监督和考核。

为了做好基础设施的维护，企业必须对员工进行必要的培训，使他们了解设备，知道其基本原理和构造并学会操作；要求其严格按照操作规程或作业指导书操作，不得违章操作；要求其按规定对设备进行维护保养；通过监督考核进行奖励和处罚。

必须注意到，首先，不可控制的自然界现象，如地震、洪水、台风等，会对基础设施产生影响。其次，还有其他相关的风险，如线路故障、环境污染等，会使基础设施失去作用。因此，基础设施的维护计划需要考虑识别和减轻可能的相关风险，并应包括保护相关方利益的应对之策，如坚固设施、增加备用的设备等。

四、基础设施的评价与改进

一个企业有多个相关方，如顾客、所有者、员工、供方和合作者、社会（包括政府）。他们对企业的需求和期望各有不同，这些不同的需求和期望，在基础设施方面自然也各不相同。其典型的对应情况如表 9-1 所示。

表 9-1　企业各相关方对基础设施的需求和期望

相关方	对企业基础设施的需求和期望
顾客	基础设施能够满足产品质量和交货期的要求
所有者	基础设施投入和运行的成本—效益最优化
员工	工作场所整洁舒适，设备操作简单、安全等
供方和合作者	基础设施对其产品与服务的提供不产生负面影响
社会（包括政府）	符合环境保护要求，消耗资源较少

企业应当对照利益相关方的需求和期望，对基础设施进行评价，并找出不足或薄弱环节加以改进。持续改进是质量、环境和职业健康安全等管理体系标准共同的要求和优越性所在。基础设施的改进（含更新）也是企业管理体系改进的重要内容。在当今技术飞跃发展的时代，适时更新基础设施，不但可以大大提高生产效率，而且可以大大提高产品质量和过程质量，使企业的管理体系更能满足相关方不断发展的要求和期望。

五、基础设施可能引起的环境问题

厂房要占有土地，设备可能产生噪声，生产过程可能产生废物、废气、废水等。在投入和使用基础设施时，企业如果置环境问题不顾，很可能与政府、附近的社区发生环境纠纷。这样也就可能影响相关方对企业的评价，最终导致企业更大的损失。因此，企业应考虑因基础设施而引起的环境问题，具体有：

1. 建设基础设施时，应考虑对自然资源的保护

例如，保护树木、水资源等，至少应符合政府的法律法规要求。此外，对工厂要适当绿化、植树种草，建设园林化工厂，也是必要的。这有利于工作环境的改善，有利于建立企业亲环境形象，对顾客也是一种吸引。

2. 规划和运作基础设施时，要考虑节能环保

企业应尽可能采用技术含量高、节能环保的基础设施。应采用技术先进的设备以节约包括土地、水、能源等在内的各种资源，并且还要注意考虑资源的重复利用（再循环）问题。

第二节　设备管理

设备是企业基础设施的主要组成部分，是指在生产中所需的机械、装置和设施等。设备管理是为了追求设备综合效率与寿命周期费用的经济性，通过技术、经济、组织措施，对设备的物质运动和价值运动进行全过程（从规划、选型、制造或购置、安装、使用、维修、改造、报废直至更新）管理。企业在进行各项设备管理工作时，都要有规定的程序、管理职责、内容、要求，并做好各项工作的记录。

一、设备的选择与使用

（一）设备的选择

设备的选择，是企业设备管理的首要环节，对于新建企业的设备配套，老企业新设备的购置和专用设备的设计、制造，以及关键技术装备的引进，都是十分重要的步骤。

选择设备的目的在于为生产过程选择最佳技术装备。因此，设备选择的基本原则是要综合考虑企业近、远期发展规划，采用技术上先进、经济上合理、生产上适用的设备。也就是说，设备选择必须全面考虑技术和经济的要求，是一项集技术与经济为一体的系统工程。

设备寿命周期费用是选择和评价设备的重要经济指标。对企业而言，在选购设备时，不能只考虑设备的价格，还要考虑使用期间的各种费用支出，即应从设备寿命周期的全部支出来评价和作出选择。

必须指出，设备寿命周期费用只是评价设备经济性的一个方面，设备的选择还需要对设备的费用效率与综合效率进行计算和评价。设备的费用效率是通过设备的系统效率与其寿命周期费用对比来评价设备的一种技术经济分析方法，计算公式为：

$$费用效率 = \frac{系统效率}{设备寿命周期费用}$$

显然，费用效率是设备单位寿命周期费用支出所取得的生产效果。设备的选择是追求在设备寿命周期内达到费用效率最高，而不是设备寿命周期费用最低。

系统效率用来表示设备运行时的一系列因素效果的反映，这些因素包括生产性、可靠性、维修性、节能性、安全性、环保性、成套性以及灵活性。其中，生产性、节能性一般用数量表

示；而维修性、可靠性等难以用数量表示，只能进行定性分析。定性分析需按每个因素的情况给不同设备评分，综合得分最多的设备为最佳设备。

设备选择过程一般可分为三个步骤：首先，收集和综合市场信息，包括设备的各类技术参数、价格、供应商背景等；其次，制定采购方案，并选择供应商；最后，谈判和确定供应商，并考虑其配套性、维修条件、运输与安装条件以及相关法规等。

（二）设备的合理使用

正确合理地使用设备，可以保持设备良好的工作性能和工作程度，充分发挥设备的生产效率，延长设备的使用寿命，为生产顺利进行创造有利条件，同时也为企业带来良好的经济效益。

设备的使用，一般指设备进厂后直到报废（或调出）为止的整个使用情况。设备的使用过程是一个"人机工程"。其中，人是主导因素，但任何一个操作运行的行为都受到设备技术性能的制约，操作、维护人员的行为必须规范化。所以，在设备使用和维护阶段，要求操作人员和其他辅助人员、管理人员都必须严格遵守设备的运行使用制度，才能保证设备系统正常地运行，维持企业各项活动的协调性。

合理地使用设备，企业要做好五件事情，而设备操作人员要达到"四项要求"，遵守"五项纪律"。

企业应做好的五项事情：① 充分发挥操作人员的智慧和积极性。设备是由人操作和使用的，充分的岗位教育培训和积极有效的激励制度很关键。② 合理地配备各种类型的设备，以适应企业生产活动的不断变化和发展需要。③ 有效的人机配备，并确保生产安全。④ 建立和健全设备的操作、安全技术、岗位责任等规章制度和程序。⑤ 为设备提供良好的工作环境。良好的工作环境，是保证设备正常运转、延长使用期限、保证安全生产的重要条件，因此，要根据设备使用和维护的要求，安装必要的防锈、防潮、防尘、防震装置，配备必要的测量、保险用的仪器装备等。

设备操作人员要做到"四项要求"：整齐、清洁、润滑和安全。同时，还必须严格遵守设备操作的"五项纪律"：① 凭操作证使用设备，遵守安全操作规程；② 经常保持设备清洁，按时加油；③ 遵守交接班制度；④ 管好工具附件，不得遗失；⑤ 发现故障，立即停车，自己不能处理的应及时通知检查。

二、设备的维护与修理

设备在使用过程中，由于物质磨损，设备的精度、性能和生产效率必然会下降，需要及时进行维护和修理。设备的维修工作是减少和补偿物质磨损，使设备经常处于完好状态，保证生产正常进行的一项十分重要的工作。

设备维护是指消除在生产中不可避免的不正常技术状况（零件的松动、干摩擦、异常响声等）的作业。加强设备维护，可以防止设备过早磨损，消除设备隐患，减少或消灭事故，提高设备使用寿命，使设备保持良好的工作性能。设备修理是指修复由于正常或不正常原因而造成的设备损坏，更换已磨损、腐蚀的零部件，使设备的性能得到恢复。为了减少由故障停机带来的损失，必须加强设备的维护和修理。在企业的设备维修管理中，要贯彻预防为主的方针，正确处理好设备维修中维护保养与修理的关系、维修与生产的关系、群众维修与专业维修的关系。

（一）设备的磨损规律

设备在使用或闲置过程中均会发生磨损，从而降低设备价值。磨损达到一定程度可使设备完全丧失使用价值。设备磨损的形态分为有形磨损和无形磨损。

设备在使用或闲置过程中发生的实体磨损或损失，称为有形磨损或物质磨损。引起有形磨损的主要原因是生产过程的使用。运转中设备的零部件会发生摩擦、振动和疲劳等现象，导致设备的实体产生磨损，即第一种有形磨损。通常表现为：设备零部件的原始尺寸甚至形状改变；公差配合性质改变使精度降低；零部件损坏等。自然力的作用是造成有形磨损的又一个原因，称为第二种有形磨损，与生产过程的使用无关。设备闲置或封存也同样产生有形磨损，这是由于设备生锈、腐蚀、老化等原因造成的，时间长了自然会丧失精度和工作能力。

设备在使用或闲置过程中，除有形磨损外还存在无形磨损。无形磨损也称经济磨损或精神磨损，是由非使用和非自然力作用引起的机器设备价值的损失，在实物形态上看不出来。造成无形磨损的原因：一是由于劳动生产率的提高，生产同样设备所需的社会必要劳动耗费减少而使原设备相应贬值；二是由于新技术的发明和应用，出现了性能更加完善、生产效率更高的设备，使原设备的价值相对降低。显然，这两种情况下，原设备的价值已不取决于其最初的生产耗费，而是取决于其再生产的耗费。

设备在有效使用期内同时遭受有形磨损和无形磨损的作用。倘若能使设备的有形磨损期和无形磨损期接近，当设备需要大修时正好出现了效率更高的新设备，这时便无须进行旧设备的大修理，而用新设备更换同时遭受两种磨损的旧设备；如果有形磨损期早于无形磨损期，则需对旧设备进行大修；如果无形磨损期早于有形磨损期，是继续使用原设备还是更换未折旧完的旧设备取决于其经济性。

（二）设备的维护保养

设备的寿命很大程度上取决于维护保养，这也是搞好设备维修工作的基础。设备维护保养的重要环节是设备的润滑与防腐，形式有日常维护保养和定期维护保养等。

从企业的某个部门、车间来说，设备维护工作的好坏主要反映在经济效益指标上。因此，维修效益和设备综合效益这两个反映设备维护经济效益的指标尤为重要。其计算公式为：

$$设备维修效益 = \frac{产品生产量}{设备维修费用}$$

$$设备综合效益 = \frac{设备寿命周期内的输出}{设备寿命周期费}$$

做好设备维护保养工作，还要有一套科学的维护保养规程并组织实施。设备维护保养规程应按每台设备分别制定，主要内容包括：① 设备的构造简图和主要技术规程；② 设备的润滑部位、油质标准和润滑规程；③ 主要运行部位的调整和运行参数，如温度、速度、各部位间隙等；④ 常见故障及其排除方法。

（三）设备检查

设备检查是及时掌握设备技术状况、实行设备状态监测维修的有效手段。进行设备检查，就是对设备的精度、性能及磨损情况等进行检查，了解设备运行的技术状态，及时发现和消除设备隐患，防止突发故障和事故。设备检查是保证设备正常运行的一项重要工作。

设备检查按检查周期分为随机检查和定期检查；按技术特征分为性能检查和精度检查；按检查方法分为停机检查和不停机检查；按检查手段分为利用人的感官结合简单工具、仪表检查和运用诊断仪器检查。检查的形式有日常检查、定期检查和精度检查等。

企业可以根据本单位的设备构成、技术性能及质量状况，结合生产的需要合理地制定各种设备的精度指数（T值）标准，作为评定设备综合精度的尺度。

随着设备状态监测及诊断技术的普遍应用，在设备运转过程中对设备进行动态检查，更为及时地对设备故障作出预报，并对设备修理作出科学安排，可以减少突发故障和停机损失。

（四）设备修理

设备的维护与修理是"防"与"治"的关系。设备维护搞不好，就会使设备的零部件加速磨损或遭受意外的损坏，增加修理工作量。只有做好经常的维护与检查工作，才能及时消除设备隐患，把设备事故消灭在发生前。但是，维护不能消除设备的磨损，当磨损达到一定程度时，就需要及时修理。如果只维护不修理，就不能恢复设备应有的性能，甚至会使设备的小毛病变成大事故，使设备过早报废。

设备修理指修复由正常或不正常的原因而引起的设备损坏，通过修理和更换已经磨损、腐蚀的零部件，使设备的性能得到恢复。设备修理分为大修、中修和小修。大修是工作量最大的一种全面修理，要求把设备全部拆卸分解，更换或修复主要大型零件及所有不符合要求的零部件，并重新喷漆，恢复原有精度，达到出厂标准。大修完毕要进行验收。中修要更换与修复设备的主要零件以及数量较多的其他磨损零件，并校正设备的基准，以恢复和达到规定的精度、功率和其他的技术要求，并保证使用到下一次中修。小修是对设备进行的局部修理，通常只更换和修复少量磨损的零件，调整设备的机构，清洁、换油及解决部分渗漏和缺陷，以保证设备能运转到下次小修。因为设备小修的工作量较小，故一般利用生产间歇时间并在设备所在地点进行。小修和中修也称经常修理，其费用直接计入产品成本；大修费用以折旧形式摊入产品成本，并由大修理折旧基金支付。

三、设备的改造与更新

在设备的自然寿命结束之前，其经济寿命即因无形磨损而无可挽回地要趋于结束。如果继续延长设备的役龄，设备系统由于过分老化将不再给企业带来利润。因此，必须对原设备系统进行技术改造，使它再焕发创利的生命力；或彻底更新，以全新的原型设备或新式设备取代旧设备。

（一）设备的最佳更新期

设备寿命包括物质寿命、技术寿命和经济寿命等多种含义。物质寿命指设备从开始使用直到不能再用而报废所经过的时间。一般随着设备使用时间的延长，支出的维修费用也日益提高。因此，延长设备的物质寿命在经济上不一定都是合理的。技术寿命是指从设备开始使用，到因技术落后而被淘汰所经过的时间，通过设备改造可以延长设备的技术寿命。经济寿命是指从设备开始使用到继续使用其经济效益显著下降所经过的时间，设备改造也可以延长设备的经济寿命。在技术经济飞速发展的今天，设备的技术寿命和经济寿命往往短于设备的物质寿命。

企业的一切工作必须符合经济的原则，进行设备更新的依据是其经济寿命。

（二）设备的补偿与折旧

大修、改造和更新都是对磨损的补偿。大修主要是全面地补偿有形磨损，改造主要是局部或全面地补偿无形磨损，更新则是全面彻底地补偿综合磨损。三种补偿方式的后果不同，故需进行分析比较确定各方案的经济合理性界限，作为决策的重要依据。权衡比较大修、改造、更新时，经常会出现以下五种情况：① 旧设备原封不动，继续使用；② 旧设备大修；③ 旧设备改造；④ 采用结构和性能相同的新设备；⑤ 采用性能更好、结构更完善、效率更高的先进新设备。将以上五种方案逐一比较，便可选出比较合适的投资方案。除了考虑单台设备的经济效果外，还应比较由此而引起的整个生产系统的技术经济效益，即把局部效果纳入总体中去考察。总之，设备大修、改造和更新三种补偿方案各有利弊，适用于不同的条件，企业应根据各自的具体条件合理决策。

设备在长期生产过程中，磨损部分价值将转移到由它生产的产品中去，而这一部分固定资产价值叫折旧。用货币表示转移到产品中去的那一部分固定资产的价值叫折旧费，设备折旧是设备管理的重要内容之一。做好设备折旧工作具有重要的意义：① 折旧是社会补偿基金的组成部分，正确计提折旧可为社会总产品中合理划分补偿基金和国民收入提供科学依据，有利于合理安排积累与消费的比例，搞好国民经济的综合平衡。② 折旧是产品成本的组成部分，正确计提折旧才能真实地反映企业的成本和利润，正确评价企业的经济效果。③ 折旧是企业固定资产更新改造费用的主要来源，正确计提折旧有利于保证企业及时更新改造设备，提高企业技术水平。④ 折旧有利于提高企业管理水平。影响设备折旧的基本因素包括：设备的原始价值、设备的残值、设备修理费、设备的折旧年限等。折旧方法很多，目前多数用直线折旧法。

第三节　工作环境管理

工作环境是指工作时所处的一组条件。这些条件包括有关心理的、社会的因素，也包括温度、湿度、洁净度、噪声、粉尘和振动等物质因素。企业必须识别和管理好这些对产品符合性发生影响的因素。

工作环境也是企业质量管理体系的重要资源，对员工高效和有效地工作并实现产品质量目标有重要影响。企业应确保组织的工作环境对人员的能动性、满意程度和业绩产生积极的影响，以提高组织的业绩。为此，企业要积极营造适宜的工作环境，具体应在以下几个方面作出努力：① 提供创造性的工作方法和更多的参与机会，以发挥组织中每个员工的潜能。② 制定和完善安全规则和指南，包括防护设备的使用。③ 重视人体工程学的研究与应用，必要时可借助组织外部的人体工程学专家进行相关课题的研究。④ 考虑适宜的工作场所的位置。⑤ 关注与社会的相互影响。每个员工来自组织所处的社会，会向组织输入社会的影响，也会向社会输出组织的影响，在不断的输入和输出的过程中影响组织中个人和团体的业绩。⑥ 扫除环境障碍，便于组织内人员开展工作。⑦ 保持适宜的热度、湿度、光线、空气流动，有时这方面的关注不只是在生理上有助于员工有效和高效地工作，还会在心理上产生巨大的积极作用。

⑧ 保持对卫生、清洁度、噪声、振动和污染的控制，这不仅会对产品和员工的工作业绩产生积极影响，还有助于员工的身体健康。

一、工作环境的两大类因素

（一）人的因素

人的因素包括社会和心理两方面。为此，企业应该鼓励员工创造性的工作方法和给予更多的参与机会，积极调整工作方法，改善工作环境，以降低员工的劳动强度，提高员工的工作效率，增强工作的安全性和健康性。同时，企业要创造良好的人文环境，建立畅通的沟通渠道，形成团结、协作、友好、互助的工作氛围。

（二）物的因素

对企业工作环境产生影响的物理因素主要有以下三个方面：① 工作场所的位置；② 热度、温度、光线、空气流动；③ 卫生、清洁度、噪声、振动和污染。这些因素会影响人员工作能力的发挥，因此，企业要选择合适的工作场所，提供适宜的温度、光线等物理环境，并保持工作环境的卫生，降低噪声污染、电磁污染、光污染、热污染、水体污染，保证员工的身体健康。

二、工作环境管理的要求

（一）确定所需要的工作环境条件

企业所处的环境不同和生产的产品不同，其所需要的工作环境也就有所不同。要进行工作环境资源管理，必须确定本组织所必需的工作环境条件（因素）。企业若只照搬其他企业的模式，会造成工作环境资源的浪费（创造适宜工作环境需要成本投入），或者造成工作环境不能满足生产和质量的要求。

在确定工作环境条件时，企业不仅要考虑各相关方对工作环境的要求，还要兼顾企业所处的人文环境条件和自然环境条件，并且要根据行业的性质，严格按照国家相关法律法规及相关行业标准来确定环境要求。为此，以下事项必须得到明确：顾客或产品对工作环境有什么要求？社会或政府对工作环境有什么要求？供方对工作环境有什么要求？员工对工作环境有什么要求？所有者对工作环境资源管理有什么要求？企业处在一个怎样的人文环境条件之中？企业处在一个怎样的自然环境条件下？现有的人文环境条件可能会发生什么变化？现有的自然环境条件可能会发生什么变化？企业掌握了多少工作环境资源？

确定企业的工作环境条件，既要从企业总体上把握，又要从不同部门、不同岗位去把握。值得强调的是，企业应根据实际情况和资源，在综合平衡各相关方要求的基础上确定工作环境条件。有三条原则应该遵守：一是工作环境必须满足产品、过程和法律法规的基本要求；二是尽可能节约成本支出；三是尽量改善工作环境状况。

（二）保持必需的工作环境

在确定了工作环境条件之后，企业应当通过维持和改进来保持所必需的工作环境。

工作环境在运行中，总会出现异常情况，如台风袭击造成空调或电灯损坏。在出现异常情况时，应尽快查明原因并予以解决。对于非常重要的工作环境条件，应事先制定应急预案以提高控制能力。即使不出现任何异常，工作环境也需要努力维持。日本创造的 5S 管理（详见本章第四节），就值得推行和借鉴。此外，企业也应始终关注工作环境中的人文环境条件。一般来说，人文环境条件主要通过教育和培训来巩固和强化，当然也需要必要的规章制度和奖惩措施。企业要维持已建立的工作环境，需要投入三大资源：一是"人"（管理和操作人员）；二是"软件"（管理方法和操作规程）；三是有关工作环境建立和维持的"基础设施"（如动力设备、清洁用具等）。

企业应根据所处的外界环境的变化，对内部环境的欠缺及不适之处予以改进。具体有以下三个方面的改进：

第一，弥补欠缺。企业有时为了产品加工的需要，不得不采用一些不利于员工生理和心理需要的物理环境，应及时弥补。例如，现有的通风设备未能满足通风要求，应及时增加或更换。工作环境温度如果过高（如冶炼车间），就应该给员工提供防暑降温的设备和饮料。对于有害的工作环境，如高噪声、高粉尘、高温、电磁辐射、有害气体之类，一方面要尽量采取措施，将有害的状况尽最大努力加以改善；另一方面应对员工给予适当补贴，如劳动保护补贴、缩短工作时间等。

第二，改善不适。当企业的产品发生改变或产品的质量目标提高时，工作环境已不适应新的要求，企业就应当及时改善不相适应的工作环境条件。例如，随着数字化转型的深入推进，企业使用了新型数控机床或更先进的智能设备，其厂房环境要求更高，故应及时改变现有的环境条件。

第三，促进提高。优越的工作环境条件，不但可以更稳妥地保证质量，而且可以提高员工的工作动力和满意程度，改善他们的心理、生理状态，提高他们的工作能力。因此，在经济允许的条件下，可以不断改善工作环境，使其更符合人性的需要。

第四节　5S 管理

5S 管理是对工作现场进行整理、整顿、清扫等活动的一种科学管理方法，也是工作环境管理的一项重要内容。

一、5S 的内涵

5S 由日文词而来，即整理、整顿、清扫、清洁、自律。因 5 个词日文的第一个发音都是 S，所以简称 5S。

（1）整理。整理就是明确区分需要的和不需要的物品。在工作现场保留需要的物品，清除不需要的物品。

（2）整顿。整顿就是有条理地确定所需物品的摆放位置，且使之保持在立即可取用的状态。

（3）清扫。清扫就是使工作现场处于无垃圾、无灰尘的整洁状态。

（4）清洁。清洁就是维持和巩固整理、整顿和清扫的结果，始终使工作现场保持整齐、干净的状态。

（5）自律。自律就是自觉执行工厂的规定和规则，养成良好的工作习惯。

5S 管理的最终目标不仅仅是将工作现场打扫干净，而是要通过创造整洁、有序的工作环境而保证工作的优质、低耗和高效。5S 管理虽然看似简单，真正做好却不是一朝一夕就能实现的，需要长期、大量、细致地开展很多方面的工作，方能使企业的生产现场 5S 管理的水平有一个本质的飞跃。

二、整理

企业开展整理的目的，是为了腾出空间和充分利用空间，同时防止误用无关的物品。在进行整理前，需要考虑两个问题：一是为什么要整理以及如何整理；二是规定定期进行整理的日期和规则。此外，整理前要进行全面检查，对物品进行盘点，并做好相应记录。一是全面检查工作场所，尤其是制造现场、仓库等不能堆积较多物品的场所；二是检查不容易看到的地方，如设备的内部、角落、柜子的顶部和下部、较少使用的通道等。

开展整理活动主要是依据标准对物品进行"需要"与"不需要"的划分，确定需要的物品及其数量，并对不需要的物品进行处理。分类的方法有很多种，有按种类分、按性能分、按数量分、按使用的频率分、按价值分等。但是，最重要的是按使用的频率来分类，可结合使用 ABC 分析法，即以使用频率的高低来区分，高的为 A，依次为 B 和 C，将使用频率高的物品放在作业人员附近的地方，将使用频率不高的物品进行集中管理。

在日常整理时要注意：不买多余的材料；不生产多余的产品；不生产不合格的产品；不污染作业场所和物品；不保留作业后残留的物品；不制作多余的备份材料和资料；不在现场放置私人物品。

三、整顿

企业开展整顿的目的是使保留在工作场所的物品的摆放位置一目了然，保证在作业时易于取用和放回物品。

整顿的第一步是对现场的每件物品都提出"某件物品为什么会在那里"的疑问，可以借助 5W1H 的方法，即明确是什么物品、在哪里、什么时间、是谁在使用或保管、情况如何等。

第二步是决定物品合理的放置位置，也称定置管理。在定置管理这一环节，要求运用作业研究、工艺分析、动作分析、环境因素分析等基本技术进行现场诊断，然后进行定置管理设计。作业研究是通过对操作者和班组作业的分析、人和机械的配置分析、研究作业者的工作效率，去掉作业中不合理因素，清除人和物品结合的不紧密状态，消除生产、工作现场的无秩序状态。工艺分析是按物品的加工处理过程，分成加工、搬运、检查、停滞、储存五个环节；同时分析工序的加工条件、经过时间、移动距离，从而确定合理的工艺路线、运输路线。动作分析是研究作业者动作，分析人和物的结合状态，减少和消除无效的动作，确定正确、合理的动作，并相应规定物品便于取用的位置，以便节约工时、提高效率，做到作业标准化、物品定置标准化。环境因素分析的目的是改善不符合国家环境标准要求的情况。

第三步是对物品进行定位画线并做好标记。不同物品的放置，可用不同的颜色定位，以示区分，但在公司范围内必须统一。例如：

黄色为通道线。

白色为物料存放区域，置放待加工料件。

绿色为物料存放区域，置放加工完成料件。

红色为不合格品区域。

蓝色为待判定、回收、暂放区。

黄色和黑色相间为危险区域。

四、清扫

企业开展清扫的目的是消除不利于产品质量、环境的因素，减少对员工健康的伤害。

清扫要分五个阶段来实施：

第一阶段，将地面、墙壁和窗户打扫干净。

第二阶段，标记出表示整顿位置的区域和界限。

第三阶段，将可能产生污染的污染源清理干净。

第四阶段，对设备进行清扫、润滑，对电器和控制系统进行彻底检修。

第五阶段，制定作业现场的清扫规程并实施，清扫规程包括：清扫对象（科室、车间、设备等）、清扫的责任人、清扫的时间、清扫使用的工具和方法、清扫到怎样的程度（即制定清扫的标准）。

总之，清扫是所有工作岗位上都会存在的工作内容，其要点在于：从大到小；从上到下；从里到外；从角落到中央。如果将清扫的对象扩大一些，将现场存在的影响人们工作情绪和工作效率的东西都当作清扫的对象，这就产生了美化工作环境、活跃工作气氛、缓和人际关系等效果。

五、清洁

企业开展清洁的目的是通过不断进行整理、整顿和清扫，以维持作业现场洁净的状态。

清洁的过程包括：第一，明确"清洁"的状态，要做到干净、高效、安全；第二，环境色彩化，指厂房、车间、设备、工作服都采用较为明亮的色彩，这样一旦产生污渍就很显眼，容易被发现；第三，制定专门的手册，在整理、整顿和清扫的基础上，将各项应做工作和应保持的状态汇集成文，形成专门的手册，从而达到确认的目的；第四，进行定期检查，不仅在日常的工作中有自我检查，还要定期重点检查现场的图表和指示牌设置的位置是否合适、提示的内容是否合适、物品安置的位置和方法是否有利于现场高效率运作、现场的物品数量是否合适、是否存在不必要的物品等。

六、自律

企业开展自律的目的是通过全体员工自觉的高标准、严要求，自愿实施整理、整顿、清扫、清洁的活动,以确保作业现场的环境整洁和美观。

自律是保证整理、整顿、清扫和清洁活动得以持续、自觉、有序地开展下去的重要内容,可以说自律是 5S 管理的核心,如图 9-1 所示。

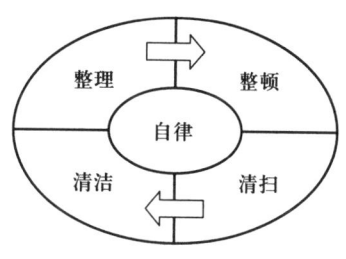

图 9-1 自律是 5S 管理的核心

开展自律有七种工具:标语,醒目的标志,值班图表,进度管理,照片和录像,新闻,手册和表格。这些工具看似简单,但真正灵活有效地运用还需要花费很多工夫。自律所包含的内容有很多,但最基本的是按规章办事和自我规范行为的良好习惯,进而延伸到仪表美、行为美等。

本章小结

企业经营所涉及的资源有很多,本章主要是围绕基础设施和工作环境这两大资源的管理问题进行探讨。

基础设施是企业运作赖以存在的物质条件,基础设施管理的内容主要有:① 明确基础设施的范围;② 根据目标、业绩、可用性、成本、安全性、保密性和更新等因素确定和提供基础设施;③ 对基础设施进行规范化的维护保养管理,以确保基础设施持续满足组织的需求;④ 根据企业相关方的需求和期望,对基础设施进行评价并加以改进;⑤ 在投入和使用基础设施的过程中,考虑保护环境、节约资源等环境因素;⑥ 形成基础设施管理的文件。

设备是基础设施的重要组成部分,设备管理的核心内容包括:① 设备的选择与使用;② 设备的维护与修理;③ 设备的改造与更新。

企业的最高管理者应确保企业的工作环境对人员的能动性、满意程度和业绩产生积极的影响。为此,首先应识别工作环境的两大因素:一是人的因素,二是物的因素。

5S 管理是工作环境管理的一项重要内容,本章最后一节讨论了 5S 的内涵,并分别总结了整理、整顿、清扫、清洁、自律的目的和实现过程。

思考题

1. 企业为什么要进行基础设施的管理?基础设施管理的主要内容有哪些?
2. 设备选择的基本原则是什么?设备选择一般分哪些步骤展开?
3. 什么是费用效率?设备的选择为什么不能单纯追求设备寿命周期费用最低?
4. 设备为什么产生无形磨损?设备的无形磨损应该如何补偿?
5. 什么是设备修理?简述大修、中修、小修的主要区别。
6. 做好设备预防性修理的关键是什么?如何提高设备预防性修理的科学性和有效性?
7. 企业开展工作环境管理的要求是什么?
8. 5S 的内涵是什么?如何进行 5S 管理?请举例说明。

案例分析

▶ **案例 9-1：怡宝饮料六安工厂精益化之路** [①]

华润怡宝饮料（六安）有限公司（简称六安工厂）正式成立于 2015 年年底，占地约 26 万平方米，总投资 6.85 亿元，2017 年 1 月竣工投产，有 4 条安装了国内顶级设备的纯净水生产线，生产效率可达 4 万瓶 / 小时，年生产能力可达 3 600 万标箱，公司主要产品为瓶装饮用纯净水，产品规格包括 380 毫升、580 毫升和 1 580 毫升，主要销售区域为安徽省、湖北省、河南省和江苏省。

然而，面对华润怡宝饮料（中国）有限公司的标杆工厂建设战略与精益要求，刚刚投产不久的六安工厂可谓不甚理想。第一季度，六安工厂的各项指标在华润集团全国自有工厂中排行倒数第一。人工效能为 98 标箱 / 人工工时；平均每吨饮用纯净水的生产成本中水耗为 2.8 吨，电耗为 46 度；设备稼动率仅为 43%；产品的一次良品率只有 60%，离 99.97% 标准差距甚远；第一季度生产的产品投诉率为 0.06 ppm，而绩效合同的指标为 0.009 ppm。

负责人邀请第三方 KL 咨询公司的陈老师来到工厂进行指导。经过一轮视察和交流后，陈老师对六安工厂的生产状况有了初步的了解，并对工厂坚持以精益改变生产的想法表示肯定。陈老师指出：六安工厂的精益推进目前主要存在现场管理不规范和问题解决方法不明确两大阻碍。就现场管理方面，工厂内部缺乏纪律性，秩序规范不明，职责交叉导致推诿拖延，给生产带来不良影响；同时表面浪费现象显著，车间频繁因故停工，废品和不良返工产品数量较大；现场环境亟须整治，各类脏污清理不及时，工具材料摆放混乱；工厂员工作风松散，对于工作中存在的问题熟视无睹，机械地完成上层任务，主动性不强。而针对问题解决方法不明确这一点，很明显需要先确定问题的解决方法，通过对方法的学习熟悉问题解决步骤，再按步骤实践，最终实现目标。

陈老师针对性地提出 5S 现场管理和精益四步结构化问题解决方法两项措施。其中，5S 现场管理作为精益生产的根基，可创造良好的现场环境，为后续实施精益活动营造氛围并奠定基础；精益四步结构化问题解决方法则能指引工厂按步骤解决问题，实现目标。听完陈老师的良策，工厂经理大受启发，当即表示要带领大家做好各自的 5S 现场管理与改善工作，从整理、整顿、清扫、清洁和素养着手，结合目视管理与精益活动，如红牌作战、改善小案例等，营造全员精益氛围并树立榜样标杆；随后尝试针对当前工厂生产过程中存在的效能低下等问题，遵循总部制度，有针对性地设立降本增效项目，按照精益四步结构化问题解决方法，用数据陈述问题，找出问题根本原因，提出解决方案并进行验证，从而实现工厂目标，改善生产浪费。陈老师对于经理的思路表示认同，并提醒经理运用精益四步结构化问题解决方法描述问题时要尤其注意多收集数据，用数据说明问题，避免"差不多""多了一点""少了一点"等类似不严谨的说法对后续结论产生影响。

为了推动精益生产管理的实施，在工厂负责人的要求下，工厂提前制定了 5S 现场管理以及可视化管理手册供员工学习，明确各岗位要做些什么以及其中的注意点，颜色线条标准、基

[①] 资料来源：钟金宏，韩丽君，万伟，等. 营造全员精益氛围，树立榜样标杆：六安怡宝饮料工厂精益化之路. 中国管理案例共享中心，2020-11-04.

础建设、生产线布局、地面通道、设备、物品物料、工具器具、安全警示、办公室、外围设施、管理看板、文化宣传共十二个方面都被纳入规范化范畴。就工厂现状来看，最近厂里相关工作都在积极推进，工人热情很高。可以说，随着步骤的规范化，六安工厂的 5S 现场管理被稳步推动实施，形成全厂共同行动的积极氛围。作为推行精益生产管理的起步工作，5S 现场管理在工厂管理层持续不断的宣导和教育下得以顺利执行，并为未来的巨大改变奠定坚实的基础。

精益生产管理推行一年，六安工厂员工素质有了明显提高，生产效率也提升了不少，尤其是精益激励方案出台后，员工士气高涨，积极参与各类精益活动。但随着时间推移，大家的热情开始减退，特别是在改善小案例方面，深度和质量有所欠缺，精益生产管理推行工作明显步入平台期。毫无疑问，如果持续处于该状态，必会给下阶段的精益化带来极大阻力。

现行的改进主要是基础性工作，属于比较浅层次的，后面的问题将更深入、更难，比如技术革新、业务流程改进与再造等，这些问题的技术性、理论性强，而且需要多部门配合。如何保持全员精益氛围，形成精益生产推行的长效机制，实现精益生产的常态化、规范化、持续改进，仍需要深入思考。

研讨　1. 分析六安工厂推行 5S 现场管理的必要性及推行措施。

　　　　2. 案例结尾提到的六安工厂仍然存在的主要问题是什么？如果你是负责人，会如何应对？

▶ **案例 9-2：产能提升一定是自动化吗？——工厂布局里的小玄机**

阅读文献

1. 郭怡. 现代设备管理. 北京：国防工业出版社，2014.

2. 乐涛. 300 张现场图看懂精益 5S 管理. 北京：中华工商联合出版社，2017.

3. 唐建新，杨军. 基础设施与经济发展：理论与政策. 武汉：武汉大学出版社，2003.

4. 张军，高远，傅勇，等. 中国为什么拥有了良好的基础设施？. 经济研究，2007（3）：4-19.

5. 刘生龙，胡鞍钢. 基础设施的外部性在中国的检验：1988—2007. 经济研究，2010，45（3）：4-15.

6. 张睿，张勋，戴若尘. 基础设施与企业生产率：市场扩张与外资竞争的视角. 管理世界，2018，34（1）：88-102.

第十章
信息管理与信息系统

　　信息是当代社会使用最多、最广、最频繁的词汇之一。信息是一种资源，但具有两面性，需要建构系统对其进行有效管理。信息管理是指实现组织目标、满足组织的要求、解决组织的环境问题而对信息资源进行开发、规划、控制、集成、利用的一种战略管理[①]。信息系统是一个由人、硬件、软件和数据资源组成的应用系统，作用是及时、正确地收集、加工、存储、传递和提供信息，实现组织中各项活动的管理、调节和控制[②]。

　　当前，随着大数据、云计算、移动互联网、区块链、人工智能等新技术的快速发展及数字经济的迅速崛起，如何架构强大的信息系统实现即时高效的信息管理，已成为学术界亟待解决的前沿问题，也是企业实现深度数字化和数字战略的迫切需求。

　　本章将介绍信息与信息管理的基本知识，阐述企业信息系统的基本分类和架构，对信息系统开发方法与获得方式进行综述和评价，最后介绍支持信息系统的计算机硬件、软件和网络等信息技术基础。

第一节　信息、系统与管理

　　信息、系统与管理是近年来非常热点的几个词汇，深刻理解信息这个概念不仅是开发与应用信息系统（information systems，IS）的基础，而且可以为人们带来商业机会。对系统这个概念的掌握是建立 IS 的前提，信息、系统与管理的有机结合就是管理信息系统（management information systems，MIS）的目标。

一、信息

　　信息（information）是经过加工处理的对人们有用的数据（data）。信息是各类管理系统的最基本的元素，是客观事物的状态、过程的描述形式，同时这种形式对人们是有用的，它可以是文字、数字，也可以是图像、声音等。相反，数据描绘的是发生在组织或物理环境中的原始

---

① 丁蔚. 从信息管理到知识管理. 情报学报，2000（2）：124-129.
② 马费成，赖茂生. 信息资源管理. 3 版. 北京：高等教育出版社，2018.

事实，这些事实并没有被整理成人们能够理解和使用的形式。

当今世界普遍将物质材料、能源与信息并列为社会发展的三大资源，即信息已经成为企业发展、人类社会进步不可或缺的重要资源。信息作为一种资源，除了物质材料和能源所具有的可利用、有价值等一般特性外，还具备共享性、历史积累性、时效性、多次再生性，以及精确性、完整性、相关性、可理解性、简单性和可证实性等特性。

强调信息是资源，并有其特性，这是建立管理信息系统的重要前提。

二、系统

系统（system）是指为达到特定的功能或目标而由若干相互联系、相互制约的独立成分组成的一个有机整体，同时，这个系统本身又是它所属的一个更大系统的组成部分。因此，理解一个系统必须指明它的边界（boundary），边界使得这个系统与其所处的环境区别开来。图 10-1 是一个企业系统及其环境概念图，由该图可以看出，一个系统的基本元素包括：输入（input）、处理（process）、输出（output）、反馈（feedback）和边界等。

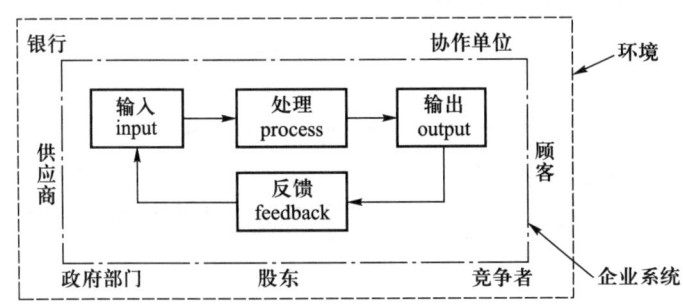

图 10-1　企业系统及其环境

系统的首要特性是整体性，即组成一个系统的各个部分是一个有机的整体，此外，系统还具有目的性、关联性和层次性等特性。

效益和效率是衡量系统的两个重要指标，与管理职能相联系。系统的效益就是选择正确的事情做（do right thing），系统的效率则是将事情做好（do thing right）。前者是企业战略层的任务，后者是企业管理控制层和操作层的任务。针对企业不同层次的需求，应该有不同的信息系统种类来满足。

系统的概念为人们描述、理解、划分、分析和设计一个组织的各个方面提供了有用的框架。

三、管理信息系统

管理的工作本质是协调，协调是使得组织的各个部分围绕组织的目标而相容、一致地开展工作所进行的各项活动。而组织内部的协调是否顺畅、高效，主要取决于其各部分间的信息沟通质量。

MIS 的概念是加拉格尔（J. D. Gallagher）于 1961 年最早提出来的。从组织的视角而言，

MIS 致力于利用信息技术（information technology，IT）开发 IS，在充分发挥信息资源作用的基础上，提高组织的内部绩效与外部竞争能力，支持组织提升运营效率，更有效地实现组织目标。MIS 的主要目的不在于 IT 的研发，而是通过 IT/IS 的应用来提高企业内部的运行效率和有效性。例如，提高生产力、降低成本、协调各部门的工作、使员工具有更好的工作绩效、使企业具备更高效的规划控制能力和高质量的决策能力等，并同时提高企业的外部竞争力。实际上，MIS 是信息科学、行为科学、系统科学、经济学、政治学和管理科学等多门学科横向综合交叉与融合的产物，如表 10-1 所示。

表 10-1　与 MIS 相关的主要学科与知识

学科领域	主要研究重点	提供 MIS 相关的知识
信息科学	IT 的硬件、软件、网络、数据库和基础设施架构等	IT/IS 设计，包括系统、数据库、网络的分析与设计以及程序编写等
行为科学（心理学、组织行为学等）	个人、群体在组织内的互动关系	组织文化、结构、群体合作、沟通与 IT/IS 的互动关系
决策科学	个人、群体的决策理论模式	支持决策的 IT/IS 系统架构与设计原理
企业管理学	企业的战略、人力资源、财务、营销、生产、计划等管理	各种不同功能 IT/IS 的企业处理逻辑
经济学	有限资源的有效配置	有效管理 IT/IS 投资
政治学	团体中政治权利生态的演变	IT/IS 的引进与企业内部政治权责的关系和治理模式（IT 治理）
系统科学	系统的类型、一般性质和运动规律	不同特点的 IT/IS 的应用方法与应用方式

进入 21 世纪以来，随着互联网的迅速发展，MIS 不仅基本形成了自身的概念理论、结构体系和方法技术，而且仍处于迅速发展又有待深入完善的过程之中，直接影响企业的运行绩效。

与此同时，企业经营的外部和内部环境发生了巨大的变化，知识、信息取代土地、劳力和资本成为最重要的生产要素，经济全球化、经贸摩擦等外部因素使得企业之间的竞争更加激烈。科技的进步使新产品不断出现，产品的生命周期缩短，移动互联网遍及全球使市场变得没有时间和空间的限制，企业的员工由经济人转变为社会人。传统金字塔层级式的组织因环境变化而转型成扁平化、网络型、虚拟式的组织，一些先进企业的经营模式也由实体型转变为虚拟型。在这样的背景下，IT/IS 被广泛应用以支持企业经营模式的有效运作与反应能力。对于现代企业，如果期望能够快速、有效地应对环境变化，寻求市场竞争优势，就必须依靠设计良好的 IT/IS 架构来支持企业。可以说，IT/IS 已经成为企业生存和发展的基础设施之一。IT/IS 与企业的战略、组织、流程、角色以及外部环境等要素之间存在相互影响、相互作用的关系，如图 10-2 所示。

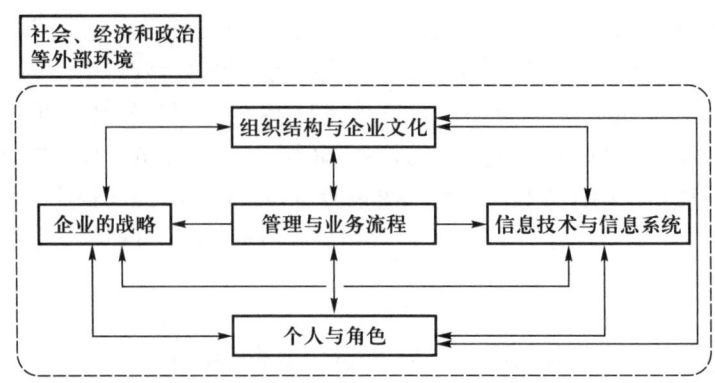

图 10-2 IT/IS 对企业经营管理的影响

从图 10-2 可以看出，MIS 是一个以人为主导，利用 IT 硬件、软件、网络通信设备以及其他办公设备，进行信息的收集、传输、加工、储存、更新和维护，以企业战略竞优、提高效益和效率为目的，支持企业的高层决策、中层控制、基层运作的集成化的人机系统。MIS 是学科交叉的产物，其主要任务是最大限度地利用现代 IT/IS 加强企业的信息管理，通过对企业拥有的人力、物力、财力、设备、技术等资源的信息收集和整理，建立正确的数据库，通过加工处理并编制成各种信息资料及时报告管理人员，以支持正确有效地进行决策，不断提高企业的管理水平和经济效益。显然，企业 MIS 的具体实施，都基于 IT/IS。

第二节 信息系统基本分类与架构

支持企业经营与管理的 IS 种类有数百种，但其主要的基本类型不多，许多 IS 都是对基本类型的 IS 扩充、演化或整合而形成的。一般可以按 IS 所支持的对象、层次、目标以及所解决问题的种类等标准对 IS 进行分类。

一、按支持层次与对象进行分类

按 IS 支持层次与对象进行分类，结合 IS 的功能对 IS 进行分类，如图 10-3 所示。

1. 支持办公自动化与通信

典型的 IS 是办公自动化系统（office automation systems，OAS）。

2. 支持操作控制层次

IS 主要用来支持业务人员日常作业流程的自动化处理，典型的 IS 有交易（或称事务）处理系统（transaction processing systems，TPS）、电子数据处理系统（electronic data processing systems，EDPS）等，应用这类系统可以帮助实现作业流程处理速度更快、质量更好、效率更高。

3. 支持管理控制层次

针对中层主管这个层次的需求，IS 主要用来支持日常的规划、控制与决策，典型的 IS 有：企业资源规划（enterprise resource planning，ERP）、供应链管理（supply chain management，

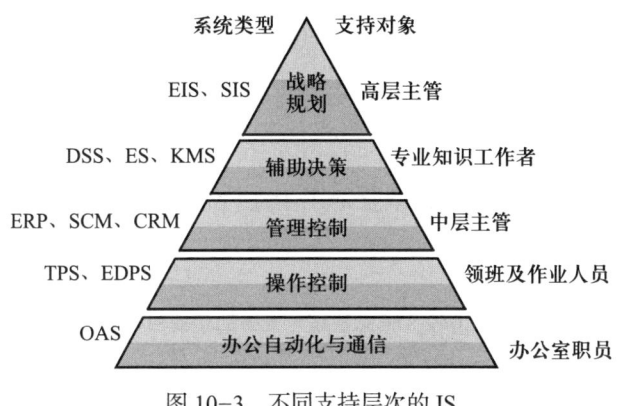

图 10-3 不同支持层次的 IS

SCM）、客户关系管理（customer relationship management，CRM）、渠道商关系管理（partners relationship management，PRM，或称合作伙伴关系管理系统）等。SCM、CRM、PRM 属于组织间信息系统（inter-organizational information systems，IOIS）。

4. 支持辅助决策层次

企业内部有许多面向投资、财务和营销等专业领域的高级管理者和专家（或称知识工作者）。对于这一层次，IS 中的决策支持系统（decision support systems，DSS）、群体决策支持系统（group decision support systems，GDSS）、专家系统（expert systems，ES）以及知识管理系统（knowledge management systems，KMS）等，都可以提供高水平的分析支持，使其拥有更好的信息与知识进行决策，这就是所谓的辅助决策。在这个层次，最新的发展还有帮助企业更好地利用数据提高决策质量的商业智能（business intelligence，BI）技术，BI 技术包含数据仓库（data warehouse，DW）和数据挖掘（data mining，DM）等。

5. 支持战略规划层次

IS 针对企业战略性的规划提供经理（或称执行）信息系统（executive information systems，EIS），针对提高公司的竞争优势来锁定顾客、打击竞争对手，典型的 IS 有战略性信息系统（strategic information systems，SIS）等。

二、按解决问题的结构性分类

1. 支持结构化问题的 IS

结构化问题的处理流程、步骤与方法都是既定的，每个流程的输入、处理及输出也是固定的，因此决策方法也很清楚、明确。这类 IS 主要有 TPS、EIS 和 ERP 等。

2. 支持非结构化问题的 IS

在企业中，有些问题的解决与处理并无明确、固定的法则或步骤可以遵循，所使用的解决方法也因人而异，如支持开展头脑风暴和群体合作的 GDSS 等。

3. 支持半结构化问题的 IS

企业中大多数问题的处理过程都同时包括结构化和非结构化的判断。例如，证券投资组合的选择决策，一方面需要了解和计算不同投资组合的风险及其预期回报率，这可以用结构化的模型计算出来；另一方面则需要凭借决策人员对未来社会、经济、政治等的变化来进行判断，这部分就属于非结构化的问题。支持半结构化问题的最典型的 IS 就是 DSS。

三、按对组织支持的主要目标分类

表 10-2 所列出的主要信息系统类型分别用于支持企业的各种目标。其中，CAD/CAM 是指计算机辅助设计 / 计算机辅助制造（computer aided design/computer aided manufacturing）。

表 10-2　信息系统与支持的企业目标

支持目标		主要应用的信息系统类型
提高内部相对效率	提高作业效率	TPS、ERP、CAD/CAM
	提高决策质量	DSS、GDSS、OLAP
	规划与控制	EIS、SIS
	强化员工能力	DSS、ES、KM
	业务流程再造	ERP
增强外部竞争优势	竞争优势	SIS、SCM、CRM
	战略联盟	IOIS
	供应链整合	SCM
	客户关系管理	CRM、EC
	快速反应	ERP、SCM、CRM
	技术创新	KMS、GDSS、CAD/CAM
	建立增值网络	KMS、SCM、PRM、CRM

从上述按不同标准所做的信息系统分类可以看出，许多信息系统的功能具有多重特性，如 ERP、SCM 等，这里只是列出了一些代表性的信息系统种类，不具完整性及排他性。值得一提的是，不同种类信息系统之间也不是孤立的，而是相互交叉、相互整合和相互补充的，例如，ERP 是 TPS 的整合，GDSS 是 DSS 与群件（groupware）的整合补充。

一个典型的企业 IS 组成如图 10-4 所示。

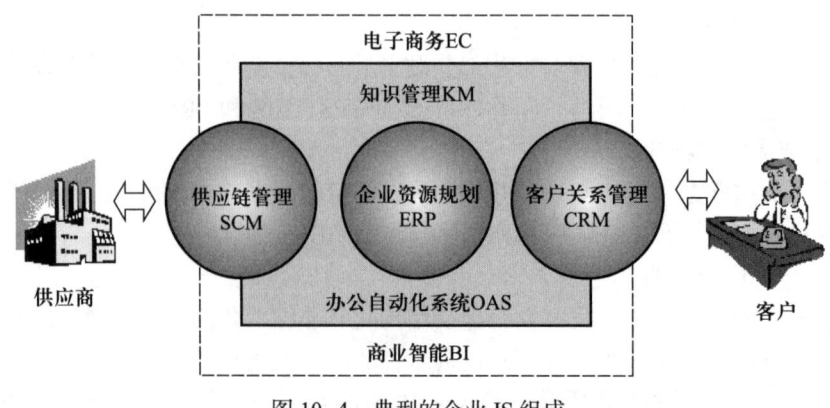

图 10-4　典型的企业 IS 组成

第三节　信息系统的信息技术基础

IT 基础对企业 IS 来说，好比一个城市社区必须具备的道路、下水道、煤气、电力、自来水等，IS 的 IT 基础包括计算机硬件、软件和网络等。

一、计算机硬件

自 1946 年第一台电子计算机诞生以来，计算机经过电子管计算机、晶体管计算机、集成电路计算机，发展到今天的大规模集成电路计算机。计算机按规模（体积、字长、运算速度、存储容量、外部设备、输入和输出能力等技术指标）可分为巨型机、大 / 中型机、小型机、微型机、工作站和服务器等。计算机本身的发展实践证明了摩尔定律的适用性，即英特尔公司创办人戈登·摩尔（Gordon Moore）在预测芯片技术进步的速度时所预言的——"在可预见的未来，每过 18 个月的时间，芯片的密度（也就等同于运算能力）在价格不变的情况下会增加一倍。"

二、计算机软件

计算机软件由程序和文档两个部分组成，程序就是控制计算机运行的详细指令，文档是程序的详细说明。计算机软件可以分成程序语言开发工具、系统软件、应用软件和用户软件等种类，典型的程序语言有 C++/C、Java 和 VB 等，常用的系统软件包括 Microsoft Windows、Linux 等，Microsoft Office、Oracle、Sybase 等是企业 IS 经常使用的应用软件，而根据用户需求开发建立的 ERP、SCM 等则是用户软件。

三、计算机网络

IT 发展到今天，绝大多数企业的 IS 都是建立在计算机网络架构基础之上的。计算机网络就是利用有线或无线的通信线路将分布在不同地理位置上的独立的计算机系统连接在一起，实现资源共享和信息交流的网络系统。计算机网络的基本功能包括：信息传输、资源共享和分布处理。实际上，IT 的发展对社会、经济直至人类生活的各个方面所产生影响的根源在于两个方面：一个是信息资源相对于其他资源所具有的特性，另一个是计算机网络所具有的基本功能。

计算机网络可以按照不同的标准进行分类。按网络拓扑结构可以分为星形结构、总线形结构和环形结构；按网络覆盖范围可以分为局域网络（local area network，LAN）和广域网络（wide area network，WAN），LAN 是指连接距离较近的计算机网络（如一幢大楼内，一般距离在 10 千米以内），WAN 是指连接距离较远的计算机网络（如一个地区、国家或全球）；按照服务性质划分，可以分为内联网（intranet）、外联网（extranet）和互联网（internet）。自从全球性、开放式的互联网取代了传统的专有、封闭的网络之后，企业对内、对外的 IS 基本上都逐渐架构在互联网上了。

（一）互联网

互联网是指一群网络的集合体，没有任何人拥有它，这个网络没有中央主机，也没有提供特定的服务，没有整个网络的索引告诉你可提供什么信息。互联网的架构如图 10-5 所示，图中由网络服务提供商（network service providers，NSP，如美国的 MCI、我国的中国电信等）运行骨干网（backbone），当地的互联网服务提供商（internet service providers，ISP）为用户提供子网（subnet）或称子网服务。互联网用户一般先通过子网连接到 ISP，然后通过 ISP 连接到 NSP 的骨干网，再通过 NSP 之间的骨干网连接到互联网上的其他任何节点。其中 ISP 和 NSP 的连接点，称为网络接入点（network access points，NAP），一般是由 NSP 所有并维护。

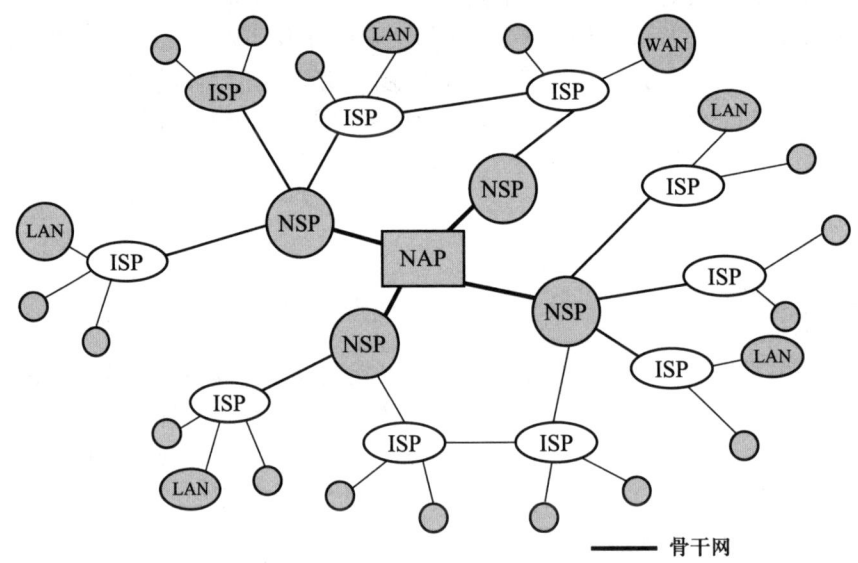

图 10-5　互联网架构示意图

互联网为人们提供了一系列的应用技术，首先是人和人之间的交流，包括电子邮件（e-mail）、聊天室（chatting room）、电子公告栏（BBS）和专题讨论组（usenet）等；其次是远程文件交流，包括文件传输（FTP）、远程登录（Telnet）、Gopher 信息查询、WAIS 广域信息服务系统和 Archie 自动标题搜索等；最后是万维网（World Wide Web，3W）。3W 网的技术基础是超文本格式（hypertext），即信息的表达方式是由文本文件加入图片、声音、图像组成超文本文件，信息资源通过关键字方式建立链接。

对互联网来说，存在梅特卡夫定律（Metcalfe's Law），即网络的外部性（network externality）。其意义是使用者越多，则对原使用者而言，其效用不仅不会如一般经济财产那样"人越多分享越少"，反而会越大。

（二）内联网

内联网是指企业设置于防火墙内，支持内部员工知识与信息的存取、传递与内部沟通协调合作的一个企业内部网络系统。防火墙是一类防范措施的总称，它使得内联网与互联网之间或者与其他外联网互相隔离，限制网络互访，用来保护内联网。

（三）外联网

外联网的英文可分解为 extend + intranet，意指将内联网的各项服务功能扩展到企业与外部企业间的合作关系。因此，外联网可说是企业利用互联网技术与外部相关的供应商、顾客、战略伙伴相联结，以提升彼此之间的信息共享与协同合作绩效的网络系统。例如，供应商共享原材料的质量、规格和库存等信息；制造商共享生产计划、存货等信息，渠道商和零售商共享市场需求、运输、顾客偏好、产品销售、存货水平等信息。通过共享可让上、中、下游的企业了解整条供应链、需求链的信息，可尽早制定更精确的经营计划。此外，通过在线讨论或支持团队合作的群件、GDSS 的辅助，不同企业所组成的项目团队可在外联网上即时聊天讨论、传递多媒体文档等，可让虚拟组织的运作不受时间、空间的限制。外联网可支持全球化的电子商务交易活动，例如，支持顾客在线查询商品信息、议价、下单和付款等交易活动，形成一个电子集市（e-marketplace）。

互联网、内联网和外联网之间的区别详见表 10-3，这几种网络应用联系如图 10-6 所示。

表 10-3　互联网、内联网和外联网

特色	互联网	内联网	外联网
对象	一般大众	主要是企业内部员工	主要是与企业经营相关联的外部供应商、顾客和合作伙伴
范围	处在防火墙外部的公共网络、WAN	处在防火墙内部的企业各部门及 LAN	跨特定组织之间的信息共享网络
信息	公开的一般信息	工作流程、交易与决策专用的信息	防火墙内企业愿意提供有助对方的经营信息
设计	依据与顾客之间的互动进行设计	依据工作流程与决策需求进行设计	依据外部伙伴的需求进行设计
支持活动	与顾客的财务性交易活动	员工之间信息共享与协调合作式的活动	支持企业之间信息共享与协同商务
主要内容	对消费者的营销、服务和市场竞争	安全、企业流程再造和强化员工能力	安全、相互信任和团队合作精神
目标	建立品牌知名度、全球化电子商务	员工的团队合作、知识管理与学习型组织	反应快速的供应链、需求链、战略联盟，形成优势竞争共同体

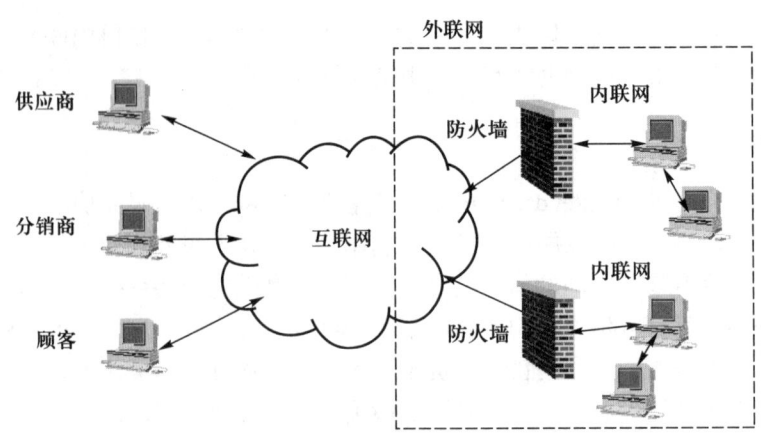

图 10-6　互联网、内联网和外联网的应用联系示意图

值得一提的是，无论 IT 基础架构如何变化，企业建立一个 IS 的难点始终是在软件方面，如何选择或开发合适的软件产品并把它们的功能和潜力充分发挥出来是一个最重要的问题。对一个企业用户来说，当好一个 IT/IS 的使用者比成为一个最新技术的追随者和开发者更为重要。

（四）云计算

在 2006 年 8 月 9 日，谷歌首席执行官埃里克·施密特（Eric Schmidt）在搜索引擎大会（SES San Jose 2006）首次提出"云计算"（cloud computing）的概念。这是一种全新的网络应用概念，即以互联网为中心，在网站上提供快速且安全的云计算服务与数据存储，让每一个用户都可以使用网络上的庞大计算资源与数据中心。这被视为计算机网络领域的一次革命，它具有很强的扩展性，可以为用户提供一种全新的体验。云计算的核心是可以将很多的计算机资源协调在一起，因此用户通过网络就可以获取无限的资源且不受时间和空间的限制。业界通常认为，云计算包括三个层次。位于底层的基础设施即服务（infrastructure as a service，IaaS），提供了基础设施层面的计算资源，如虚拟机、存储、网络和基本的操作系统。位于中层的平台即服务（platform as a service，PaaS），提供了更高级别的平台和工具，用于支持应用程序的开发、测试、部署和管理。位于顶层的软件即服务（sofware as a service，SaaS），是目前最常见的、应用最广泛的一种形式，提供了已经构建好的应用程序，用户可以通过网络浏览器或移动客户端访问和使用这些应用程序。

随着数字经济和人工智能时代的到来，许多新的技术被应用到 MIS 中，一些新的概念必须被管理者知晓和用于管理实践。其中，移动互联网已经普及，并成功融入 MIS，成为 MIS 不可或缺的主力。

MIS 可以是一门课程，也可以是一个专业，因为，MIS 所涵盖的内容不仅包含了 MIS 的基本概念和上述介绍的基本内容，还有 MIS 的规划、开发原则和方法、系统分析、系统设计、系统实施和管理等。

本章小结

信息管理与信息系统是企业利用 IT 来达到战略目标的一项必不可少的基础设施，它应用计算机硬件、软件、网络和企业内部及外部的人力资源，对企业经营管理的数据、信息与知识进行处理。对于企业中不同的层次，有各种不同的 IS 提供支持，其特性也各不相同。企业 IT/IS 应用成败不仅是 IT 的问题，还涉及企业的组织、环境、文化、流程和使用者等各种因素，企业应该根据自身的特点选择信息系统开发方法和获取方式。

企业 MIS 在理论、方法和技术等方面一直处于不断完善的过程，其应用已经渗透到社会生活的各个领域，成为企业等组织提高内部效率和外部竞争优势的战略手段。作为多学科横向交叉的学科，信息管理与信息系统必然与其他相关学科在交叉的基础上进行融合，亦必将成为一门具有完整体系的独立的学科。

思考题

1. 企业建立 MIS 的主要任务是什么？是否只要建立了 MIS，企业管理就是现代化的了？
2. 企业建立管理信息系统有哪几个关键步骤？
3. 在企业战略管理中，IT/IS 的角色和地位是什么？
4. 有人说"企业只要掌握了计算机技术，配备了良好的计算机系统，就能有高效的 MIS"。你认为这话对吗？为什么？
5. 确保企业 MIS 有效发挥作用的关键因素是什么？企业的 ERP 就是 MIS 吗？为什么？

案例分析

▶ **案例 10-1：H 公司信息化战略规划成功实践** [①]

H 公司是由 R 金属矿业研究中心、N 金属公司和 X 钢材公司等多家实体企业共同出资建成的工程设计建设企业。H 公司始终坚持"持续创新"的价值理念，努力满足客户需求，得到客户的认可及信赖，致力于成为一家国际化工程技术企业。随着业务的拓展及业务量的增加，H 公司管理层愈发意识到公司无形中面临着诸多矛盾。2019 年 1 月上旬，H 公司董事前往会议室参加公司周一例会，大家都清楚这次会议是为了针对公司存在的问题进行分析、总结并提出解决方案。

公司董事长介绍了公司当前发展所面临的困难：① 部门间工作缺少协调，工作效率偏低，出现问题无法及时反馈。② 上下级之间信息数据共享不足。③ 企业生产运作缺乏机动性，部分员工对快速响应机制不敏感。④ 企业内部资金流通环节复杂。⑤ 企业项目预算依据不明确，执行时约束不力。⑥ 缺少资金分流管理机制，专项经费无法得到保障。⑦ 生产过程优化不到位，缺乏新工艺、新技术，生产效率偏低。⑧ 企业供应链管理跟不上现代企业的发展趋势等。

---

① 资料来源：肖继红，耿傲婷，李迟生. "涅槃重生"：H 公司信息化战略规划成功实践. 中国管理案例共享中心，2022-04-26.

可以发现，大部分问题都与企业管理相关。部门之间、上下级之间缺少有效的沟通，信息共享不足。财务管理不够精准，资金预算不明确，执行管理不到位，专项资金管理监管不严。生产成本高，生产效率低。整条供需链管理落后，市场应变能力下降。如何提高公司的管理水平？必须借助先进的信息通信技术工具。

2019 年 2 月，信息化改造建设正式启动，信息化实施商提供的信息化建设方案基本可以满足 H 公司的要求。H 公司计划借助专业团队的力量，直接接手一套完善的信息化管理系统。

然而几个月过去了，完工日期到来。在系统上线测试验收时，许多结果偏离企业的预期，达不到预定的目标。具体问题有：① H 公司在多地区均设有分公司，但各分公司与公司总部之间没有形成一套标准规范的数据信息共享体系。② 在金属矿业、环境勘测等相关领域，未体现供应链管理的自动化过程。③ 企业内部流通资金回转不周，过程复杂，未实现资金统一调配。④ 信息系统门户和信息管理平台没有体现公司特点，无法提升企业的信息化管理能力。

之后公司会议讨论得出，实现企业信息化管理，必须符合企业的战略发展目标，这要求从企业发展的战略高度出发点，要明确企业发展制定的目标是什么，要清楚企业发展的主要任务是什么，确保有一个可行的实施方案，满足企业信息化建设发展需求，提升企业核心竞争力。

经过董事的多次会议反复商讨，H 公司此时最重要的是对信息化战略的规划，打造适合 H 公司的信息化经营管理平台，不能完全依靠外包公司来实现自身发展目标，只有自身软硬件都扎实到位，H 公司才能够真正地实现国际化。会议决定，公司组建信息化项目组，此次企业信息化战略规划分为三个阶段进行，分别是：前期准备、制定规划、战略实施。

研发团队通过调研多家信息化建设比较成功的企业，发现每个企业用于信息化战略规划的方法大同小异。最为常用的两种方法：一是以企业战略目标为核心要素，围绕企业战略目标，设计企业信息化目标；二是以企业的关键成功因素为核心，制定企业信息化的策略与规划。针对 H 公司信息化关键成功因素的识别过程，研发团队了解到关键成功要素因企业的性质而异。一般情况下，针对工程设计建设相关企业，其建设信息化管理系统的关键成功因素有以下几点：① 核心技术研发能力。② 优化的企业业务流程改造。③ 产品创新创造的能力。④ 完善的项目管理体系和运作机制。⑤ 有效的员工培训，对信息化的正确认识。⑥ 完善的管理规则与制度。⑦ 生产成本低，生产效率高。⑧ 注重人力资源管理。

研发团队结合对 H 公司愿景、战略目标以及信息化需求的充分剖析，总结出 H 公司通过信息化建设，最终想要达到的目标有以下几点：① 企业管理过程的精准化。对企业的各项业务过程，诸如采购、库存、销售以及相关成本、费用、收入等，给出及时、准确的数据记录。② 业务流程的规范化。H 公司现有业务流程较为复杂，不清晰。若要达到业务流程规范化，需做到两个方面：其一，把已标准化的业务流程固定下来，形成一套完整规范的体系；其二，针对一些未规范的业务流程，需加强流程管理，促进其标准化、规范化。③ 管理模式最优化。即企业对运营的原始数据进行加工处理，完成建模过程，从而对企业管理和决策起到支撑作用。首先，在有效时间内反馈和跟踪企业业务办理、供应链管理等各环节的数据信息，时刻关注企业风险预警及控制；其次，统计分析经济指标，对企业资金流通做到统筹规划；最后，对信息化系统指标提供整体运行规划，而不仅仅把注意力放在某个单独点上进行局部分析，为企业管理人员提供切实可行的依据。④ 创新变革经营理念，提升 H 公司对市场评估及反馈能力。以市场为导向，利用领先、创新的技术，实现工程设计、建筑、金属矿业等方面业务的持续改进。

依据前期考察调研、采集信息、汇集与企业利益相关者的目标而得出公司信息化管理系统项目建设的长短期目标，加快了 H 公司信息管理平台的建设改革进程。在建设过程中，公司董事长强调 H 公司信息化战略实施要采取动态调控的机制，即建立实施前、实施中、实施后的系统性控制机制。动态调控的核心在于成本控制，团队抓住关键点，在提高效益的同时定期进行成本的核算分析，以便在信息化过程中及时发现问题，提高项目成本的综合管理水平。

随着信息化管理系统实施方案的步步推进，此次建设显示出初步的成效，对企业部门信息化管理以及经营管理方面都作出了较大的改变。之前公司存在的各种问题均得到了很好的解决。按照公司制定的战略规划目标，现如今企业信息化已步入正轨，信息化管理平台也在进一步完善与改进之中，这次建设的信息化管理系统项目对 H 公司提升核心竞争力起着至关重要的作用，助力 H 公司真正地走向国际，更上一层楼。

研讨　1. 在实施信息化之前，H 公司暴露出了哪些问题？为什么信息化可以解决这些问题？
　　　　2. 工程设计建设相关企业建设信息化管理系统的关键成功因素有哪些？

阅读文献

1. 黄梯云，李一军. 管理信息系统. 7 版. 北京：高等教育出版社，2019.
2. 薛华成. 管理信息系统. 7 版. 北京：清华大学出版社，2022.

第四篇

产品运作

第十一章
市场研究与市场营销

市场起源于古时人类对于固定时段或地点进行交易的场所的称呼，狭义的市场是买卖双方进行商品交换的场所，广义的市场是指为了买和卖某些商品而与其他厂商和个人相联系的一群厂商和个人。作为推销商品的手段和形式，市场营销（marketing）自古有之，而现代意义上的市场营销概念起源于 20 世纪初的美国。随着社会及经济的发展，市场营销学逐渐形成自己的理论体系，与经济学、统计学、数学、心理学等学科产生较为密切的关联。近年来，随着大数据等新兴技术的应用与赋能，传统营销科学的研究方法和范式发生了较为显著的变化，营销战略更加注意动态调整，力求与快速变化的环境相适应；营销战略的应用对象更加多元化，从营利组织扩展到非营利组织。

第一节　市场与市场研究

一、市场与市场需求

市场是和商品经济相联系的一个经济范畴，它是随着社会分工和商品生产、商品交换的产生而产生、发展而发展的。市场的概念有狭义和广义之分。狭义的市场，是指具体的交易场所，人们通常都习惯于把在一定时间和地点进行商品买卖的地方称为市场。广义的市场，是指商品交换关系的总和，即包括交易场所和市场机制。市场营销所研究的是广义概念的市场，是抽象的市场，但它又包含了所有具体的市场。

（一）市场

市场活动的中心内容是商品买卖，它必须具备三个条件：存在买方与卖方，有可供交换的商品，有买卖双方都能接受的交易价格和交易条件。这三者都具备了，才能实现商品转移和交换，形成现实的而不是观念上的市场。

市场作为商品经济不可分割的组成部分，同整个国民经济的发展密切相关。市场是实现社会生产、分配、交换和消费良性循环的桥梁和纽带，也是企业市场营销活动的舞台。市场也是经济竞争的场所，企业商品质量的优劣，技术水平的高低，只有通过市场比较才能得到证实，这就促使企业分工、改进技术、降低成本，从而进一步促进整个社会的分工和技术进步，加快社会生产力的发展。研究和从事市场营销活动是发展、繁荣市场和促进社会生产的客观要求。

市场也可按菲利普·科特勒（Philip Kotler）的定义，将其理解为"由一切具有特定要求或欲望，并且愿意和可能从事交换，来使需求和欲望得到满足的潜在顾客所组成"。所谓欲望是指人们想得到某些具体满足物的愿望。市场需求是指在市场上表现出来的、有能力购买并且愿意购买某种物品的欲望。需求可以分为消费品需求和工业品需求。消费品需求通过个人或家庭购买用于生活消费目的的物品反映出来，而工业品需求是通过企业、政府机关和各类组织等购买用于生产、运行、消费目的的物品而表现出来。

（二）影响市场需求的因素

影响市场需求的因素有很多，包括政治法律因素、人口因素、社会文化环境因素、经济因素、价格因素、企业营销活动以及科技因素等。

1. 政治法律因素

在任何社会制度下，市场需求都必定受到政治与法律环境因素的影响和制约，市场需求的规模和形式或受其制约，或受其推动，如政府对有些商品的控购、专卖等。

2. 人口因素

人口因素包括总人口、性别、年龄结构、地理分布、家庭单位和家庭结构等，也包括人们的购买行为和消费欲望等。如总人口数和人均国民收入水平的高低决定市场需求规模的大小。人口多、购买力高，则商品需求就多，尤其是衣食住行等基本生活品的消费更是直接受总人口数的影响。

3. 社会文化环境因素

市场需求也会受到社会文化环境因素的影响。社会文化环境是指人的文化教育、职业、社会阶层、宗教信仰、风俗习惯、价值观等因素。这些因素都会影响到需求欲望和购买行为，在市场上表现出需求的多样性和复杂性。

4. 经济因素

影响市场需求的经济因素是指社会购买力。一定时期社会各方面用于购买商品的货币支付能力，即社会购买力，这是构成实际市场需求的要素之一，甚至是更为重要的因素。因为，市场需求的大小，归根到底取决于购买力的大小，社会购买力的大小取决于国民经济的发展水平。经济发展快，社会购买力就大，市场需求就旺盛；反之，经济衰退，市场需求就会缩小。

5. 价格因素

从市场需求规律来看，影响市场需求量的最关键因素是该商品本身的价格水平。在其他因素不变和购买力水平一定的条件下，商品的价格高，可购买的数量就少；反之，价格低，市场需求量就大。

影响市场需求的因素有很多，以上只列出一些基本要素，其他因素如企业营销活动，也能影响市场需求方式和需求规模的变化；再如科技因素，技术进步使许多梦想成为现实，通过高质量供给持续创造需求：快捷舒适的高铁、航空业的出现，使旅游市场的需求规模越来越大；等等。

二、市场研究

随着社会经济的日趋复杂和市场竞争的日趋激烈，市场由过去生产者决定市场供需的卖方市场，逐渐转变为顾客决定市场供需的买方市场。于是，生产者为了要事先了解顾客需要和市场状况，从而决定企业的生产方向和营销活动，更好地将产品转移到顾客手中，就产生了市场研究活动和市场营销活动。

市场研究是市场营销活动的一个重要因素。它把消费者、客户、公众和营销者通过信息联系起来，这些信息有以下职能：识别、定义市场营销机会和可能出现的问题，制定、优化市场营销组合并评估和预测其效果。市场信息用来确认和界定市场营销机会与威胁，产生、改进和评估市场营销活动，反映市场营销成果，改进对市场营销过程的了解和把握。

市场研究有狭义和广义之分。狭义的市场研究是指以企业的产品和竞争对手为对象，分析和预计竞争对手的市场活动，并以科学的方法收集、分析和预计顾客购买以及使用商品的数量、意见、动机和行为等有关资料。广义的市场研究是对市场运行环境及其生产、分配、交换和消费循环活动中各种经济现象和经济规律的研究。

对市场研究的认识可以归纳为：市场研究重视和应用科学的方法，系统地收集和分析市场信息并预计市场的未来发展；市场研究本身不是目的，而是一种管理工具，其目的是为企业市场营销决策提供相关的信息；市场研究的范围相当广泛，它涉及企业市场营销活动的全过程。企业具体的市场研究工作内容，主要包括市场调查和市场预测两个方面。

三、市场调查

（一）市场调查的概念和程序

1. 市场调查的概念

市场调查是收集、记录、分析有关市场营销资料和信息，为市场预测和决策营销战略、战术提供可靠的信息依据的营销活动。

企业的市场调查包括一切与企业有关的社会、经济、政治环境和日常活动范围内的各种现象的调查研究，可以是专题性调研，也可以是对广泛问题的调研。市场调查可分成两个方面的工作：一方面是对企业外部资料的调查研究；另一方面是对企业内部基本力量的调查研究。

对企业外部信息资料的调查研究，主要是对消费者、竞争对手、销售和分配渠道（各类商业企业和销售机构）以及其他有关机构和团体的信息的调查研究。

消费者的信息包括：人口特征（年龄、性别、家庭结构、支出水平）；使用目的（个人消费、组织运行、再销售）；社会特征（职业、教育水平、收入水平）；社会心理特征（动机、角色和地位、价值标准）；民族特征（语言、文化传统和消费习惯）等。

竞争对手的信息包括：直接的竞争对手（相同或类似产品和服务的生产者、供应者）；替代产品（如燃油汽车被电动汽车替代）；竞争对手的数量和规模（财务状况、市场份额、销售方式）以及现实的或潜在的竞争对手可能的市场行为方式等。

销售和分配渠道的信息包括：各类中间商和销售商的数量、规模；与企业的关系密切程度；中间商和销售商的市场地位；在公众中的形象以及激发中间商和销售商积极性的方法措施；广告媒介的效果等。

其他有关机构和团体的信息包括：国家、政府和各类管理部门；经济组织和各类行业协会；公共传播媒介；消费者协会等。

对企业内部力量的调查研究主要包括：企业自身的规模和生产能力；产品和产品结构；财

务状况和市场预测各部门的协作与分工；公共关系等。

2. 市场调查的程序

市场调查的程序由以下七个方面组成。

（1）确定问题。首先应该了解问题所在，调查人员才有可能设计一个完备的调研计划。调查开始时，应明确要解决哪些问题以及问题的重点所在。

（2）选择途径。形成问题以后，根据调查目的决定收集资料的范围，提出所需资料的获得途径。资料可分为直接资料和间接资料两类。直接资料又称一手资料，是营销调查者通过观察、询问、实验等手段和方法直接获得的资料。间接资料又称二手资料，包括内部资料和外部资料两方面。内部资料包含企业的各种凭证、报表、报告、预测等资料；外部资料可来自政府机关、金融机构、咨询机构、大学、报纸杂志等。

（3）决定调查方式。根据资料的性质决定采用何种调查方式。如有间接资料可以利用，应尽量利用，这样可以省时省力。如果必须收集直接资料，就应该决定调查方法、调查对象、调查地点、调查时间和调查频率。

（4）抽样设计。市场调查一般是抽样调查。首先，应确定抽样的范围，如部分样本还是全部样本。其次，决定用什么样的方式选择样本，如随机抽样方式或非随机抽样方式。最后，根据调查目的与所需时间、费用等因素，决定样本量大小。

（5）现场收集资料。现场收集资料工作包括对现场收集资料人员的选择、训练、控制和考核等工作。

（6）资料分析整理。收集来的资料，应该加以分析和鉴别，通过整理，使资料系统化、简单化和表格化，达到准确、完整和实用的目的。

（7）编写报告。报告代表整个调查过程的最后结果，编写的报告供企业管理人员在决策时参考。编写报告时应注意：围绕调查目的、重点突出、事实清楚、简明扼要、中肯客观。

（二）市场调查的基本方法

进行市场调查，只有采取科学合理的调查方法和技术才能收到事半功倍的效果。市场调查方法可以分为三类，即观察法、访问法和实验法。

1. 观察法

观察法，即对被调查者进行直接观察，在被调查者不察觉的情况下观察和记录他（她）的行为、反应和感受的方法。观察法也有许多具体的方法，如直接观察法、行为记录法等。直接观察法，即派人直接观察被调查者。行为记录法，是在被调查者同意的前提下，用某种设备记录被调查者的行为。

2. 访问法

访问法，即对被调查者进行访问，要求其回答一些问题来收集资料的方法。访问法又分为直接访问和间接访问两种方法。直接访问，由访问人员直接向被调查者当面询问问题，可以采用登门拜访、邀请面谈或开座谈会等形式进行。间接访问则利用各种通信工具或问卷进行调查，可分为电话调查、邮寄调查、问卷调查等。

3. 实验法

实验法，即将作为实验的产品在选定市场中进行试销，以测定各种营销手段的效果的方法。其原理是把选定市场当作实验室，研究价格、包装或广告等对市场销售量及其他要素的影响。

实验法除进行市场实验外，也可采用室内实验调查法。例如，在测验广告效果时，找一些人坐在一起，每人发一本杂志，让他们从头到尾翻一遍，然后问他们在一本杂志中，哪几个广告对他们最有吸引力。实验法的主要缺点是时间长、费用高，选择的市场不一定有典型性，可变因素难以控制和把握，测验结果也不易比较。

（三）市场调研表和市场调研报告

1. 市场调研表

市场调研表可以是书面表格或口头询问提纲。在现代营销活动中，为了解顾客的态度和意愿，调研者要设计各种不同的表格和问题。如果一份调研表设计的内容恰当，调研部门就会感到调查目的明确，被调查者也乐意合作，这份调研表就会像一张网，把需要的信息收集起来。调研表往往需要认真仔细地拟订、测试和调整，然后才可以规模使用。为了设计一份受欢迎的调研表，设计者不仅要懂得市场营销的基本原理和技巧，还要具备社会学、心理学等知识。

2. 市场调研报告

市场调研报告没有统一规定、固定不变的格式和结构。市场调研项目的类型和性质、委托方的要求、调研人员本身的个性和经验等各种不同的因素会导致市场调研报告在形式上的差异。在长期的市场调研活动中，逐渐形成了某些为大多数市场调研者所采用的格式。美国著名的市场调研专家马尔霍查（Naresh K. Malhotra），在其 1993 年出版的《市场调研》（*Marketing Research*）一书中提出的格式，被认为是一个较好的并被普遍接受的格式。马尔霍查认为，市场调研报告一般应包括以下部分：

（1）扉页，即项目名页（title page）。在这一页上应有：项目名称，项目名称要能反映项目的特性；调研承担人员或组织的名称、地址、电话号码；报告接收人或组织；报告完成日期等。

（2）递交信（letter of transmittal）。正规的调研报告通常包含一封致客户的递交信。信中可以概述一下调研者承担并实施项目的大致过程，也可以强调一下客户需要注意的问题以及需要进一步研究的问题等，但不必叙述调研的具体内容。

（3）委托信（letter of authorization）。委托信是客户在调研项目正式开始之前写给调研者或组织的。它具体表明了客户对调研承担者的要求，有时可以在递交信中说明委托的情况；有时则可以在调研报告中包括委托信的复制件。

（4）目录（table of contents）。目录中应详细列明调研报告的各个组成部分及其页码。

（5）表格目录（list of tables）。表格目录中应详细列明报告中所用的各种表格及其页码。

（6）图表目录（list of graphs）。图表目录中应详细列明报告中所用的各种图表及其页码。

（7）附录目录（list of appendices）。附录目录中应详细列明报告中所用的各种附录及其页码。

（8）证据目录（list of exhibits）。证据目录中应详细列明报告中所包括的各种证据材料及其页码。

（9）经理摘要（executive summary）。经理摘要是研究报告中主要为经理等主管人员写的部分，在整个报告中占特别重要的地位。许多经理等主管人员往往没有时间阅读整个报告，而仅仅阅读此摘要部分。为此，这一部分要十分清楚和简要地叙述报告的核心和要点，主要应包括调研的问题、目标、主要结果、结论和建议等。从顺序上看，经理摘要安排在整个市场调研报告的前列，但其起草应在报告的其他部分完成以后。

（10）问题界定（problem definition）。问题界定部分应介绍市场调研所要解决的问题、背景材料等。要注意正确界定经营决策问题和市场调研问题。

（11）解决问题的方法（approach to problem）。这部分主要叙述为解决面临的市场调研问题所要采用的一般方法。

（12）调研设计（research design）。这部分叙述调研设计的内容，包括调研设计的类型、所需的信息、二手资料的收集、一手资料的收集、测量技术、调查的设计、抽样技术、现场工作等。

（13）资料分析（data analysis）。这部分叙述资料分析计划、分析策略和所用的分析技术。

（14）结果（results）。结果是调研报告中最敏感的部分。它往往分成几个部分，根据调研问题的性质、目标和所获得的结果，进行合乎逻辑的叙述。

（15）局限性和附加说明（limitations and caveats）。由于时间、预算、组织限制等因素的制约，所有的市场调研项目总有其局限性。这一部分要小心地阐明项目的局限性所在，避免客户过分依赖调研结果，但也要避免客户怀疑调研结果。

（16）结论和建议（conclusions and recommendations）。这部分是市场调研人员根据所获得的信息资料，进行理性分析研究后提出的见解。这部分内容要求可行、可操作和有用。

（17）附件（exhibits）。在这部分列出各种必要的附件，如调查表、统计数据等。

（四）抽样调查

调查资料可以用全面调查（也称普查）的方法取得，全面调查取得的资料较为准确、全面、可靠。但是，全面调查必然花费大量的人力、物力、财力，尤其是花费较长的时间。因此，这种方法较少用于市场调查。一般工业企业的产品用户较多，用户分布面较广，市场上的情况又瞬息万变，影响市场变化的因素异常复杂，企业要以最少的时间、费用、手续掌握这些资料，显然不能求助于全面调查。因此，最合适的市场调查方法就是抽样调查。

抽样调查是根据一定的原则，从调查对象的总体（也称母体）中抽取一部分对象（也称样本）进行调查，从而推断总体情况的方法。抽样调查的方法可以分为随机抽样和非随机抽样两大类。随机抽样是按照随机原则从总体中抽取样本，样本统计测定值的误差可以用数理统计的方法计算出来。非随机抽样是遵循某种人为的原则抽取样本，每一个个体被抽到的概率不相等，从而不可能用数理统计的方法来估计样本统计预测的误差。

简单随机抽样法是随机抽样中最简单、最基本的一种方法，调查者以纯粹偶然的方法在总体中抽样，任何个体都有相同的可能性被抽到，任何可能的样本都具有相同的被抽取的机会。例如，利用随机数表来完成简单随机抽样。抽样调查根据调查的样本估计总体的某些参数，一般需要估计的总体的参数有下述四种：平均值、总和、比率和总数。

为了使样本更客观地反映总体，避免因随机性或样本量小而出现的极端情况，根据实际情况还可用分层抽样法、分群抽样法、系统抽样法、任意抽样法、判断抽样法和配额抽样法等方法。抽样调查的各种方法，各有其优缺点，应根据企业调查的目的、调查对象的特点、调查人员的水平、被调查对象情况掌握程度等，合理地加以选择，以尽可能少的人力、物力、财力和时间，取得满意的调查结果。

四、市场预测技术

（一）市场预测的概念和类型

市场预测就是运用科学的方法，对影响市场供求变化的诸因素进行调查研究，分析和预见其发展趋势，掌握市场供求变化的规律，为市场营销决策提供可靠的依据。

市场预测有许多类型。按时间划分，可以分为长期预测（5年、10年等）、中期预测（1~5年）、短期预测（半年、一个季度）和近期预测（一周至一两个月）。按对象划分，可以分为整个产业情况预测、产品群预测和个别预测。按方式划分，可以分为判断预测和统计预测。

（二）市场预测的内容

1. 市场需求预测

市场需求预测是社会商品购买力及其投向的预测。在市场营销学中，市场需要量的预测，也称市场预测；市场占有率的预测，也称销售预测。

某个产品的市场需求是指一定的顾客，在一定的地理区域、一定的时间、一定的市场营销环境和一定的市场营销方案下购买的总量。市场需求包括产品、总量、购买能力、顾客数量、地理范围、时期、市场营销环境和市场营销方案八个方面。

2. 企业需求预测

企业需求是在市场总需求中企业所占的份额。对企业来说，预测企业需求和预测市场需求同等重要，企业需求直接关系到企业的营销决策。

3. 商品资源预测

商品资源预测是对商品资源的发展趋势进行预测。这关系到社会商品购买力与商品可供量的平衡问题，也关系到国民经济综合平衡问题和可持续发展。对供不应求商品的销售预测，不仅要考虑市场需要，还要根据市场的可能情况来决定销售量。

4. 商品饱和点预测

商品饱和点预测是企业在产品市场生命周期的预测中最重要的一环。饱和点有两种含义：一是原有产品社会需要量的饱和；二是支付能力的需求的暂时饱和。饱和点不是固定不变的。

此外，还有商品价格预测、经济效果预测和其他影响供求的主要因素预测等。

（三）市场预测方法

市场预测的方法很多，由粗略的估计，到比较精确的预测，有定性分析方法，也有定量分析方法。这些方法各有特点，互有长短，也都有一定的适用场合，应用时应根据企业本身的具体条件、已经掌握的信息资料以及对预测所要求的准确度等加以选择。

下面介绍六种常用的市场预测方法。

1. 购买者意向调查法

市场总是由潜在的购买者构成的，预测就是预先估计在给定条件下潜在购买者的可能行为，即要调查购买者。购买者意向调查法应满足以下三个条件：购买者的购买意向是明确清晰的；这种意向会转化为顾客购买行为；购买者愿意把意向告诉调查者。一般来说，用这种方法预测非耐用消费品需求的可靠性较低，用在耐用消费品方面稍高，用在工业用品方面则更高。

2. 销售人员综合意见法

在不能直接与顾客见面时，企业可以通过听取销售人员的意见估计市场需求。这种方法的优点是：销售人员对购买者意向的了解比较全面深刻；有信心完成上级下达的销售配额；可以获得各种销售预测。但这种方法也存在如下缺点：销售人员的判断总有偏差；销售人员可能对经济发展形势或公司的市场营销总体规划不了解；销售人员可能故意压低预测数字；销售人员也可能对这种预测没有足够的知识、能力或兴趣。

3. 德尔菲法

由各个专家对所预测事物的未来发展趋势独立提出自己的估计和假设，经公司分析人员（调查主持者）审查、修改、提出意见，再回到各位专家手中，这时各专家根据综合的预测结果，参考他人意见修改自己的预测，再开始下一轮估计。如此往复，直到对未来的预测基本满意为止。这种方法进行预测的准确性，主要取决于专家的专业知识和与此相关的科学知识基础，以及专家对市场变化情况的洞悉程度。因此，依靠的专家必须具备较高的水平。

4. 市场试验法

企业收集到的各种意见的价值，不管是购买者、销售人员的意见，还是专家的意见，都取决于获得各种意见的成本、意见可行性和可靠性。在这种情况下，就需要利用市场试验这种预测方法。

5. 时间序列分析

时间序列分析是指按观察值的时间序列进行运算推断，具体的方法有简单平均数法、加权移动平均法、指数平滑法等。

6. 回归分析法

回归分析法是一种数据统计方法，是建立在大量实际数据基础上，寻求随机性现象的统计规律的一种方法。通过对预测对象的数据分析，可以找出变量之间的相互依存关系，即相关关系。回归分析分为一元回归、二元回归、多元回归、线性回归和非线性回归等分析方法。

第二节 市场营销及其策略

一、市场营销

市场营销（marketing）是市场经济高度发展的产物，是一种经济活动。2017 年科特勒更新了对市场营销的定义：市场营销是通过为顾客创造价值来构建可获利的顾客关系并从中获取价值回报的过程。简言之，市场营销就是经营可获利的顾客关系。

企业的市场营销活动丰富多彩，是企业以满足顾客各种需要与欲望为目的，运用一定的方法和手段，通过创造性的活动，使企业的产品或服务有效地转移到买方手中的各种活动的总和。市场营销活动的前提是，顾客将从那些他们认为提供最高顾客让渡价值的企业购买商品。顾客让渡价值是指总顾客价值与总顾客成本之差。总顾客价值就是顾客期望从某一特定产品或服务中获得的一系列利益，包括产品价值、服务价值、人员价值和形象价值。总顾客成本包括货币成本、时间成本、精神成本和体力成本。

企业的市场营销活动，总是在一定的思想和价值观念指导下进行的。市场营销管理哲学，就是企业在开展市场营销活动过程中，在处理企业、顾客和社会三者利益方面所持的态度、思想和价值观念。

企业市场营销活动主要包括对市场机会的分析，研究选择目标市场，制定市场营销组合策略，部署市场营销战术和方法，以及实施和控制市场营销等活动。

二、市场营销组合策略

企业在正确的市场营销管理哲学指导下开展市场营销活动的一个重要步骤，就是制定切实可行的市场营销组合策略。市场营销组合策略是企业经营战略的延伸和具体化。市场营销组合策略由在预期环境和竞争条件下的企业目标市场策略、市场营销组合和市场营销资源配置优化策略等构成。

（一）目标市场及其策略

目标市场是指企业进行市场细分之后，拟选定进入并为之服务的市场或市场面，由具有相似需要的购买者群体组成。市场细分化是由美国市场营销学家温德尔·史密斯（Wendell Smith）于 20 世纪 50 年代中期提出的，是一种把一个市场划分成不同购买者群体的行为，这些购买者群体可能值得为其提供独立的产品或营销组合。每一个细分市场都是由具有类似需求倾向的购买者构成的群体。因此，分属不同的细分市场的顾客对同一产品的需要与欲望存在着明显差别，而属于同一细分市场的顾客对同一产品的需要与欲望存在着相似性，并且对相同的市场营销组合具有极为相似的反应。营销人员试图利用不同的变量，去观察哪一种变量能揭示最好的细分机会。对于每个细分市场，要设计一个顾客细分轮廓。细分分析的有效性在于所要达到的细分市场，要求这个细分市场具有可衡量性、足量性、可接近性、差异性和行动可能性。细分市场分类的细分变量主要为：人口变量、经营变量、采购方法、情境因素和个性特征。

有效的细分市场应具有如下特点：该细分市场是可衡量的，即该细分市场的购买力和规模大小能被衡量且有明确的个性特征，有相似的消费需求和购买行为；该细分市场具有一定的规模范围，能够适应企业扩大发展的要求；该细分市场是企业有能力占领的，即在该细分市场上，企业能发挥自己的长处，且在财力、物力、人力、技术等方面都有能力去占领；该细分市场对企业是有利可图的，就是企业的有效的市场营销策略的实施，在该细分市场上能够获得的利润和好处要比其他市场更加优越。

在评估各种不同的细分市场时，企业必须考虑三个因素，即细分市场的规模和发展、细分市场结构的吸引力、企业的目标和资源。企业在市场细分的基础上，可以选择最为有利的目标市场，制定自己的目标市场策略。企业选择目标市场策略一般有下面三种：

（1）无差异市场策略。企业把整体市场看作一个大的同质的目标市场，不考虑顾客实际存在的差异，只以单一的产品、单一的花色品种投向整个市场，并在这一目标市场上只运用单一的市场营销组合，力求适合尽可能多的顾客的需求。如早期的美国可口可乐公司，它拥有世界性专利，因此在相当长的时间内，只生产一种口味的产品，用一种瓶子包装，甚至广告用语也只有一种，试图以一种产品和一种市场营销组合去满足所有的消费者市场的需要。

（2）差异性市场策略。企业把大的市场分成若干细分市场，根据自己的条件，同时为两个或两个以上的细分市场服务，设计不同的产品，并在销售渠道、促销和价格方面都加以相应的变化，以不同的营销组合去满足各个细分市场的需要。

（3）密集性市场策略。密集性市场策略又称集中化市场策略，是指企业把自己的力量集中在某一个或几个细分市场上，实行专业化生产或销售，使企业在这些细分市场上有较大的市场占有率，以替代在较大市场上的较小的市场占有率。

选择目标市场作为企业的一种营销策略，具有长期性的特点。因此，选择市场策略是很重要的，不能随心所欲，而要考虑企业本身的特点及产品和市场的状况。企业在选择市场策略时须考虑以下因素：

（1）企业实力。如果企业有足够的相对优势，在人、财、物等方面基础比较雄厚，可以选择差异性市场策略或无差异市场策略；若企业实力不足，则应采用密集性市场策略。

（2）产品的特性。性质相近、使用面广的通用产品，宜采用无差异市场策略，对差异性大的产品，应采用差异性市场策略或密集性市场策略。

（3）市场的特性。对消费者或顾客的需求比较接近，购买量很大，购买动机和行为没有多大差异的市场，可采用无差异市场策略；否则，宜选择差异性或密集性市场策略。

（4）产品所处的生命周期阶段。产品处于引入期和成长期时，竞争者少，宜采用无差异市场策略，以进一步探测市场需求和潜在需求。当产品进入成熟期，宜采用差异性市场策略，以开拓新市场。产品进入衰退期，则应采取密集性市场策略，集中于最有利的细分市场，以延长产品的寿命周期。

企业选择目标市场时，每一策略的界限并不是绝对的、不变的，企业要根据市场情况进行调整，以使企业采取最有利和有效的市场策略，在营销活动中把握时机，立于不败之地。

（二）市场营销组合

市场营销组合，即企业为了满足目标市场的需要而采用的可控制的基本因素的组合。麦卡锡（E. J. McCarthy）把这些因素概括为四个变量（4P），即产品（product）、价格（price）、销售渠道（place）、促销（promotion）。

科特勒的整体市场营销理论认为：在实行贸易保护的条件下，企业的市场营销战略，除了4P之外，还必须加上两个 P，即政治力量（political power）和公共关系（public relation）。

1981 年布姆斯（Booms）和比特纳（Bitner）建议在传统市场营销理论 4P 的基础上增加三个服务性的 P，即人（people）、过程（process）、物质环境（physical evidence）三个要素，构成了服务营销理论的 7P 组合。

（三）市场营销资源配置优化策略

为了使市场营销活动更为行之有效，企业还必须了解各种类型的市场营销组合的费用与其销售和利润之间的基本关系。这些关系可用利润方程式和销售方程式表示。追求利润的最优化要求企业确定最适当的市场营销费用、市场营销组合和市场营销资源配置。一般企业可以通过建立销售函数、成本函数、利润函数等，采用优化理论予以实现。

三、产品策略

（一）产品整体概念

顾客是企业生存和发展的基础，企业的产品必须以满足顾客需求为基础。因此，为了制定有效的产品策略，向市场提供适销对路的产品，必须对产品的基本含义有清楚的理解。从满足顾客的观点出发，企业所有的活动（过程）结果都是产品，这种理解便是产品整体概念。

产品整体概念可以把产品理解为由核心产品、形式产品和延伸产品三个层次组成的整体，也可以把产品理解为由核心产品、形式产品、期望产品、延伸产品和潜在产品五个层次组成的整体，如图 11-1 所示。

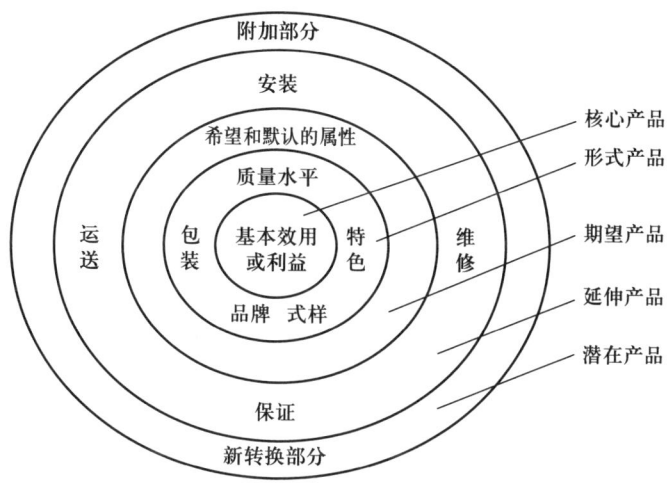

图 11-1　产品整体概念示意图

（1）核心产品，指向购买者提供的基本效用或利益。

（2）形式产品，是核心产品借以实现的形式，在市场上表现为五个特点，即质量水平、特色、式样、品牌和包装。

（3）期望产品，指购买者购买产品时通常希望和默认的一组属性和条件。

（4）延伸产品，是顾客购买形式产品时所能得到的全部利益，即形式产品所提供的基本效用或利益和随同形式产品而提供的附带服务的总额，如安装、维修、保证、运送以及其他售后服务。

（5）潜在产品，指产品最终可能会实现的全部附加部分和新转换部分。如果延伸产品包含着产品的今天，则潜在产品指出了它可能的演变。

（二）产品生命周期策略

产品在市场上的销售状况及获利能力随着时间的推移而变化。这种变化的规律正像生物界的各种生命一样，由诞生、成长到成熟，并走向衰亡的过程，这个过程在市场营销中指产品从进入市场开始，直到最后在市场中被淘汰的过程，产品的这一规律，被称为产品的生命周期（product life cycle，PLC）。产品生命周期由四个阶段组成，即引入期、成长期、成熟期、衰退期。在这里必须强调，产品生命周期不是指产品的使用寿命，而是指产品在市场上存在的时间，即市场寿命。在整个生命周期中，销售额及利润额的变化作为产品生命周期的主要特征值，其变化表现为类似 S 形的曲线，如图 11-2 所示。

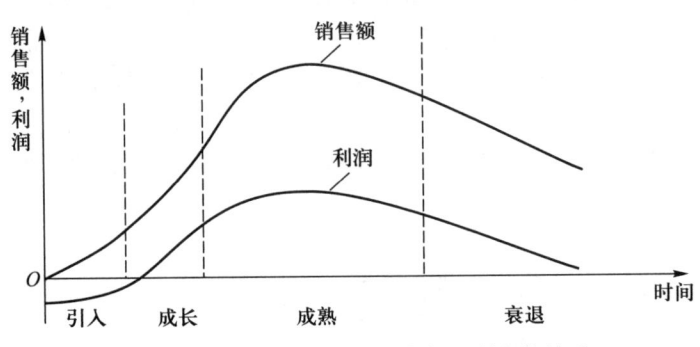

图 11-2　产品生命周期与销售额和利润的关系

产品生命周期各个阶段的划分是相对的，图 11-2 反映的是大多数产品的市场表现，而不是所有产品的市场表现。产品生命周期的变化与产品的定义有关，产品定义范围不同，表现出来的生命周期也会有所不同，但总体上都存在着从产品引入到产品衰退的过程，只是各个时期的特征值表现不同而已。产品处于不同的生命周期，企业必须考虑用不同的策略来开展营销和管理活动。

1. 引入期策略

企业的产品处于引入期时，一般要经过试销阶段，这时产品处于发展初期，还存在着各方面的不足，如产品的生产方法尚未定型，质量和性能不够稳定、制造成本高等。同时，消费者对这类产品的性能还不了解，对产品也不适应，从图 11-2 上反映出来的是：销售量有限，前期利润为负值。因此在这一时期，企业要让新产品在市场上站稳脚跟，并扩大市场占有率，以取得利润。

2. 成长期策略

新产品经过市场引入期后，经受住市场的检验，销路迅速打开，产品进入成长期。这时产品已定型，开始大批量生产，销售渠道也已疏通，销售量迅速上升，成本降低，利润增加，但这时竞争者也开始大量加入，竞争加剧。

3. 成熟期策略

产品经过成长期的一段时间后，进入成熟期，销售量和利润都比较高，但增长速度减慢，市场趋于饱和，甚至开始呈现下降趋势，市场竞争激烈，各种品牌、各样款式的同类产品不断出现。而且，来自新产品或替代产品的竞争威胁也在加剧。因此，应该注意产品的改进，使产品生命周期再次循环，以此来延长成熟期。

4. 衰退期策略

当一种产品已失去对顾客的吸引力或被新产品所替代，其销售量由缓慢下降变为急剧下降，利润减少，甚至会出现亏损，竞争减弱，顾客的需求已发生转变。这个时候，企业的战略是在适当时间退出市场。

（三）新产品的开发与管理

产品生命周期理论给我们提供了一个重要启示，即当代科学技术水平的迅速发展、产品生命周期的迅速缩短，已成为当代企业所面临的现实。在知识经济时代，每个企业不得不把技术创新和知识创新作为企业生存发展的战略重点，这是企业知识管理的核心，是提高企业劳动生产率最主要的手段。

改变人类命运最戏剧化的因素是技术，每种技术都会产生长期的重大影响。随着技术变革步伐的加快，新技术研究的范围越来越广，研究与开发预算不断变化，技术革新成果不断涌现。与此同时，已建立起一个网络化的技术传播渠道，加速了技术的扩散，促进了技术进步。

技术创新和开发研制新产品又称研发，它是企业为满足新的需求，改善消费结构，提高人们生活水平而进行的创新、研制和开发活动，是企业在市场上具有活力和竞争力的表现。它实质上是为适应市场需求的变化，适时地、经常地研制、扩充出新产品，更新老产品的管理过程。创新活动的成败直接关系企业的成败。为了提高新产品开发的成功率，必须建立科学的新产品开发管理体系。

知识的创新性，表现为新设计、新观点、新思路、新发明、新战略技术。企业可以通过引入一种新产品或一种产品的新质量，采用一种新的生产方法，开辟一个新的市场，获得一种原材料或半成品的新的供给来源，实行一种新的企业组织形式，将新知识、新技术和新观念导入企业经营管理活动中。

新产品是相对老产品而言的产品。对于新产品，各个地区和各个国家都有不同的规定，通常我们将已正式投入生产并受到市场欢迎的那些在结构、性能、材质、制造工艺等一方面或几方面比老产品有显著改进或提高的产品称为新产品。新产品的开发要以满足顾客的需要为出发点，并以企业的资金、技术力量、设备、原材料等条件为前提，以经济效益为核心的要求，可以采取技术引进的方式、自行研制与技术引进相结合的方式、独立研制的方式等，作为新产品开发的有效途径。

新产品开发是一个复杂的过程，一般要经过几个阶段，其一般程序是：构思→筛选→产品设想→可行性分析→产品研制→试销→投入市场。

1. 构思

发展新产品需要广泛征集富于创造性的构思。构思就是对满足一种新需要的产品的设想。有一些市场营销学者认为，一个好的构思，等于新产品成功的一半。因而新产品构思的产生，具有十分重要的意义。构思的主要来源包括：消费者和用户；商业部门；各种专业情报资料；竞争产品；各种博览会、展览会；企业内部职工。一个企业，只要有不断创新的精神，广开言路，就可以通过各种渠道，获得新产品的构思。

2. 筛选

在新产品构思阶段，往往会有很多的设想，这些设想或构思，哪些应保留，哪些应剔除，要通过筛选来解决。通过筛选，把没有必要或没有可能的设想剔除，留下适合本企业发展的新产品方案。筛选时企业要考虑：新产品潜在市场的大小；需要的投资和企业的财务能力；原材料和能源的供应状况；所需设备和人力资源状况；新产品的销售渠道和储运能力以及获利能力等。

3. 产品设想

产品的基本设想来源于产品的构思，是从许多的产品构思中筛选出来，并把它用有意义的语言描述出来，这是对产品构思的具体化和形象化。

4. 可行性分析

可行性分析是对某一新产品方案从技术、经济、所处的生产条件、市场条件和社会环境等方面进行全面的调查研究和分析比较，最终判断是否开发这一新产品的过程。新产品可行性分析主要考虑如下方面：① 产品技术先进性分析、产品功能实现程度分析、产品可靠性分析、产品社会性分析等技术因素的分析；② 产品的生产成本和利润分析以及投资收益分析等经济因素的分析；③ 社会评价，即产品的开发是否符合国家和社会的法律道德，是否有利于企业、用户和国家的三方利益等。

5. 产品研制

企业选定最佳产品设想以后，就要制作样品，包括产品设计、工艺准备、样品试制和小批量试生产。这一阶段是以前的抽象产品的具体化阶段。样品经过从设计到试验、再设计到再试验的反复过程，发展到技术上可行的产品，从而进一步成为市场上的可行产品。

6. 试销

新产品样品经过用户试用之后，企业通常要制造少量正式产品，投入一定范围的市场进行试销，以检验在正式销售条件下的市场反应。企业对新产品的市场试销必须进行周密的筹划和精心的组织，但并非开发任何新产品都必须经过试销这一环节。

7. 投入市场

新产品经过试销，从获取的资料被证明是成功的，就可以进行大批量生产，投入市场。新产品投入市场的过程通常涉及以下几点：一是须对新设备进行投资，以便大量生产。二是通过广告宣传等手段，建立顾客对新产品以及生产经销企业的强烈印象，唤起并刺激顾客对新产品的消费欲望。三是可以利用企业原有的销售渠道，利用原产品的声望、信誉和知名度，把新产品推入市场。四是把新产品向重要的市场与地区投入，当竞争对手进入同一市场时，则可采取快速抢占市场份额的措施。

新产品开发能力是企业竞争能力的重要组成部分，影响着企业经营活动的成败。同时，新产品开发又是一项艰巨而复杂的工作，它不仅要投入大量的资金，而且要冒很大的风险。有关调查资料显示，新产品的开发，从构思到投入市场，成功率大约只有1%。为了有效地利用企业资源、抓住机会，企业有必要在以下几个方面加强对新产品开发的组织和管理：

第一，企业要制定新产品开发的近期、中期和长期的发展规划。把近期的技术性开发和中长期战略性研究结合起来，使新产品保持连续不断的开发局面。

第二，加强对新产品的科研投入，保证充足的科研开发经费。

第三，发展科技、生产联合体。一类是以企业为主体的联合体，从事本企业的新产品、新工艺、新装备、新材料的研究开发；或研究推广和移植采用国内外的先进技术和研究成果，改进提高老产品的性能和质量。另一类是以社会科研部门为主体的联合体，通过现代科技成果的转化，开发新产品。

第四，建立产品研究开发中心，为企业提供新产品的技术经济预测分析、咨询服务等，负责新产品规划的制定和实施，协调企业内部各种力量和资源的平衡，保证从组织上落实和管理好新产品的开发工作。

（四）产品组合

企业从满足市场需求和获取利润的角度考虑，一般不只经营一个产品项目，而要同时经营多个产品项目。企业生产和销售的全部产品项目的结构就称为产品组合。

产品组合是由产品线构成的。而产品线是由使用功能相同、规格不同的一组产品项目所构成的。产品组合的宽度，说明企业经营多少产品类别，有多少条产品线。产品组合的深度，是指企业经营的各种产品线内的平均项目的多少。产品组合的关联程度，是指各种产品线在最终用途、生产条件、分销渠道及其他方面相互联系的程度。

企业一般采用的产品组合方式有：全线全面型，即企业考虑向所有顾客提供他们所需要的一切产品；市场专业型，即向某个专业市场（某类顾客）提供所需要的产品；产品线专业型，即企业专注于某一类产品的生产，并将其产品推销给各类顾客；有限产品专业型，即企业根据自己的专长和条件，发展具有良好销路的某一类产品线，集中经营有限的甚至单一的产品线，以适应有限的或单一的市场需要；特殊产品专业型，即企业凭借自己的特有专长，发展具有良好销路的特殊产品项目，由于产品的特殊性，所能开拓的市场有限，但竞争威胁较小。

产品组合策略，就是根据市场需求和企业目标，对产品组合的宽度、深度和关联程度进行决策。一般情况下，扩大产品组合的宽度、增加产品线的深度和加强产品组合的关联程度，可以使企业降低投资风险，增加产品的差异性，适应不同顾客的需求，从而提高企业在某一地区或某一行业的声誉。

（五）产品的品牌和包装

品牌，俗称牌子，是制造商或经销商加在商品上的标志。它是指企业用以区别其他类似产品的名称、词句、符号、设计，或它们的组合。它的基本功能在于使竞争者相互区别。品牌是一个笼统的名词，它包括品牌名称、品牌标志、商标。品牌名称，指品牌中可以用语言称呼表达的部分，如华为、比亚迪、可口可乐等都属于可以用语言称呼的品牌名称。品牌标志，指品牌中可以通过视觉识别，但不能用语言称呼的部分，一般体现在符号、图像、色彩等方面与众不同的设计。品牌（包括品牌名称和品牌标志）经向政府有关部门注册登记后，获得专用权，受到法律保护就称为商标。注册商标是一个法律名词，用以保证企业的专有知识产权和其他利益不受侵犯。

企业在进行品牌决策时，一般可以作出以下几种选择：使用品牌还是不使用品牌，采用制造者品牌还是销售者品牌，采用统一品牌还是个别品牌。

产品包装，是指产品在运输、存储和销售过程中，为保持其价值和使用价值，保护商品和美化产品，采用一种综合性的技术经济措施的容器和包扎物。包装一般分为内包装、外包装两类，内包装一般指接触产品的包装，外包装指附着在内包装外的包装。

产品包装直接影响到产品的价值和销售前景，起着"沉默的推销员"的作用。因此，除了多数属于原材料、燃料类型的产品外，一般产品都需要有不同方式的包装。按照产品包装的观念，可以将产品包装在市场营销活动中的作用归纳为：保护产品；便于运输、携带和存储；便于销售，方便使用；美化商品，促进销售。

企业为了充分发挥产品包装的促销作用，在包装设计上采取各种各样的措施，形成了不同的包装策略。包装策略有类似包装策略、组合包装策略、双重用途包装策略、附赠品包装策略、改进包装策略等。

四、定价策略

（一）价格

价格是市场营销组合中一个非常敏感的重要因素，它在很大程度上决定和影响着其他市场营销组合因素。价格是唯一能产生收入的因素，而其他因素则表现为成本。企业的定价策略既要有利于促进销售、获取利润、补偿成本，同时又要考虑顾客对价格的接受能力，从而使定价具有了买卖双方双向决策的特征。

在市场营销活动中，企业的定价工作受到各种因素的影响和制约，其中定价目标、市场需求、竞争者行为、成本和公共政策等因素对价格的制定具有十分明显的影响作用。定价目标有很多，如以最大利润为目标，以合理利润为目标，以市场占有率为目标，以排除竞争和应付竞争为目标等。不同的定价目标就会产生不同的产品价格。定价中最难把握的因素是同行业竞争者行为对企业的影响和对企业定价的反应。定价是一种挑战性行为，任何一次价格的制定与变动都会引起竞争者的关注，并导致竞争者采取相应的对策。

影响定价的另一个重要因素是对顾客心理的考虑。顾客心理因素对商品定价的影响主要表现为三个方面：第一，期望价格，顾客对商品价格有一个期望值，这个期望值影响着企业的定价水平，当期望某一商品价格下降时，就会等待观望，而导致该商品的价格一再下跌；反之，就会抢购并过量购买，导致商品价格的上涨。第二，价值观念的变化，由于人们的价值观念在不断地变化发展，就存在这样一种现象：经济水平高、发展迅速的地区，人们收入水平增长快、购买力强、对价格敏感性差，有利于企业较自由地定价；相反，在对价格的高低极其敏感的地区，企业就难以在宽松的范围内定价。第三，"逆反购买心理"，顾客的逆反心理会导致需求不按照一般的需求规律变化，从而出现价格下降并不引起需求的增加，涨价也不引起需求量减少的现象。

（二）定价方法

企业可以采用的定价方法是多种多样的，但是，定价方法选择得是否正确合理，直接关系到定价目标的实现和企业营销成果的大小。因此，企业必须选择最佳的定价方法。一般采用的定价方法主要有以成本为中心、以需求为中心和以竞争为中心的定价三类方法。由于市场竞争的加剧，目前以需求和竞争为中心的定价方法占据了重要地位。

以需求为中心的定价方法是根据市场需求强度和顾客反应来确定价格。市场需求强度是指顾客想获取某种商品的强烈或迫切程度。对于单位成本相同的同一产品，需求量大时价格定得高些，需求量小时价格定得低些。企业可以有效地利用价格差异，促进销售活动。当然，这种价格差异要根据需求价格弹性的变化，以及顾客心理、产品改良、地域差别和时间差别等综合考虑。

以竞争为中心的定价方法是以竞争者的售价作为企业定价依据。它不是根据成本或需求来定价，而是随竞争者的价格的变动而变动。采用这种方法，要分析竞争者的产品价格、质量、性能、服务和声誉等情况，对照本企业的实际情况，通过比较来制定价格。

此外，还有盈亏平衡定价法和习惯定价法等。

（三）常用的定价策略

企业要实现预定的营销目标，不仅要研究定价的方法，还要研究定价策略。定价策略包括制定价格和调整价格的策略，以下介绍三种常用的定价策略。

1. 折让策略

折让，即折扣和让价，都是减少一部分价格以争取顾客的方式。常用的折让策略有：数量折扣、现金折扣、交易折扣、季节性折扣、推广让价等。

2. 地理定价策略

企业在制定价格时，运费是要考虑的重要因素。尤其是当运费在可变成本中所占比重较大时，更需要合理摊算运输成本。常用的地理定价策略有：生产地定价、统一交货定价、区域定价等。

3. 心理定价策略

心理定价策略是针对顾客心理采用的定价策略。运用心理学原理，根据不同类型的顾客在购买商品时的不同心理需求来制定价格，以诱导顾客增加购买量。心理定价策略包括：整数定价、零头价格、声誉价格、幸运数字价格、投标价格、拍卖定价和期货定价等。

（四）新产品定价策略和价格变动

一种新产品初次上市，能否在市场上打开销路，并给企业带来预期的收益，定价因素起着重要作用。常用的新产品定价方法有两种，即撇脂定价和渗透定价策略。

撇脂定价策略是指新产品刚投入市场时采用高价，以高出成本几倍甚至十几倍价格销售，以期在短期内获得高额利润。采用这种定价策略是以新产品具有某些独特的优点，为社会所迫切需要为基础的，或是其产品生命周期较短或需求弹性较小，利用顾客爱好新奇、购买力较强的特点。采用撇脂定价策略可以在短期内尽快收回资金，而且可以在有竞争者加入市场时用减价的方法进行防御。

渗透定价策略又称低价策略，是指在新产品投入市场时，企业采取薄利多销的原则，将价格定得较低的一种方法。采用这种方法能使产品迅速打开局面，占领市场，可以阻止竞争对手的加入，有利于控制市场。尽管产品的价格较低，但从长远看，企业仍可获得相当多的利润。

产品价格受各种因素的影响，特别是随着市场需求、资源供应、竞争和成本的变化而需要经常变动和调整。价格变动通常有提价和降价两种情况。

提高价格会引起顾客和中间商的不满，增加他们的支出，但是企业为了减轻成本上涨的压力，或为了缓解因市场供不应求而带来的压力，或为了弥补通货膨胀、货币贬值所引起的产品价值的损失，就会采取提高价格的策略。企业提价时，应做好信息沟通工作，争取买方理解，同时要选择合适的时机和有效的方式，使提价能顺利进行，且不影响产品在市场上的销售量。

降低价格会产生一些消极影响，容易使顾客或中间商对企业的产品质量和企业信誉产生疑虑。但是为了缓解生产能力过剩或市场收缩所造成的产品积压的压力，或为了适应价格竞争、避免市场份额的减少，或为了体现成本降低后企业控制市场的努力等，企业有必要降低价格。

五、营销渠道策略

（一）营销渠道的概念

营销渠道也称销售渠道、分配渠道或分销渠道，是市场营销理论特有的概念。它是指产品的所有权从生产者向顾客转移过程中所经过的途径或通道。在这个流通过程中，生产者是营销渠道的起点，顾客是营销渠道的终点，营销渠道的中间环节一般由中间商组成。中间商是指处于生产者和消费者或用户之间直接或间接参与商品销售活动的一切组织或个人，如进出口商、批发商、零售商、运输公司、保险公司、广告公司、销售咨询公司等。在商品流通过程中，中间商们从不同的角度起着连接生产与消费的桥梁作用。具体表现在三个方面：具有简化销售手续、扩大销售范围、降低市场营销费用的功能；具有集中、平衡、扩散产品的功能；具有加速商品流通和资金周转、提高经济效益的功能。

（二）营销渠道的选择和渠道策略

一般来说，无论是从长期战略还是短期战略来看，企业选择和开发营销渠道的总目标是取得适当的利润和市场份额。今天，越来越多的企业认识到保持现有顾客的重要性。根据赖克海德和萨瑟的理论，一个公司如果将其顾客流失率保持在5%，其利润就能增加25%～85%。为实现这个目标，还必须考虑成本、资金、控制、市场覆盖面、特点和连续性等因素。建立和选择营销渠道，主要是对下述方面进行决策：

第一，对于所销售的商品，决定采用长渠道还是短渠道。销售渠道越短，生产者保留的商业责任越多。但销售渠道短，企业容易控制产品的零售价格，有利于进行宣传和提供各种服务，提高企业的声誉；销售渠道越长，流通环节多，必然导致流通速度慢，流通成本费用高，因而价格也高，会影响企业的声誉和经济效益。

第二，需要决定采用宽渠道还是窄渠道，即选择多少中间商。在这方面有三种策略可供选择：① 广泛性营销渠道策略，即大量利用中间商，把销售网点广泛分布在市场的各个角落，适用于日用消费品和工业品中的经常耗用品；② 选择性营销渠道策略，即企业在市场上选择一部分中间商来销售自己的产品，这种策略比较常用；③ 独立营销渠道策略，即生产企业在特定的市场内仅选一家批发商或零售商经销其产品，其优点是容易控制市场和价格，降低流通费用，缺点是有时出现销售力量不足，同时只依赖一家经销商，具有较大的风险。

第三节　市场促销策略 ▮▮▮

一、市场促销策略概念

现代营销不仅要求企业开发优良产品，给予有吸引力的定价，还要求企业经济方便地满足顾客需要，与顾客进行沟通，扮演好信息传播者和促销者的角色。企业可以通过设置高的转换壁垒和维持高的顾客满意度来留住顾客，减少顾客流失率。

促销是促进销售的简称，是指企业运用各种手段，沟通生产者与顾客之间的生产和消费信息，掌握顾客的需求和偏好，激发其欲望和兴趣，满足顾客的需要，达到推销商品、劳务或品牌形象，促进顾客购买行为的一种营销活动。

促销组合就是企业把广告促销、人员推销、营业推广和公共关系四种促销方式，有目的、有计划地配合起来，综合运用。促销组合决策就是选择各种对企业有利的促销手段，或者在某种促销手段的组合中，确定更侧重使用哪一种促销手段。影响促销组合决策的主要因素是促销目标、市场范围和类型、产品性质、产品所处市场生命周期、促销策略和其他营销策略。

二、广告促销

（一）广告和广告媒体

广告是商品经济的产物，是企业促销的重要策略之一。广告从本质上说是信息传播活动。根据现代广告的基本特征，广告是广告主支付一定的费用，通过特定的传播媒介，把商品和服务的有关信息传播到可能的用户中的信息传递形式，以激起用户的注意和兴趣，促进商品销售。

广告媒体就是传播广告信息的一种物质技术手段。它是企业与广告宣传对象之间起连接作用的媒介物，广告媒体的种类很多，归纳起来主要有报纸、杂志、广播、电视、自媒体等。

广告媒体还有交通媒体，利用人们乘坐的汽车、地铁、轮船、飞机等设置广告；销售点媒体，以商店、营业现场或橱窗作为布置广告的媒体；邮政媒体，以信函的方式直接向公众寄送广告物，如样品、商品目录、说明书等；包装媒体，在包装物上附带制作企业或产品标志、图案，以宣传和推广商品等。

（二）广告决策

广告决策包括广告目标的确定、广告预算的编制、广告信息的选择、广告媒体的选择等。

1. 广告目标的确定

广告活动的总目标是刺激用户的兴趣和购买欲望，促进销售，增加盈利。但是任何一个广告，都须有具体的目标。广告的具体目标很多，归纳起来有以下几种：以介绍为目标、以提高产品和企业的信誉为目标、以提醒为目标等。

2. 广告预算的编制

广告能促进销售量增加，但是做广告要支付一定的费用。由于广告的促销效果很难计算，因而无法直接定量计算出合理的广告费用。通常本着扩大销售、提高经济效益、节约费用开支的原则，在制定广告费用预算的时候，采用以下几种方法：力所能及法、销售额比例法、竞争对等法、目标任务法等。

3. 广告信息的选择

信息即广告内容，与广告效果具有密切关系，是广告宣传中极为重要的方面。选择信息，即广告要向目标对象传递什么商品和劳务。这取决于商品本身的特征与企业在竞争中目标的确定。为了提高广告的效果，在选择信息时必须注意信息的真实性、针对性、生动性、独特性、理解性与激励性。

4. 广告媒体的选择

广告媒体的选择应根据广告目标的要求、广告费用和广告商品进行，在选择广告媒体时应考虑商品的性质与特征、媒体的性质、广告目标、商品购买者的特征、媒体的费用等。选择广告媒体，不一定费用越高越好，一方面企业选择广告媒体要根据自己预算的多少，另一方面还要根据广告的相对费用，即广告费用支出与预计效果比较，从而用有限的广告费用达到理想的效果。

三、人员推销

人员推销是指企业派出推销人员或委派专门推销机构，直接与顾客和用户接触、洽谈、宣传介绍商品和劳务，以实现销售目的的活动过程。人员推销是一种古老的、普遍的但又是现代最基本和最重要的销售方式，它是由推销人员、推销对象和推销的商品三者结合起来构成统一的人员推销这一活动过程。人员推销的特点有：灵活机动、培养情感、提供服务、双向沟通。

人员推销的不足之处是成本费用比较高，理想的推销人员不易得到，在市场范围广阔而买主分散的状态下，显然不宜采用此方式进行促销。因此，人员推销需与其他促销方式配合使用。

四、营业推广

营业推广又称销售促进或市场推广，是指除人员推销、广告和公共关系以外的，用以在一个较大的目标市场中，为了刺激需求而采取的能够迅速产生刺激作用的促销措施。营业推广多用于一定时期、一定任务的短期特别推销。营业推广一般很少单独使用，常作为广告和人员推销的补充手段，具有针对性强、非连续性、短期效益明显和灵活多样的特点。

营业推广可分为对顾客的营业推广、对中间商的营业推广和对推销人员的营业推广三种形式。

为了提高营业推广的促销效果，必须制定正确的营业推广策略，主要包括以下几个方面：第一，确定营业推广的对象和目标。第二，选择营业推广的形式。第三，确定营业推广期限。营业推广是一种适宜于较短时期、有限规模范围的促销方式，因此，采用时间不能太长。第四，确定营业推广的预算。企业一般可以根据预计利润额或营业额的一定百分比来确定营业推广的费用，或者根据具体方案直接估算，将各种成本和刺激费用（如赠奖成本、减价成本等）两部分综合起来计算出预算总额。第五，执行和控制。必要时对营业推广方案进行调整。第六，营业推广效果的评价。

总之，营业推广既可以给顾客带来好处，也能使企业从中得益，因而必须要有正确的策略方案和措施，在有限时间和有限范围内取得最佳的推广效果。

五、公共关系

在促销活动中，公共关系是非常关键的一环。公共关系是指企业与公众之间建立和维护良好关系的活动，而在促销过程中，公共关系不仅可以帮助企业树立良好的品牌形象，还可以提升产品销售的效果。企业在处理公共关系工作时往往需要做好信息检测、舆论宣传、沟通协调、危机处理等事项。企业需要通过制定和实施正确的公共关系策略，在社会公众中树立良好的企业形象和产品形象，而不仅仅是针对企业产品的购买者而搭建各种社会关系，应该着眼于长远目标、着手于日常细节，本着真诚合作、互惠互利的原则，实现企业与社会公众之间的双向沟通。

本章小结

企业的健康成长，受到众多因素的影响，尤其是市场因素。要在复杂多变的市场经济环境中生存和发展，企业就必须开展有效的市场研究和营销活动。

市场研究是企业市场营销活动的前提。企业可以采用各种随机抽样的调查方法，并辅以数理统计技术，对市场进行科学的调查研究。为了对市场未来需求进行预测，企业可使用购买者意向调查法、销售人员综合意见法、德尔菲法、市场试验法、时间序列分析、回归分析法等预测方法。

企业市场营销活动主要包括市场机会的分析、目标市场的选择、市场未来需求的估计、市场营销组合策略的决策等，从而以合适的产品和服务组合、合适的价格、合适的时机和地点、有效的促销手段吸引和说服顾客，将企业的商品送达顾客手中，满足顾客的需求，实现企业的经营目标。

思考题

1. 企业市场研究的主要任务是什么？对于市场营销，市场研究扮演着怎样的角色？

2. 企业开展市场研究有哪些方法？这些方法对于提升企业的市场调查效果有什么作用？能有助于企业促进销售吗？

3. 企业市场营销包括哪些策略？如何进行策略选择呢？

4. 为什么说企业的市场营销活动会受到生产观念、产品观念、推销观念、市场营销观念和社会营销观念的影响？

5. 如何认识广告营销的作用？企业有哪些广告渠道可以选择？选择的依据是什么？

案例分析

▶ **案例 11-1：蜜雪冰城——饮品界"低价王者"之路** [①]

如今，中国满大街都是饮品店，大多数饮品价格从 5 元到 35 元不等，饮品越来越成为很多人心中的必需品。作为低价饮品店的代表，蜜雪冰城如何在众多低价饮品店中脱颖而出？如何在近几年整个行业关店率高达 80% 时，保持自身关店率只有 1%？创始人张红超带领一开始只是小摊儿的蜜雪冰城，经过种种努力后，一跃成为新茶饮首个万店品牌。蜜雪冰城被称作低价饮品店之"王"当之无愧。

蜜雪冰城产品主要受年轻人的欢迎，尤其紧紧抓住了学生这类价格敏感型的消费者人群，把新店开到他们中间去。同时大学一般离市中心比较远，在大学里开店一方面远离了那些开在市中心的高端奶茶店，减少了竞争，另一方面租金也不贵。就这样，蜜雪冰城陆陆续续在大学里开了一家又一家店铺，如今在国内许多大学里，都可以找到蜜雪冰城的身影。因此，蜜雪冰

---

① 资料来源：陈晓萌，高栗，许梦娇，等. 蜜雪冰城——饮品界"低价王者"之路. 中国管理案例共享中心案例库，2021-05-17.

城又被戏称为大学里的"连锁四兄弟"之一。对年轻学子来说，近在咫尺、低价又好喝的蜜雪冰城，毫无疑问是他们的最佳选择。

蜜雪冰城坚定了店铺开到目标消费者人群中去的市场策略，慢慢地也开始把店铺开到了城乡接合部。如今，蜜雪冰城的门店遍布中国的城乡，特别是河南、河北、山东、陕西、四川等省市的地级市、区，这些地方的年轻人、学生是主要消费群体。蜜雪冰城所有产品的价格都比较低，恰好与目标消费群体的消费诉求匹配，几十元一杯的奶茶太贵，而大多数好喝的饮品店又都开在市中心，在力所能及的范围内喝到好喝的饮品，才是他们的需求。他们是真正的"沉默的大多数"，虽然消费能力或许比不上CBD的白领，但是人数众多，他们带来的销售额也很高。

每年年底，张红超都会和员工一起开会讨论新的一年的营销计划。蜜雪冰城有众多线下活动策划，需要做到以下两点才能保证有节奏、有重点的实施：

（1）提前推广。夏季是招商的旺季，也是门店的旺季，三、四月作推广最有效，蜜雪冰城把所有的资源投入三、四月。

（2）重点推广摇摇奶昔。作为创新产品，摇摇奶昔其实是蜜雪冰城早几年从菜单上下架的一个产品，下架的原因是出杯复杂又耗时间。2018年，蜜雪冰城的研发团队把这个产品经过创新重新挖掘出来——"冰激凌果酱茶汤冰块摇骰子"（创意是直接在杯子里加入冰块，冰块代表骰子）。不仅如此，摇摇奶昔还具备成为一个爆品的所有要素：好喝、好看、好玩。再抓住三月最佳推广时期，将上市的动静做大一点，火爆是一件大概率的事情。同时要做好其他常规宣传，配合其他月份节日或者产品的推广，可以在终端店宣传物料更新上做些努力。

线上来说，近几年新媒体在群众中广受欢迎，抖音、微博等受众群体广泛，尤其受到年轻人的追捧。蜜雪冰城借助活跃在年轻人之中的分享平台——微博来进行宣传。微博是年轻人的聚集地，他们愿意在微博上浏览与分享新鲜事物。蜜雪冰城设立官方微博，在上面发布新品的精美图片和促销活动，并且频频发起转发抽奖活动。蜜雪冰城的粉丝纷纷在官方微博的下方发表评论，并且附上"高颜值买家秀"，扩大了蜜雪冰城的宣传。个人视角的评价更主观、更可信、更真实，官方微博也在实时关注粉丝动态，及时回应粉丝对蜜雪冰城的好评。

当有新品进行推广的时候，蜜雪冰城还会借助抖音这个平台，让更多的人了解新品，通过抖音发起活动主题邀请抖音用户参加。好的活动需要强大的执行力。比如2019年蜜雪冰城为了宣传其新品摇摇奶昔，在抖音发起"抖音摇一摇"的活动，前期动员了蜜雪冰城体系的员工、加盟商店员总共超过1.5万人次全部下载抖音，安排他们接受关于抖音平台的传播规则和禁忌培训，在培训完后要求大家必须参与进来拍第一拨抖音视频。

由于当时蜜雪冰城门店遍布全国总共6 000多家，所以摇摇奶昔的产品上市分三拨，第一拨河南市场，第二拨中部六省，第三拨其他省份。在这期间，河南的顾客喝到产品时上传了抖音视频；而中部六省上市前会有一个时间空当，于是很多山东、河北、湖北的顾客在家里刷到了河南顾客上传的视频，被激起了好奇心，就迫不及待地到蜜雪冰城店询问有没有摇摇奶昔。就这样，产品得到了高度营销，来买的顾客自然也越来越多。

随着规模扩大，供应商开始或多或少地在原料上出现一些质量问题，导致产品口碑下滑，于是蜜雪冰城决定自建一家原料厂，来保证产品的质量和口味。

就这样，张红超和他的团队开始了考察、选址、建厂的工作。2012年，蜜雪冰城拥有了自己的独立研发中心和中央工厂，实现了核心原料全部自产。这样一来，蜜雪冰城掌握了对产品原料的把控权，在议价方面拥有了主动权，原料不仅有质量保障，价格也下调了一部分，产品价格不降，质量反倒上升，消费者愈加信赖蜜雪冰城。

蜜雪冰城的运营管理、研发生产、仓储物流都有专门的公司负责，实现了从原料采购、研发、加工生产到门店销售的无缝对接。放眼整个国内餐饮行业，这属于少有的自供应系统，是蜜雪冰城的核心竞争力所在。也正是这一套完整的产业链，使得蜜雪冰城的原材料成本、运营成本大大降低，使蜜雪冰城有底气和实力一直做高品质的平价产品。蜜雪冰城正是在供应链环节上不断做"减法"，一直站在消费者的角度去思考问题、解决问题，才得以为消费者提供性价比如此高的饮品，让加盟商获得比加盟其他品牌更高的收益，上万家平价奶茶店的规模也由此而来。

研讨　1. 企业选择目标市场的策略与需考虑因素有哪些？请简要说明。

2. 企业对营销渠道的选择需要作出哪些方面的决策？

3. 结合蜜雪冰城的营销渠道和营销策略，谈谈其是如何运用新媒体渠道、低价渗透策略进行营销的。

4. 结合案例，请谈一谈蜜雪冰城从消费者角度出发的营销策略是如何进行的。是否存在一定的改进空间？

▶ 案例 11-2：酷派手机——"王者归来"还是"重蹈覆辙"

阅读文献

1. 王永贵. 市场营销. 北京：中国人民大学出版社，2019.

2. 元明顺，刘艳玲，郑鑫，等. 市场调查与预测. 3 版. 北京：清华大学出版社，2020.

3. 菲利普·科特勒，加里·阿姆斯特朗. 市场营销原理（第 17 版）. 北京：清华大学出版社，2021.

4. 菲利普·科特勒，凯文·莱恩·凯勒，亚历山大·切尔内夫. 营销管理（第 16 版）. 陆雄文，蒋青云，赵伟韬，等，译. 北京：中信出版集团，2022.

第十二章

生产运作管理

生产运作管理（operations management，OM）也称运作管理或运营管理，是指为了实现企业经营目标，提高企业经济效益，对生产运作活动进行计划、组织和控制等一系列管理工作的总称。企业不仅需要有正确的战略决策、良好的计划、完善的财务以及积极有效的营销，还需要高效率的生产运作过程给予保证。在工业 4.0 时代，自动化和数据分析成为提高企业生产运作管理效率的主要力量，人工智能、5G、物联网、增强现实等技术都得到了广泛的应用。而人工智能、数据分析等在制造、生产和运营中的应用给企业带来了多种挑战和影响，企业生产运作管理应随着时代发展不断更新。生产运作管理主要包括生产／服务设施布局、生产运作流程分析、生产计划组织等内容，本章将详细阐述。

第一节　生产与生产运作

对企业而言，生产就是企业利用资源将输入转化为输出的过程。输入可以是原材料、顾客、劳动力以及机器设备等，输出的是有形的产品或无形的服务。输入不同于输出，这就需要转化。典型的转化过程有以下几种：

（1）物理过程，如制造过程。

（2）位置移动过程，如运输过程。

（3）交易过程，如零售过程。

（4）生理或心理过程，如医疗保健过程。

（5）数据交换过程，如电信交流、金融服务过程。

表 12-1 列出了典型组织的输入、转化和输出内容。

表 12-1　典型组织的输入、转化和输出

典型组织	主要输入	转化	主要输出
医院	病人	诊断与治疗	恢复健康的人
工厂	原材料	加工制造	产品
物流公司	甲地的物资	位移	乙地的物资

续表

典型组织	主要输入	转化	主要输出
餐厅	饥饿的顾客	提供精美的食物、舒适的环境	吃饱且满意的顾客
大学	高中毕业生	教学	高级专门人才
咨询站	情况、问题	咨询	建议及解决方案

不同形式的生产在运作方式上存在较大差异，因此有必要对生产进行分类。按输出物的性质，可以将生产分为制造性生产和服务性生产。

一、制造性生产

制造性（manufacturing）生产是通过物理或化学作用将有形输入转化为有形输出的过程。例如，汽车制造、钢铁冶炼、石油化工和啤酒生产等都属于制造性生产。

（一）流程型生产与离散型生产

按生产工艺过程的特点，制造性生产可以分为流程型生产与离散型生产。流程型生产是物料均匀、连续地按一定工艺顺序移动，并不断改变形态和性能，最后形成产品的生产，如炼油、化工、冶金、食品、造纸等都属于流程型生产。流程型生产一般生产设施地理位置集中，生产过程自动化程度高，生产协作与协调任务较少。

离散型生产也称加工装配式生产，是指物料离散地按一定工艺顺序移动，在移动中不断改变形态和性能，最后形成产品的生产。如机床、汽车、柴油机、锅炉、船舶、家具、电子设备、计算机、服装等产品的制造，都属于离散型生产。在离散型生产过程中，产品是由离散的零部件装配而成的。这种特点使得构成产品的零部件可以在不同地区甚至不同国家制造。离散型生产的组织十分复杂，是生产运作管理研究的重点。

流程型生产与离散型生产在产品市场特征、生产设备、原材料等方面有着不同的特点，如表 12-2 所示。

表 12-2　流程型生产与离散型生产的特征

特征	流程型生产	离散型生产
产品品种数	较少	较多
营销特点	依靠产品的价格与可获得性	依靠产品的特点
资本 / 劳动力 / 材料密集	资本密集	劳动力、材料密集
自动化程度	较高	较低
对设备可靠性要求	高	较低
原材料品种数	较少	较多
在制品库存	较低	较高

（二）备货型生产与订货型生产

按照企业组织生产的特点，可以把制造性生产分成备货型生产（make-to-stock，MTS）与订货型生产（make-to-order，MTO）两种。流程型生产一般为备货型生产，离散型生产既有备货型生产也有订货型生产。

备货型生产是指按已有的标准产品或产品系列进行的生产，生产的直接目的是补充产成品库存，通过维持一定量产成品库存来满足用户的需要，一般也把这种生产组织方式称为推动式生产（push production）。例如，流程型生产中的化肥、炼油、制皂，离散型生产的轴承、紧固件、小型电动机等产品的生产，都属于备货型生产。

订货型生产又称按订单制造式生产，是指按用户订单进行的生产，生产的是用户所要求的特定产品，一般也把这种生产组织方式称为拉动式生产（pull production）。用户可能对产品提出各种各样的要求，经过协商和谈判，以协议或合同的形式确认对产品性能、质量、数量和交货期的要求，然后组织设计和制造。例如，锅炉、船舶等产品的生产，属于订货型生产。

备货型生产与订货型生产在产品、产量、价格、交货期、设备、人员等方面有不同的特征，如表 12-3 所示。

表 12-3　备货型生产与订货型生产的不同特征

项目	备货型生产（MTS）	订货型生产（MTO）
产品	标准产品	按用户要求生产
产量	通过预测确定	通过订单确定
价格	事先确定	订货时确定
交货期	不重要，由产成品库存随时供货	很重要，订货时决定
设备	多采用专用高效设备	多采用通用设备
人员	专业化人员	需多种操作技能

（三）单件生产、成批生产和大量生产

按生产的重复程度来分类，制造性生产又可以分为单件生产、成批生产和大量生产。单件生产就是根据用户的特定要求组织生产或服务，如船舶制造、医疗保健等。成批生产就是品种较多、产量较大、若干种产品成批轮换生产，如目前家用电器的生产。大量生产则是大批量生产一种或少数几种标准化产品，如福特 T 型车的生产。实际生活中，绝对的单件生产和大量生产较少出现，更多的是成批生产。成批生产又可以分为单件小批生产、中批生产和大量大批生产。

二、服务性生产

服务性生产又称非制造性（non-manufacturing）生产，其基本特征是不制造有形产品，但有时为实现服务而必须提供有形产品。服务行业多从事服务性生产。

（一）服务性生产的分类

按照是否提供有形产品可将服务性生产分成纯劳务服务和一般劳务服务。纯劳务服务不提供任何有形产品，如咨询、法庭辩护、指导和讲课等。一般劳务服务则提供有形产品，如批发、零售、邮政、运输、图书馆书刊借阅等。

按顾客是否参与也可将服务性生产分成顾客参与的服务性生产和顾客不参与的服务性生产。前者如理发、保健、旅游、客运、学校、娱乐中心等，没有顾客的参与，服务不可能进行；后者如修理、洗衣、邮政、货运等。顾客参与的服务性生产管理较为复杂。

根据与顾客交互和顾客参与程度及劳动力密集程度，可以把服务运作类型分为四种：大量资本密集服务，如航空服务、酒店服务、娱乐场所的服务等；专业资本密集服务，如医院、车辆修理等；大量劳务密集服务，如批发、零售，中小学教育也属于这种服务的范畴；专业劳务密集服务，如律师事务所、专利事务所、会计师事务所提供的服务。

不同服务类型的生产有不同的运作规律，服务性生产的分类对于进一步认识不同服务类型生产的内在运作规律具有积极帮助。

（二）服务性生产的特征

随着服务业的兴起，提高服务运作的效率日益引起人们的重视。然而，服务性生产的管理与制造性生产的管理有很大不同，不能把制造性生产的管理方法简单地搬到服务业中。与制造性生产相比，服务性生产有以下六个特点：

（1）服务的产出是无形的、不可储存的，服务过程就是产品。

（2）有顾客参与，顾客作为服务系统的输入，服务人员与顾客直接接触。

（3）生产率难以确定。

（4）质量标准难以建立。

（5）服务管理具有服务运作和服务营销双重职能。

（6）有形的产品和无形的服务很难区分，产品往往伴随有服务，服务的同时有物品的提供。

三、生产运作管理的目标和基本内容

（一）生产运作管理的目标

根据生产的概念，生产运作管理是对一切社会组织利用资源将输入转化为输出过程的管理。生产运作管理所追求的目标是：高效、灵活、准时、清洁地生产合格的产品和提供满意的服务。其目标体现了 CQSTE 五方面的特征，即低成本（cost，C）、符合标准的质量（quality，Q）、满意的服务（service，S）、准时性（time，T）和清洁生产（environment，E）。

（二）生产运作管理的基本内容

从生产系统的整个生命周期角度，生产运作管理主要包括三方面内容：生产系统的设计、生产系统的运行和生产系统的维护。

1. 生产系统的设计

生产系统的设计包括产品或服务的选择和设计、生产设施的定点选择、生产设施布置、服务交付系统设计和工作设计。生产系统的设计一般在设施建造阶段进行，但在生产系统的生命周期内，不可避免地要对生产系统进行更新，包括扩建新设施、增加新设备，或者由于产品和服务的变化，需要对生产设施进行调整和重新布置，在这种情况下，都会遇到生产系统设计问题。生产系统的设计对其运行有先天性的影响，设计质量的好坏直接影响生产系统的运行。

2. 生产系统的运行

生产系统的运行主要涉及生产计划与控制。计划主要解决生产什么、生产多少和何时出产的问题，包括预测对本企业产品和服务的需求，确定产品和服务的品种与产量，编制生产计划，做好资源的组织和人员班次安排，统计生产进展情况等。

控制主要解决如何保证按计划完成任务的问题，包括生产进度控制、采购程序控制和库存控制等。生产进度控制的目的是保证各生产单元生产计划的按期完工，产品按期装配和出产。采购程序控制包括对战略性物资、重要性物资和一般性物资的采购审批控制程序等。库存控制包括对原材料库存、在制品库存和产成品库存的控制。如何以最低的库存保证供应，是库存控制的主要目标。

3. 生产系统的维护

生产系统的维护主要涉及设备和设施的维护管理。特别对于一些资产密集型的企业，如石油化工、电力和航空等行业，设备和设施的运行维护效率直接决定企业的竞争能力和经济效益。因此，生产系统维护的目标就是优化使用设备和设施，使企业获得最大的投资回报。具体地，生产系统维护的目标就是提高资产的维修效率，增加资产的可靠性，降低资产的总体维修成本，尽量延长资产的使用寿命。

第二节 生产 / 服务设施选址与布置 ▊▊

一、设施选址

设施选址在企业运作管理中具有十分重要的地位。设施选址直接关系到设施建设的投资和建设的速度，同时在很大程度上也决定了所提供的产品和服务的成本，从而影响整个企业的经济效益。错误的选址决策无论对制造型企业还是服务型企业都意味着高昂的代价，因为在错误时间、错误地点选址决策会进一步导致错误的能力规划或者错误的流程选择，从而给企业带来无法弥补的损失。

（一）设施选址的影响因素

影响选址的因素很多，主要包括政治因素、经济因素、社会因素和自然环境。

1. 政治因素

政治因素是选址首要关注的因素。政治局面是否稳定、法律是否健全等直接关系到企业投资的资本权益能否得到保障。

2. 经济因素

在经济因素中，原材料的可供应性、交通的便利程度、能源供应的可靠性、与终端市场的接近程度、人力资源的可获得性以及周围商业环境的氛围等都是必须考虑的因素。

3. 社会因素

在社会因素中，必须考虑当地居民的宗教文化信仰和风俗习惯。除此之外，还应该考虑当地的社区环境、环境保护以及科学技术环境等。

4. 自然环境

在自然环境中，不仅要考虑温度、湿度等气候条件，而且要考虑水资源条件，特别是耗水量大的企业，如造纸厂、发电厂、钢铁厂等。

（二）设施选址方案的评估方法

影响设施选址的因素众多，关系也非常复杂，因此必须对拟订的选址方案进行综合评价分析。在常用的综合评价方法中，既有定性分析方法也有定量分析方法。一般最常用的是因素分析法和重心法。

1. 因素分析法

这是一种把非常复杂的问题转换为易于理解的问题的简单方法，在选址方案选择中应用相当广泛。因素分析法的使用一般按照如下步骤：① 列出与选址有关的各种因素；② 评价各因素之间的重要程度，赋权重；③ 对各种备选地址的各种因素进行评分；④ 将每个因素的评分值与其权重相乘，计算出每个因素的加权分值；⑤ 累计每个备选地址的所有因素的加权分值，计算出每个备选地址的总分；⑥ 选择总分最高的备选地址作为最优方案。

例如，某汽车公司打算建一个汽车制造厂，已经选出 A 和 B 两个备选地址，公司管理层决定使用以下因素作为标准进行最后的选址决策，并已经根据各因素相对于公司选址决策的重要程度，赋予了每个因素一个权重，给出了两个备选地址的每个因素评分值。表 12-4 计算出了每个因素的加权分以及每个备选地址的总分。根据因素评分法，总分最高的 A 应被选中。

表 12-4　基于因素分析法的选址决策

因素	权重	评分		总分	
		方案 A	方案 B	方案 A	方案 B
区域内能源供应情况	0.30	100	90	30.0	27.0
动力的可得性与供应的稳定性	0.25	80	90	20.0	22.5
劳动力环境	0.10	85	90	8.5	9.0
生活条件	0.10	90	80	9.0	8.0
交通运输情况	0.05	80	90	4.0	4.5
供水情况	0.05	70	80	3.5	4.0
气候	0.05	80	70	4.0	3.5
供应商情况	0.05	70	90	3.5	4.5
税收政策与有关法律法规	0.05	100	80	5.0	4.0
合计				87.5	87.0

2. 重心法

重心法（center of gravity method）是一种定量方法，一般用于单个设施的最优位置决策。使用该方法的前提是现有设施的位置以及它们之间要运输的货物量（或者运输费用）能够定量表达。该方法常用于制造型企业的制造厂与配送设施的相对位置以及服务型企业的配送中心、零售店等选址决策。

二、设施的布置

（一）设施布置的类型

设施布置一般有四种类型：工艺原则布置、产品原则布置、成组技术布置和固定布置。

1. 工艺原则布置

这是指将相似的设备或功能集中放在一起，完成相同工艺加工任务。例如，将所有的车床放在一个地方，将所有的铣床放在另一个地方，等等。同样地，医院一般也是采用工艺原则布置的典型，医院每个科室能完成特定的医疗服务，如产房和加护病房，等等。

2. 产品原则布置

这是一种根据产品制造的步骤来安排设备或工作过程的方式，最常见的如流水线或者产品装配线。一般地，鞋、化工设备和汽车清洗剂等的生产均按照产品原则布置。

3. 成组技术布置

按工艺原则布置生产和服务设施，被加工对象在生产单元之间交叉往返运输，导致生产周期的延长。为此，在实践中创造了成组技术布置，将不同的机器组成加工中心（或工作单元）来对形状和工艺要求相似的零件进行加工。

4. 固定布置

这是指由于产品的体积庞大或重量太重，不得不将产品位置固定，生产工人和设备都随产品所在的某一位置而移动。这种布置形式适用于大型产品的装配过程。如大型船舶和飞机等的装配以及医院的手术室（病人固定在手术台上，医生、护士以及手术器材都需要围绕病人布置）一般采用这种布置方式。

（二）设施布置的考虑因素

选择设施布置类型之后，接着必须系统地布置设施。如企业管理部门一般按工艺原则布置，但具体地，在一栋楼中企业管理部门中的计划部、财务部等部门又应该如何布置？系统布置设施的方法既有定性的方法（如相关图法），也有定量的方法（如"从至表"法）。不论采用怎样的方法，设施布置必须考虑以下的因素：

1. 环境条件

环境条件指运营组织的周围特征，如噪声、照明、温度等。特别是服务型企业，为顾客提供服务的部门应尽可能地布置在环境条件好的位置。

2. 空间布置及其功能性

对于制造型企业，设施布置设计的目标是使两地之间物流成本最小化。对于服务型企业，设施布置设计的目标不仅要考虑工作人员的行走方便，而且更要考虑顾客在服务前台的行走时间最小化。设施布置应该尽可能地向顾客提供服务机会吸引顾客消费。如宜家家居（IKEA）

商场采用单通道设计，一般顾客在进入之后，必须要走完整个商场才能出来。

3. 徽章、标志和装饰品

这些是服务型企业具有重要意义的标志物。例如，餐厅中穿着白衬衣、戴着白帽子、系着白围裙的服务员传递给顾客的信号是"我能满足您的服务要求"。

第三节　生产运作流程分析

一、生产运作流程的基本概念

生产运作流程是指一个组织把一定的投入变换成一定产出的一系列环节，这些环节也可称为任务，这些任务由物流和信息流有机地连接在一起。生产运作流程的设计，就是设计把投入变换成产出所需的资源、资源的组合方式、任务的进行方式、物流和信息流的流动方式等方案。

与转化流程相关的概念还包括生产运作系统、生产运作组织方式和生产运作流程等名词。其中的细微区别在于，生产运作流程通常指企业组织内某一个子系统（一个部门、一个车间、一条生产线等）的投入产出过程，而生产运作系统和生产运作组织方式通常指整个企业的投入产出过程，它由一系列流程所构成。公司的运作流程非常关键，运作流程应适合公司的战略，一个不适合的流程将严重制约公司的发展。

二、生产运作流程的构成要素

生产运作流程的基本要素：投入、产出、任务、物流和信息流以及库存。

（一）投入

投入是指一个生产运作流程为了生产产品或服务所需的人力、物料、设备、能源等资源要素。为了在某一个流程得到一定量的产出，首先必须决定各种资源要素的数量，如多少人工、多少电力等。有些投入要素（如人工和物料）完全消耗于某些具体产品的产出（如食品厂烘烤一批面包需要多少面粉和电力），因此易于计算；而另外一些投入要素是由整个生产运作系统长期利用的（如食品厂的面包烘烤机），而不是由某几批产品消耗掉的。

（二）产出

一个流程的产出可以是两种形态：产品或服务。但是为进行生产运作流程的选择设计，还需要进一步了解产出的一些特性。在制造业的生产流程中，产成品在流程中可以单独存放，在需要的时候交给顾客。而在另外一些流程中，产成品库存根本不可能存在，比如服务业的产品，服务和消费是同时发生的，此时，产出是不能存储的，大多数服务企业的运作流程都具有这种特性。

（三）任务

任务也称作业，任务是生产流程内部一系列相互关联的环节。任务是指把投入的资源要素向产出方向转换的行为或活动。例如，在机床上改变金属毛坯的形状，用仪器检查部件尺寸是否符合技术标准，驾驶飞机飞往目的地，病人手术之前进行麻醉，等等。一项任务的完成要使用一定的人力和设备，但在一些自动化流程中，也有可能用设备取代人力。在每一个任务中，需要考虑的因素是人、机器、方法等各种要素的结合，还需要考虑各任务之间各种要素的适合程度。

（四）物流和信息流

任何一个生产运作流程中都存在这两种流。例如，在面包生产流程中，其信息流的形式主要是生产指令和面包制作规程。在生产开始之前，必须将生产的面包种类、所需原材料的种类和数量告知搬运工人，以便在必要的时间，将必要的物料送到必要的地方。原材料混合方法和混合时间的信息必须送到混合工序，烘烤时间和烘烤温度的信息必须送到烘烤工序，包装工序也必须预先知道下一批到达的面包是什么种类，以准备相应的包装材料。所有这些任务的完成，都离不开信息。而物料的移动，即物流也必须在信息的指挥下才能进行。

（五）库存

进入一个流程的物料如果既不是在被执行任务，又不是在被运送，那就是作为库存而存在。在面包生产的流程中，处于停滞或储藏状态的这些库存不增加产品的任何价值，因此应越少越好。流程设计中的一个重要任务，就是尽量减少流程中的库存。

三、生产运作流程描述

流程分析中最基本、最典型的工具是流程图。它能够简单明了地说明一个流程中包括哪些工作任务，这些任务之间的先后关系或并行关系，流程中的停顿、检查、库存等环节。

选定要改进的流程以后，绘制流程图是进行流程分析的第一步，它可以使企业各个环节、各个部门、各个阶层的人员都清楚地看到企业的运作是如何进行的。这一点非常重要，因为一个生产运作流程往往跨越企业的多个部门、多个环节，而处于不同部门、不同环节的人员往往对整个运作流程到底是如何进行的并不容易看得很清楚，或者会有不同的认识和理解。这也是流程运行中出了问题往往会导致各个环节、各个部门互相推诿的原因之一。绘制流程图可以使大家清楚地看到整个运作流程的整体，从而统一认识，这将是改进流程的基础。

图 12-1 描述了一个食品厂的面包制作流程，但是该流程图的描述方法对于其他生产运作流程也是通用的。其中，用方框表示流程中所要完成的任务，用带箭头的线条表示物流，用三角形表示库存。库存是指物料的停滞或储藏，包括三种形态：原材料、在制品（work in process，WIP）和产成品，图 12-1 中三个不同位置的三角形分别表示这三种库存。

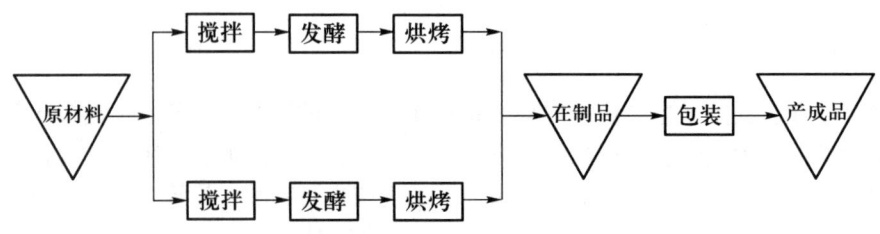

图 12-1 生产运作流程示意图（以面包制作为例）

从图中可以很清楚地看出，该食品厂有两条并行的面包生产线，每条生产线有三项主要任务，分别在三个工序进行原材料（面粉、糖、水和酵母）搅拌、发酵、烘烤。这三项任务之间的带箭头的线条表示出这三项任务必须顺序完成。包装工序前的在制品库存表示烘烤完毕的面包有时需要在此等候包装，因为两条生产线可能分别生产两种不同的面包，而包装工序只有一个，一次只能包装一种面包；或者因为烘烤完毕的面包需要先放在这里等候变凉。一旦包装完毕，面包就被移到产成品放置地（产成品库存），准备发运到食品商店。

前面已经给出了食品厂面包制作流程的简单流程图，从中可以了解到流程图描述的简单方法。我们还需要了解更详细一些的流程图，它包含更多的信息。

面包制作的流程图中给出了三种符号：用方框表示流程中所要完成的任务，用带箭头的线条表示物流（实线）和信息流（虚线），用三角形表示库存。但是在有些情况下，还需要在流程图中引入另外两种符号：圆形，表示"检查"，它与任务不同，任务通常指有助于使原材料向产品方向变换的行动，而检查只是确认任务是否被有效地完成；钻石形，表示一个"决策点"，在该点，不同的决策会导致其后流程的不同路径。这些符号的含义概括在图 12-2 中。

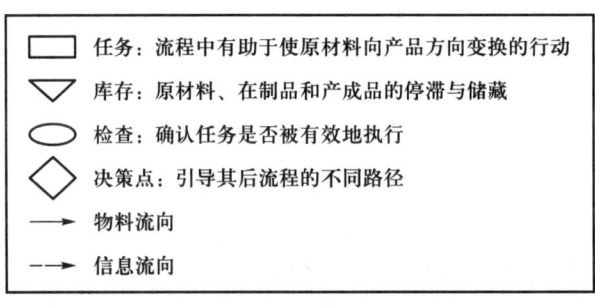

图 12-2 流程图的一般符号

四、生产运作流程的类型

在设计运作流程之前，我们有必要将运作流程进行归类。通过对运作流程的快速归类，我们能看出运作流程之间的相同点和不同点。

（一）单步流程与多步流程

将运作流程归类的第一步是分清它是单步运作流程还是多步运作流程。多步运作流程则有多组和流程相关的作业，如图 12-3 所示。作业指某一工作单元或工作位置上的一项或多项活动的组合。

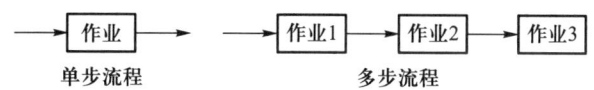

图 12-3　单步流程与多步流程

当存在多步流程的情况时，可能有阻塞、窝工等现象出现，同时某个作业因为能力限制而成为瓶颈，下面分别讨论这几种现象。

阻塞：发生在因为无处存放刚完成的项目而使得活动必须停止时。

窝工：发生在因无工作可做而使得这步的活动必须停止时。

瓶颈：发生在工序能力小于其他工序能力时。一般来说是该道工序的能力不能满足后道工序的生产而造成后道工序的窝工，该道工序则成为瓶颈。瓶颈限制了整个流程的产出。

缓冲区：是指两步之间的存储区域，其中存储的上一步的输出物被优先用于下一步，从而使得各步可以独立工作。如果上一步的输出物直接进入下一步而没有中间缓冲，我们就认为这两步是直接联系的。如果这样设计运作流程，最常见的问题就是阻塞和窝工。

让我们看图 12-4 一个两步运作流程，其中第一步的周期是 10 秒，第二步的周期为 15 秒。那么第一步的能力是 360 个 / 小时，第二步的能力是 240 个 / 小时。

每生产一个产品，第一步会发生阻塞，阻塞时间为 5 秒，那么是否可以避免阻塞现象呢？可以采取在阻塞位置设置缓冲区的方法，在本例中就是在两道工序之间设置在制品库存（WIP）的存储位置，来缓解部分阻塞情况，如图 12-5 所示。

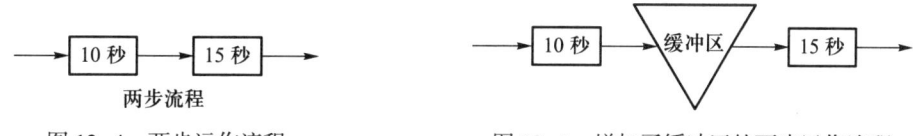

图 12-4　两步运作流程　　　　图 12-5　增加了缓冲区的两步运作流程

如果要保证第一道工序连续一个小时的加工，则需要多大的缓冲区呢？

缓冲区 = 第一步单位产能 360 个 − 第二步单位产能 240 个 = 120 个

即设置 120 个单位大小的缓冲区只能保证第一步连续生产一小时，因为不可能无限制地设置缓冲区的大小，所以阻塞现象必然使得第一步的工序采取间断性的工作，或者将第一步的工序放慢速度，以流程最慢的工序的节拍工作。

对于这个流程，第二步的工序就成为整个流程的瓶颈，它限制了整个流程的产出水平，该流程的产出水平则为 240 个 / 小时。

理论上，平行地运作两个同类的活动将会使生产能力加倍。换句话说，两套不同活动也许可以同时在同一工作单位上进行。在分析具有平行的活动或步骤的系统时，理解上下步之间的关系是很重要的。在平行运作流程可供选择的情况下，比如说流程图中的菱形图案，从它里面出来的不同的运作流程应按多大比例向不同的方向运行。有时两条或两条以上不同的运作流程可能终结于一个共同的库存缓冲区。这通常表示两条运作流程生产同类的产品，这些产品归于一个库存缓冲区。如果平行运作流程的输出物不同，我们在流程图中应使用分离的库存缓冲区。

（二）根据存货生产的流程与根据订单生产的流程

对运作流程进行分类的另一种有用的方法是把运作流程分为根据存货进行生产和根据订单进行生产。

根据存货进行生产（make to stock）的特点是，生产产成品放入仓库中，然后根据顾客的订单从库存中出货。基于现实的和预期的产成品库存量来控制这种生产流程，例如，我们可以设定目标库存量，并且周期性地进行生产以维持目标库存量。根据存货进行生产的工艺也被用于那些存在季节性需求的商品。在这种情况下，库存量可在淡季时增加而在旺季时减少，那么工艺就可以在全年中保持稳定的运行。

根据订单进行生产（make to order）的工艺只在收到订单时才生效，库存（在制作过程中的和已制作完的）被限定在最小范围内。从理论上来说，这种订制式流程不可能在顾客提交订单后马上收到产品和服务，因为所有的制作活动必须一步步完成。其优点是满足顾客的特殊需要，而不是所有顾客只能接受一样的产品和服务，当然，其周期要限定在顾客可接受的等待时间范围内。有特定属性的服务通常采用根据订单进行生产的工艺。

五、生产运作流程绩效的衡量

比较不同公司的指标（经常称为标杆）是一项重要的活动，指标可以表明公司是否向着不断改进的方向前进。与会计中的财务指标类似的是，运作流程性能指标给运作经理提供了一个衡量运作流程改进效果和不同阶段生产率变化的标准。运作经理经常需要就运作流程的性能或者对运作流程改进提出方案。

利用率是使用最普遍的运作流程指标，我们经常用其测量资源的使用率。比如，直接劳动力的利用率或机器资源的利用率。在此之前，我们需要首先区别利用率和生产率。

$$利用率 = \frac{实际的使用时间}{可被使用时间} \times 100\%$$

全局因素生产率通常用货币单位来衡量，我们以元为单位，用输出物（如销售的商品和服务）的价值除以输入物（如原材料、劳动力和资本投入）的价值。相应地，部分因素生产率用单独的输入来衡量，劳动力就是最普通的单独输入量。部分因素生产率回答的是对于给定的输入能有多少输出的问题，比如，计算机生产厂的每位工人能生产多少计算机。利用率衡量的是资源的实际活动率，比如，一台医用 CT 实际运转的时间比例是多少。

$$生产率 = \frac{输出}{输入} \times 100\%$$

效率是指运作流程的实际输出和标准输出的比值。比如，一条啤酒灌装线的工作速度是 300 瓶 / 分钟，如果一段时间中机器实际的工作速度是 200 瓶 / 分钟，那么机器的效率就是 66.7%（200/300）。效率还可以用来衡量运作流程的得失。比如，如果把 1 000 单位的能源投进能将其转化成其他形式能源的运作流程中，而运作流程只产生了 800 单位的新形式的能源，那么运作流程的效率就是 80%。

$$效率 = \frac{流程的实际输出}{流程标准输出} \times 100\%$$

加工时间是指生产一批零部件所用的时间，它由生产单个产品的时间乘以批量计算得到。

设置时间是指调整机器使其能生产特定产品所需要的准备时间，又称转换时间。设置时间如果较长，通常是以加大批量来分摊设置时间的浪费。设置时间对设备利用率的影响很大，由于设置时间的存在，不同批次之间进行转换时需要设备的调整和停顿时间，设置时间越长，对资源利用率的影响越大。

操作时间（operation time）是指使用机器生产一定批量的产品所需的加工时间和设置时间的总和。

周期（cycle time）是指相继的工作单元完成工作的时间间隔，在装配线中称为节拍。

总生产时间（throughput time）包括产品的实际加工时间、设置时间和产品在队列中的等待时间。

举个简单的例子，一个定时装配生产线上共有 3 个工作站，每个工作站的周期 20 秒。如果 3 个工作站是一个接一个地连在一起，并且每隔 20 秒产品从一个工作站转到下一站，那么总生产时间是 20×3/60=1（分钟）。

通常情况下，在工艺中产品并非时时刻刻在加工。由于工艺的周期经常各不相同，缓冲区就因此而产生了，它使得各个活动能在某种程度上独立地进行。由于增加了缓冲区，虽然周期可以不改变，但由于缓冲区里时间的占用，总生产时间增长。

在上面提到的 3 个工作站的装配生产线，假如我们在装配线上再安插进 2 个额外的缓冲点，一个在第一和第二站之间，另一个在第二和第三站之间。如果这些缓冲点的周期也是 20 秒的话，那么总生产时间将会是 100 秒，即 1.67 分钟。

产出率（throughput rate）是指一定时间内工艺的期望输出率。装配生产线的产出效率是每小时 60 单位。在这里，产出率是周期的倒数。

工序和工序之间由于各工序节拍的不同，作业之间可能出现阻塞和窝工现象。为了在工序与工序之间衔接，我们可以设置缓冲区以保持前道工序的连续生产，在缓冲区中停留将增加总生产时间，增加的这部分时间就是等待时间。等待时间有长有短，如何衡量等待时间呢？我们用在缓冲区中平均在制品库存量的输出时间来衡量。缓冲区中的平均在制品量称为工艺使用库存量，在缓冲区中的在制品需要等待后道工序的加工，其需要的时间为：

$$平均等待时间 = \frac{工艺使用库存量}{产出率}$$

六、运作流程分析实例

（一）情况 1

以前面举过的面包生产流程为例。在该例子中，面包每批生产 100 个，各工序的时间如下（以 100 个为单位），搅拌 45 分钟，发酵 60 分钟，烘烤 45 分钟，包装 45 分钟。

在该流程中，面包生产有两条线，包装只有一条线。我们用前面介绍的流程分析及绩效评价方法分析该流程，如图 12-6 所示。假设面包生产流程以固定的节拍工作。

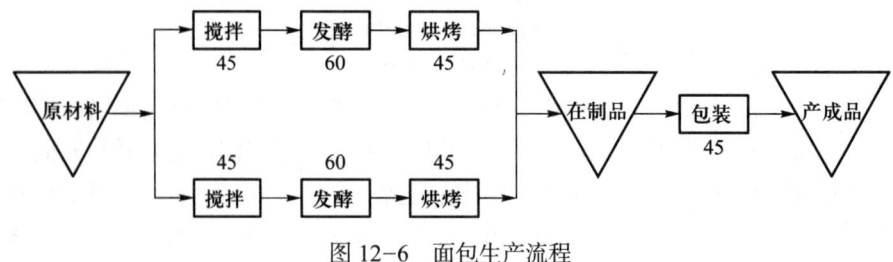

图 12-6　面包生产流程

1. 瓶颈及资源利用率

每条面包线的节拍是每小时 100 个面包，两条生产线同时生产面包，则面包生产的节拍为每半小时 100 个面包，即 0.5 小时 /100 个。包装的节拍为每 45 分钟 100 个，即包装的节拍为0.75 小时 /100 个。所以包装是整个流程的瓶颈，其限制了流程的产出。

2. 产能

每小时最高的产量以包装节拍计算，进入常态后，每小时最高产量为 $1/(0.75/100)= 133$（个）。

在这种常态下，流程中各资源的利用率如下：

$$搅拌利用率 = \frac{\dfrac{45}{2}}{45} \times 100\% = 50\%$$

$$烘烤利用率 = \frac{\dfrac{45}{2}}{45} \times 100\% = 50\%$$

$$发酵利用率 = \frac{\dfrac{60}{2}}{45} \times 100\% = 66.7\%$$

$$包装利用率 = \frac{45}{45} \times 100\% = 100\%$$

3. 总生产时间

面包按每批 100 个运转，由于是按照瓶颈的工序确定的节拍，所以没有等候时间，此时的总生产时间就是所有工序加工时间的总和，即 $0.75 \times 2 + 1 + 0.75 = 3.25$（小时）。如果出现批次之间的等待，即在包装环节前出现等待的在制品，则实际总生产时间会延长。

（二）情况 2

再考虑以下的情况：在不添加和更换设备的情况下，该面包房除生产白面包之外，还需要生产黑面包。假定生产每种面包的数量相等，一条生产线用于生产白面包，另一条生产线用于生产黑面包，包装线在包装完 100 个白面包后，必须对包装线进行调整，比如更换包装袋，才能包装黑面包。包装线调整时间为 0.25 小时，再继续按照每批生产 100 个面包，包装批次同为 100 个的情况下，该生产流程的生产能力又如何呢？

增加品种后的产能，面包的生产批量仍为 100 个，流程的瓶颈仍然是包装工序，包装工序的节拍为（1/4＋3/4）＝1 小时 /100 个，整个流程的产能变成 100 个 / 小时。

此时的设备利用率为：

$$搅拌利用率 = \frac{\frac{45}{2}}{60} \times 100\% = 37.5\%$$

$$烘烤利用率 = \frac{\frac{45}{2}}{60} \times 100\% = 37.5\%$$

$$发酵利用率 = \frac{\frac{60}{2}}{60} \times 100\% = 50\%$$

$$包装利用率 = \frac{45+15}{60} \times 100\% = 100\%$$

此时，如果不考虑等待时间，则总生产时间为 0.75×2＋1＋0.75＋0.25＝3.5（小时）。

（三）情况 3

在不增加设备的前提下，是否能提高这个面包生产流程的产能呢？如果设定每包装 100 个调整一次包装线，则每隔 45 分钟，需要花费 15 分钟来调整，因为调整时间的增加，则产能降低。如果能设法减少总的调整时间，则可以提高包装线的平均产能。如何减少调整时间呢？办法就是增大每批的包装批量，可以再假设如果每 200 个为一个批次，则该生产流程的绩效又有哪些变化呢？

每 200 个为一个批次的话，即包装 200 个白面包之后，花 15 分钟调整包装线，再连续包装 200 个黑面包，则流程的产能为 200/（2×0.75＋0.25）＝114（个 / 小时）。

每 200 个面包的总生产时间为：2×（0.75＋1＋0.75）＋0.75×2＋0.25＝6.75（小时），平均 100 个面包的总生产时间为 6.75/2＝3.375（小时）。

通过比较可以看出，通过提高批次，流程的产出能力有所提高，但对于流程，则需要在包装工序前设置更大的缓冲区。同时，随着批量的增大，顾客等待另一种面包的时间增加。

（四）情况 4

前面的几种情况，都是假定面包生产和包装是按照同样的班次和节拍来进行的。实际上，还可以采取这样的方法来生产，即两条面包生产线每天生产两班，每班 8 小时。包装线可以每天 3 班，每班也是 8 小时。为了问题分析的简便，可以忽略包装设备的调整时间。这时情况又如何呢？

此时，由于生产和包装之间的缓冲区的存在，可以使面包生产和包装都按照各自最大的产能进行。因为有两条线，所以面包加工生产能力为 200 个 / 小时，包装能力为 133 个 / 小时。

在这种情况下，两条线生产的面包在缓冲区中等待包装，需要计算等待时间，总生产时间需要将等待时间考虑进去。一般可用工艺库存量的平均等待时间来衡量等待时间。根据公式：

$$等待时间 = \frac{工艺使用库存量}{产出效率}$$

计算在面包制作和包装之间的缓冲区中的平均库存量：在前两个班次中，库存增长速度是 $200-133=67$，最高库存量应该为 $67\times16=1\,072$，在 16 个小时中的平均工艺库存量为 $1\,072/2=536$。在最后 8 个小时的包装班次中，库存量应该是从 1 072 降到 0，因为 $1\,072/133=8$（小时）。

因为包装作业的节拍是 0.75 小时 /100 个，所以其产出效率为 $100/0.75=133.3$ 个 / 小时。所以，平均等待时间 $=536/133=4$（小时）。

此时的总生产时间是面包的平均工艺库存的等待时间与制作包装时间之和。

总生产时间（100 个）$=0.75+1+0.75$（制作）$+4$（平均工艺库存等待）$+0.75$（包装）$=7.25$（小时）。

第四节　生产计划组织

一、综合生产计划

（一）生产计划与综合生产计划

生产计划是生产运营活动的核心。按时间，生产计划可划分为长期计划、中期计划和短期计划，如图 12-7 所示。长期计划周期大于 1 年，中期计划周期一般为 6~18 个月，短期计划周期则为 1 天至 6 个月。一般地，组织中的高层管理者负责长期计划，中层管理者负责中期计划，基层管理者负责短期计划。

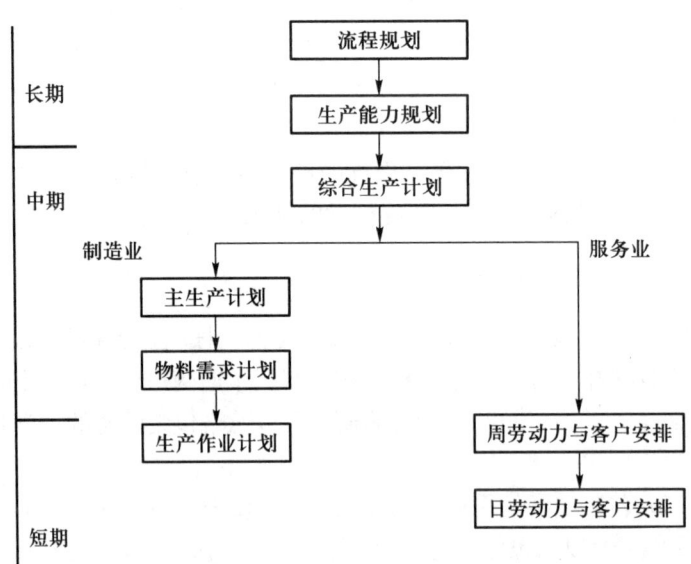

图 12-7　企业的生产计划系统

不同计划层次的计划内容也存在很大差异。长期计划主要考虑产品或服务的选择、工艺流程的选择以及生产系统的长期能力问题；中期计划是长期计划和短期计划之间的纽带，要将预测的产品需求转化为企业的产品产出任务计划，计划的焦点是如何有效地利用资源能力，最大限度地满足市场需求并取得最佳经济效益。在中期计划中，制造型企业和服务型企业存在很大的差异。对于制造型企业，中期计划主要包括综合生产计划、主生产计划和物料需求计划；对于服务型企业，综合生产计划是其核心。尽管无论是制造型企业还是服务型企业均有综合生产计划，但两者还是存在一定的区别：制造型企业可以利用库存增加与减少来调整生产，而服务型企业则不能。至于短期计划，制造型企业和服务型企业也各不相同。对于制造型企业，短期计划的核心是车间生产作业；对于服务型企业，短期计划的核心是周劳动力与客户安排以及日劳动力与客户安排。

从上可以看出，综合生产计划是联系长期与短期计划的桥梁。综合计划关注的对象是一组类似的产品。比如，电视机厂的计划人员为了编制综合生产计划，不会关心电视机的具体型号是27英寸[①]、29英寸还是34英寸，他们关注的是将所有型号产品混在一起的某一种单一产品。同样地，麦当劳和肯德基快餐店并不关心需求怎样细分到自己所提供的各种快餐类型，他们只关注全面的需求状况和他们想要提供的全面生产能力。

既然综合生产计划中产品类型不能真实地反映实际的产品类型，那为什么要制定综合生产计划呢？原因在于：其一，执行计划需要时间。比如说，如果计划要求扩大生产设施规模或聘用（以及培训）新工人，就需要花费时间。其二，综合计划具有一定的战略性特征，时间跨度较长，因此对个别产品类型需求的时间和数量进行任何精度的预测都不可能。并且，如果哪一个组织想要"锁定"在个别产品类型上，将会失去适应市场变化的灵活性。

（二）综合生产计划策略

由于产品的市场需求不断波动，而企业又需要均衡生产，面对这个矛盾，需要制定有效的综合计划，达到需求和生产能力大致平衡，并使整个计划期间成本最小。为此，综合计划必须从供给和需求两个方面着手。

需求方面必须考虑定价、促销、推迟交货等影响因素，关键在于弄清楚市场需求。供给方面主要通过调整组织的生产能力，尽量达到与市场需求的一致。结合这些因素，许多企业为了达到专业化、降低成本以及满足顾客的要求，专门在生产计划中考虑了生产业务的外包策略。

（三）综合生产计划的制定

综合生产计划的制定一般可以采用线性规划法等，具体内容包括：① 确定每段时间的需求；② 确定每段时间的能力，包括正常工作时间、加班工作时间以及转包；③ 确定正常工作、加班工作、转包、维持库存、推迟交货、招聘和解聘等方面的单位费用；④ 提出备选计划并计算各种费用；⑤ 选择最满意的计划方案。

（四）综合生产计划的分解

由于综合生产计划不涉及具体产品，不能直接用于指挥生产活动。为此，必须将假定产品或代表产品转换成具体产品，从而将综合生产计划变成产品交付计划（master schedule）和主

---

① 　1英寸＝2.54厘米。

生产计划（master production schedule，MPS）。产品交付计划规定了要向顾客交付产品的具体型号、规格和交付时间；主生产计划规定了要出产产品的具体型号、规格和出产时间。

例如，某计算机生产厂计划提供的产品数量，如表 12-5 所示。综合生产计划以假定产品为单位：1 月份提供 400 台，2 月份提供 500 台，3 月份提供 600 台。将其变成具体产品，就构成了产品交付计划。具体产品合计数等于假定产品数。

表 12-5 综合生产计划和产品交付计划　　　　　单位：台

项目		时间		
		1 月	2 月	3 月
计算机（假定产品）		400	500	600
具体产品	台式计算机	200	300	350
	笔记本计算机	150	150	200
	专用服务器	50	50	50
合计		400	500	600

得到产品交付计划之后，就可以得出产品出产预计划。在每个月，将交付数量减去相应月份的产成品库存，加上相应月份顾客需要提走的数量，便可计算出每个月需要产出的数量，由此得出了初始的主生产计划。初始的主生产计划是否可行，必须要进行能力负荷平衡，调整超负荷的生产计划，使主生产计划可行。

主生产计划是物料需求计划的主要输入。通过物料需求计划处理，对具体产品的需求就会变成对构成产品的零部件和原材料的需求，使计划得以执行。

二、物料需求计划

物料需求计划（material requirements planning，MRP）起源于 20 世纪 60 年代初的美国，最初是针对当时制造企业生产管理中存在的普遍问题以及传统库存控制方法的不足而提出的一种生产组织管理技术。它是一种生产计划与控制技术，代表了一种新的生产管理思想，是一种新的组织生产的方式。

（一）订货点法的缺陷

订货点法是传统的库存计划与控制方法，其基本思想是根据过去的经验预测未来的需求，根据物料的需求情况来确定订货点和订货批量。

订货点法适合于需求比较稳定的物料库存控制与管理。然而，在实际生产中，随着市场环境发生变化，需求常常是不稳定的、不均匀的，在这种情况下使用订货点法便暴露出一些明显的缺陷，如盲目性、高库存与低服务水平和"块状"需求等。订货点法之所以有这些缺陷，是因为它没有按照各种物料真正需要的时间来确定订货日期。那么，怎样才能在需要的时间，按需要的数量得到真正需要的物料，从而消除盲目性，实现低库存与高服务水平呢？

（二）MRP的基本思想

MRP是在当时库存管理专家为解决传统库存控制方法的不足，不断探索新的库存控制方法的过程中产生的。最早的MRP系统是美国IBM公司在20世纪60年代设计并组织实施的。

MRP的基本思想是围绕物料转化组织制造资源，实现按需要准时生产。

制造型企业的生产是将原材料转化为产品的过程。如加工装配式生产，工艺顺序如图12-8所示，即：将原材料制成毛坯，毛坯加工成零件，零件组装成部件，部件总装成产品。对于制造型的流程工业，也具有类似生产工艺顺序情况。

图12-8　从原材料到产品制造的生产过程

按上述的生产过程，如果确定了产品的需求时间和需求数量，就可以确定产品装配数量和装配时间。确定了产品装配数量和装配时间就可按产品的结构确定产品所需的零部件的出产数量和出产时间，进而可以确定零部件投入数量和投入时间，直至原材料需要的数量和需要的时间，汇总得出所需的制造资源和需要时间，如图12-9所示。

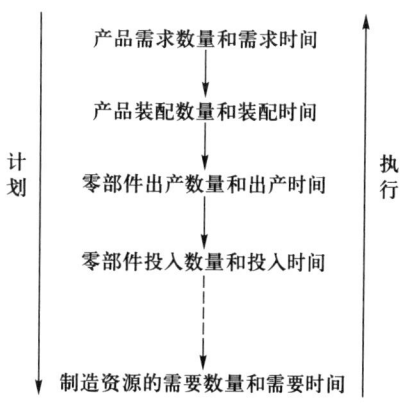

图12-9　制造资源需要数量和时间

可见，MRP是以物料为中心来组织生产，以物料为中心体现了为顾客服务的宗旨和按需定产的思想。这里，"物料"是一个广义的概念，泛指原材料、在制品、外购件以及产品。以物料为中心组织生产，要求上道工序应该按下道工序的需求进行生产，前一生产阶段应该为后一生产阶段服务，各道工序做到既不提前完工，也不误期完工，因而是最经济的生产方式。MRP正是按这样的方式来编制各种生产作业计划的。

MRP处理的是相关需求。在MRP中，将所有物料分成独立需求（independent demand）和相关需求（dependent demand）两种类型。独立需求是指该物料的需求与其他产品或零部件的需求无关。它来自企业外部，其需求量和需求时间由企业外部的需求来决定，如客户订购的产品、售后用的备品备件等。其需求数据一般通过预测和订单来确定，可按订货点方法处理。相关需求则是指对某些项目的需求取决于对另一些项目的需求，如汽车制造中的轮胎需求，它取决于制造装配汽车的数量。相关需求一般发生在制造过程中，可以通过计算得到。对原材料、毛坯、零件、部件的需求，来自制造过程，是相关需求，MRP处理的正是这类相关需求。

从上可以看出，MRP思想的提出解决了物料转化过程中的几个关键问题：何时需要，需要什么，需要多少。它不仅在数量上解决了缺料问题，更关键的是从时间上解决了缺料问题。

如果一个企业的经营活动从产品销售到原材料采购，从自制零件的加工到外协零件的供应，从工具和工艺装备的准备到设备维修，从人员的安排到资金的筹措与运用，都围绕 MRP 的基本思想进行，就可形成一整套新的方法体系，它涉及企业的每一个部门、每一项活动。因此，人们又将 MRP 看成一种新的生产方式。

（三）MRP 系统

MRP 的基本原理就是由产品的交货期展开成零部件的生产进度日程与原材料、外购件的需求数量和需求日期，即将产品主生产计划转换成物料需求表，并为编制能力需求计划提供信息。

如图 12-10 所示，MRP 的处理逻辑是：通过主生产计划明确"我们要制造什么"，要制造必须要有相应的物料，因此通过物料清单明确"我们需要什么"，而需要的物料可能有些已经存放着。因此，要通过库存信息了解"我们有什么"，根据 MRP 的处理，可以运算出生产作业计划和采购供应计划。在生产作业计划中，规定了每一项自制件的需求数量、开工日期和完工日期；在采购供应计划中，规定了采购物料的需求品种、需求数量、订货日期和到货日期。

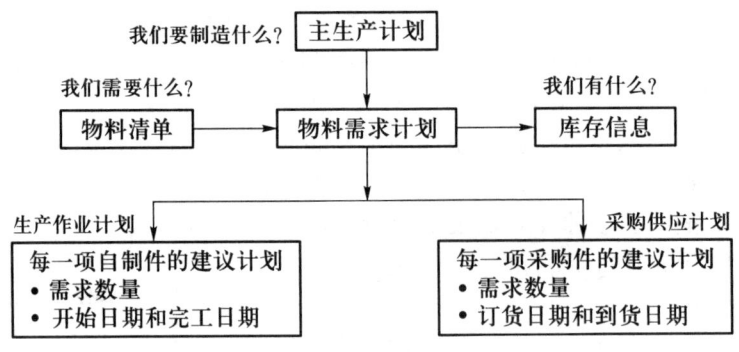

图 12-10　MRP 的处理逻辑

具体地，MRP 需要处理的问题以及所需要的信息如表 12-6 所示。通过上述的 MRP 处理逻辑，可以看出 MRP 涉及 3 个输入信息：主生产计划、物料清单（bill of materials，BOM）和库存状态文件。

表 12-6　MRP 需要处理的问题以及需要的信息

处理的问题	所需信息
生产什么？生产多少？	切实可行的主生产计划
需要什么？	准确的物料清单
已具备什么？	准确的库存状态文件
还缺什么？何时需要？	MRP 的计算结果（生产计划和采购计划）

主生产计划是 MRP 的主要输入，它是 MRP 运行的驱动力量。在主生产计划中所列出的是企业向外界提供的产品等，它们具有独立需求的特征。

物料清单表示了产品的组成及结构信息，包括所需零部件的清单、产品项目的结构层次、制成最终产品的各个工艺阶段的先后顺序。实际产品对应有多种多样的产品结构树：同一零部件分布在同一产品结构树的不同层次上，同一零部件分布在不同产品结构树的不同层次上。

库存状态文件保存了每一种物料的有关数据，MRP 系统关于订什么、订多少、何时发出订货等重要信息，都存贮在库存状态文件中。物料清单文件是相对稳定的，而库存状态文件却处于不断变动之中。

MRP 的输出信息较多，其中关键的是生产和库存控制用的计划和报告。现将其关键输出信息列举如下：

（1）零部件投入出产计划。它规定了每个零部件的投入数量和投入时间、出产数量和出产时间。如果一个零部件要经过几个车间加工，则要将零部件投入出产计划分解成分车间零部件投入出产计划。分车间零部件投入出产计划规定了每个车间一定时间内投入零部件的种类、数量及时间，出产零部件的种类、数量及时间。

（2）原材料需求计划。它规定了每个零部件所需的原材料的种类、需要数量及需要时间，并按原材料品种、型号、规格汇总，以便物资部门进行采购。

（3）库存状态记录。它记录各种零部件、外购件及原材料的库存状态数据，以便计划与实际的对比，进行生产进度控制和采购计划控制。

通过 MRP 处理，在求出净需要量后，要确定计划发出订货的数量与时间，这与提前期、批量以及安全库存几个参数有关。

（四）MRP 的发展

MRP 的发展经历了从订货点法到 MRP，从 MRP 到闭环 MRP，再到 MRP Ⅱ 和 ERP 的阶段，如图 12-11 所示。

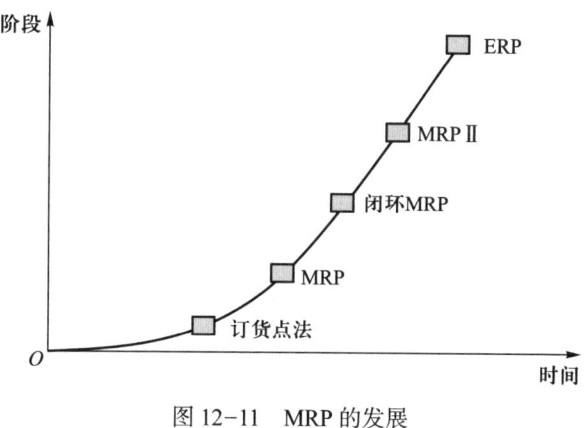

图 12-11　MRP 的发展

1. 闭环 MRP

与 MRP 的最大区别在于闭环 MRP（closed-loop MRP）增加了能力计划平衡功能。在 MRP 中，已经形成车间主生产计划和采购计划，但其可执行性在很大程度上受车间生产能力的约束以及采购仓储的限制。为此，必须进行能力需求计划的平衡。若能力需求计划可行，那就执行相应的主生产计划和 MRP；否则，必须重新调整主生产计划和 MRP，使计划具有可行性。这样，形成了一个计划与控制系统，如图 12-12 所示。总的来说，闭环 MRP 在初期 MRP 的基础上补充了以下功能：编制能力需求计划；建立了信息反馈机制，使计划部门能及时从供应商、车间作业现场、库房管理员、计划员那里了解计划的实际执行情况；有计划调整功能。

2. MRP Ⅱ

制造资源计划（manufacturing resources planning，MRP Ⅱ）是 20 世纪 80 年代初在 MRP 的基础上发展起来的，它是一种资源协调系统，代表了一种新的生产管理思想。

MRP Ⅱ 的基本思想就是把企业看作一个有机整体，如图 12-13 所示。MRP Ⅱ 实际上从横向和纵向两个角度体现了其管理思想。在纵向上，一方面，向下体现出从决策层、

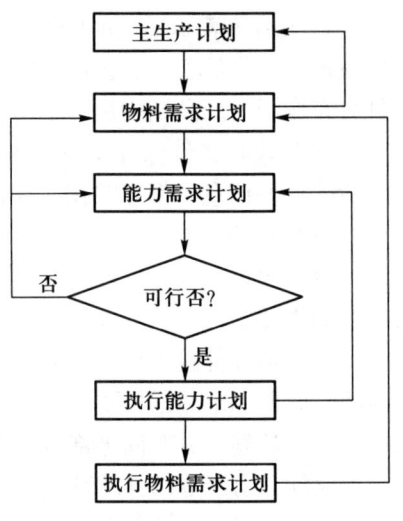

图 12-12　闭环 MRP

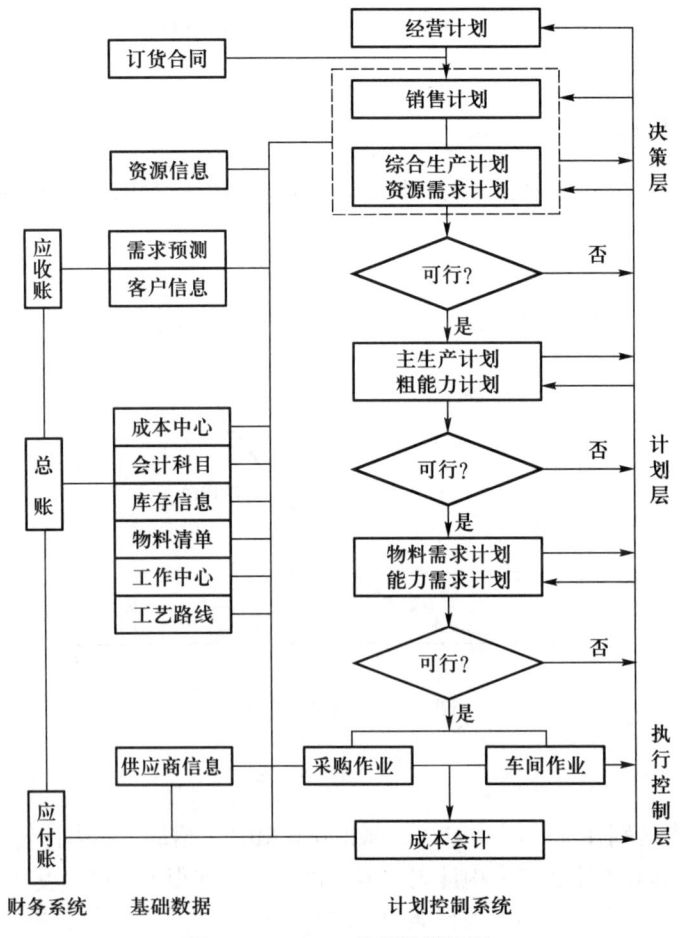

图 12-13　MRP Ⅱ 逻辑流程图

计划层到控制执行层对企业经营计划的层层分解，迅速下达，并具体落实到车间和班组，责任明确；另一方面，通过向上反映，从控制执行层、计划层到决策层的计划执行情况信息的及时反馈，为计划的及时调整提供依据。在横向上，体现出企业的核心业务——"计划控制系统与财务系统集成关系"，它们之间的联系桥梁是信息的管理——生产基础数据的管理。通过信息系统将基础数据集成一体，实现企业各部门业务活动的沟通与联系，形成一个资金流、物流、人员流和信息流的集成系统。

3. ERP

企业资源计划（enterprise resource planning，ERP）是由美国的高德纳（Gartner）咨询公司于 20 世纪 90 年代初提出的一个概念，它通过一系列的功能标准来界定 ERP 系统。由于企业的生产经营活动——从原材料的采购、制造到产品的分销不仅需要对企业内部资源进行计划控制，也需要外部企业的密切合作，而 MRP Ⅱ 仅局限于企业内物流、资金流和信息流的管理，由此产生了 ERP 的概念。ERP 将企业的运营流程当作一条紧密连接的供应链，将供应链上所有环节集成为一体化系统，实施有效管理。

与 MRP Ⅱ 相比较，ERP 具有如下的功能特点：

（1）扩充了企业经营管理功能。相比于 MRP Ⅱ，ERP 在原有功能的基础上进行了拓宽，增加了质量控制、运输、分销、售后服务与维护、市场开发、人事管理、实验室管理、项目管理、配方管理、融资投资管理、获利分析、经营风险管理等功能子系统。它可以实现全球范围内多工厂、多地点的跨国经营运作。

（2）面向供应链，扩充了企业经营管理的范围。ERP 系统把客户需求和企业内部制造活动以及供应商的制造资源整合在一起，强调对供应链上所有环节进行有效管理。

（3）模拟分析和决策支持的扩展，支持动态的监控能力。为企业计划和决策提供多种模拟功能和财务决策支持系统；提供诸如产品、融资投资、风险、企业合并、收购等决策分析功能；在企业级的范围内提供了对质量、客户满意度、效绩等关键问题的实时分析。

（4）系统功能模块化，运用应用程序模块来对供应链上的所有环节实施有效管理。物流类模块实现对供应、生产、销售整个过程和各个环节的物料进行管理。财务类模块提供一套通用记账系统，还能够进行资产管理，提供有关经营成果的报告，使企业管理决策建立在客观、及时的信息基础之上。人力资源类模块提供一个综合的人力资源管理系统，综合了诸如人事计划、新员工招聘、工资管理和员工个人发展等各项业务。

三、准时生产

准时生产（just-in-time，JIT）是一种不同于 MRP 的生产方式，也称无库存生产方式（stockless production）、零库存（zero inventories）或一个流（one-piece flow）。尽管 JIT 生产的理念最早可以追溯到福特创造的流水线生产，但使 JIT 理念得到重视并推广的原因是日本丰田汽车公司对 JIT 方法的成功应用。一般地，JIT 适用于订货型生产 MTO。

（一）JIT 的哲理

JIT 是一种生产管理的哲理。按其概念，不仅生产过程中的物料，供应商供应的原材料和外购件也要求准时地离开和到达指定的地点，没有任何等待加工的工件，也没有等待加工任务的工人和设备。

JIT 的最终目标是一个平衡系统，一个贯穿整个系统的平滑、迅速的物料流。在该方式下，生产过程将在尽可能短的时间内，以尽可能最佳的方式利用资源，杜绝浪费。

在 JIT 理念中，浪费包括：过量生产、等候时间、不必要运输、存货、加工废品、低效工作方法和产品缺陷。特别地，JIT 理念认为库存是万恶之源，因为它不仅占用大量的资金，造成修建或租赁仓库等一系列不增加价值的活动，造成浪费，而且还将许多管理不善的问题掩盖起来，如机器经常出故障、设备调整时间太长、设备能力不平衡、缺勤率高、备件供应不及时等问题，使问题得不到及时解决。JIT 就是要通过不断减少各种库存来暴露管理中的问题，以不断消除浪费，进行不断地改进。

尽管 JIT 的基本思想简单，容易理解，但是，实现 JIT 并不容易。JIT 设置了一个最高标准，一种极限——"零"。实际生产只能无限地接近这个极限，但永远不可能达到。日本丰田汽车公司从看到美国的超级市场开始，就有了 JIT 的思想，但还是经过了 20 多年坚持不懈的努力，才达到比较完善的地步，但离极限"零"也还存在差距。因此，JIT 需要不断改进。

（二）看板控制系统

在生产计划与控制方面，JIT 不同于 MRP，前者为拉动（pull）式系统，后者为推动（push）式系统。

在拉动式系统下，由市场需求信息拉动产品装配需求，再由产品装配拉动零件加工。每道工序和每个车间按照当时的需要向前一道工序和上游车间发出需求指令，上游工序和车间则完全按这些需求指令进行生产，形成物流和信息的统一。

在推动式系统下，计划部门根据市场需求，按零部件展开，计算出每种零部件的需要量和需要时间，形成每个零部件的投入产出计划，然后将计划发给每一个工作地和生产车间。每一个工作地和生产车间都按计划制造零部件，将实际完成情况反馈到计划部门，并将加工完的零部件送到后一道工序和下游生产车间（不管后一道工序和下游生产车间当时是否需要）。

看板，是传递生产计划与控制信息的工具，可以直接使用装载零件的容器、循环通知单或指令卡代替，起传递指令信号的作用。在 JIT 系统中，因为生产或零部件供应的指令信号均来自下游工序，所以它们的生产或零部件的供应都必须根据看板来进行。

看板一般分为两种，即生产看板和传送看板。生产看板用于指挥生产，规定了各工序应该生产的零部件种类及其数量。生产看板一般是通过指挥放置零部件的容器的适时适量的补给来指挥 JIT 生产的。传送看板则用于指挥零部件在前后两道工序之间的传送，即适时适量地将容器内的在制品传送到下游工序，容器内所规定放置的零部件的数量一般是固定不变的。

当需要改变产出率时，只需要根据简单的计算公式，从 JIT 生产系统中增减容器的数量，即可调整生产率。当然，在计算公式中还需要考虑安全库存量，但通常限制在日需求的 10%以内。这一计算公式给出的实际上是理论上所需要的看板/容器的数量。在实践中，企业通常尽可能地减少生产循环中的看板/容器的数量，以保证在制品库存最小化。

（三）JIT 生产方式实施的其他条件

JIT 是一个拉动式系统，其生产计划与控制可以通过看板控制系统来完成。但要使整个JIT 生产方式能够顺利实施，仅仅通过看板控制系统还远远不够，必须关注流程设计、全面质量控制、均衡计划、与供应商建立合作关系、不断降低库存和改进产品设计。

1. 流程设计

实施 JIT，要求工厂布局的设计应该能够保证均衡工作流，并具有最小化的在制品库存。这就意味着无论实际的生产线是否存在，都要把每个工作站（或工作中心）看成生产线的一部分。同一条生产线一般应该采用统一的原则进行能力平衡，并确保所有工作站的作业通过拉动系统联系到一起。因此，JIT 的设计必须把内部和外部的物流系统的各方面与工厂布局的联系清晰地显示出来。

2. 全面质量控制

制造工艺的每一步都要确保产品质量，而不是通过检验来确保质量；同时，所有员工必须对自己的工作质量完全负责，而不是推给质量检验部门。只有当员工对其工作质量完全负责时，才能保证系统中流动的全是高质量的产品，才能保证 JIT 的最有效运行。

3. 均衡计划

为了实现 JIT 的均衡生产，企业需要一个能够在较长时间跨度内保持稳定的均衡计划，均衡计划的条件是生产能力预留。在 JIT 环境下，预留生产能力可以替代库存发挥缓冲作用。尽管预留生产能力必然会导致多余的劳动力和机器设备，从而导致该部分的成本上升，但这部分的成本仍会大大低于过量库存的成本。并且，在生产淡季让多余的劳动力从事工作站的日常维护工作，参加集体作业小组，以及思考工作改进措施，也会进一步提高生产质量和生产效率。

4. 供应商合作关系

在 JIT 系统下，供应商愿意且能够按看板要求进行小批量供应高质量的零部件，从而保证 JIT 系统平滑的工作流运行。

5. 零库存

JIT 的理念是追求零库存。为此，JIT 方法是促进生产问题的充分暴露，在解决过程中逐步减少库存。随着生产问题越来越多地被发现和解决，对库存的依赖性也就越来越小，由此产生的成本浪费将得到有效控制。

6. 改进产品设计

标准部件、模块化设计以及质量是产品设计的三个重要因素，它们是 JIT 系统的关键。尽量在产品设计中使用标准部件意味着工人需要处理的部件种类更少，采购、处理与质量检查能够程序化，大大降低生产人力成本；尽量采用模块化设计，通过模块化设计大大减少需要处理的部件数，简化装配、采购、处理和培训等；尽量将质量设计到产品与生产过程中，提高产品的质量，降低因产品质量造成的成本损失。

本章小结

随着数字经济的发展，企业的经营和管理环境发生了前所未有的变革。企业之间的竞争方式已从基于价格等的传统竞争，发展到基于数据这种新型生产资料有效利用的竞争。在竞争方式变化的过程中，生产运作管理对于提高企业的竞争力具有举足轻重的作用，而核心的运作管理能力是企业形成核心竞争力的保证。

不同形式的生产在运作方式上存在较大差异，按输出物的性质，生产分为制造性生产和服务性生产；按生产工艺过程的特点，制造性生产分为流程型生产与离散型生产；按企业组织生产的特点，制造性生产分为备货型生产与订货型生产；按生产的重复程度来分类，制造性生产分为单件生产、成批生产和大量生产。由于服务业的迅猛发展，服务性生产又可分成纯劳务服务和一般劳务服务；或者顾客参与的服务性生产和顾客不参与的服务性生产。

生产是通过转化过程实现的，所以要重视转化过程的形式以及效率，生产运作流程的描述与分析是生产运作管理的基础，生产运作流程包括投入、产出、任务、物流、信息流和库存等要素，通过绘制流程图，可以分析流程的瓶颈和绩效，并进行流程的改进。

在生产运作中，生产计划是主线。生产计划按时间长短可分为：长期生产计划、中期生产计划和短期生产计划。在主生产计划下，通过 MRP 形成采购计划和生产作业计划，形成生产计划的中期向短期分解。MRP 的基本思想是围绕物料转化组织制造资源，实现按需要准时生产。随着信息技术的发展和对生产运作管理认识的进步，MRP 发展为闭环 MRP、MRP Ⅱ 以及 ERP。

在生产计划控制方面，与 MRP 推动式生产相对应的是拉动式的 JIT 生产方式，后者能够很好地实现信息流和物流的统一。然而，要实施 JIT 生产方式具有相当难度。要使整个 JIT 生产方式能够顺利实施，仅仅通过看板控制系统还远远不够，还必须关注流程设计、全面质量管理、均衡计划、与供应商建立合作关系、不断降低库存和改进产品设计。只有这样，才能通过不断改进保证 JIT 生产方式的成功实施。

思考题

1. 企业生产运作管理研究的目标和基本内容是什么？
2. 为什么说流程中的瓶颈可能产生"漂移"？
3. 简述 MRP 的基本思想，并讨论 MRP 对企业提高生产运作管理水平的积极作用。
4. MRP 与 JIT 之间在生产方式上最大的区别是什么？企业实施 JIT 有什么先决条件？要做好什么准备？

案例分析

▶ **案例 12-1：诺瑞思达公司产品交货期管理变革** [①]

诺瑞思达公司成立于 2016 年，是一家集研发、部件加工、组装调试、售后支持为一体的全套非标马达及零部件生产设备解决方案的提供商，专门为各个马达生产商提供马达零部件及组装线使用的各类定制设备。年设备出货量达 2 000 余台，备品备件年出货量 5 000 余套。诺瑞思达公司已量产非标设备的生产流程为：客户发出正式订单，生产计划与物料控制（production material control，PMC）部门接收订单生成内部工作单号并进行排工生成主生产计划；设计部门根据报价方案发出直接物料的物料清单，采购跟进直接物料采购回货，其中涉及二次加工的物料由加工部门按照主生产计划要求跟进；装配部门按照主生产计划到期接收物料并安排一机一电装配师傅跟进直至设备产品交付客户；设备产品交付客户后，配合客户现场安

---

① 资料来源：黄辉，孙勇和，李瑞琪，等. 与时间赛跑：诺瑞思达公司产品交货期管理变革. 中国管理案例共享中心，2021-11-01.

装调试直至该设备产品可以稳定生产后方可签单，完成产品收费工作。PMC 部门是生产部门的指挥中心，负责对生产计划与生产进度的控制，对物料的计划、跟踪、收发、存储、使用等各方面的监督与管理以及对呆滞料的预防处理工作。

诺瑞思达公司 MD543C 设备产品 2020 年的平均交货周期长达 120 天，严重超出客户要求的 90 天，准时交货（on-time delivery, OTD）达成率为 0，客户投诉已成常态。该款设备产品实际交货周期是由产品设计时间 15 天、生产准备时间 30 天、生产制造（装调）时间 60 天及产品交付时间 15 天所构成；其中产品设计实际用时、生产准备实际用时、产品交付实际用时均处于 PMC 部门计划要求的合理范围之内，生产制造实际用时达到 60 天，严重超出原计划周期 30 天的要求，这是导致该设备延期交货的重要原因。

生产部门决定成立交货期改进小组 OIT（OTD improvement team），成员为来自 PMC、工业工程部门等的 8 名专业工程师，每天正常下班后开展工作。通过分析，诺瑞思达公司影响交货期的主要因素逐步浮出水面：① 生产中的"七大浪费"；② 传统推进式生产方式；③ 车间布局不合理；④ 物料成套配送机制不完善，综合影响率达到 77%。负责人意识到，需要重新调整生产组织方式对生产阶段进行界定，调整内部生产推进程序，明确各部门各小组的职责及工作程序、工作界面交接内容，并根据优化后的生产流程对工厂布局进行重大调整。针对原来生产准备阶段和产品制造阶段中存在的浪费、布局不合理等问题，本次改进的原则是以精益生产模式结合完善的交货期管理机制为基础，重新定义和划分出设备产品生产全周期。

PMC 部门发布月度主生产计划，生产部门根据相应设备的模组物料清单制定辅助物料生产准备计划并执行，在接收直接物料的同时与之成套配送给模组装配小组。线外准备组汇总每天物料准备情况并通报生产部门及 PMC 部门，当出现个别物料不能按期到货时，需提前发出警报。OIT 规划的线外准备区主要由线材准备区、辅助物料准备区、直接物料缓冲区三部分构成。基于以上考虑，以 MD543C 这款设备产品生产中需要的人、机、料、法、环作为出发点，通过 ECRS 分析法，即取消（eliminate）、合并（combine）、调整顺序（rearrange）、简化（simplify），分别从人员分工、工作区域划分、硬件设计制作、生产标准文件制作、生产信息流搭建及培训等角度进行全面统筹推进。线材准备区包括开线、套管打印、压端子等工序。OIT 决定引进自动开线机，这样可以大大节省员工开线速度，同时避免员工使用开线钳剥线造成伤线，一并解决了准备时间过长与废品浪费问题。增加（increase）也被认为是 ECRS 分析法的重要一点，通过增加更为先进的设备和工序，生产过程得到优化、效率得到提升。OIT 采用 ECRS 分析法在线外准备阶段通过取消不必要的生产操作、增加先进的设备、简化操作流程，实现了快速、准确配料，改善了物料成套配送机制，大大缩短了配料时间，为生产周期的压缩打下了良好的基础。

模组化装配是诺瑞思达公司交货期改进的重点工作。模组化装配就是将设备分解为若干个模组，在保证以模组为单位的物料齐整的情况下开工装配，所有模组全部装配完成后，按照设备模组装配顺序进行设备总装。主要涉及的内容也是如何调配人、机、料、法、环等生产资源的问题。不同点是生产对象的改变，由一整台设备分解成若干个模组。

改良后的模组装配阶段采用了 U 形装配线设计方案，主装配人员可以以最小的移动距离指导、监控所有模组的装配情况，新设计的装配台根据模组特征配备与之相对应的常用装配工具，很好地解决了员工获取辅助物料和工具造成的等待和动作浪费；U 形装配线以一个半封闭的形态出现在生产车间，员工作为生产活动的独立个体通过生产线的形式将个体的工作直接与集体工作相挂钩，员工间的联系变得更加紧密，现场管理方式也由之前仅靠管理者监管升华到员工间的彼此监管和员工自我约束；所有员工集中在一条U形装配线进行模组组装工作便于员工集中注意力、避免周围环境的影响；同时，由于重新定义了装配对象为模组方式，装配工作可以分配给多名员工同时进行，旨在取代之前一名员工依次递加的装配方法，大大缩短了装配周期。

OIT通过以MD543C这款设备产品作为载体推行诺瑞思达公司产品交货期管理改进，10台设备的平均交货周期为87天，比改善前120天的周期缩短了33天，产品交货期缩短了28%，符合90天交货的客户要求；生产制造时间实际均值为25天，比改善前60天的生产制造时间缩短了35天，生产制造时间缩短了58%，符合计划周期30天的要求。自第39台设备起，生产制造时间下降到24天，平均交货周期下降到85天，意味着伴随员工对产品交货期管理的熟练程度的提高，该款设备产品交货周期将会继续缩短。

研讨　1. 请简要说明生产运作管理的目标和基本内容。

2. 制造型生产可分为哪几种？本案例中产品的生产方式是哪一种？

3. 通常而言，哪些因素会影响产品交货期？诺瑞思达公司如何查找定位关键影响因素的？

▶ **案例 12-2：Y 公司精益改善之路**

阅读文献

1. 陈荣秋，马士华. 生产运作管理. 6版. 北京：机械工业出版社，2022.

2. F.罗伯特·雅各布斯，理查德·B.蔡斯. 运营管理（原书第15版）. 苏强，霍佳震，邱灿华，译. 北京：机械工业出版社，2020.

第十三章

质量管理

————————

　　质量是人类生产生活的重要保障。狭义的质量定义有两类：第一类是产品和服务的特性符合预定的规格要求；第二类是产品和服务满足顾客期望。质量是当前市场环境下组织能够有效运作、生存并获利的必要战略武器[①]。当今世界正经历百年未有之大变局，新一轮科技革命和产业变革深入发展，引发质量理念、机制、实践的深刻变革。2023 年 2 月，中共中央、国务院印发《质量强国建设纲要》，指出建设质量强国是推动高质量发展、促进我国经济由大向强转变的重要举措，是满足人民美好生活需要的重要途径。

第一节　质量与质量管理概述 ▮▮▮

　　讨论质量问题，必须对质量的实体——产品有良好的认识，所以本节首先讨论产品的概念，然后阐述质量和质量管理的一些概念。

一、产品

　　什么是产品？对于产品的认识，不同的人有不同的观点，从不同的角度所看到的产品也不一样。有些人把产品归集到生产的实物结果上，而有些人则把产品上升到了哲学的境界，太广泛或太深奥的理论不是本书讨论的任务，因而在本书中不对这类问题展开讨论。

　　在质量管理领域中，随着质量管理理论和实践的发展，人们对产品的认识已经有了一个基本的说法。ISO 9000 族标准将产品定义为"在组织与顾客之间未发生任何交易情况下，组织能够产生的输出"。这样的定义对于企业管理实践有些过于抽象。为便于理解，在企业管理中可以将产品理解为"生产运作的输出"，以免由于太过抽象而产生认识上的模糊。硬件和流程性材料类的产品通常是指有形产品，也被称为货物。硬件与流程性材料的差别在于量的特性，前者具有计数的特性，后者具有连续的特性。软件和服务类的产品通常是指无形产品，前者由信息组成，如计算机程序、工作手册等，后者通常是至少有一项活动必须在组织和顾客之间进

---

①　Nair A. Meta-analysis of the relationship between quality management practices and firm performance Implications for quality management theory development. Journal of Operations Management, 2006, 24(6): 948−975.

行的组织的输出，如产品维修、咨询、诊断、审计等。在现实生活中，人们接受的许多产品往往以上述多种类别的产品组合构成的形式存在，如购买汽车、计算机或住宾馆，人们所得到的是硬件、软件、服务以及流程性材料综合而成的产品。特别是近年来发展起来的生产性服务外包，以服务为特性，但包括了软硬件的产品等。所以，对产品概念的认识不是一件简单的事情，有一个逐步认识、不断完善的过程。为便于界定，在 2015 版 ISO 9000 族标准中将产品和服务并列为两种输出。

二、质量

什么是质量？几乎人人都知道什么是质量，但许多人又很难一下子说清楚。经过质量管理理论界和实践界的专家们多年的研究和实践，质量在 ISO 9000 族标准中被定义为：客体的一组固有特性满足要求的程度。质量定义中的特性（characteristic），是指可区分的特征，如物理方面的特征、感官上的特征、组织或行为特征、功能性的特征等；要求（requirement），有指明示的，也有隐含的或必须履行的。有些企业所生产和提供的产品有非常明确的、发展比较稳定的顾客需求和期望，比如固定顾客的长期订单，或是处于供应链战略联盟；而有些企业面临的顾客需求和期望是一直在改变的或是比较模糊的，比如服装商店每天面对的是不同的顾客，他们会带来眼花缭乱并且不断变化的需求和期望。于是，质量的问题已经不是以前认识上的满足标准就可以的，而是对顾客要求的满足程度。换句话说，质量的好坏，不是企业可以说了算的，而是由顾客说了算。

顾客对质量的判断总要有个明确的事物对象，通常这一对象就是产品。当产品扩大化后，对质量的评判就会指向企业，甚至一个地区或一个国家。2010 年有汽车召回的不仅仅是日本，但是舆论批评从汽车指向丰田，继而又指向日本，后发展成了日本汽车"召回门"事件，这就是质量的"杀伤力"，任何企业和政府都不可掉以轻心。

如果仅从产品质量的角度，质量特性可概括为性能、寿命、可信性、安全性、适应性、经济性等。性能通常指产品在功能上满足顾客要求的能力；寿命是指在满足规定使用条件下产品正常发挥功能的持续能力；可信性包括可用性、可靠性、维修性和保障性；安全性是指产品服务于顾客时保证人身和环境免遭危害的能力；适应性是指产品适应外界环境变化的能力；经济性是指产品寿命周期的总费用的多少。顾客对质量特性的感受直接影响其购买行为以及购买后的满意程度，而这种感受是综合的，是产品在性能、寿命、可信性、安全性、适应性、经济性等方面的综合表现。不同的顾客对于同一产品的质量感受有时也不一样，比如宾馆和饭店，正是由于顾客有不同的口味、不同的消费感受等，即不同的要求，才会有不同等级、不同特色的宾馆和饭店存在。对于不同特色，人们很容易理解；对于不同等级，人们往往把它与质量高低联系在一起，这会引起误解。ISO 9000 族标准对等级的定义是：对功能用途相同的客体按不同要求所作的分类或分级。由于顾客对质量要求的不同，产生了不同等级，而不是顾客对于等级高就满意或等级低就不满意，即高等级或低等级都有其顾客，都有其质量要求，都可能使顾客满意或不满意。需要说明的是，即使包括了硬件、软件、服务和流程性材料，停留在产品上的质量概念依然是狭义的。

美国质量管理专家朱兰（J. M. Juran）于 20 世纪 60 年代用一条螺旋上升的曲线向人们揭示了产品质量有一个产生、形成和实现的过程，人们称之为"朱兰质量螺旋曲线"。"朱兰质量螺旋曲线"阐述了五个重要的理念：① 产品质量的形成由市场研究到销售、服务等 13 个环节组成，共处于一个系统，相互依存、相互联系、相互促进，要用系统论的观点来管理质量；② 产品质量形成的 13 个环节一个循环接一个循环，周而复始，不简单重复，是不断上升、不断提高的过程，所以，质量要不断改进；③ 产品质量形成是全过程的，对质量要进行全过程管理；④ 产品质量形成的全过程中存在供方、销售商和顾客的影响，涉及企业之外的因素，所以，质量管理是一个社会系统工程；⑤ 所有的质量活动都由人来完成，质量管理应该以人为主体。"朱兰质量螺旋曲线"的提出，推动了人们对质量概念的认识逐渐从狭义的产品质量向广义的企业整体质量的发展。人们相信，只有整体质量水平高的企业，才有可能可靠地持续开发、制造和提供高质量的产品。因此，人们对于质量优劣的评判，也从对产品的检验、评价，发展为对企业质量管理体系的审核或认证，并且这种有关企业整体质量的审核或认证结果对于投资者坚定投资信念、经营者改进经营策略以及顾客进行购买决策起着越来越重要的作用。为了让人们对质量的定义有更明确的认识和便于掌握，朱兰在 1988 年出版的《质量管理手册（第四版）》中将质量定义为"适于使用"（fitness of use），"使用"与顾客的要求相联系，"适于"则表明符合可测量的产品特性。这一简单的定义使"质量"定义本身也提高了适用性。

全面质量的概念在中国是 1978 年以后才逐步建立起来的。1978 年，随着改革开放，北京内燃机厂从日本小松制作所引入了 TQC（total quality control，当时中文译为全面质量管理）的思想，这一概念的引进大大推动了中国企业对质量概念认识的深化，也促进了中国企业对整体质量的认识和重视，并于 1979 年起在中国掀起了全国性的全面质量管理浪潮。

三、顾客

一般认为，顾客是买卖关系中的购买方，而事实证明这仅仅是企业顾客的一个方面。ISO 9000 族标准对顾客的定义是：能够或实际接受为其提供的，或按其要求提供的产品或服务的组织或个人。企业的顾客应该包括其生产经营活动的一切受益（害）者，包括内部顾客与外部顾客。从内部顾客和外部顾客的角度来讨论顾客与质量的问题，目的是要引起人们对内部顾客（企业成员）的关注。如果内部顾客长期处于不满意的状态，企业就难以确保提供稳定、高质量的产品，难以保证让外部顾客获得满意，这是必然的后果。

还必须认识到，顾客接受的不仅是预期的结果，如买卖约定中的产品，也有非预期的结果，如资源的节约或浪费、环境的净化或污染等对人类社会发展带来的正面或负面的影响。因此，顾客接受产品时付出的代价是两方面的：一方面，顾客为享受预期的结果，如买卖约定中规定的产品功能而付出代价；另一方面，人类（广义的顾客）要为消耗资源和污染环境，即非预期的结果而付出代价。于是，发展的可持续性就被提出来了，并成为许多国家提高人居环境和经济增长质量的指导思想。时至今日，"双碳"战略的提出，与这种环境也是密不可分的。

四、质量管理理论与实践的发展

一般认为，质量管理理论与实践的发展包括三个阶段：质量检验阶段、统计质量控制阶段和全面质量管理阶段。随着质量管理的不断深入和发展，目前还增加了后全面质量管理阶段。

（一）质量检验阶段

在第二次世界大战以前，人们对质量管理的认识只限于对产品质量的检验。在谁来检验把关方面，也有一个逐步发展的过程。

（1）操作者质量管理。在 20 世纪以前，生产方式主要是小作坊形式，工人自己制造产品，又自己负责检验产品质量。换句话说，那时的工人既是操作者，又是检验者，制造和检验质量职能统一集中在操作者身上，因此被称为"操作者质量管理"。问题是，当劳资双方有矛盾或意见不统一时，或操作者的技术水平或责任性较差时，产品质量的保证就会出现问题。

（2）工长质量管理。20 世纪初，科学管理的奠基人泰勒（F. W. Taylor）提出了操作者与管理者的分工，建立了"工长制"，并将质量检验的职能从操作者身上拿了出来，由工长行使对产品质量的检验。这一变化分离了操作与检验的职能，强化了质量检验的职能，称为"工长质量管理"。

（3）检验员质量管理。随着科技的进步和生产力的发展，企业的生产规模不断扩大，管理分工的概念被提出来了。在管理分工概念的影响下，企业中逐步产生了专职的质量检验岗位，有了专职的质量检验员，质量检验的职能从工长身上转移给了质量检验员。后来，一些企业又相继成立了专门的质量检验部门，使质量检验的职能得到了进一步的加强。这一过程称为"检验员质量管理"。

质量检验阶段从操作者质量管理发展到检验员质量管理，无论从理论上还是从实践上都有很大进步，对提高产品质量有很大的促进作用。随着社会科技、文化和生产力的发展，质量检验阶段逐步显露出许多不足：① 事后检验，犹如"死后验尸"，没有在制造过程中起到预防和控制作用，即使检验查出废品，也已是"既成事实"，质量问题造成的损失已难以挽回；② 全数检验，在大批量的情况下经济上不合理，还容易出现错检漏检，既增加了成本，又不能完全保证检验的准确性；③ 全数检验在技术上有时变得不可能，如破坏性检验，判断质量与保留产品发生了矛盾。这些问题在第二次世界大战时期特别突出，推动了质量管理理论的进一步发展。

（二）统计质量控制阶段

"事后检验""全数检验"存在的不足引起了人们的关注，一些质量管理专家、数学家开始注意质量检验中的弱点，并设法运用数理统计的原理来解决这些问题。

在 20 世纪 20 年代，美国贝尔（Bell）实验室成立了两个研究组，一个是以休哈特（W. A. Shewhart）为首的工序控制组，另一个是以道奇（H. F. Dodge）为首的产品控制组。这两个研究组在 20 年代所获得的成果对质量管理从质量检验阶段发展到统计质量控制阶段作出了重要贡献。1924 年，休哈特提出了"事先控制，预防废品"的观念，并且应用数理统计原理发明了具有可操作性的"质量控制图"，用于解决事后把关不足的问题。此后，道奇和罗米格（H. G. Romig）提出了抽样的概念和抽样方法，并设计了可以运用的"抽样检验表"，用于解决全数检验和破坏性检验所带来的问题。但是，由于当时经济危机的影响，这些方法没有得到足够的重视和应用。

第二次世界大战爆发后，由于战争对大批量军火生产的需要，质量检验的弱点显得特别突出，严重影响军需供应。为此，美国政府和国防部组织了一批数学家来研究和解决军需产品的质量问题，推动了数理统计方法的应用，先后制定了三个战时质量控制标准：AWSZ 1.1-1941 质量控制指南；AWSZ 1.2-1941 数据分析用控制图法；AWSZ 1.3-1942 工序控制图法。这些标准的提出和应用，标志着质量管理在 20 世纪 40 年代进入了统计质量控制阶段。第二次世界大战以后，统计质量控制的方法开始得到推广，为企业带来了极好的利润。

从质量检验阶段发展到统计质量控制阶段，质量管理的理论和实践都发生了一次飞跃，从"事后把关"变为预先控制，并很好地解决了全数检验和破坏性检验的问题。但是，由于过多地强调了统计方法的作用，忽视了其他方法和组织管理对质量的影响，使人们误认为质量管理就是统计方法，而且这种方法又高深莫测，让人们望而生畏，质量管理成了统计学家的事情，限制了统计方法的推广发展。

20 世纪 40 年代起，戴明（W. E. Deming）开始到日本工作和讲学，此后，作为日本工业的顾问，把统计质量控制的方法传播给了日本企业。一开始，日本企业也遇到和美国企业一样的问题，统计质量控制方法的推行很不顺利。后来，日本在大众化、通俗化、简单化和普及化方面做了大量的工作，整理出一套简便易行的"质量控制七种工具"，并把"七种工具"与组织管理工作相结合，收到了惊人的效果。为了感谢戴明在二战后对日本重建作出的巨大贡献及进一步在日本推进质量管理运动，日本科学技术联盟于 1951 年创立了"戴明奖"。

（三）全面质量管理阶段

这一阶段是从 20 世纪 60 年代开始的。从统计质量控制阶段发展到全面质量管理阶段，除了当时统计质量控制方法存在的不足，还有社会因素，主要有：① 科技进步带来了许多高、精、尖的产品，特别是一些超大规模的产品，如火箭、宇宙飞船、人造卫星等，统计质量管理的方法已不能满足这些高质量产品的要求。② 社会进步带来了观念的变革，保护消费者利益的运动向企业提出了"质量责任"问题。1960 年美国、英国、奥地利、比利时等国的消费者组织在荷兰海牙正式成立了国际消费者组织联盟，并于 1983 年确定每年 3 月 15 日为"国际消费者权益日"，1984 年 12 月 26 日中国消费者协会经国务院批准正式成立。③ 系统理论和行为科学理论等管理理论的出现和发展，对企业组织管理提出了变革要求，并促进了质量管理的发展。④ 国际市场竞争加剧，交货期和价格成为顾客判别满足质量要求程度的重要内容，等等。这些新情况的出现，都要求质量管理在原有的统计质量控制方法基础上有新的突破和发展。基于这样的历史背景和经济发展的客观要求，美国通用电气公司（GE）质量总经理费根鲍姆（A. V. Feigenbaum）和著名的质量管理专家朱兰等人在 20 世纪 60 年代先后提出了"全面质量管理"的概念。这一概念的提出，开创了质量管理的一个新的时代，一直影响到今天。

1961 年，费根鲍姆撰写出版了 *Total Quality Control* 一书，指出"全面质量管理是为了能够在最经济的水平上考虑充分满足用户要求的条件下进行市场研究、设计、生产和服务，把企业各部门的研制质量、维持质量和提高质量的活动构成一体的有效体系"。费根鲍姆和朱兰等人提出的全面质量管理概念，强调了：① 质量管理仅靠检验和统计控制方法是不够的，解决质量问题的方法和手段是多种多样的，而且还必须有一整套的组织管理工作；② 质量职能是企业全体人员的责任，企业全体人员都应具有质量意识并承担质量责任；③ 质量问题不限于产品的制造过程，解决质量问题也是如此，应该在整个产品质量产生、形成、实现的全过程中都实施质量管理；④ 质量管理必须综合考虑质量、价格、交货期和服务，而不能只考虑狭义的产品质量。在吸收这一观念方面，日本做得最成功。日本不仅认真学习美国的全面质量管理思想和方法，还结合自己的国情创造出了"全公司性质量管理"的理论和方法，取得了极大的成功，他们的做法引起了世界各国的广泛重视，在20世纪80年代掀起了一股学习日本质量管理热潮，中国的全面质量管理活动也是在那个时期从日本引入并推行的，就连开创全面质量管理的美国也组团去日本学习和考察质量管理的经验。

全面质量管理的理论和实践的发展跨越到了21世纪，其观念逐步被世界各个国家所接受，并且在实践中又得到了丰富和发展，从TQC发展为TQM（total quality management），使管理的概念更全面、更人性化、更具有竞争性，极大地推动了世界经济的发展，为人类进步和生活质量的提高作出了巨大贡献。

（四）后全面质量管理阶段

严格地讲，后全面质量管理阶段也属于全面质量管理阶段。在20世纪80年代开始，也就是全面质量管理从TQC发展到TQM的同时，产生了第一部管理的国际标准——ISO 9000族标准；90年代又掀起了6σ管理高潮，并且在许多国家得到关注。前者将质量管理形成标准，努力使对质量管理活动的评判有一把国际统一的"尺"；后者将质量进一步量化到统计概念上，追求质量管理的完美无缺。关于6σ管理的概念和内容较多，深入学习可参阅质量管理方面的专业图书。下面仅对ISO 9000族标准的发展作简单陈述。

ISO 9000族标准是指由ISO质量管理和质量保证技术委员会（ISO/TC 176）制定的所有国际标准。该标准可帮助组织实施并有效运行质量管理体系，是质量管理体系通用的要求或指南。它不受具体的行业或经济部门的限制，可广泛适用于各种类型和规模的组织，在国内和国际贸易中促进相互理解。

自1987年以来，ISO 9000族标准已经是第五版了。ISO 9000族标准明确提出ISO 9000、ISO 9001、ISO 9004和ISO 19011四项标准，共同构成了一组密切相关的质量管理体系标准，可以帮助各种类型和规模的组织实施并运行有效的质量管理体系。同时指出，为了成功地领导和运作一个组织，为了针对所有相关方面的需求，实施并保持持续改进其业绩的管理体系，必须遵守下列七项质量管理原则：① 以顾客为关注焦点；② 领导作用；③ 全员积极参与；④ 过程方法；⑤ 改进；⑥ 循证决策；⑦ 关系管理。

从上述的七个基本原则来看，ISO 9000族标准从20世纪80年代发展到今天，其基于的思想仍然是全面质量管理。21世纪的经济发展和管理实践正在进一步推动质量管理理论与方法的发展，2015年的ISO 9000标准颁布后，我国对应推出了GB/T 19000族标准，这对于新时期企业质量管理的改进和提升又是一次很好的促进。

五、质量管理的基本概念

为求得生存和发展，必须积极、有效地开展质量管理活动，这是成功企业的共识，也是一些发达国家的政府长期探索的结论。质量管理不再是企业的"专利"，政府及一些公共组织也开始开展质量管理活动。为便于理解，本章从企业的角度介绍质量管理的基本概念，这些概念同样适用于公共组织。

（一）质量管理

质量管理是企业为了使其产品质量能满足不断更新的市场质量要求而开展的策划、组织、计划、实施、检查、改进等管理活动的总和，是企业中各级管理者的职责，其具体实施涉及企业内的所有职工，但必须由企业最高管理者领导。由于市场的多变性和对企业发展的导向性，企业的全部质量管理活动都必须围绕着与市场需求相适应、与满足顾客要求相吻合的质量目标来进行，全面有效地实施质量保证和质量控制，并讲求质量管理活动的经济效果，使企业、顾客、社会三方的利益都得到满足。

在总结前人成果的基础上，ISO 9000 族标准将质量管理（quality management）定义为：有关质量的管理。质量管理可包括制定质量方针和质量目标以及通过质量策划、质量控制、质量保证和质量改进实现这些质量目标的过程。为此，企业必须有一个健全的管理体系来支持质量管理活动。

（二）质量管理体系

ISO 9000 族标准对质量管理体系（quality management system，QMS）下的定义是：管理体系中有关质量的部分。管理体系（management system）是指组织建立方针和目标以及实现这些目标的过程的相互关联或相互作用的一组要素。企业的质量管理是通过制定质量方针和目标，建立、健全质量管理体系并使之有效运行来付诸实施的。所以，质量管理体系是企业有效开展质量管理的核心。

由于企业间的差异，每个企业都有其自己的质量方针和质量目标，质量管理体系的内容应以满足质量目标的需要为准，为满足实施质量管理的需要而设计。为了使质量管理活动规范化、程序化，并充分考虑企业内外影响质量的每一个过程，企业应结合自己的生产和经营特点、产品类型、技术和设备能力、顾客需要等具体情况按 ISO 9001 建议的质量管理体系要求，建立、健全一个完善的企业质量管理体系，并使其有效运行。这不仅是企业自身发展的需要，也可以为取得顾客的信任打下良好的基础。

可以说，一个企业建立后就存在质量管理活动，这已经在客观上形成了一个质量管理体系。当然，其完善程度各不相同。因此，企业的重要任务是根据其质量目标不断地健全、完善其质量管理体系，从而提高企业的质量管理水平。

（三）质量策划

ISO 9000 族标准将质量策划（quality planning）定义为：质量管理的一部分，致力于制定质量目标并规定必要的运行过程和相关资源以实现质量目标。质量策划是企业质量管理中的筹划活动，是企业最高管理者和质量管理部门的质量职责之一。质量策划的内容主要包括：产品策划、管理和作业策划以及编制质量计划。

（四）质量控制和质量保证

质量控制（quality control）是质量管理的一部分，致力于满足质量要求。企业实施质量控制的目标是确保产品质量能满足企业自身、顾客及社会三方面所提出的质量要求。质量控制的范围涉及产品质量形成的全过程，其目的是通过一系列作业技术和活动对全过程影响质量的人、机、料、法、环（man、machine、material、method、environment，4M1E）诸因素来进行控制，并排除会使产品质量受到损害而不能满足质量要求的各项原因，以减少经济损失，取得经济效益。

质量保证（quality assurance）是质量管理的一部分，致力于提供质量要求会得到满足的信任。质量保证与质量控制是相互关联的。质量保证以质量控制为基础，进一步引申到提供信任的目的。由目的出发，企业的质量保证分为内部质量保证和外部质量保证两类。在企业内部，质量保证的主要目的是向企业最高管理者提供信任，即使企业最高管理者确信本企业的产品能满足质量要求。为此，企业中有一部分管理人员专门从事监督、验证和质量审核活动，以便及时发现质量控制中的薄弱环节，提出改进措施，促使质量控制能更有效地实施，从而使企业最高管理者放心。在合同或其他外部条件下，质量保证是向顾客或第三方提供信任，即使顾客或第三方确信本企业已建立完善的质量管理体系，对合同产品有一整套完善的质量控制方案、办法，相信本企业提供的产品能达到合同所规定的质量要求。因此，企业质量保证的主要工作是要促使企业完善质量控制活动，以便准备好客观证据，并根据顾客的要求，有计划、有步骤地开展提供证据的活动。

（五）质量改进

ISO 9000 族标准对质量改进（quality improvement）的定义是：质量管理的一部分，致力于增强满足质量要求的能力。

产品质量是企业在竞争中取胜的重要手段，为了增强企业的竞争力，有必要进行持续的质量改进。为此，企业应确保质量管理体系能推动和促进持续的质量改进，使其质量管理工作的有效性和效率能使顾客满意，并为企业带来持久的效益。有效性是指完成策划的活动和达到策划结果的程度；效率是指达到的结果与所使用的资源之间的关系。有效性与效率之间的关系对企业质量管理活动而言是密不可分的。离开效率，将付出高昂的代价换得有效性的结果；离开有效性，高效率的后果将是很可怕的。另外，质量要求是多方面的，除了有效性和效率外，还有可追溯性等。可追溯性（traceability）是指追溯所考虑对象的历史、应用情况或所处场所的能力。当考虑的对象为产品时，可追溯性可涉及原材料和零部件的来源、加工过程的历史（如经过的工序和场所、使用过的设备、操作者等）、产品交付后的分布和场所等。为此，企业的质量管理活动必须追求持续的质量改进。

企业开展质量改进应关注以下几点：① 质量改进通过改进过程来实现；② 质量改进致力于持续寻求改进机会，而不是等待问题暴露后再去捕捉机会；③ 对质量损失的考虑依据三个方面的分析结果：顾客满意度、过程效率（企业的直接质量损失）和社会损失。

六、企业质量管理的基础工作

企业质量管理的基础工作，是企业质量体系顺利运作和不断发展的基本保证。企业质量管理的基础工作主要包括：质量教育工作、标准化工作、计量工作、质量信息工作和质量责任制。

（一）质量教育工作

质量管理"始于教育，终于教育"的教育理念始终伴随质量管理理论与实践的发展。质量教育工作包括三个方面：质量意识教育、质量管理知识教育和专业技术与技能教育。质量意识教育的目的在于提高企业领导和全体员工的质量觉悟；质量管理知识教育的目的是让各层次、各岗位的人员掌握质量及质量管理的概念、方法和工作职责；专业技术与技能教育的目的是更新各级人员的知识和提高业务能力，从而保证质量管理工作的有效开展。

（二）标准化工作

企业要有效地开展质量管理，保证产品质量，绝不能没有标准，因而必须做好标准化工作。企业质量管理中的标准包括技术标准和管理标准，标准的内容不仅针对产品、工艺，还包括管理制度、规章、程序等；企业质量管理中的标准化工作，就是在企业的技术和管理两个方面制定标准、学习和掌握标准、实施标准，不断地修改标准的活动过程，无论是技术标准，还是管理标准，都是企业开展质量管理活动的基础和依据。

（三）计量工作

计量是指运用技术和法律手段，实现单位统一、量值准确一致的测量，是企业质量管理的基础工作之一。计量工作要保证企业投入使用的计量器具达到规定的质量水平，操作计量器具的人员达到规定的素质要求，计量法律、法规得到正确贯彻和实施，建立、健全企业计量技术档案和计量工作记录。

（四）质量信息工作

信息是一种重要资源，质量信息能为企业带来效益或避免损失，但如果质量信息被阻塞、流失或失真，将导致企业质量管理工作的失误，给企业带来重大损失。因此，质量信息管理是企业质量管理必不可少的基础工作，直接影响到企业的经营效果。随着信息技术和互联网的迅猛发展，大数据环境下企业质量信息工作的主要任务是迅速提升企业质量管理活动的有效性，高效率地支持企业服务于顾客和提升顾客满意水平。

（五）质量责任制

管理的基本原则之一，是明确各工作岗位的责任和权限。企业的质量管理涉及产品质量形成的全过程，涉及企业各部门、各岗位，只有做到人人各尽其责，才有可能保证质量。因此，企业的质量管理活动要通过建立有效的质量体系和工作程序，对每个部门、岗位在质量工作上的任务、责任和权限作出明确规定，即建立质量责任制，并通过进行内部审核、考评和奖惩等活动保证质量责任制的实行和不断完善。

第二节　生产运行过程的质量控制

生产运行是企业运行管理的重心，所以，生产运行过程的质量管理一直是企业关注的重点。具体来讲，生产运行过程的质量控制是实现产品和服务开发设计意图、形成产品和服务质量的重要环节，是实现企业质量目标的重要保证。为此，企业必须抓好生产运行过程中的每一个环节的质量保证，严格执行、全面达到质量技术标准和管理标准。本节重点介绍运行策划过程、生产过程和辅助服务过程的质量控制。

一、运行策划过程的质量控制

运行策划过程质量控制的目的，是保证生产运行能在受控状态下进行。因此，企业必须重点抓好以下四个方面的质量控制活动。

（一）受控生产运行的策划

策划的目的是保证生产运行过程能按规定的方法和程序进行，从而达到受控的要求，能够稳定地提供满足规定质量要求的产品和服务。策划工作就是在质量计划、体系文件和程序文件中作出明确规定，对影响生产运行过程质量的因素，即人、机、料、法、环等诸因素加以系统控制。例如，应用统计技术进行过程控制；研究过程控制与相应规范之间的关系，形成文件；对所有的过程检验和最终的验证制定计划并作出规定；制定和形成适宜的清洁和防护程序文件；研究改进过程质量的新方法。

（二）过程能力控制

在运行策划中，应对过程能力是否符合产品和服务规范要求进行验证。必须识别对产品和服务质量有重大影响的、与产品或服务以及过程特性有关的作业，对这些作业进行必要的控制以确保这些特性符合规范要求或进行适当的修改或改进。对过程的验证还应包括材料、设备、计算机系统和软件、程序和人员。

（三）辅助材料、公用设施和环境条件控制

对质量特性起重要作用的辅助材料和设施，如生产用水、压缩空气、化学用品等也应加以控制并定期进行验证，以确保对生产运行过程影响的均一性。同样，对产品和服务质量影响十分重要的生产运行环境，如温度、湿度和清洁度等，也应规定一定的限度并控制和验证。

（四）物流控制

物流要求适当地计划、控制，物流要形成全覆盖的文件制度。物流应正确地选择和使用货盘、容器、传送装置和运输装置，以防止在物流过程中由于振动、撞击、磨损、腐蚀、温度或任何其他情况造成损坏或变质。现代物流较多开展服务外包，对于外包的质量控制是企业物流控制的重点。

二、生产过程的质量控制

生产过程的质量控制是指对产品形成和服务提供的整个过程的质量控制。

（一）过程控制的基本要求

过程控制的基本要求主要有以下几方面：

1. 技术文件控制

制造过程所使用的技术文件必须是现行有效的版本，应做到正确、完整、协调、统一、清晰、文实相符。

2. 过程更改控制

应明确规定过程更改批准程序，必要时还须征得顾客同意。当设计更改时，生产过程的所有变更都应形成文件并规定实施的程序。每次过程更改后应对产品和服务进行评价以验证所做的更改是否对产品和服务质量产生了预期的效果。同时，还应将由于过程更改引起的过程、产品和服务特性之间关系的任何变化形成文件并及时通知有关部门。

3. 物资控制

进入生产过程的材料和零部件均应符合相关规定的要求，代用物资必须按规定办理审批手续；生产过程中的物资必须合理堆放、隔离、搬运、储存和保管，防止磕碰、划伤、生锈、变质、混料等，保持其适用性；对于有可追溯性要求的产品和服务，在整个生产过程中都应保持其相应的标志，以确保原始物资的标志和验证状态的可追溯性。

4. 设备控制

所有设备在使用前均应按规定进行验收、验证，确保其准确度，特别注意生产过程控制中使用的计算机以及软件的维护。应制定预防性维修保养计划，以确保持续的过程控制能力。

5. 人员控制

各过程的操作人员、检验人员必须熟悉和掌握生产过程的技术要求，具备生产过程所要求的技能、能力和知识，必要时经考核持证上岗。

6. 环境控制

提供适宜的生产运行环境，满足过程技术文件的要求，遵守环境保护的有关法规。

（二）特殊过程的控制

特殊过程是指该过程的某些质量要求不易或不能通过其后的检验和试验而得到充分验证。对于特殊过程的控制，一般以加强过程控制、过程方法的试验验证、过程操作人员技能培训和资格认证为主要手段，并对进入过程的物资和人员进行严格控制，必要时进行复验。

（三）产品（或服务）验证

产品（或服务）验证的质量职能是鉴别、把关和报告。以产品生产为例，生产过程的产品验证包括：对外购材料和外购件的验证、过程验证、产成品验证。

外购材料和外购件的验证方法取决于这些物资对产品质量的影响、分承包方的控制状态以及对成本的影响。过程验证通常是通过重点过程的检验或试验，验证产品质量的符合性。产成品验证可以用接收检验和产品质量审核来及时提供快速的反馈，以便对产品、过程或质量体系采取纠正措施。对不合格的产品应进行标记、隔离、评审、处置和采取防止误用、防范再发生等措施，对返修和返工的产品进行重新检验或试验。

三、辅助服务过程的质量控制

辅助服务过程的质量控制主要包括以下几点：

（一）物资供应的质量控制

物资供应过程质量控制的任务是保证所供应的物资符合规定的质量标准，供应及时、方便，减少储备和加速周转。为此，必须加强对进入各过程前的物资的质量检验工作和验收工作的管理，加强物资在搬运和储存中的管理。必要时，可以把物资供应的质量控制工作延伸至供应厂商的工作领域。

（二）设备的质量控制

设备从购买、验收、安装运转到使用中维护保养、定期检修以及改装、改造等整个设备管理过程，都要进行严格的质量控制。为此，企业的质量体系中必须建立设备质量控制的要素，建立设备质量控制计划，保证设备在使用过程中能保持完好的工作状态，确保稳定的工序能力。

（三）工量具、工装供应的质量控制

工量具、工装包括各种外购的和自制的工具、量具和其他工艺装备。由于工量具、工装大多使用的时间较长，必须建立专门的机构和工作程序保证其持续满足的质量水准。尤其是量具的质量直接影响各过程的质量检验工作，必须设置专门的计量管理机构和建立科学的定期检查制度，保证量具的验收、保养、发放、鉴定、校正和修理等过程符合规定的要求。

第三节　生产运行过程控制常用的工具 ▪▪▪

生产运行过程的质量控制中确定和正确应用现代统计方法，是一项极其重要的工作，应建立选择和应用统计方法的文件程序。本节重点介绍过程控制中常用的统计方法。

一、常用的分析方法

（一）分层法

分层法是质量管理中常用的整理数据的方法之一。所谓分层法，就是把收集到的原始质量数据，按照一定的目的和要求加以分类整理，以便分析质量问题及其影响因素的一种方法。分层的目的是要把性质相同、在同一条件下收集的数据归在一起，以便展开分析。因此，在分层时，应使一层内的数据波动幅度尽可能小，而各层之间的差别尽可能大，这是应用分层法进行质量问题及其影响因素分析的关键。

过程控制中进行分层的标志常有：操作者、设备、原材料、操作方法、时间、检测手段、缺陷项目等。

（二）调查表法

调查表也称检查表或核对表，是为分层收集数据而设计的一类统计图表。调查表法，就是

利用这类统计图表进行数据收集、整理和粗略分析的一种方法。操作中，可根据调查目的的不同，采用不同的调查表。常用的调查表有：

1. 缺陷位置调查表

这类调查表用来调查产品各部位的缺陷情况，可将其发生缺陷位置标记在调查图表中产品示意图上，不同缺陷采用不同的符号或颜色标出。

2. 不良项目调查表

为了调查产品缺陷的种类及其所占的比重，可对不良项目分门别类地进行调查统计。

3. 不良原因调查表

为弄清不良品发生的原因，以操作者、操作设备、操作方法、加工对象、时间等为标志进行分层调查统计，找出关键的影响因素。

4. 过程分布调查表

为掌握过程能力，对生产过程中加工对象的技术特征进行检测和记录，并进行调查数据的分布分析，掌握过程分布的特征。

（三）排列图法

排列图又称主次因素分析图或帕累托图。帕累托（Vilfredo Pareto）是意大利经济学家，是有关收入分布的帕累托法则的首创者。这一法则揭示了"关键的少数和无关紧要的多数"的规律。这一法则后来被广泛应用于各个领域，并被称为 ABC 分析法。这一法则被引入质量管理领域后，成为寻找影响产品和服务质量主要因素的一种有效工具。

排列图由两个纵坐标、一个横坐标、几个顺序排列的直方块和一条累计百分率曲线所组成（例如图 13-1）。横坐标表示影响产品质量的因素或项目，按其影响程度由大到小依次排列；左纵坐标表示频数（影响程度），如件数、金额、工时、吨位等；右纵坐标表示频率；直方块的高度表示该因素或项目的频数，即影响程度；累计百分率曲线表示各影响因素影响程度比重的累计百分率，称为帕累托曲线。

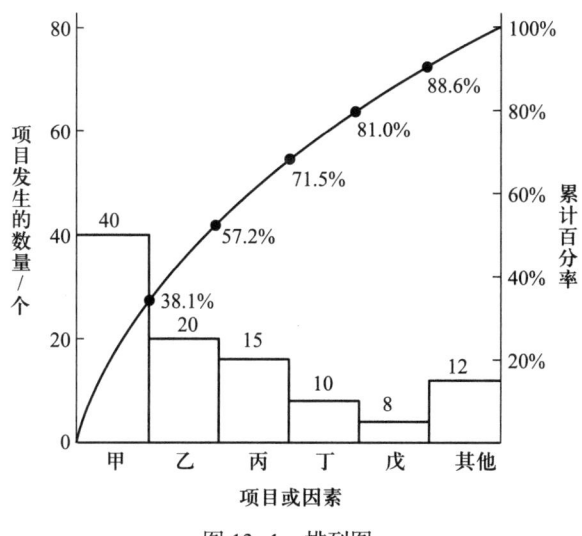

图 13-1　排列图

分析时，把因素分为 A、B、C 三类：A 类，累计百分率在 80% 以内的诸因素；B 类，累计百分率在 80%~90% 的诸因素；C 类，累计百分率在 90%~100% 的诸因素。A 类因素为质量改进的主要项目。

（四）因果分析图法

因果分析图又称特性要因图、树枝图和鱼刺图，在质量管理中主要用于整理和分析产生质量问题的因素及各因素与质量问题之间的因果关系。因果分析图由质量问题和影响因素两部分组成，图中主干箭头指向质量问题，主干枝上的大枝表示影响因素的大分类，一般为操作者、设备、物料、方法、环境等因素，中枝、小枝、细枝等表示诸因素的依次展开，构成系统展开图（例如图 13-2）。

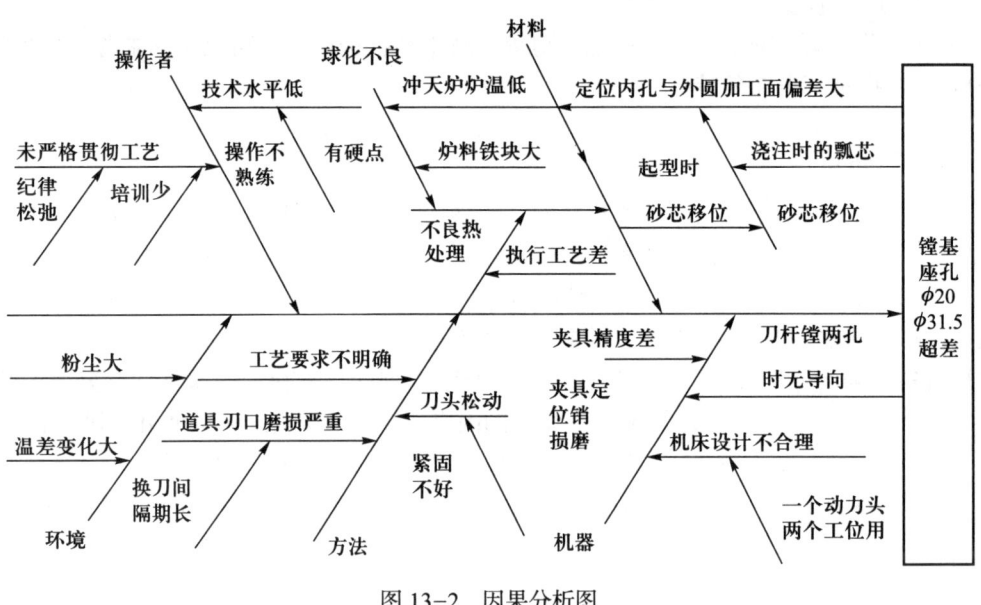

图 13-2　因果分析图

因果分析图法，是从产生的质量问题出发，由大类因素找起，一直展开到中因素、小因素直至找到最终原因。然后针对根本原因，制定和采取有效的对策。显然，因果分析图法是一种系统分析方法。

（五）直方图法

直方图法又称质量分布图法，是通过对测定或收集来的数据加以整理，来判断和预测生产过程质量和不合格品率的一种常用工具。直方图是由直角坐标系中若干顺序排列的长方形组成。各长方形的底边相等，为测定值组距，各长方形的高为测定值落入各组的频数。如图 13-3 所示。

1. 直方图的绘制步骤

直方图的绘制可按以下步骤进行：

（1）收集 n 个测定值（$n \geqslant 50$）。

（2）找出 n 个测定值中的最大值 x_l、最小值 x_s。

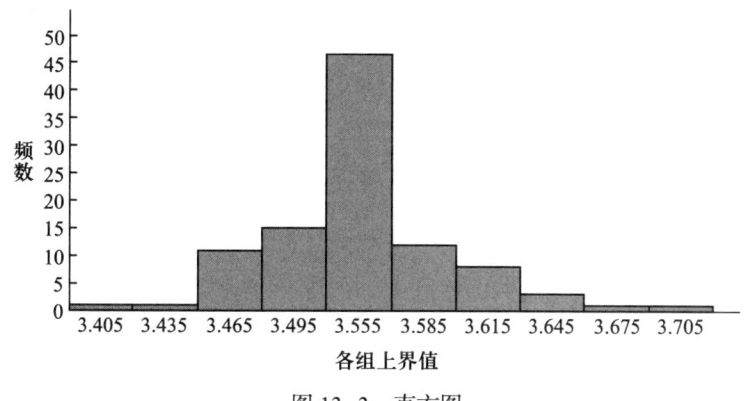

图 13-3　直方图

（3）确定测定值的分组数 k（参考：$n = 50 \sim 100$，$k = 7$；$n = 101 \sim 200$，$k = 8$；$n = 201 \sim 250$，$k = 9$；$n > 250$，$k = 10 \sim 20$）。

（4）确定组距 h。$h = (x_l - x_s)/k$，按最后一位有效数取整。

（5）确定组界值。将 x_s 减去最后一位有效数的 1/2 作为第一组的下界值，加上组距成为第一组的上界值和第二组的下界值，依次可得到各组的组界，最后一组应包含 x_l。

（6）作频数表。将各组组界依次列入频数表中，将测定值计入各组，计算频数。

（7）作图。横坐标轴上标明测定值分组的各组组界，纵坐标表示频数。以各组组界为底边，以测定值落入各组的频数为高，画长方形。在图的右上方记上测定值的总的个数并在图上标明规范界限。

2. 直方图常见形状及其分析

应用直方图法进行分析主要从两方面入手：一是分析直方图的形状，以判断总体正常或异常，进而寻找异常的原因（见图 13-4）；二是将直方图与规范界限进行比较，以判断测定值分布是否满足规范要求。

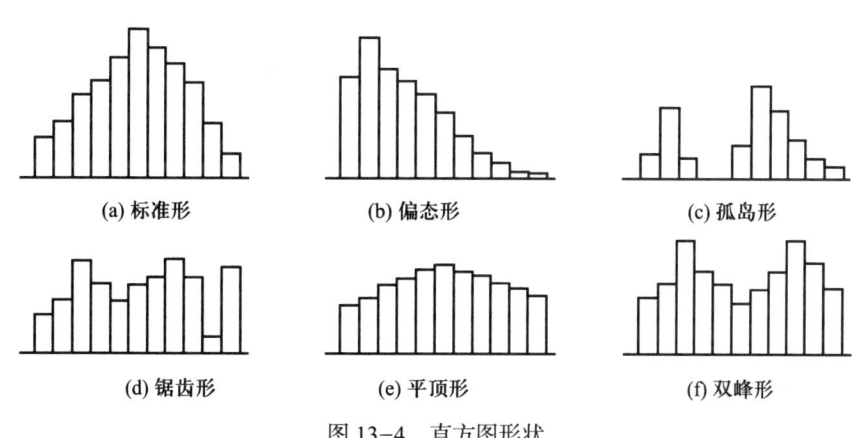

图 13-4　直方图形状

（1）标准形（对称形）。数据的平均值与最大和最小值的中间值相同或接近，平均值附近的数据频数最多，频数在中间值向两边缓慢下降，并且以平均值左右对称，符合正态分布状态。

（2）偏态形。数据的平均值位于中间值的左侧（或右侧），从左至右（或从右至左），数据分布的频数增加后突然减少，形状不对称。这种偏态分布状态是不正常的，应予改进，如不良的操作习惯可能会引起测定值偏态。

（3）孤岛形。在标准形的直方图的一侧有一个"小岛"。出现这种情况是夹杂了其他分布的少量数据，如工序异常、测量错误或混有另一分布的少量数据。

（4）锯齿形。做频数分布表时，如分组过多，会出现此种形状。另外，当测量方法有问题或读错测量数据时，也会出现这种形状。

（5）平顶形。当几种平均值不同的分布混在一起，或某种要素缓慢变化时，如刀具磨损等，常出现这种形状。

（6）双峰形。靠近直方图中间值的频数较少，两侧各有一个"峰"。当有两种不同的、平均值相差较大的分布混在一起时（测定值可能来自不同设备、操作者或企业），可能出现这种形状。

（六）散布图法

散布图又称相关图，是判断两个变量之间是否存在相关关系的分布状态图形。散布图由分布在直角坐标系中的一系列点子构成，这些点子表示所分析变量的若干对数据（x，y）。散布图的分析形状及其分布如表 13-1 所示。

表 13-1　散布图典型形状分析

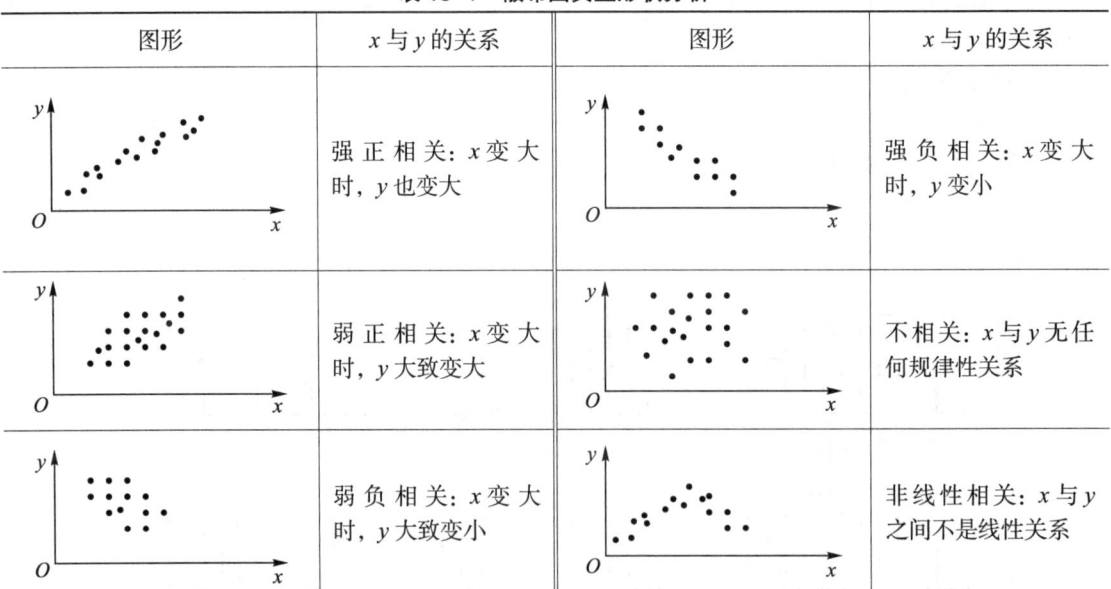

图形	x 与 y 的关系	图形	x 与 y 的关系
	强正相关：x 变大时，y 也变大		强负相关：x 变大时，y 变小
	弱正相关：x 变大时，y 大致变大		不相关：x 与 y 无任何规律性关系
	弱负相关：x 变大时，y 大致变小		非线性相关：x 与 y 之间不是线性关系

二、控制图方法

（一）质量波动与控制图

过程质量在各种影响因素制约下，呈现波动特性。过程质量的波动有两种类型：一是正常波动，是由于随机性因素的经常作用而产生的偶然波动；二是异常波动，是由于系统因素引起的系统误差产生的波动。过程控制的任务是消除异常波动，维持正常波动的适度水平。怎么来判断过程中是否存在异常波动呢？控制图就是过程控制中用以判断是否有异常波动存在的有效工具之一。

控制图的分类是与数据的分类相联系的，分为计量值控制图和计数值控制图两大类。常用的控制图如表 13-2 所示。

表 13-2　常用的控制图类型

数据类型	分布	控制图名称	代号	中心线	上、下限
计量值控制图	正态分布	均值—标准差控制图	$\bar{x}-s$	$\bar{\bar{x}}$ $\bar{s}$	$\bar{\bar{x}} \pm A_1^* \bar{s}$ $B_4\bar{s}$，$B_3\bar{s}$
		均值—极差控制图	$\bar{x}-R$	$\bar{\bar{x}}$ $\bar{R}$	$\bar{\bar{x}} \pm A_2\bar{R}$ $D_4\bar{R}$，$D_3\bar{R}$
		中位数—极差控制图	$\tilde{x}-R$	$\bar{\tilde{x}}$ $\bar{R}$	$\bar{\tilde{x}} \pm \tilde{A}_2\bar{R}$ $D_4\bar{R}$，$D_3\bar{R}_s$
		单值—移动极差控制图	$x-R_s$	$\bar{x}$ $\bar{R}_s$	$\bar{x} \pm 2.66\bar{R}_s$ $3.27\bar{R}_s$，0
计数值控制图	二项分布	不合格率控制图	p	$\bar{p}$	$\bar{p} \pm 3\sqrt{\bar{p}(1-\bar{p})/\bar{n}}$
		不合格数控制图	np	$n\bar{p}$	$n\bar{p} \pm 3\sqrt{n\bar{p}(1-\bar{p})}$
	泊松分布	单位缺陷控制图	u	$\bar{u}$	$\bar{u} \pm 3\sqrt{\bar{u}/\bar{n}}$
		缺陷数控制图	c	$\bar{c}$	$\bar{c} \pm 3\sqrt{\bar{c}}$

过程控制所研究的测定值不同，采用的控制图也不同。控制图中最常用的是 $\bar{x}-R$ 控制图，下面就以 $\bar{x}-R$ 控制图为主要介绍内容。

（二）$\bar{x}-R$ 控制图

$\bar{x}-R$ 控制图是 $\bar{x}$ 控制图和 R 控制图联合使用的一种控制图。$\bar{x}-R$ 控制图用于观察过程质量测定值 x 的平均值 $\bar{x}$ 的变动，R 控制图用于观察过程质量测定值 R 的变动。联用后的 $\bar{x}-R$ 控制图，检出过程质量不稳定的能力增强，即检出力比单独使用 $\bar{x}$ 控制图或 R 控制图要大大增强。因此，$\bar{x}-R$ 控制图是过程质量控制中最常用的控制方法。$\bar{x}-R$ 控制图的设计如下：

1. 收集过程质量测定值数据

收集的数据量一般要求大于 100 个，按时间顺序分组，每一组数据为一个样本，每组的数据个数即为样本大小，常用 n 表示。测定值的记录、分组可采用专门的格式（见表 13-3）。n 通常取 4 或 5。

表 13-3　测定值数据记录、分组模式

日期	时间	分组号	测试数据结果					平均值 $\bar{x}$	极差 R
			x_1	x_2	x_3	x_4	x_5		
		1						$\bar{x}_1$	R_1
		2						$\bar{x}_2$	R_2
		…						…	…
		…						…	…
		k						$\bar{x}_k$	R_k

2. 计算各组平均值 $\bar{x}_i$ 和各组极差 R_i、总平均值 $\bar{\bar{x}}$ 和极差平均值 $\bar{R}$

$$\left.\begin{array}{l} \bar{x}_i = \dfrac{1}{n} \sum_{j=1}^{n} x_{ij} \\ R_i = x_{i\max} - x_{i\min} \end{array}\right\} \tag{13-1}$$

$$\left.\begin{array}{l} \bar{\bar{x}} = \dfrac{1}{k} \sum_{i=1}^{k} \bar{x}_i \\ \bar{R} = \dfrac{1}{k} \sum_{i=1}^{k} R_i \end{array}\right\} \tag{13-2}$$

3. 计算 $\bar{x}$ 控制图和 R 控制图的控制限

假定过程质量测定值 $x \sim N(\mu, \sigma^2)$，则 $\bar{x} \sim N(\mu, \sigma^2/n)$。于是 $\bar{x}$ 控制图的上、下控制限可推导如下：

$$UCL = \mu + 3\sigma/\sqrt{n} \approx \bar{\bar{x}} + A_2\bar{R} \tag{13-3}$$

$$LCL = \mu - 3\sigma/\sqrt{n} \approx \bar{\bar{x}} - A_2\bar{R} \tag{13-4}$$

同样，R 控制图的控制限可推导如下：

$$UCL = \bar{R} + 3\sigma_R = D_4\bar{R} \tag{13-5}$$

$$LCL = \bar{R} - 3\sigma_R = D_3\bar{R} \tag{13-6}$$

式中的系数 A_2、D_4、D_3 如表 13-4 所示。

表 13-4　控制图系数表

样本大小	A_2	D_3	D_4	m_3A_2
2	1.880	—	3.267	1.880
3	1.023	—	2.575	1.187
4	0.729	—	2.282	0.796
5	0.577	—	2.115	0.691
6	0.483	—	2.004	0.549
7	0.419	0.076	1.924	0.509

续表

样本大小	A_2	D_3	D_4	m_3A_2
8	0.373	0.136	1.864	0.430
9	0.337	0.184	1.816	0.412
10	0.308	0.223	1.777	0.363

4. 作 $\bar{x} - R$ 控制图

$\bar{x} - R$ 控制图如图 13-5 所示。

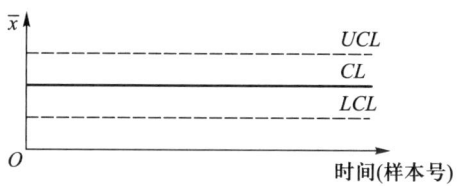

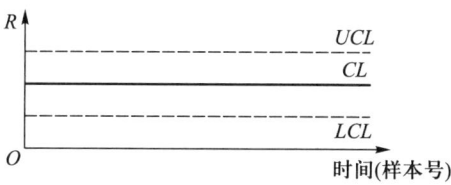

图 13-5 $\bar{x} - R$ 控制图

$\bar{x}$ 控制图的控制限为：

$$CL = \bar{\bar{x}}$$
$$UCL = \bar{\bar{x}} + A_2\overline{R}$$
$$LCL = \bar{\bar{x}} - A_2\overline{R}$$

R 控制图的控制限为：

$$CL = \overline{R}$$
$$UCL = D_4\overline{R}$$
$$LCL = D_3\overline{R}$$

（三）控制图的运用

1. 控制图运用的目的

控制图主要用于分析和控制过程的状态，还可用来作为管理与监督、检查与调节以及进行质量教育的手段等。

2. 过程状态与控制图上点子变动的关系

控制图有两种类型：一种是反映和控制集中趋势的；另一种是反映和控制波动大小的。$\bar{x} - R$ 控制图是最典型的联合上述两类控制图一起运用的方式。下面以 $\bar{x} - R$ 控制图为例，简述过程状态变化与控制图上点子变动的关系。

假设过程状态正常时的分布为 $N(\mu, \sigma^2)$。当过程状态异常时，或者平均值由 μ 变成 μ_1，或者标准差由 σ 变成 σ_1，这样，过程状态的分布由 $N(\mu, \sigma^2)$ 变为 $N(\mu_1, \sigma^2)$ 或 $N(\mu, \sigma_1^2)$。对应于控制图上点子的变化可参见图 13-6。

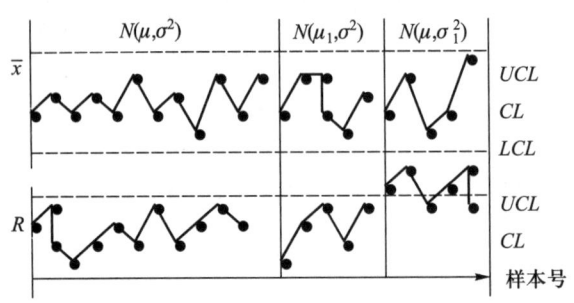

图 13-6　过程状态和控制图上点子的变动

显然，过程状态正常时，$\bar{x}-R$ 控制图和 R 控制图上的点子虽有波动，但都在控制限以内。当过程分布中心发生变化时，$\bar{x}-R$ 控制图上的点子会出现明显异常，不仅多数点子都偏离中心线，而且有些点子越出控制限，但在 R 控制图上没有异常变化。当过程分布波动增大时，不仅 R 控制图中的点子会越出控制限，显示异常波动，而且 $\bar{x}$ 控制图中也会出现个别点子越出控制限。

3. 过程状态的判断

控制图上点子的分布情况一般反映了过程的质量状态：如果控制图上的点子越过控制限，或者点子虽没有越过控制限，但其排列有缺陷，则可判断为过程有异常，处于非控制状态；反之，则可认为过程是正常的，处于控制状态。

三、抽样检验方法

检验，是对实体的一个或多个特性进行诸如测量、检查、试验或度量，并将结果与规定要求进行比较以确定每项特性合格情况所进行的活动。在实际操作中，检验又分为全数检验和抽样检验。全数检验又称 100% 检验，是对一批或一个过程的全部个体逐个地进行测定，以判定其是否合格的检验方法。抽样检验是按照规定的抽样方案，随机地从一批或一个过程中抽取少量个体进行测定，并与标准比较后作出接受或拒收判定的检验方法。

按质量测定值的性质，抽样检验方法可分为两类。若对样本中个体的质量测定值仅确定为合格或不合格，从而推断整批或过程的不合格率，并作出接受或拒收判定的抽验方法，称为计数抽验方法；若对样本中个体的质量测定值直接定量计测，从而推断检验批的不合格率的抽验方法，称为计量抽验方法。

对于一般的成批产成品抽样检验，常采用计数抽验方法；对于质量不易过关、须作破坏性检验以及检验费用极高的项目，一般采用计量抽验方法。下面仅对计数抽验方法作简要介绍。

计数抽验方法通常有一次抽样、二次抽样与多次抽样等。一次抽样，是指从一批中只抽取一个样本进行检验；二次抽样是指最多从一批中抽取两个样本进行检验；多次抽样是指从一批中抽取两个以上的样本进行检验，其操作程序基本上是二次抽样的延续。

本章小结

质量是企业的生命。企业质量管理的目的在于通过让顾客满意和本企业全体成员及社会受益而使企业达到长期成功。为达到这一目的，企业的全体成员都必须参与质量管理活动，其中企业最高管理者是关键。

随着质量对世界经济活动的影响越来越显著，ISO 于 1987 年颁布了举世瞩目的 ISO 9000 族质量管理和质量保证国际标准，很快被各国政府和企业采纳，推动了国际贸易和合作的迅猛发展，并且使企业内部的质量管理工作更加规范、有效。今天，ISO 9000 族标准已经多次更新版本，与此同时，几乎所有企业都依据 ISO 9000 族标准建立起质量体系、质量手册，开展质量管理、质量审核和质量改进活动，不仅有效地提升了顾客的满意度，保障了包括企业投资者、顾客、员工等利益相关者的利益，也使国际社会大大受益。

本章重点介绍了生产过程的质量控制和过程控制中常用的几种工具。对于生产过程，即技术准备过程、制造过程和辅助服务过程的质量控制，必须从人、机、料、法、环五大要素入手，建立并严格执行质量技术标准和管理标准。过程质量控制最常用的分析方法是分层法、调查表法、排列图法、因果分析图法、直方图法和散布图法等，常用的控制图方法是 $\bar{x} - R$ 控制图，常用的抽样检验方法是计数标准型一次抽样检验。

思考题

1. 为什么企业必须强化质量管理？
2. 为什么说在今天全面质量管理仍然是我国非常艰巨的任务？
3. 今天诸多的质量问题都出自技术问题吗？为什么？
4. 质量的概念就是指产品质量吗？为什么？
5. 质量管理体系主要包括哪些内容？为什么企业必须持续改进其质量管理体系呢？
6. 为什么 ISO 9000 族标准产生后，会得到全世界绝大多数企业的欢迎？
7. 常用的过程质量控制七种工具是什么？这些方法各自的作用是什么？

案例分析

▶ **案例 13-1：AF 公司产品质量改进之路** [①]

AF 公司是某国有集团公司直属大型企业，生产石油井下工具已三十多年，曾连续 7 年被中国石油和石油化工设备工业协会评为中国石油石化装备制造业 50 强企业，是中石油、中石化和中海油石油钻采机具的一级供应商。AF 公司始终坚持高素质、高效率、高质量的经营理念，以国际知名石油机供应商为发展目标，坚持消化吸收国外先进技术与自主创新相结合的策略。自 2010 年以来，AF 牌产品已出口美国、德国、南非、伊朗、委内瑞拉、沙特阿拉伯等 20 多个国家。

---

① 资料来源：王婷，苏颉，聂文倩，等. 疾风知劲草——AF 公司产品质量改进之路. 中国管理案例共享中心，2022-03-25.

AF 公司存在产品在海外销售量低的情况。经过调查和反馈，造成这个情况的原因不是市场情绪低或歧视等，而是相比于欧美产品，AF 公司的产品性价比不够高，不仅质量没有欧美产品的好，而且服务也不如欧美产品的更全更优。根本原因是 AF 公司的技术和生产线没有欧美公司的精进。至此，负责人找到质量部对这一问题进行研究与解决。

质量部组织了各个部门负责人召开会议，号召大家主要从 5M1E 六个角度入手实地考察，找到明显的或潜在的原因，即人员（men）、设备（machine）、材料（material）、方法（method）、测量（measure）和环境（environment）六个方面。其中重点对产品质量问题的原因进行分析。

在人员方面，从目前的情况来看，操作过程中有时候会出现油堵孔成型后忘记倒棱以及没有完全倒净的现象，甚至会有工人忘记将油堵孔的倒角倒掉的情况。这些问题看似微不足道，却有可能在装配过程中割伤密封胶圈，甚至伤及相关人员。因此，必须让工人对油堵漏油的问题引起重视，另外，检验员作为产品质量的监督人，更要严格履职，坚决杜绝碍于人情而轻易放行情况的出现。

在材料方面，主料都是性能非常好的钢材，但是密封胶件是外购件，暂时还没有合适的相关检测方法复验其密封性能。可以和供应方进行交流，共同研究解决这一问题。在遇到高温腐蚀性地层等特殊情况时，普通密封件很容易损坏，这就成为导致油堵漏油的关键原因之一。

在方法方面，漏油问题主要反映在不同种类的震击器以及减震器等产品装配过程中。调查发现，装配过程中曾发生过密封件规格错误导致产品漏油的情况。这是由于装配工人通常会一次性将装配产品所需的零件和胶件一起领出库房，装配时一般会根据肉眼看到的零件和胶件选择尺寸相近的用，并没有严格按照装配图纸要求核对橡胶件的型号和位置。

在测量方面，量具发生轻微磨损、量具超期未鉴定、量具精度不准确都可能影响油堵和油堵孔的精度，虽然这些情况现在还未发生，但确实是极大的隐患。特别是像油堵这类数量多但个头小的工件，很难保证每一件都被检测，每一件都检验合格。因此，需要确定适当的抽检比例，制定合适的抽检制度，尽可能减少不合格油堵数量。

在环境方面，存放环境和使用环境对于 AF 公司的产品都至关重要。存放时间太长或者存放环境潮湿恶劣，都可能使油堵处锈蚀，从而破坏油堵密封作用，导致漏油。除此之外，使用环境不恰当还可能造成密封圈的损坏，使密封效果大打折扣，从而导致油堵处漏油。

专业人员对以上调查结果进行了仔细的分析后，根据《质量管理体系要求》《石油和天然气行业制造企业质量管理体系规范》等质量管理标准和规范，对公司质量管理文件进行了更新，对程序文件进行了修订，重新规定了产品从需求分析到设计开发，从生产制造到合格交付各个阶段的基本质量要求。

为了加强在制品周转过程中的质量控制，保证产品制造的可追溯性，AF 公司决定使用随同零件卡片，即任意产品的任意零件从投料开始就配有各自独一无二的卡片，帮助记录其从毛坯到成品的全部加工和检测过程。每当生产管理员下发生产任务时，就会将随同零件卡片与零件一起交给操作者，当每一道生产工序结束后，操作者须在随同零件卡片上准确填写工序号、工序名称、加工日期等相关内容。待零件进入检测流程时，检验人员也需要如实将检测结果填写在卡片上，再转入下一道工序。作为质量追溯的重要文件，随同零件卡片会在质量部存档 7 年以上。

AF 公司还购入一系列新设备，之前采用的摆锤式冲击试验机只能测定常温条件下材料的冲击性能，而新引进的微机控制冲击试验机就可以满足低温冲击性能的要求；而且新购入的直读光谱仪可以利用计算机进行光谱分析。除了设备的购进，公司针对不同岗位需求，有目标、有计划、有考核地对员工提供免费培训。

除了生产部和质量部等与产品质量休戚相关的部门，其他部门也开始更加重视企业的质量管理。供应部逐步提高了对外购材料的要求，严格按照企业标准和石油工具常用材料技术条件等相关规定购置金属材料；对于非金属密封件和油、脂、漆类材料，供应部要求必须从经评审认可的合格供方处购买，且入库前必须由生产车间核查相应的质量证明文件，数据必须符合相关标准要求。研发部根据合作客户的特殊需求和长期积累的生产经验，与大学合作进行新材料的研发，并经过反复实验和不断调整，研发出理化性能明显优于一般常用材料的新材料。

对于公司面临的潜在风险，发展计划部商量决定选用 FEMA 分析方法，分别对供应商能力和材料有效性、人员能力、市场环境等方面进行风险评估，从而有效控制可能影响产品质量的内外部潜在风险。部门根据 FEMA 分析方法评估结果，对识别和评估后的风险进行应急分析，针对超过临界风险评估值的风险形成风险应急策划报告，并将相关信息传达相关部门和人员。

经过一系列改动，公司总计产品交验数量逐渐增多，产品一次交验合格率稳步上升，返修品、处理品和废品数量逐渐减少，平均返修率控制在 1.0% 以下。除此之外，产品的外观质量问题发生频次减少了 62.96%，磕碰现象发生频次减少了 61.61%，客户要求的临时性变更、现有产品不满足客户需求等其他质量问题发生频次也减少了 58.43%；产品油堵漏油、心轴断裂和同轴度差等质量问题改善幅度均在 30%～45% 之间。

研讨　1. 简要阐述质量管理基本概念，并对照案例分析 AF 公司相应举措。

2. 企业开展质量改进应关注哪几点？案例中的 AF 公司做到了哪些？

3. 为什么说"质量管理是提高 AF 公司市场占有率的重要保证"？请简要阐述 AF 公司的质量管理现状，并结合经验谈谈自己的看法。

▶ **案例 13-2：金域公司质量管理体系构建历程**

阅读文献

1. 尤建新，邵鲁宁，李展儒. 质量管理简明教程. 北京：高等教育出版社，2018.

2. 尤建新，邵鲁宁，李展儒. 质量管理学. 4 版. 北京：科学出版社，2021.

3. 上海质量管理科学研究院. 六西格玛实施技巧. 北京：中国标准出版社，2003.

第十四章
企业物流与供应链管理

进入 21 世纪以来，在由"卖方市场"到"买方市场"转变和信息技术快速发展的影响下，企业非核心业务外包和生产重组不仅促进了物流业的蓬勃发展，也逐步加剧了企业供应链间的竞争。特别是近几年，随着美国制造业回流、中美贸易战等多方因素的交织影响，供应链韧性与供应链安全出曾为一个热门话题。物流与供应链管理已经成为企业战略和日常管理活动的重要内容。

第一节　企业物流概述

企业要达到快速反应和控制成本这两个目的，有效的物流管理是关键因素。因此，物流管理也被称为企业的"第三利润源"。

一、物流的概念

物流一词源于国外，在 20 世纪 80 年代初传入我国。由于它对商品生产、商品流通和商品消费的作用日益明显而越来越引起大家的重视。

物流概念中的"物"，广义地讲，是指一切有经济意义的物质实体，即商品生产、流通、消费的物质对象。它既包括有形的物，又包括无形的物；既包括生产过程中的物资，如原材料、零部件、半成品及产成品，又包括流通过程中的商品，还包括消费过程中的废弃物品。在实际工作中，我们总是根据具体的物流范围来确定和理解物的含义，这是狭义的"物"的概念。

物流概念中的"流"，指的是物质实体的定向移动，既包含其空间位移，又包含其时间延续，并且这里的"流"是一种经济活动。

"物"和"流"合在一起形成物流的概念。目前对物流的定义很多，各种定义强调的侧重点不同，原国家质量监督检验检疫总局将物流定义为：按用户的要求以最小的总费用将物质资料（包括原材料、半成品、产成品、商品等）从供给地向需求地转移的过程，主要包括运输、储存、包装、装卸、配送、流通加工、信息处理等活动。物流活动是一种创造时间价值、场所价值，有时也创造一定加工价值的活动。

1. 物流的时间价值

物质资料从供给者到需求者之间有一段时间差，通过改变这一时间差而创造的价值，称作物流的时间价值。获得物流时间价值的形式有以下几种：① 缩短时间创造价值。缩短物流时间，可以减少物流损失、降低物流消耗、增加周转率、节约资金等。物流管理重点研究的一个课题，就是如何采取措施来尽量缩短物流的时间，从而取得高的时间价值。② 弥补时间差创造价值。在经济社会中，需求和供给普遍存在时间差。例如，粮食生产有严格的季节性和周期性，这就决定了粮食的集中产出，但人们对粮食的消费是全年天天有需求，因而供给和需求之间会出现时间差。物流学研究用科学系统的方法弥补时间差，有时是改变这种时间差来创造其时间价值。③ 延长时间差创造价值。在某些具体物流中也存在人为地、能动地延长物流时间来创造价值。

2. 物流的场所价值

物质资料从供应者到需求者之间往往有一段空间距离。通过改变这一场所的差别而创造的价值，称作物流的场所价值。获得物流场所价值的形式有以下几种：① 从集中生产场所流入分散需求场所创造价值。现代化大生产往往通过集中的大规模生产以提高生产效率、降低成本。在一个小范围集中生产的产品可以满足大面积地区的需求，通过物流将产品从集中生产的低价位区转移到分散于各处的高价位区，物流的场所价值就实现了。② 从分散生产场所流入集中需求场所创造价值。同上面的情况相反的情形在我们的经济社会中也不少见。例如，粮食是在广大地区上分散生产出来的，而一个大城市的需求则非常集中。又如，汽车公司的零配件生产往往分布非常广，但要集中在一个大厂中装配，物流便依此实现了场所价值。③ 从甲地生产流入乙地需求创造场所价值。现代人每天消费的物品几乎都是由相距一定距离甚至十分遥远的地方生产的。这么复杂交错的供给与需求的空间差都是靠物流来弥合的，物流也因此创造了场所价值。

3. 加工附加价值

加工是生产领域常用的手段，并不是物流的本来职能。但是，现代物流的一个重要特点是根据自己的优势从事一定的补充性加工活动，这种活动必然会形成劳动对象的附加价值。例如，商品在流通中为方便运输而进行的包装，在进入商店之前为适应顾客要求而进行的分割、换包装、拆零等操作，这些物流活动增加了商品的附加价值。

二、企业物流的概念

社会经济领域中，物流活动无处不在。根据物流的对象不同、目的不同、范围不同，物流有多种分类。例如，我国物流学者王之泰对物流进行了如下的划分：宏观物流与微观物流，国际物流与区域物流，一般物流与特殊物流，社会物流与企业物流等。

企业物流是从企业的角度研究物流的有关活动，可以分为以下几种典型的物流活动：

1. 企业供应物流

企业为保证自身的生产，需要不断组织原材料、零部件、各种辅料供应的物流活动。企业供应物流不仅是一个保证供应的问题，而且还是在以最低成本、最低消耗和最大的保证来组织供应物流活动的限定条件下进行的，这就带来了很大的实施难度。现代物流学是基于非短缺经济这一宏观环境来研究物流活动的。在这种市场环境下，供应在数量保证上是容易做到的，而如何降低这一物流过程的成本，是企业物流的一大难题。为此，企业供应物流必须研究有效的供应网络、供应方式及库存等问题。

2. 企业生产物流

企业生产物流指企业在生产工艺中的物流活动，其过程大体为：原材料、零部件、辅料等从企业仓库或企业的"入口"开始，进入生产线的开始端，再进一步随生产加工过程一个环节一个环节地"流"，在"流"的过程中，本身被加工，同时产生一些废料、余料，直到生产加工终结，再"流"至产成品仓库。这便完成了企业生产物流过程。实际上，一个生产周期，物流活动所用时间远多于实际加工的时间。企业生产物流研究的潜力很大，课题也很多，例如，生产流程如何安排，各生产环节如何衔接才最有效，如何缩短整个生产的物流时间，和工艺过程有关的物流机械装备如何选用配合等。

3. 企业销售物流

企业销售物流指企业为保证自身的经营效益，将产品所有权转给用户的物流活动。在买方市场的大环境下，销售要送达用户并经过售后服务才算终止。企业销售物流的空间范围很大，这便是销售物流的难度所在。在这种前提下，企业销售物流的特点便是通过包装、配货、送货等一系列物流实现销售。为此，企业销售物流需要研究顾客订货处理、配送方式、包装水平、运输路线等，并采取诸如少批量、多批次、定时、定量配送等特殊的物流方式达到目的。

三、几类典型企业的物流过程

（一）制造企业的物流过程

制造企业物流包括原材料供应物流、产品生产物流和产成品销售物流，制造企业的物流可用图 14-1 来表示。

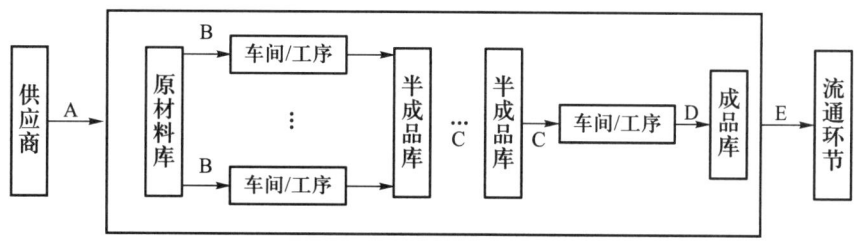

图 14-1　制造企业物流

1. 原材料供应物流

制造企业向供应商订购原材料、零部件，并将其运达原材料库，如图 14-1 中 A 部分。

2. 产品生产物流

在制造企业的车间或工序之间，原材料、零部件或半成品按照工艺流程的顺序依次流过，最终成为产成品，送达成品库暂存。其中，包括原材料库直接对各车间或工序的供料（如图 14-1 中 B 部分）、半成品在车间或工序间的顺序流动（如图 14-1 中 C 部分）及产成品送入成品库储存（如图 14-1 中 D 部分）三部分。

3. 产成品销售物流

制造企业通过购销或代理协议，将产成品转移到流通环节或最终顾客，如图 14-1 中的 E 部分。

另外，不合格材料的退货、残次品的回收复用、废弃物的处理等，形成了生产物流过程中的去向和回向分支性物流，如图 14-2 所示。

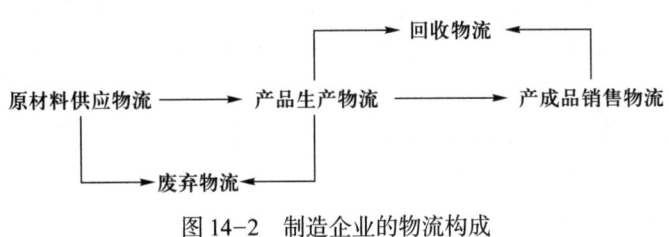

图 14-2　制造企业的物流构成

（二）零售企业的物流过程

零售企业的物流过程主要包括商品采购环节的物流、后库商品的储存配送物流及销售环节的物流，零售企业的物流可用图 14-3 来表示。

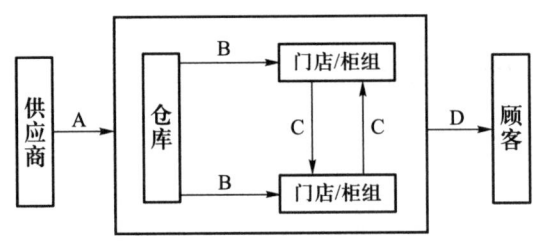

图 14-3　零售企业物流

1. 商品采购环节的物流

在与供应商签订进货协议后，商品按照协议中的有关条款通过适当的途径和方式（如送货上门或零售企业自己提货），由生产企业或批发企业的储存库移动到企业的储存库藏或直接上货架（如图 14-3 中的 A 及 B 部分）。这一物流过程实际上是以运输为主体，包括包装、装卸、搬运等物流功能的组合。

2. 后库商品的储存配送物流

零售企业各门店或柜组陈列的商品，只是为了便于顾客选购方便，一般数量不会太多。为了提高顾客服务水平，避免短时间内的缺货风险，零售企业都会按适当的比例，在其储存库（后库）暂存一定量的商品。近年来，零售业连锁超市这种业态在我国发展较快。一般来讲，一个大的连锁超市起码有几百家门店，为满足数量庞大的门店的商品需求，连锁超市都拥有自己的配送中心来储存一定量的商品。配送中心或后库储存的商品向门店或柜组的移动物流被称为配送，如图 14-3 中的 B 部分。另外，门店或柜组间的商品的相互调剂所产生的物流如图 14-3 中 C 所示。

3. 销售环节的物流

在直接的交易过程中，商品由货架移动到顾客那里；在订货或兼有送货上门服务的销售环节中，商品则是由零售企业备车将商品从配送中心、后库或卖场货架送达顾客指定的场所，如图 14-3 中的 D 部分。

另外，在采购、进货过程中，发现的不合格商品往往需要退回货主，对配送中心、后库或货架上直接销售过程中的残、次、过期商品，往往需要回收、返送生产企业或将其废弃，这一过程也会产生运输、包装、装卸、搬运等物流作业，因此，零售企业的物流过程可用图 14-4 来表示。

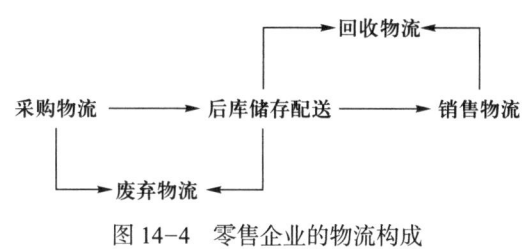

图 14-4　零售企业的物流构成

（三）批发企业（配送中心）的物流过程

传统形态的批发企业功能比较单一，大多只承担采购和调送这两个功能。从发达国家批发业的发展历程与我国市场经济条件下批发业的功能重组实践来看，现代的批发企业实际上是一种以物流为主体功能的流通机构。通常所说的物流中心或社会化配送中心便是其具体化的组织形态。下面重点对配送中心的物流过程进行分析。配送中心的物流过程可用图 14-5 来表示。

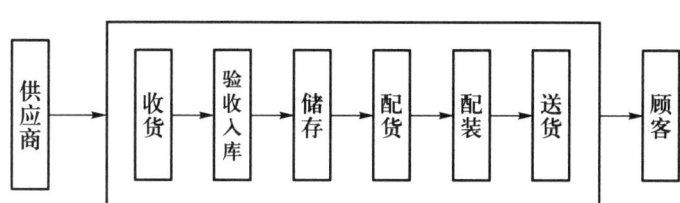

图 14-5　配送中心的一般物流过程

1. 收货

收货是配送中心运作周期的开始，包括订货和接货两个过程。配送中心收到和汇总顾客的订货单后，要先确定配送货物的种类和数量，然后查询配送中心现有库存中是否有所需的现货。如果有现货，则转入拣选流程；如果没有，或虽然有现货但数量不足，则要及时发出订单，进行订货。通常，在商品货源宽裕的条件下，采购部门向供应商发出订单以后，供应商会根据订单的要求很快组织供货，配送中心接到通知后，就会组织有关人员接货，要在送货单上签收，继而还要对货物进行检验。

2. 验收入库

验收入库是指采用一定的手段对接收的货物进行检验，包括数量的检验和质量的检验。若与订货合同要求相符，则可以转入下一道工序；若不符合合同要求，配送中心将详细记录差错情况，并拒绝接收货物。按照规定，质量不合格的商品将由供应商自行处理。经过验收之后，配送中心的工作人员随即要按照类别、品种将其分开，分门别类地存放到指定的仓位和场地，或直接进行下一步操作。

3. 储存

储存主要是为了保证销售需要，但要求是合理库存，同时还要注意在储存业务中做到确保商品不发生数量和质量变化。

4. 配货

配货是指配送中心的工作人员根据信息中心打印出的要货单上所要的商品、要货的时间、储存区域，以及装车配货要求、顾客位置的不同，将货物挑选出来的一种活动，一般是以摘取的方式拣选商品。工作人员或智能机器人推着集货车在排列整齐的仓库货架间巡回走动，按照配货单上指出的品种、数量、规格挑选出顾客需要的商品并放入集货车内，最后存放暂存区以备装车。

5. 配装

为了充分利用载货车厢的容积和提高运输效率，配送中心常常把同一条送货路线上不同门店的货物组合、配装在同一辆载货车上。在配送中心的作业流程中安排组配作业，把多个顾客的货物混载于同一辆车上进行配载，不但能降低送货成本，而且也可以减少交通流量，改变交通拥挤状况。一般对一家门店配送的商品集中装载在一辆车上，从而减少配送中心对门店的配送事项，同时也有利于环境保护。

6. 送货

这是配送中心的最终环节，也是配送中心的一个重要环节。送货包括装车和送货两项活动。一般情况下，配送中心都使用自备的车辆进行送货作业，有时也借助社会上专业运输组织的力量，联合进行送货作业。此外，为适应不同超市的需要，配送中心在进行送货作业时，常常作出多种安排：有时是按照固定时间、固定路线为固定用户送货；有时也不受时间、路线的限制，机动灵活地进行送货作业。

另外，为保障配送中心整体的正常运作，在业务上还需要进行信息处理、业务结算和退货、废弃货物处理等作业。

四、企业主要的物流工作

企业涉及的主要物流工作贯穿于企业的供应、生产和销售物流活动中，包括网络设计、信息处理、运输、库存、装卸和包装等活动。

（一）网络设计

网络设计是指对企业物流设施的地理位置及规模的设计，是整个企业物流作业的基础。典型的物流设施包括制造工厂、仓库、码头、零售商店以及它们之间的作业条件。网络设计就是要确定每一种设施需要多少投入、其地理位置以及各自承担的工作等。在有些情况下，物流设施及作业可以由相关专业服务公司承担。但不管由谁承担，企业都必须把所有的设施看作本企业物流网络的一个整体组成部分来进行管理。

物流网络设计还必须确定每一种设施怎样进行存货作业，需要储备多少存货，在哪里对顾客的订货进行交付等。因此，物流设施的网络形成了一种进行物流作业的结构，在这种网络结构中，融合了信息和运输能力，还包括订货处理、维持存货以及物料搬运等相关具体工作。所以，网络设计包含了对其他具体物流工作的综合考虑。

（二）信息处理

现代信息技术的高速发展，为物流作业信息化奠定了基础。企业物流从 20 世纪 80 年代初开始大量引入条形码技术来改善物流效率，使用电子数据交换（electronic data interchange, EDI）技术进行企业间商务数据的传输。随着各种类型的电子扫描方式和传输技术的普及，几乎所有的物流作业都融入了信息技术。到了 20 世纪 90 年代，企业已开始运用卫星通信技术进行物流作业信息的实时跟踪。以美国联合速递公司（United Parcel Service, UPS）为例，它使用条形码和扫描仪能每天 24 小时跟踪和报告装运状况，顾客只需拨一个免费的电话号码，即可获得"地面跟踪（ground trace）"的增值服务。UPS 公司的递送驾驶员按计算机排好顺序的线路递送，并且使用数字设备记录顾客的签字，以提供收货核实，这样既减少了差错又加快了递送速度。这种快速、精确和全面的信息处理技术奠定了现代化物流技术以时间为导向的物流作业基础。准时化策略、快速反应策略、连续补货策略以及自动化补货策略等物流技术均建立在现代化信息处理技术之上。

物流作业运用信息处理技术的重要目标之一就是要平衡物流系统的各个组成部分，使总体效果最佳。例如，对一个企业来说，要想实现快速的交付，可能采用两种方法：一是在总部的销售部门积累一周的订单，然后把它们邮寄到各地区办事处，然后各办事处通过航空进行装运；二是通过电子数据交换，各办事处可随时取得顾客的订单，然后使用速度较慢的水上运输。两者相比，后者可实现在较低总成本下更快的顾客交付。

预测和订货管理是依赖于信息处理的两大物流工作。物流预测是要估计未来的需求，指导企业的存货策略，满足预期的顾客需求。要使得预测准确，必须掌握大量的顾客需求信息，现代条码技术、扫描技术以及数据仓库技术为企业物流的精确预测提供了保障。企业可运用信息处理技术来达到主动控制物流作业的目的，运用诸如准时化、快速反应以及持续补货等策略能对顾客的需求快速作出反应，最终可克服预测的不精确性。

订货管理部门的工作涉及处理具体的顾客需求。顾客可以分为外部顾客和内部顾客。外部顾客就是那些消费产品或服务的顾客，以及先购买产品或服务然后再出售的批发商。内部顾客是指企业内部需要物流支持以便承担起指定工作的组织单位。订货管理的过程涉及从最初的接受订货到交付、开票以及托收等有关管理顾客的方方面面。

以上所有的活动，在当今顾客全球化的趋势下，没有信息处理技术的支持是不可想象的。信息技术是联结各项物流作业的纽带，通过信息这根纽带，各种物流作业被视作物流信息系统的一个组成部分。

（三）运输

在既定的物流网络结构和信息处理能力的条件下，运输是指在不同的地域范围间（如两个城市、两个企业之间，或一个大企业内相距较远的两个车间之间），以改变物流的空间位置为目的，对物料进行空间位移。从物流的观点来看，有三个因素对运输来讲是十分重要的，即总成本、速度和一致性。

运输总成本是指为两个地理位置间的运输所支付的款项及与管理和维持运输中的存货有关的费用。物流系统设计的目标应该是能把总成本降到最低。

运输速度是指完成特定运输所需的时间。运输速度和成本遵循效益背反规律，主要表现在两个方面：第一，能够提供更快服务的运输公司要收取更高的运费；第二，运输服务越快，运输中的存货越少，无法利用的运输间隔时间就越短。因此，选择最佳的运输方式时，至关重要的问题就是平衡运输服务的速度和成本。

运输的一致性是指在若干次装运中履行某一特定的运次所需的时间与原定时间或与前几次运输所需时间的一致性。它是运输可靠性的反映，是高质量运输最重要的特征。如果给定的一项运输服务第一次花费 2 天，而第二次花费 6 天，这种意想不到的变化就会产生严重的物流作业问题。如果运输缺乏一致性，就需要安全储备存货，以防预料不到的服务故障。运输一致性问题会影响买卖双方的存货水平和有关的风险水平。

在物流系统的设计中，必须精确地维持运输成本和服务质量之间的平衡。发掘并管理好我们所期望的低成本、高质量的运输是物流的一项最基本的工作。

（四）库存

一个企业的存货需求取决于网络结构和顾客服务的期望水平。从理论上讲，企业可以在物流网络中大量储备每一种销售的产品，以便更好地为每一位顾客服务。但是，这样做会增加总成本，几乎没有哪家企业能承担得起如此耗资的存货。存货的目的是要以与最低的总成本相一致的最低限度的存货来实现所期望的顾客服务。虽然较高的存货可以用来弥补物流网络设计的不足，但在某种程度上降低了物流管理的质量，最终导致较高的物流总成本。

（五）装卸和包装

物流的上述四个活动——网络设计、信息处理、运输和库存——可以被设计成不同的物流作业方案。在一定的总成本约束下，每一种方案都能实现一定水平的顾客服务。物流的另外一些活动——装卸和包装都不具备上述的独立性质，它们只是每一种作业方案的组成部分。例如，在物流作业中，商品需要按确定的时间和数量放入仓库；运输车辆需要通过材料搬运进行有效的装卸；各种产品只有打包装入运输纸板箱或其他类型的各种容器时，才能有效地进行装卸。把装卸和包装等作业融入企业的各种物流作业中，可以使企业的整个物流系统高效地运行。

第二节　信息为基础的企业物流系统

一、企业物流系统

现代信息技术的发展，使得我们能够以信息为纽带将上节所述企业的各项物流活动联结为一个整体。企业物流被看作使企业与其供应商和顾客相联系的一个系统。图 14-6 说明了企业物流系统的基本模式。

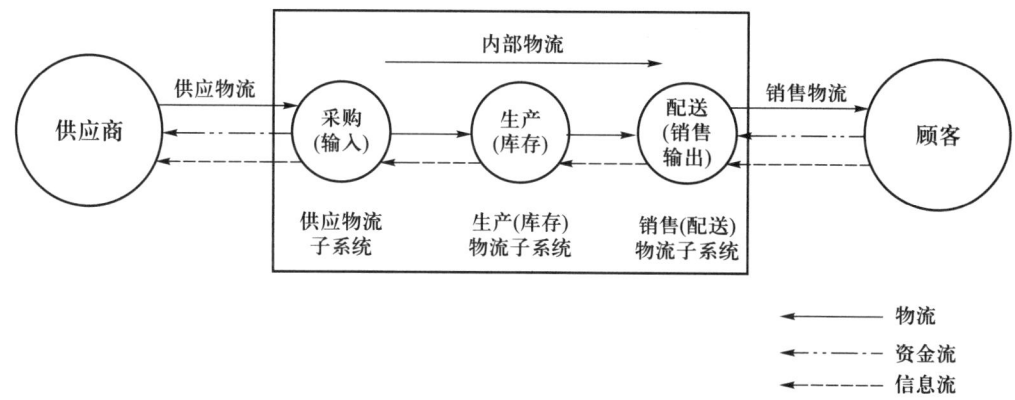

图 14-6　企业物流系统的基本模式

　　企业物流系统是一个开放系统，与外界有物流、信息流及资金流的交换。系统与上游供应商之间形成供应物流、信息流及资金流，系统与下游顾客之间形成销售物流、信息流及资金流。在系统内部，企业物流系统可再细分为供应物流子系统、生产（库存）物流子系统及销售（配送）物流子系统。供应物流子系统主要负责与上游供应商的物流、资金流、信息流交换；销售（配送）物流子系统主要负责与下游顾客的物流、资金流、信息流交换；生产（库存）物流子系统主要负责将上游供应商提供的原材料、零部件等转换为下游顾客所需的商品及服务。一般来说，物流的方向主要是从上游到下游，即沿着"供应商→本企业→顾客"这一方向流动。而资金流和信息流的方向主要是从下游流向上游，即沿着"顾客→本企业→供应商"这一方向流动。

　　企业物流是新的系统体系，有以下特点：

　　第一，企业物流系统本来就是客观存在的。物流系统的各要素在长期的企业发展历程中都已有了较高的水平，故一旦形成物流观念，按新的观念建立物流系统，就会迅速发挥系统的总体优势。

　　第二，企业物流系统是一个大跨度系统。这反映在两个方面，一是地域跨度大，二是时间跨度大。大跨度系统带来的主要问题是管理难度较大，对信息的依赖程度高。

　　第三，企业物流系统稳定性较差而动态性较强。物流系统总是连接多个企业和用户，随需求、供应、渠道、价格的变化，系统内的要素及系统的运行经常发生变化，难以长期稳定。

　　第四，企业物流系统结构要素间有非常强的"背反"现象，常称为"交替损益"或"效益背反"现象。这是指某一个功能要素的优化和利益发生的同时，必然会存在另一个或一些功能要素的利益损失，在处理时稍有不慎就会出现系统总体恶化的结果。在寻求解决和克服各功能要素效益背反现象时，物流这个新系统往往因较多地受原系统的影响和制约而不能完全按物流系统的要求运行。

二、物流信息系统

　　信息流是整个企业物流系统的关键因素，以信息为基础的企业物流系统称为企业物流信息系统。企业物流信息系统根据其处理的内容及决策的层次可以分为三个功能层次，即业务处理、计划控制及决策分析。根据前述企业物流系统的基本模式，企业物流信息系统相应地又可划分成供应物流子系统、生产（库存）物流子系统及销售（配送）物流子系统。

图 14-7 说明了在信息功能各层次上的物流活动和决策。正如该金字塔形状所示，从纵向来看，物流信息管理系统分为业务处理、计划控制和决策分析三个层次；从横向来看，分为供应子系统、生产（库存）子系统和销售（配送）子系统。

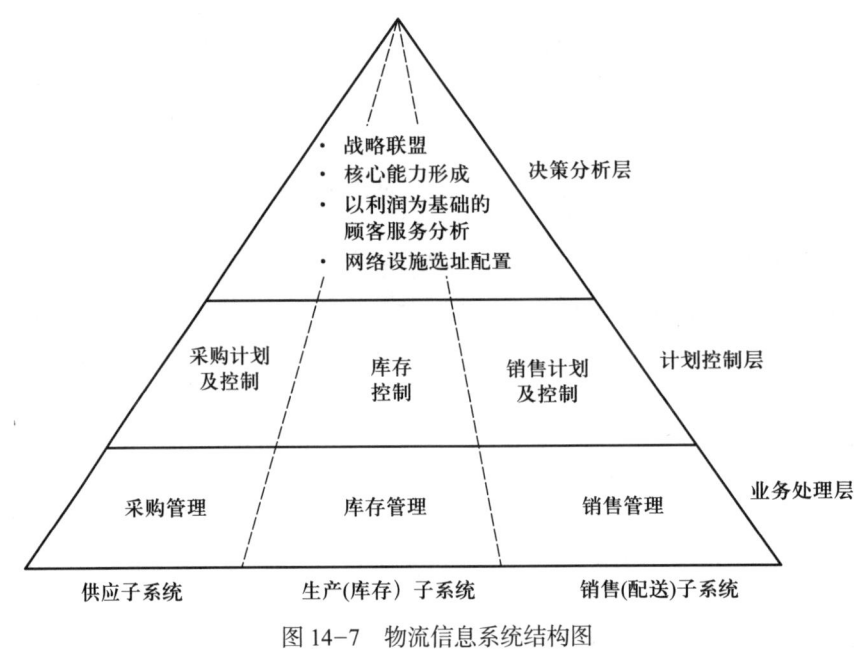

图 14-7　物流信息系统结构图

业务处理层主要支持企业的日常物流运作，解决日常业务中遇到的物流问题。其主要功能为数据登录、查询、统计及对数据的适当处理。

计划控制层主要帮助企业建立进销存调的计划机制及控制机制，辅助物流部门进行决策。其主要管理手段是依据一定理论，建立相应的数据模型库，综合大量业务数据作出计划及控制分析结论。

决策分析层主要帮助决策层领导进行决策分析，为中长期目标服务。该层次应包括：对供应商的研究，以作为形成战略联盟的依据；对企业的核心能力和市场机会的分析、开发和提炼；对顾客改进服务要求的分析和反应；企业物流网络设施的选址和配置等。该层次还可以包括对市场的预测分析及对商品流转的分析等。一般系统采用对话方式提问决策者，决策者输入相应的经营参数，系统作出相应的备选方案供决策者选用。

作为业务处理、计划控制和决策分析这三个层次的基础，数据管理层将有效地保存企业物流涉及的有关数据，并对这些数据进行分类管理。物流信息系统不仅有数据库来对数据进行有效的管理，同时还有相应的模型库和知识库。模型库为各个层次的定量分析提供相应的模型及算法，知识库保存有用的物流知识作为分析和推理的基础。

图 14-8 以零售企业的物流过程为例，将图 14-7 进一步展开为按功能划分的信息结构图。由于零售企业的内部物流作业主要表现为库存管理，图 14-8 中生产（库存）子系统转为库存管理模块。运输因为存在于企业采购、生产及销售各环节，所以也可单独建为一个功能模块。

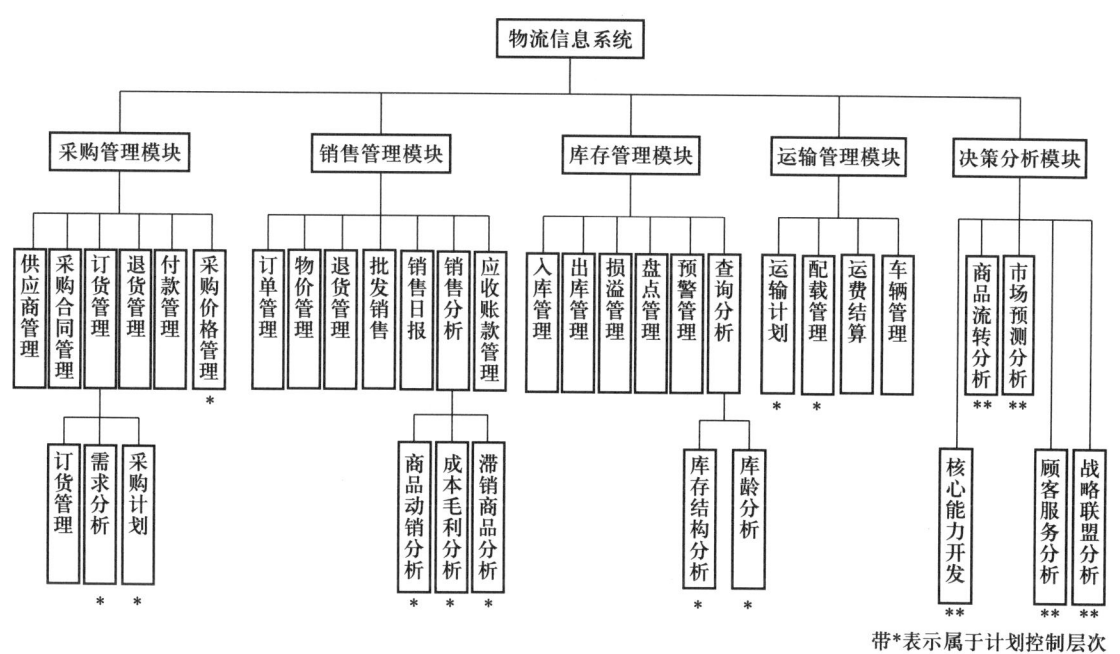

图 14-8　物流信息系统功能图

三、库存管理中的定量技术

大量基于一定数学模型的定量化技术，可适用于企业物流信息管理的各个环节。商品采购数量、采购品种、采购周期的定量控制，商品销售目标的预测和商品销售比重的定量化分析，商品库存的数量、品种、存储周期等的定量计算，运输路径和配载的最优化设计等均运用了定量化技术，在上述物流信息系统中，它们被放在系统的模型库中，由相应的功能模块调用。这里主要介绍库存管理中的最常用的几种定量化技术。

（一）库存商品数量的确定

库存商品的数量通常存在下限和上限，分别代表最低库存量和最高库存量。库存商品的实际数量应介于最低和最高库存量之间。

最低库存量是为防止商品短缺无法满足变化的消费者需求而设立的、能连续提供销售的商品库存量。最低库存量的计算，一般采用概率论方法加以确定，基本原理为：需求变动越大，分布的离散程度也越大，所需的最低库存量也就越大。

为了保证商品不会缺货就放大库存并不是一个好办法，这是因为，一方面保持大量商品库存将占用大量资金，影响企业的资金利用；另一方面商品的存储时间可能会超过保质期限，造成商品的变质和损坏。所以，企业必须根据商品的销售需要，结合最低库存情况，确定合理的最高库存量。

（二）库存商品存储时间的确定

库存商品的存储时间，一般可以以企业要实现的一定利润目标为基准，计算出允许商品存储的最长时间（假定该商品无保质期限）。其计算公式如下：

$$存储时间 = \frac{毛利额 - 销售税金 - 固定费用 - 目标利润}{日增长费用}$$

式中，毛利额——商品售价与进价差额与商品销售数量之积

销售税金——所销售商品的应付税额。毛利与销售税金之差若与流通费用相同，则不亏不盈，实现保本

固定费用——与商品储存无直接关系的费用，如包装费、折旧费、工资等

日增长费用——商品多存储一天所增长的保管费、利息、商品损耗等费用

存储时间也可以用相对率而不是绝对额来计算。如不计目标利润，则所得出的存储时间即为保本的商品存储时间。

（三）库存商品结构的确定

库存商品结构是指组成库存的不同规格、不同品种的多种商品的组合。库存商品结构的合理化，表明库存商品不但应保证合理的库存商品的数量、存储时间，同时应对库存商品的结构进行合理安排。因库存商品不可能都是畅销商品，所以不科学的库存商品结构会导致有些商品库存发生短缺，而其他一些商品库存大量积压的现象。

确定库存商品结构最常用的定量化技术是 ABC 分析法。ABC 分析法是常用的划分主次、区分轻重的定量化分析方法，它不但适用于商品库存管理，将库存额改为销售额，也可直接用于商品销售分析。

库存商品为商品生产供应商提供流通机会，为消费者提供消费对象，是企业经济活动正常进行的保证。同时，库存商品需要占用企业的大量流动资金，因而也反映出企业的经营状况、管理水平和经济效益。所以，确定科学、合理的库存商品数量、库存商品品种结构及库存商品的存储时间，将库存管理由定性控制逐步转移到定量控制，是商品流通顺利循环、减少企业资金占用、避免库存不足或库存积压、提高库存管理水平、增加库存管理效益的保障。同时，计算机技术的应用为大量商品的库存定量化控制提供了可能。

第三节　物流领域的若干新观点及发展趋势

第二次世界大战期间，围绕战争物资供应，美国军队有两个创举：一是建立了"运筹学"（operations research）的理论，二是建立了"后勤"（logistics）理论，并将其用于战争活动中。其中所提出的"后勤"是指将战时物资生产、采购、运输、配给等活动作为一个整体进行统一布置，以求战略物资补给的费用更低、速度更快、服务更好。后来，"后勤"一词在企业中广泛采用，又有商业后勤、流通后勤的提法，这时的后勤包含了生产过程和流通过程中的物流，因而是一个包含范围更广的物流概念。由此，"后勤"在欧美国家体现的是现代物流的概

念，包含生产领域的原材料采购、生产过程中的物料搬运与厂内物流及流通过程中的物流或销售物流。

一、物流领域若干新观点

（一）"黑大陆"和"物流冰山"说

德鲁克认为"流通是经济领域里的黑暗大陆"。这里，德鲁克指的是广义的流通。但是，由于流通领域中物流活动的模糊性尤其突出，是流通领域中人们更认识不清的领域。所以，"黑大陆"说现在主要针对物流。

"黑大陆"说主要是指尚未认识、尚未了解的领域，如果理论研究和时间探索照亮了这块黑大陆，那么摆在人们面前的可能是一片不毛之地，也可能是一片宝藏之地。"黑大陆"说是对 20 世纪在经济界存在的愚昧的一种反对和批判，指出在当时资本主义繁荣和发达的状况下，不管是科学技术还是经济发展，都远未有止境。"黑大陆"说也是对物流本身的正确评价：这个领域未知的东西还很多，理论和实践皆不成熟。所以，"黑大陆"说是一种未来学的研究结论，是战略分析的结论，带有很强的哲学抽象性，这一学说对研究物流领域起到了启迪和动员作用。

"物流冰山"是日本早稻田大学西泽修教授提出来的，他在专门研究物流成本时发现，依靠当时的财务会计制度和会计核算方法都不可能掌握物流费用的实际情况，因而人们对物流费用的了解是一片空白，甚至有很大的虚假性，他把这种情况比作"物流冰山"。冰山的特点是大部分沉在水面之下，而露出水面的仅是冰山的一角。物流便是一座冰山，其中沉在水面以下的是人们看不到的黑色区域，而人们看到的不过是物流的一小部分。

西泽修用物流成本具体分析论证了德鲁克的"黑大陆"说，事实证明，物流领域的方方面面对我们而言还是不清楚的，在"黑大陆"中和"冰山的水下部分"正是物流尚待开发的领域，也正是物流的潜力所在。

（二）"第三利润源"说

"第三利润源"的说法主要出自日本。"第三利润源"，是对物流潜力及效益的描述。经过半个世纪的探索，人们已肯定这"黑大陆"虽不清楚，但绝不是不毛之地，而是一片富饶之源。尤其在经受了 1973 年石油危机的考验之后，物流已牢牢树立了自己的地位，今后的问题就是进一步开发了。

从历史发展来看，人类社会曾经有过两个大量提供利润的领域。第一个是资源领域，第二个是人力领域。资源领域起初是依靠廉价原材料、燃料的掠夺式获取，其后则是依靠科学技术进步，节约消耗、综合利用、回收再用乃至大量人工合成资源而获取高额利润，人们习惯称之为"第一利润源"。人力领域最初是依靠廉价劳动，其后则是依靠科技进步提高劳动生产率，降低人力消耗或采用机械化、自动化来降低劳动耗用从而降低成本，增加利润，这个领域被习惯称作"第二利润源"。

在前两个利润源潜力越来越小、利润开拓越来越困难的情况下，物流领域的潜力逐渐被人们重视，被称为"第三利润源"。

这三个利润源分别侧重于生产力的不同要素：第一个利润源的挖掘对象是生产力中的劳动

对象；第二个利润源的挖掘对象则是生产力中的劳动者；第三个利润源则主要挖掘生产力要素中劳动工具的潜力，同时挖掘劳动对象和劳动者的潜力，因而更具有全面性。

"第三利润源"理论的最初认识是基于两个前提条件：第一，物流是可以完全从流通中分化出来而自成一个独立运行的、有本身目标的系统，因而能对其进行独立的总体判断；第二，物流和其他独立的经营活动一样，它不是总体的成本构成因素，而是单独的盈利因素，物流可以成为"利润中心"型的独立系统。

"第三利润源"的理论反映了日本人对物流的理论认识和实践活动，反映了他们与欧洲人、美国人的差异。一般而言，美国人对物流的主体认识可以概括为"服务中心"型，而欧洲人的认识可以概括成"成本中心"型。显然，"服务中心"和"成本中心"的认识与"利润中心"的差异很大。"服务中心"和"成本中心"主张的是总体效益或间接效益，而"第三利润源"的"利润中心"主张的是直接效益。但是如果从广义的角度理解"第三利润源"，不只把"第三利润源"看成直接牟利的手段，而特别强调它的战略意义（经济领域中现有潜力将尽的情况下的新发现，是经济发展的新思路），也许会对今后经济的发展产生巨大的推动作用，正如同曾经廉价原材料对经济发展的推动作用一样。这恐怕是现在学术界中更多人的认识，"第三利润源"的真正价值开始从直接利润延伸到战略意义了。

二、国际物流发展趋势

21 世纪是数字经济时代，尽管国际环境复杂多变，但全球经济将在曲折中进一步发展，尤其是发展中国家的经济增长将不可抑制，伴随经济增长的全球物流将会得到极大发展，发展中国家的物流将迎来更大的发展机遇。根据国内外物流的发展情况，21 世纪国际物流的发展趋势可归纳为信息化、自动化、网络化、智能化、柔性化、标准化、社会化，下面对部分趋势进行介绍。

（一）信息化

现代社会已经步入了信息时代，物流的信息化是整个社会信息化的必然需求。物流信息化表现为物流信息的商品化、物流信息收集的数据库化和代码化、物流信息处理的电子化和计算机化、物流信息传递的标准化和实时化、物流信息存储的数字化等。因此，条形码技术、数据库技术、电子订货系统（electronic ordering system，EOS）、电子数据交换及快速反应（quick response，QR）、有效的顾客回应（effective customer response，ECR）、电子标签（radio frequency identification，RFID，也称射频识别）、物联网（internet of things，IOT）等技术与观念已经在物流中得到普遍采用。信息化是一切的基础，没有物流的信息化，任何先进的技术装备都不可能用于物流领域，信息技术及计算机技术在物流中的应用将会彻底改变企业物流的面貌。

（二）自动化

自动化的基础是信息化，自动化的核心是机电一体化，自动化的外在表现是无人化，其效果是省力化。另外，物流自动化的效果还有：扩大物流作业能力、提高劳动生产率、减少物流作业的差错等。物流自动化的设施非常多，如条码/语音/射频自动识别系统、自动分拣系统、自动存取系统、自动导向车、货物自动跟踪系统等。这些设施已经普遍使用于物流配送中心。

（三）网络化

物流领域网络化的基础也是信息化，这里指的网络化趋势有两层含义：一是物流配送系统的计算机通信网络，包括物流配送中心与供应商或制造商的联系要通过计算机网络，与下游顾客之间的联系也靠计算机网络通信。比如，物流配送中心向供应商提出订单这个过程，在未来就会使用计算机通信方式，借助于增值网（value-added network，VAN）上的电子订货系统和电子数据交换来自动实现，物流配送中心通过计算机网络收集下游客户的订货的过程也可自动进行。二是组织的网络化，比如，20 世纪 90 年代计算机业出现的"全球运筹式产销模式"，这种模式按客户订单组织生产，采取分散形式将全世界的计算机制造资源都利用起来，采取外包的形式将一台计算机的所有零部件、元器件、芯片外包给世界各地的制造商去生产，然后通过全球的物流网络将这些零部件、元器件、芯片发往同一个物流配送中心进行组装，由该物流配送中心将组装的计算机迅速发送给客户。这一过程需要有高效的物流网络支持，当然，物流网络的基础是信息、计算机网络。

物流的网络化是物流信息化的必然结果，当今世界互联网等全球网络资源的可用性及网络技术的普及为物流的网络化提供了良好的外部环境，物流的网络化势不可当。

（四）智能化

这是自动化、信息化的一种高层次应用，物流作业过程涉及大量的运筹和决策，如库存水平的确定、运输（搬运）路径的选择、自动导向车的运行轨迹和作业控制、自动分拣机的运行、物流配送中心经营管理的决策支持等问题都需要借助大量的知识才能解决。在物流的自动化进程中，物流的智能化已经成为物流发展的一个新趋势。

（五）柔性化

柔性化本来是生产领域提出来的，但需要真正做到柔性化，即真正能根据消费需求的变化来灵活调整生产工艺，没有配套的柔性化的物流系统是不可能达到目的的。20 世纪 90 年代，国际生产领域纷纷推出弹性制造系统（flexible manufacturing system，FMS）、计算机集成制造系统（computer integrated manufacturing system，CIMS）、制造资源系统以及供应链管理的概念和技术，这些概念和技术的实质是要将生产、流通进行集成，根据需求端的需求组织生产、安排物流活动。因此，物流的柔性化正是适应生产、流通与消费的需求而表现出来的一种发展趋势。这就要求企业要根据消费需求"多品种、小批量、多批次、短周期"的特色，灵活组织和实施物流作业。

此外，物流设施、设备及商品包装的标准化，物流的社会化和共同化等也都是今后物流发展的方向。

第四节 供应链概述

随着分工和专业化水平的提高以及竞争的加剧，企业开始认识到，产品和服务的竞争力并非由一个企业决定，而是由从原材料到产品完成的整个过程决定。必须以协同的方式，把企业内部和外部的资源有效地整合在一起，企业之间的竞争正在演变为不同供应链之间的竞争。这种竞争模式已经成为现代经济发展的重要特征。

一、供应链的概念

对于供应链的概念，有许多解释，到目前为止尚未有统一的定义。《物流术语》（GB/T 18354—2021）将供应链定义为：生产及流通过程中，围绕核心企业的核心产品或服务，由所涉及的原材料供应商、制造商、分销商、零售商直到最终用户等形成的网链结构。

国际供应链协会（Supply Chain Council，SCC）对供应链的定义为：供应链涵盖了从供应商的供应商到消费者的消费者，自生产至制成品交货的各种工作努力。这些工作努力可以用计划、寻找资源、制造、交货和退回五种基本流程来表述。

美国生产与库存控制协会（American Production and Inventory Control Society，APICS）将供应链定义为：① 供应链是自原材料供应直至最终产品消费，联系跨越供应商与用户的整个流程；② 供应链涵盖企业内部和外部的各项功能，这些功能形成了向消费者提供产品或服务的价值链。

对上述概念进行整理，可以归纳出供应链概念的以下共性：

（1）供应链上存在不同行为主体，如消费者、零售商、批发商、制造商及原材料供应商。

（2）供应链是企业之间以及企业内部门之间的互动与合作。

（3）供应链具有特定的功能以及某种结构特征，呈现出网状结构等。

（4）供应链的业务过程和操作，可以从工作流、实物流、信息流和资金流四个方面进行分析。

供应链上的工作流也有研究称为商流，是指业务规则、交易规则及其操作流程；实物流即物流，是指从供应链上游到下游直至客户手中的物质转换流程和产品流；信息流包括产品需求、订单传递、交货状态、交易条件和库存等信息；资金流包括信用条件、支付方式以及委托与所有权契约等。供应链的一般构造如图 14-9 所示。

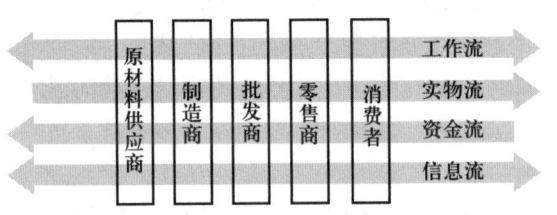

图 14-9　供应链的一般构造

供应链从简单到复杂可以分为基本供应链、段落供应链、最终供应链及全球供应链。

1. 基本供应链

基本供应链（basic supply chain）由一家企业、该企业的直接供货商和直接客户组成，包括了供需的最小循环。它是供应链的最基本模式，每一个企业都是一个基本供应链的组成部分。

2. 段落供应链

每个段落供应链（extended supply chain）均由若干基本供应链组成，每个段落供应链皆提供不同的部件或服务，为产品增加附加值。

3. 最终供应链

各个段落供应链联合起来组成一条最终供应链（ultimate supply chain），每一个最终消费者享用的产品或服务都由一条最终供应链所提供。

4. 全球供应链

顾名思义，全球供应链（global supply chain）是在全球范围内组合供应链。全球供应链概念是随着企业需要在世界各地选取最有竞争力的合作伙伴，结成全球供应链网络，以实现该段供应链的最优化而形成的。全球供应链不是为全球化而全球化，而是以放眼全球的眼光，根据不同产品特性和经营环境将供应、生产、市场置于最适合的地方。

二、供应链的特征

第一，供应链是一个复杂的网络系统。受不同外部环境、不同行业、不同生产技术和不同产品的影响，会产生不同形态结构、不同行为主体构成和采用不同控制方式的供应链。另外，同一供应链上的各种行为主体，如制造商、供应商、零售商等，可能具有不同甚至是相互冲撞的目标。由此，对于某一企业，若要找到最优的供应链发展战略，其本身就是一项具有挑战性的工作。

第二，供应链上的供需匹配是一个持续的难题。供应链上的消费需求和生产供应，始终存在时间差和空间分隔。通常，在实现产品销售的数周或数月之前，制造商必须先期决定生产的款式和数量。这一策略直接影响到供应链系统的生产、仓储、配送等功能的容量设定，以及相关的各种成本构成。因此，供应链上供需匹配隐含着巨大的财务和供应风险。

第三，供应链系统的动态变化。消费需求在不断变化，即使制造商和销售商能够较准地得到某些消费信息，如通过各种合同与订单，还需要面对消费季节性波动、消费趋势、广告、促销、竞争对手的定价策略等因素，这些因素直接影响成本构成和计划的制定。供应链管理的目标，既要满足消费需求，又要实现系统成本最小化。然而，消费需求和成本结构参数都是随着时间不断变化的，这增大了供应链管理的难度。另外，还受行业竞争的制约。最后，原材料供应商、制造商、物流者和销售商等合作伙伴的组成结构和行为方式，也需要不断优化组合。

第四，供应链上不断出现新的人们所不熟悉的课题。许多产品生命周期有不断缩短的趋势。某些产品生命周期只有几个月，生产和销售厂商可能只有一次订单或生产机会，没有历史数据可供制造商用于判断和分析消费需求。此外，在这些行业中，产品获利性高，使得消费需求变得更加难以判断，许多产品上市以后，采用撇油定价策略，产品价格不断下降，价格和消费成为互动的博弈关系。

无论传统生产与流通，或现代生产与流通，都有原材料供应、制造加工和分销等一般过程。因此，供应链现象是一种客观存在。关键在于人们是否主动地去关心供应链问题，并将供应链管理作为企业战略的重要组成部分。积极采取措施，消除传统供应链上存在的各种问题和浪费，重构和改善供应链的运作方式，以此提高竞争优势。

三、供应链的类别

（一）按主要功能划分

按供应链的主要功能，即物理功能和市场功能划分，可以把供应链划分为两种类型，即有效性供应链（efficient supply chain）和反应性供应链（responsive supply chain）。关于两种类型的供应链比较，如表 14-1 所示。

表 14-1　有效性供应链和反应性供应链的比较

内容	有效性供应链	反应性供应链
产品特征	产品技术和市场需求相对平稳	产品技术和市场需求变化很大
基本目标	以最低的成本供应可预测的需求，提高服务水准，减少缺货等	对不可预测的需求作出快速反应，使缺货、库存最小化
产品设计策略	获取规模经济和绩效最大化	模块化设计，尽可能延迟产品差别
提前期	在不增加成本的前提下，缩短提前期	大量投资以缩短提前期
制造策略	保持较高的设备利用率	配置缓冲库存，柔性制造
库存策略	保持合理库存	部署零部件和成品的缓冲库存
选择供应商	以成本和质量为核心	以速度、柔性和质量为核心

（1）有效性供应链，以实现供应链的物理性能为主要目标，即以最低的成本将原材料转化成零部件、在制品和成品，并最终运送至消费者手中。有效性供应链面对的市场需求、提供的产品和技术具有相对稳定性。因此，供应链上的各类企业可以关注如何获取规模经济效益，提高设备利用率，以有效降低产品的成本。

（2）反应性供应链，以实现供应链的市场功能为主要目标，即对市场需求变化作出快速反应。这类供应链所提供的产品，其市场需求有很大的不确定性，或者产品本身技术发展很快，产品生命周期较短，或者产品价格随着季节的不同而有很大变化。对于这类供应链，需要保持较高的市场应变能力，实现柔性生产，从而减少产品过时和失效的风险。

（二）按供求关系划分

供应链按总体供给和需求之间的关系，以及供应与销售的市场界面的设定，可以分为生产推动型和需求拉动型两种类型。

（1）生产推动型供应链，主要根据长期预测或销售订单进行生产决策，其主要形式为面向成品库存生产。

（2）需求拉动型供应链，按照实际消费需求，开展计划和组织协调生产，其主要形式为面向订单生产。

两种供应链的优缺点比较如表 14-2 所示。

表 14-2　生产推动型与需求拉动型供应链优缺点比较

优缺点	生产推动型供应链	需求拉动型供应链
优点	能够稳定供应链的生产负荷，提高机器设备利用率，缩短商品交货周期，增加商品交货可靠性	大大降低各类库存和流动资金占用，减小库存品变质和失效的风险
缺点	需要备有较多的原材料、在制品和制成品库存，库存占用的流动资金较大，当市场需求发生变化时，企业应变能力较弱	将面对能否及时获取资源和及时交货以满足市场需求的风险

（三）按产品划分

供应链按产品划分可以分为消费品供应链与生产物品供应链。消费品是最终用户为了使用而购买并直接用于消费的商品。生产物品是指企业为生产商品而购入的物品，生产物流的价值在生产过程中发生转移，并成为最终产品内在的一部分。通常消费品的主要消费群体为个人、家庭或团体。消费者根据自身的实际需求，选择和决定购买某种消费品。在购买消费品的过程中，消费者不仅考虑物品的性能价格比，而且涉及较多的个人偏好和心理方面的要求。另外，最终消费群体的分布与人口的居住分布直接相关，面广量大，较为分散。而生产物品的主要消费群体为厂商或企业。生产物品与消费品相比，不仅购买和消费的目的不同，而且购买方式和数量方面也有较大的差异。生产物品的用户和该产品的功能效用与相关产业有着密切的关系，同时用户群体较为稳定，远不如消费品用户那样面广量大。

消费者选购某种商品，并不一定是有关该商品的技术内行，这与生产物品的采购有较大区别。在消费品的购买中，消费者既有计划购买又有即兴购买。生产物品的购买者，往往是具有该产品专门知识的专家。在采购生产物品的过程中，要求掌握生产物品用户的具体技术要求，以及了解其采购和审核决策部门的运作方式。而且，销售人员应该掌握商品性能、价格、技术参数、性能指标等必需的知识。

消费品供应链和生产物品供应链这两种类型供应链的差异主要表现在流转物品、消费特征、需求变化、供应链运营形式和增值效应五个方面，如表 14-3 所示。

表 14-3　消费品供应链与生产物品供应链的比较

比较项目	比较内容	消费品供应链	生产物品供应链
流转物品	主要流转物 ·举例 ·商品的多样性	消费品 ·日用品、服装、食品、家电 ·商品功能、款式、尺寸、颜色	生产物品 ·机器、设备、工具等 ·产品功能、功率
消费特征	用户 ·需求特性 ·消费者分布 ·购买方式	最终消费者 ·直接需求 ·基于人口分布形态，面广量大 ·计划购买、即兴购买	生产厂商 ·间接需求 ·相对固定、数量较少 ·计划性采购，技术性采购
需求变化	外部影响因素	收入、节假日、气候、流行色	经济增长和行业发展

续表

比较项目	比较内容	消费品供应链	生产物品供应链
供应链运营 形式	核心驱动企业 主要流通渠道 信息系统 主要经营策略 流通特殊要求	销售商或生产厂商 多渠道，零售商作用显著 收集即时动态消费信息 消费者有效反应，快速反应 食品类具有保鲜保质要求	生产厂商 渠道单一，技术服务作用大 订单信息管理，需求预测 技术创新，高质低价 设备有防潮、防腐等要求
增值效应	主要增值效应	物品、时间、地点、服务等	物品、服务

若将直接与消费者接触的供应链下游处，即消费品的分销渠道，称为供应链的前端，消费品供应链具有明显"前端特殊性"，主要表现为分销渠道特征和销售商重要作用两个方面。分销渠道有多种形式，通常有直销（零级渠道）、一级渠道、二级渠道、三级渠道等。例如，在三级渠道中，从制造商开始，通过一级批发商、中间商（又称专业批发商）、零售商，将消费品送至消费者手中。消费品的分销渠道呈现多渠道、多种企业参与和多种形式等特征。生产物品的分销渠道则相对简单。

因此，销售商可以通过销售网点的合理布局、商品分拣、再包装、配送等提供各种增值，可以通过改善店铺新产品的导入、商品陈列、广告宣传和售后服务，吸引和刺激消费。另外，销售商通过零售网点的信息管理系统，收集即时和动态的消费需求信息，以需求拉动生产。在市场经济环境处于买方市场的状况下，消费品供应链"前端特殊性"的表现则更为明显。"前端特殊性"的存在，是销售商有可能成为整个供应链上核心企业的主要原因之一。

第五节　供应链管理概述

一、供应链管理的概念

每一条供应链的目标都是使供应链整体价值最大化。一条供应链所创造的价值，就是最终产品对于顾客的价值与供应链为满足顾客的需求所付出的成本之间的差额，即供应链盈利。根据整条供应链的盈利性确定供应链的成功性，因此，寻找供应链收入与供应链成本的来源是供应链管理的主要任务。对于任何一条供应链，唯一的收入来源就是最终顾客，只有顾客能带来正的现金流。另外，所有工作流、物流、信息流和资金流都将增加整条供应链的成本。因此，如何合理地管理好工作流、物流、信息流和资金流，是供应链取得成功的关键。这样，可以将供应链管理定义为：对供应链各环节内部和各环节之间的工作流、物流、信息流和资金流进行管理，以实现供应链整体利润最大化。

供应链管理的基本原则包括：① 以消费者为中心的原则；② 贸易伙伴之间密切合作、共享盈利和共担风险的原则；③ 促进信息充分流动的原则。应用计算机与信息网络技术，按信息充分流动的原则，重新组织和安排业务流程，实现集成化管理。

　　成功的供应链管理需要作出与工作流、物流、信息流和资金流相关的决策。根据作出决策的频率和一个决策所起作用的持续时间，可以把这些决策分为三类或三个阶段，分别是：供应链设计（战略）、供应链规划和供应链运营。

　　在供应链设计（战略）阶段，企业要决定如何构建供应链，即确定供应链的结构和每一环节必需的流程。这一阶段的决策是供应链决策中的战略性决策。企业作出的战略性决策包括生产地点、生产能力、仓储设施、在不同地点生产或储存的产品、沿不同线路的运输方式、使用信息系统的类型等决策。一个企业必须保证整条供应链的结构支持这一阶段的战略目标。通常情况下，供应链设计决策是一项长期决策，要想在短期内调整，代价非常高。

　　在规划阶段，企业将制定一套营运政策用以控制短期营运。对于这一阶段制定的决策，供应链的结构在战略决策阶段已经确认从而固定不变。这种结构决定了企业该制定什么样的规划。企业从预测不同市场在下一年（或一定可比时间段）的需求入手来制定规划，它包括根据以下方面所作的决策：供货地点、库存的增加、生产的转包、补充和仓储政策，为防止仓库容量不足制定的后备库存政策，促销的时机和规模政策等。

　　在运营阶段（时间范围是 1 周或 1 天），企业针对每个顾客的订单制定运营决策。在运营阶段，供应链的结构是固定的，规划政策也已经确定。在这一阶段，企业把单独的订单分配给仓储或生产部门，规定订单完成的时间，确定仓库的库存清单，按运输方式分配订单，规定送货车辆的运输日程，制定补充订单。

　　如果供应链上的所有企业都采取能促进总利润提升的行为，则供应链的协调性就会得到改善。供应链协调要求供应链上的每一个企业都考虑自身行为对其他企业的影响。

二、供应链管理的特点

　　1. 系统观念

　　这是指把供应链看成一个整体，而不是将供应链看成由采购、制造、分销和销售等构成的一些分离的功能模块。为了有助于整体运作，供应链需要新的业绩评估方法。

　　2. 战略决策

　　这是指为满足消费者需求和偏好，基于最终消费者对成本、质量、交货速度、快速反应等多种要求以及重要性排序，建立整个供应链的共同目标和行动方案。

　　3. 动态管理

　　这是指对供应链的价值增值过程和合作伙伴关系开展动态管理。供应链管理对库存有不同的看法，从某种角度来看，库存不一定是必需的，库存只是起平衡作用的最后工具。

　　4. 建立新型的企业伙伴关系

　　这是指通过仔细地选择业务伙伴，减少供应商数目，将过去企业与企业之间的敌对关系转变为紧密合作的业务伙伴。新型企业关系表现为信息共享，有共同解决问题的协调机制等。

　　5. 开发核心竞争能力

　　这是指供应链上的企业努力发展自身的核心竞争能力，即向专业化方向发展。企业自身核心竞争能力的形成，有助于保持和强化供应链上的合作伙伴关系。

三、供应链战略

（一）竞争战略与供应链战略

企业竞争战略是指企业的产品和服务满足顾客需求和偏好的类型。例如，沃尔玛旨在确保各种价格低廉、质量可靠的产品的供给。而 UPS 公司则承诺 24 小时内将顾客的包裹送达世界任何城市，以方便顾客为中心来构建自己的竞争战略，它并不具备低价格所带来的优势。显然，沃尔玛的竞争战略与 UPS 是不同的。

竞争战略都建立在顾客对产品成本、产品送达时间与反馈时间、产品种类和产品质量偏好的基础上。UPS 的顾客更多地强调包裹的送达时间而不是成本；相反，沃尔玛的顾客则更强调成本。因此，企业竞争战略的设计必须以顾客偏好为基础。

供应链战略的基点是企业的价值链（见图 14-10）。

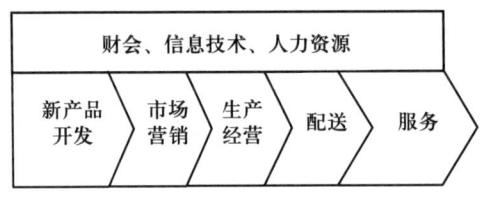

图 14-10 企业价值链

价值链始于新产品开发，研发各种规格的产品。市场营销通过公布产品和服务将要满足的顾客偏好来启动需求，并将顾客的投入用于新产品开发。生产部门利用各种新产品，将投入转变为产出来制造产品。配送或者将产品送达顾客，或者把顾客带来选购产品。服务是对顾客在购物期间或购物之后各种要求的反馈。这些都是成功销售所必须具备的核心职能。财会、信息技术和人力资源为价值链的职能运作提供支持和便利。

为了执行企业的竞争战略，所有上述职能都会发挥作用，每一种职能都必须制定自身的战略。

（1）新产品开发战略。详细说明企业即将开发的新产品，指出开发是内部主动追求型，还是外部力量驱动型。

（2）市场营销战略。详细说明如何分割市场，产品如何定位、定价和退出。

（3）供应链战略。确定原材料的获取和运输，产品的制造或服务的提供，以及产品的配送和售后服务的方式和特点。从价值链的角度来看，供应链战略详细说明了生产经营、配送和服务职能特别应该做好的事情。此外，每家公司还为财会、信息技术和人力资源设计自己的战略。

因此，供应链战略包括传统上所谓的供应战略、经营战略和物流战略，以及库存、运输和生产设施的决策及供应链中的信息流。

（二）战略匹配与范围

任何一家企业要想成功，其供应链战略与竞争战略必须相互配合。战略匹配是指竞争战略与供应链战略拥有相同的目标。为实现战略匹配，企业必须确保其供应链能力能够支持其满足目标客户群的能力。

四、供应链失调与牛鞭效应

（一）供应链失调

如果供应链上的企业只是追求自身目标的最优化，而未考虑对整条供应链的影响，就会导致失调，从而使供应链总利润低于协调时可以达到的水平。供应链上每一个企业在追求自身目标最优化的过程中所采取的行动，最终会损害整条供应链的运营业绩。

供应链的失调有两种可能的原因：一种是由于供应链上不同企业的目标发生冲突；另一种则是由于信息在不同企业与部门传递过程中发生扭曲，产生牛鞭效应。

（二）牛鞭效应

供应链内发生的信息扭曲导致了牛鞭效应的产生，即由零售商到批发商、制造商、供应商，订购量的波动幅度递增，如图 14-11 所示。

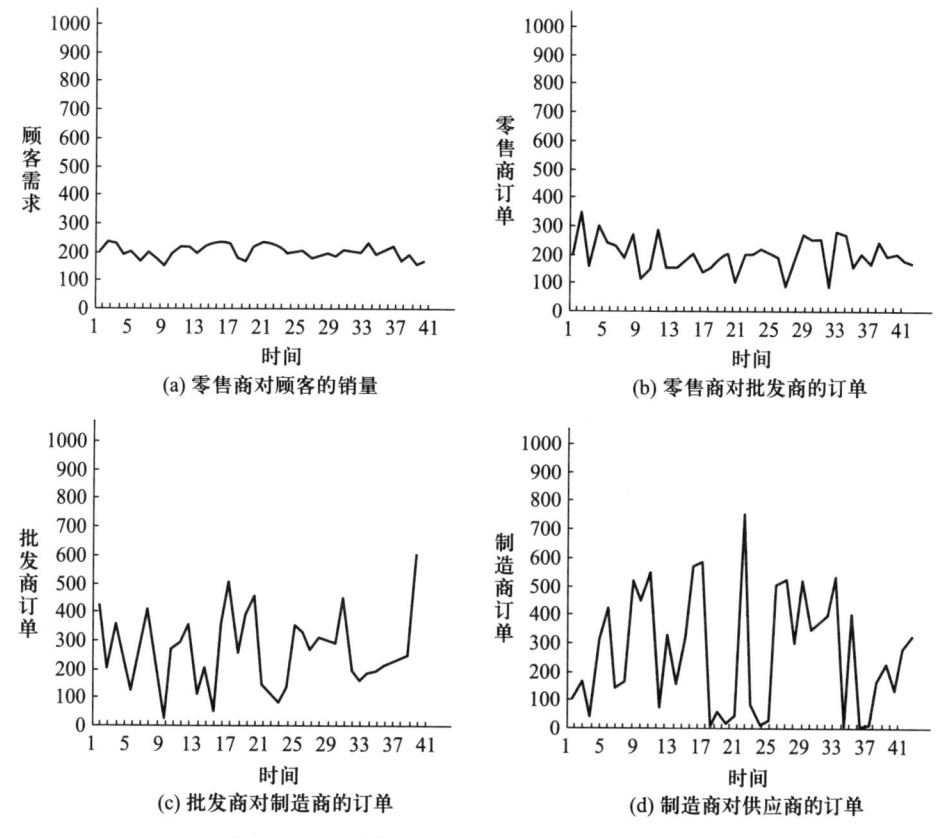

图 14-11　需求量在供应链不同阶段之间的波动

牛鞭效应扭曲了供应链内的需求信息，链上不同阶段的企业对需求状况有着截然不同的估计，其结果导致供应链失调。宝洁公司第一个注意到婴儿尿布供应链内的牛鞭效应。公司发现随着时间的推移，发给供应商的原材料订单波动幅度很大，可一旦到供应链的下游——零售商销售这个阶段，这种波动幅度尽管存在，但已经很小。由此推测，到达尿布消费者这一供应链的最终阶段，需求量几乎没有波动。尽管最终产品的消费是稳定的，但原材料订单规模高度变动，使得成本增加，难以在供应链内实现供需平衡。

1. 生产成本

牛鞭效应增加了供应链中产品的生产成本。由于这种效应，宝洁公司及其供应商须尽力满足顾客更具有变动性的需求订单流。为了应付这种增大的变动性，宝洁公司要么扩大生产能力，要么增加库存，但这两种做法都会加大单位产品的生产成本。

2. 库存成本

牛鞭效应增加了供应链的库存成本。为了应对增大了的需求变动，宝洁公司不得不保有比牛鞭效应不存在时还要高的库存水平。高水平的库存还增加了必备的仓储空间，导致供应链的库存成本增加。

3. 补给供货期

牛鞭效应延长了供应链的补给供货期。由于牛鞭效应增加了需求的变动性，与水平需求相比，宝洁公司及其供应商的生产计划更加难以安排，往往会出现当前生产能力和库存不能满足订单需求的情况，从而导致供应链内宝洁公司及其供应商的补给供货期延长。

4. 运输成本

牛鞭效应提高了供应链的运输成本。宝洁公司及其供应商在不同时期的运输需求与订单的完成密切相关，由于牛鞭效应的存在，运输需求将会随着时间的变化而剧烈波动。因此，需要保持剩余的运力来满足高峰期的需求，从而使运输成本提高。

5. 送货和进货的劳动力成本

牛鞭效应提高了供应链内与送货和进货相关的劳动力成本。宝洁公司及其供应商的劳动力需求将随着订单的波动而波动，分销商和零售商进货的劳动力需求也存在类似的波动。为了应付这种订单的波动，供应链的不同阶段有不同的选择，或者保有剩余的劳动量，或者变动劳动量，但无论是哪种选择，都会增加劳动力总成本。

6. 产品的供给水平

牛鞭效应降低了供应链的供给水平，导致更多的货源不足现象发生。订单大幅波动时的宝洁公司无法及时向所有的分销商和零售商供货，从而导致零售商出现货源不足的频率增大，供应链销售额减少。

7. 供应链中的各种关系

牛鞭效应给供应链每个阶段的运营都带来负面影响，从而损害了供应链不同阶段之间的关系。但是，供应链内的每一个阶段都认为自己做得尽善尽美，而将这一责任归咎于其他阶段。于是，牛鞭效应就导致供应链不同阶段之间的互不信任，从而使潜在的协调努力变得更加困难。

综上所述，牛鞭效应及其引发的失调对供应链的运营业绩有较大的负面影响。牛鞭效应增加了成本，降低了反应能力，从而导致供应链利润下滑。牛鞭效应对不同业绩指标的影响如表14-4所示。

表 14-4　牛鞭效应对供应链运营业绩的影响

业绩衡量指标	牛鞭效应的影响
生产成本	增加

续表

业绩衡量指标	牛鞭效应的影响
库存成本	增加
补给供货期	增加
运输成本	增加
送货进货成本	增加
产品供给水平	降低
盈利能力	降低

五、供应链协调与管理杠杆

作为一名管理者应采取什么样的措施才能实现供应链的协调？有助于提高供应链总利润、缓解牛鞭效应的管理杠杆有以下几个：使激励措施和目标一致，提高信息的准确度，提高运营业绩，设计定价策略以稳定订单规模，构建战略合作伙伴关系与信任机制。

（一）使激励措施和目标一致

首先必须有协调各部门的激励机制。企业内部要实现决策协调，就必须保证每个部门用于评估决策的目标与企业总体目标相吻合。所有的设施、运输、信息和库存决策，都应该按照它们对供应链盈利能力的影响，而不是对总成本甚至局部成本的影响进行评估。

其次是协调定价。如果零售商和管理者需为每一次订购支付大量的固定成本，那么管理者可以通过批量折扣来实现最终消费品供应链的协调。如果公司对产品具有市场控制力，则管理者可以通过关税和总量折扣的手段来实现供应链协调。在需求不确定的条件下，制造商应通过回购合同和弹性数量合同，促使零售商提供能够实现供应链利润最大化的产品供给水平。

最后是将销售人员的激励依据由购入量变为售出量。如果能够减少那些会诱导销售人员将产品推销给零售商的激励机制，就可以降低牛鞭效应。如果对销售人员的激励以滚动周期内的销售量为衡量标准，那么将产品推销给零售商的动机就会减弱，从而有助于减少超前采购量及由此引发的订单规模波动。此外，管理人员还可以采取另一种措施，即把销售人员的激励与零售商售出的产品结合起来，而不是与推销给零售商的销量挂钩。这一措施消除了销售人员鼓励超前购买的动机，从而有助于减少订单流的波动。

（二）提高信息的准确度

首先必须共享销售量数据。实际上，供应链唯一需要满足的需求就是来自最终消费者的需求，如果零售商能够与其他供应链阶段共享销售量数据，则所有供应链阶段都能够以顾客需求为依据来预测未来的需求。由于所有阶段都对同样的顾客需求作出反应，销售量数据的共享就会降低牛鞭效应。恰当的信息系统（如 POS 系统等）的选用会有利于该数据的共享。

其次是联合进行预测和规划。一旦销售量数据得以共享，要实现完全的协调，供应链的不同阶段必须联合进行预测和规划。例如，由于零售商的促销活动而导致一月份需求量大增，但如果下个月不打算做促销，则即使零售商与制造商都有销售量的历史数据，两者的预测也会有所出入。为了实现协调，制造商必须了解零售商的促销计划。关键就是要确保整条供应链按照共同的需求预测运营。

最后是设计单阶段控制的补给策略。设计一条供应链，由其中的一个阶段来控制整条供应链的补给决策，会有助于弱化牛鞭效应。如前所述，牛鞭效应产生的主要原因是，供应链的每一阶段将上一阶段的订单作为产品的历史需求记录。因此，每一阶段都将自己定位为下一阶段发出订单的补给者。而实际上，零售商是最关键的补给者，因为零售商直接与最终消费者打交道。一旦有一个阶段控制整条供应链的补给决策，则多头预测问题得以消除，供应链实现协调。

当销售通过零售商实现时，某些行业的实例也证明可以实现补给决策的单阶段控制。在持续补给方案（CRP）中，批发商或制造商以销售量数据管理为基础有规律地补给货物给零售商。持续补给方案的主体可能是批发商、分销商或第三方。在大多数情况下，持续补给方案系统由零售商仓库的实际库存提货记录而不是一般销售量数据来控制。将持续补给方案系统与仓库提货记录联系在一起，易于系统的实施。零售商对在这一水平上共享数据信息常常会更满意。持续补给方案系统将整个供应链联为一体，提供了良好的信息基础设施，是持续补给方案实施的基础。在供应商管理库存（VIM）方案中，分销商或制造商调控并管理批发商或零售商的库存，从而把针对所有零售商的补给决策集中在上游分销商或制造商处。

（三）提高运营业绩

提高运营业绩，并设计合适的产品配给方案，可以防止出现商品短缺，缓解牛鞭效应。为此，首先必须缩短补给周期。通过缩短补给供货期，管理者能够减少供货期需求的不确定性。补给供货期的缩短对于季节性商品尤为有利，因为供货期的缩短使得多数订单能在销售季节内发出，极大地提高了预测的准确度。补给供货期的缩短，还减少了潜在需求的不确定性，极大地缓解了牛鞭效应。管理者能在供应链的不同阶段采取各种措施来缩短补给供货期。电子数据交换及其他电子交流形式可以大大缩短供货期。由于需求的稳定及生产计划的改进，牛鞭效应的缓解又进一步缩短了供货期。在生产多种产品时，这一点尤为正确。预先通知送货时间也可以缩短供货期，减少相关接收成本。还可以采用对接仓储运输来缩短与供应链阶段之间产品流动相关的供货期。

其次是减少批量规模。管理者可通过减少批量规模、提高运营业绩来缓解牛鞭效应。减少批量规模可以降低需求波动的幅度（这种波动在供应链各阶段之间能产生累积效应），缓解牛鞭效应。为减少批量规模，管理者必须采取措施降低与订购、运输、接收相关的固定成本。计算机自助订单，就是用计算机取代零售订购服务员来制作订单。计算机汇集了大量关于产品销售、影响需求的市场因素、库存水平、产品收据以及理想服务水平等信息。计算机自助订单与电子数据交换有助于降低发送每一张订单产生的固定订购成本。目前，许多公司利用计算机在网上的订购发展迅猛，通过网上订购，降低了顾客的订购成本及公司完成订单的成本，从而便利了小批量订购。与此同时，B2B网络交易的增长也降低了订购成本。

在运输方面，满载与非满载卡车运输的价差很大，从而极大地刺激了大批量满载运输业的发展。实际上，人们已尽力降低了订单的管理成本，运输成本目前成为大多数供应商实现小批量订购的主要障碍。管理者可以通过在一辆卡车上装满各种小批量产品来降低批量规模而不增加运输成本。管理者也可以用一辆卡车,采用"送奶路线",为几个零售商联合送货,以降低批量规模。在大多数情况下,第三方承运商提供卡车组合运输服务,以竞得零售业的送货业务,从而大大降低每位零售商的固定运输成本,并允许每一位零售商小批量送货。此外,管理者还可以通过多家供应商使用同一辆卡车的联合运输来降低批量规模。由于小批量订购和送货,接收工作的压力和成本显著增大。因此,管理者必须运用先进技术来简化接收程序,降低接收成本。例如,运用预先通知运货时间电子系统来识别运输内容、数量和送达时间,从而有助于缩短卸货时间,提高对接交货的效率。预先通知运货时间电子系统通过电子记录库存,大大降低了接收成本。货盘条码也加快了货物的接收和送达。运用 RFID 技术,可以确保库存记录随产品数量的变动而更新。以上各种技术都有助于简化小批量、多品种、复杂化的订单货物的装载、运输和接收,从而有助于减少批量规模,削减牛鞭效应。

最后是以前期销售量为基础进行配置,限制投机,实现信息共享。为了缓解牛鞭效应,管理者可以通过设计配给方案,从而避免零售商在短缺情况下人为地扩大订单规模。可以运用周转盈利方案,按照零售商的前期销售量而不是当期销售量,为零售商配给产品。将配给与前期销售量相结合,避免了零售商人为地扩大订单规模的行为,从而缓解了牛鞭效应。实际上,在低需求期,"周转盈利"方案促进零售商千方百计地售出更多的产品,以增加其在短缺时期得到的产品配给量。有几家公司,包括通用汽车公司,就一直沿用"周转盈利"方案以实现短缺时期的产品配给。其他一些公司,如惠普公司,过去一直以零售商订单为依据,安排短缺时期的产品配给,现在也已经转向以前期销售量为基础的产品配给。

还有一些公司努力实现供应链各阶段之间的信息共享,以避免短缺情况的出现。这些公司向大客户提供激励,鼓励他们至少将全年订购量的一部分提前订购,这有助于该公司提高其预测准确度,并据此配置生产能力。一旦将生产能力适当地配置给不同的产品,短缺情况就不太可能会出现,从而缓解牛鞭效应。此外,弹性生产能力在这方面也有帮助,因为它能轻易地实现以下转换:让生产实际需求低于预期需求产品的那部分设施,转而生产实际需求高于预期需求的产品。

(四)设计定价策略以稳定订单规模

管理者可以通过设计定价策略,鼓励零售商小批量订购、减少超前购买,以缓解牛鞭效应。一是数量折扣由批量折扣转为总量折扣。在以批量为基础的数量折扣策略下,零售商扩大其批量规模,以充分利用折扣的优惠;在以总量为基础的数量折扣策略下,消除零售商扩大批量规模的动机,因为这种折扣方式考虑的是某一特定时期(如 1 年)的购买总量,而不是某一笔交易的购买量。以总量为基础的数量折扣导致小批量订购,从而降低了供应链订单的变动性。但设有固定结束期限的总量折扣,会导致促销末期出现大批量订购,而以滚动时期销售量为依据的总量折扣则可以缓解这种效应。

二是稳定价格。管理者可以通过消除促销、实施每日最低限价的定价策略(EDLP)来缓解牛鞭效应。消除促销也就是消除零售商的超前购买行为,使得订单能够反映顾客的真实需求。一种方案是,限制促销期间的可能购买量,以减少超前购买量。这种限制应该针对具体的零售商,并且与该零售商的历史销售量挂钩。另一种方案是,将提供给零售商的折扣优惠与最终销售量而不是零售商的采购量挂钩。因此,零售商不能从超前购买中获利而不得不视售出量决定购入量。以最终销售量为依据的促销明显缓解了牛鞭效应。

（五）构建战略合作伙伴关系与信任机制

一旦在供应链内建立了战略合作伙伴关系与信任机制，管理者便更容易采用上述杠杆来缓解牛鞭效应，实现供应链协调。各阶段之间相互信任，共享准确信息，有助于降低成本。

综上所述，有助于实现供应链内良好协调的管理杠杆大致可以分为两大类：一是行为导向杠杆，包括信息共享、激励机制的调整、运行水平的提高及稳定价格等；二是关系导向杠杆，包括在供应链内构建合作伙伴关系和信任机制。

本章小结

企业物流主要由网络设计、信息处理、运输、库存、装卸和包装等具体的物流作业构成。

企业物流是一个系统。现代信息技术的发展，使得企业能够以信息技术为纽带，将各项具体的物流作业整合为一个系统。企业物流信息系统不仅能将各项具体的物流作业综合在一起进行平衡运作，使物流总成本大大下降，而且能针对不同层次的物流问题进行管理控制、决策分析和战略规划。

现代物流的发展经历了将近一个世纪的演变，各种思想观点层出不穷。本章主要介绍了"黑大陆""物流冰山""第三利润源"等思想和观点，这些观点对物流的发展起了很大的作用。伴随 21 世纪知识经济的到来，企业物流将会得到极大的发展。21 世纪国际物流的发展趋势可归纳为信息化、自动化、网络化、智能化、柔性化、标准化和社会化。

在市场竞争环境下，产品和服务的竞争力并非由一个企业决定，而是受到从原材料到产品完成的整个过程的各种因素影响。因此，必须以协同的方式，把企业内部和外部的资源有效地整合在一起。由此可见，企业之间的竞争正在演变为不同供应链之间的竞争，这种竞争模式将成为未来经济的重要特征。

如果供应链上的所有企业都采取能促进总利润提升的行为，则供应链的协调性就会得到改善。供应链协调要求供应链上的每一个企业都考虑自身行为对其他企业的影响。供应链的失调有两种可能的原因：一种是由于供应链上不同企业的目标发生冲突；另一种则是由于信息在不同企业与部门传递过程中发生扭曲，产生牛鞭效应。最后，本章阐述了如何运用管理杠杆克服供应链协调中的障碍因素。

思考题

1. 什么是物流？物流活动创造哪些价值？举三个例子说明物流活动所创造的价值。
2. 企业中有哪些主要的物流作业？
3. 为什么现代信息技术是物流活动取得成功的关键因素？物流信息系统有哪些主要的功能？
4. 什么是供应链？供应链上有哪些流？供应链管理思想的核心是什么？
5. 激励不当会导致供应链失调，采取什么措施才能消除这种影响？
6. 商业促销与价格波动是如何影响供应链协调的？
7. 供应链韧性成为一个热门话题。请谈谈你对此的理解。

案例分析

▶ **案例 14-1：云通物流以标准化促数字化转型** ①

云通物流服务有限公司（简称云通物流）是步步高商业集团旗下的全资子公司，成立于 2008 年，总部位于湖南省湘潭市。公司拥有面积超过 80 万平方米的现代化物流仓储，已建成湖南、江西、广西和四川 4 个省级总仓和 15 个地区级分仓，总投资达 30 亿元；同时拥有 3 万余平方米的加工中心，包含中央厨房和生鲜产品加工中心，并且形成了干线运输网络和城乡共同配送体系，拥有可调度的全温带运输车辆 1 000 余台。

2017 年伊始，云通物流开始在全司推进以"市场主导、政策引导、聚焦链条、协同推进"为核心思路的标准化建设，其中实现托盘标准化是最主要的措施之一。云通物流以托盘的规格为标准，分等级制定出不同大小包装的规格，小的包装长度设置为托盘长度的 1/6，中等的设置为 1/4，再大的设置为 1/2，然后将包装标准共享给与云通物流合作的供应商，要求它们按照这个包装规格来制作货品包装，要是包装不符合要求，云通物流将拒绝运输。随着此项举措的不断推进，每个托盘都可以得到完全充分的利用，而且码放货物的数量可以增加，运输效率得到了提高。越来越多的供应商主动参与了包装转换。除此之外，云通物流还将包装标准共享给下游门店，下游门店下单时的单位就以不同等级大小的包装为规格。为了减少中间搬运过程，云通物流开始了带板运输探索，农产品运输开始用托盘来运输，一个托盘上可以装下很多筐产品，从产品在农户家装车时就摆放在托盘上，托盘会跟着产品一起运输到云通物流仓库，然后用叉车以托盘为单位进行装卸，一次可以装卸一个托盘或两个托盘，然后运往门店也是直接用叉车将产品连托盘一起装车进行配送，这样每一车的装卸次数就大大降低了，实现了从生产地到门店的过程中仅一次接触，使得每一筐农产品在搬运过程中受到磕碰的可能性大大降低，极大地减少了损耗，云通物流逐步开始推行带板运输。

云通物流不断深入推进标准化建设，除了扩大带板运输的合作范围，也在目前的基础上制定出带板运输三方合作标准化规范，将带板运输项目打造成供应链周转常态化模式，实现标准托盘循环共用体系建设。

云通物流以标准托盘的带板运输为主线，扩大托盘循环共用规模，完善运营服务网络由托盘向周转箱、包装等单元器具循环共用延伸，支持与标准托盘相衔接的设施设备和服务流程标准化。同时对中央园区及各分仓、门店、供应商等配送设施实施标准化改造，对货物存储、装卸、搬运、包装、分拣等各环节及公路货运车辆进行严格的标准制定，形成规范性实操纲领性文件，在推进过程中，不断探索标准化细节，优化流程，满足不同商品的不同用户需求和服务体验。通过大力推行带板运输，云通物流最终建立起基于标准化的托盘循环共用体系，为供应链上各方都带来了一定的利益。

云通物流在依托标准托盘实现货品零人员接触运输的基础上，利用新技术提升仓储标准化、信息化、集约化水平。第一，在园区各库的标准箱拣区通道按大类顺序语音拣货，配合带板运输，提高门店上货效率。第二，利用 Slotting 系统优化拣货路径，提高仓库拣货效率，清空某大类的零拣通道，通过 Slotting 系统运行此大类的优化，设置最优拣货位，其他大类依次

---

① 资料来源：文艺，姜薇，张立，等. 智慧 共享：云通物流数字化转型升级. 中国管理案例共享中心案例库，2022-01-21.

进行，完成全品类优化。云通物流还引入了条码和自动识别技术，大大提升了仓储标准化水平。第三，货品在确定摆放的货架后，可以用叉车对此实现高效快速的搬运，完成进货环节的时间大大减少，且效率得到了提高。第四，除对不同省市仓库货物信息的掌握之外，通过供应链云平台，公司还可以实现对车辆运输位置的掌握，知道每天不同车辆的运输位置后，公司可以基于此实现对运输班次的优化安排，科学合理规划运输路线。

研讨　1. 云通物流是通过哪些举措来建设共享物流的？

　　　　2. 影响物流企业数字化转型的因素有哪些？云通物流数字化转型的实现机制是什么？对其他物流企业有何启示？

阅读文献

1. 郝渊晓，徐德洪，王海灵. 物流管理学. 2 版. 广州：中山大学出版社，2022.

2. 李耀华，林玲玲. 供应链管理. 3 版. 北京：清华大学出版社，2018.

3. 梁学栋，刘大成，李智，等. 供应链管理. 北京：经济管理出版社，2020.

第五篇

创业与创新

第十五章
创业与创立期企业管理

联合国教科文组织早在 1998 年世界高等教育大会形成的《面向二十一世纪高等教育宣言》就指出，高等教育应主要培养创业技能与主动精神，以便促进毕业生就业，使他们不再仅仅是求职者，而成为工作岗位的创造者。

习近平指出，"创新是社会进步的灵魂，创业是推动经济社会发展、改善民生的重要途径"，要激发调动全社会创新创业活力。2011—2020 年，全国新增超 4 400 万家创业公司，平均每 7 秒就有 1 家创业公司成立。初创企业生存能力较弱，在企业内部更需要科学的创业管理，需要创业孵化、风险投资和更加精准的政策支持。一个初创企业的成功，需要创业者凝聚各方力量形成合力，也需要社会不断扫除制约广大劳动群众就业创业的体制机制和政策障碍，不断完善就业创业扶持政策、降低就业创业成本，形成更好的创业生态支持广大劳动群众积极就业、大胆创业。

第一节 创业

创业，简言之，就是"创造事业"。只有 1 英里见方的麻省理工学院，其学生成立的公司超过了 3 万家，而且这一数量每年还在以 900 家的速度递增。这些公司共创造了超过 300 万个就业岗位，总计实现约 2 万亿美元的年收入。

科尔（Cole）1965 年提出创业是发起、维持和发展以利润为导向的企业的有目的性的行为。创业教育大师杰弗里·蒂蒙斯对创业的定义为：创业是一种思考、推理和行动的方法，它不仅要关注机会，还要求创业者有完整缜密的实施方法和讲求高度平衡技巧的领导艺术。

根据蒂蒙斯教授提出的创业过程的三要素模型（见图 15-1），创业过程始于创业机会，创业机会是创业过程的核心驱动力。创业过程是机会、创业者（团队）和资源三大要素匹配和平衡的结果，这是一个连续不断寻求平衡的行为组合。处于模型底部的创始人，是创业过程的主导者，需要带领团队配置和平衡创业资源，推进创业过程。创业资源是创业成功的必要保证，缺乏充足的资源或者不能及时创造资源可能导致创业过程陷入"死亡谷"。创始人需要在模糊和不确定的动态环境中创造性地捕捉创业机会、整合创业资源，确定企业可持续发展的方向和模式。

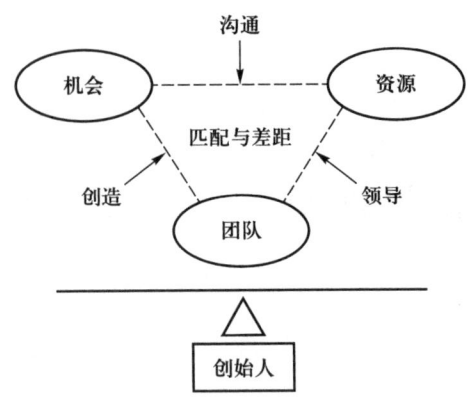

图 15-1　创业过程的三要素模型

从企业生命周期看，创业活动往往从企业诞生前就开始了。创业前期的主要工作是设计创意和研发产品，企业所处的这个阶段称为种子期。企业处于研发阶段，还没有销售收入，只有研发资金的投入。当研发成功后，其产品或服务就开始投放市场，通过销售产生销售收入，现金流入开始增大。这个阶段称为创立期。随着时间的推移，其产品或服务市场逐渐开拓，销售收入逐渐增多，这个阶段的特征是企业现金流入在增大，总现金流从负值逐渐达到了平衡点。这个阶段称为成长期。随着市场的不断开拓，销售收入的逐渐增多，企业的总现金流从平衡点逐渐增加，开始出现盈利。这个阶段称为扩张期，此时，企业往往需要扩大再生产，开始新一轮的融资——逐步进入成熟期。

从以上过程可以看出，创业活动是在高度不确定性的环境中开展的商业活动，往往在资源高度约束的情况下开展，特别依赖创业者及其团队的个人能力。更简洁地说，创业就是依靠个人、团队或一个现有企业来建立一个新企业的过程。由创业者或者创业团队将自身或合作研发成功的产品或服务推向市场，并进行经营；这个过程是创业机会识别和开发的动态过程，表现为创业者主导下的高度综合的复杂管理过程。

一、创业者和创业团队

（一）创业者的特征

创业者通常具有如下一些特征：① 具有强烈的取得成就的欲望；② 自发性地从事一些冒险活动；③ 具有自信心；④ 乐观主义者；⑤ 具有拼搏的精神；⑥ 具备协调和处理各种困难的能力。

除了上述的特征之外，要取得创业成功还必须关注三个主要的影响因素：

第一，创业者的内在素质，包括直觉能力、对外联系能力、风险处理和承受能力、创造性能力、灵活性、独立意识、时间观念。

第二，创业者的管理能力，包括战略规划能力、现金流的有效管理、预算能力、先前的经验、受教育程度、组织能力。

第三，创业者的交际能力，包括与信用评估机构和银行之间的良好关系、与用户之间的良好关系、与雇员之间的良好关系。

（二）创业者的类型

从风险偏好和创新驱动两个维度分，创业者属于高创新性、低风险厌恶的类型（见图 15-2）。

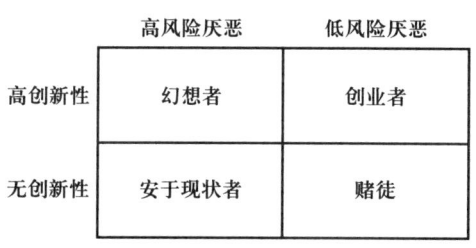

图 15-2　按照风险偏好和创新驱动分类

创业需要创新，但创新不等同于创业。创业精神除创新精神以外，还应该包含其他一些因素，这些因素是完成创业过程、保证创业成功的创业者特质和能力。从创业的本质特征来看，创业是创造新价值或创建新组织的一个过程，而要完成这一过程，要求潜在创业者具有事业心和进取精神。具有事业心和进取精神，需要做到以下几点：

（1）精力充沛，努力工作，为了成功地实现创业计划和目标，为所面临的挑战和问题寻求解决办法；

（2）要有获得成功的欲望和完成任务的决心；

（3）具有任务导向的行为，相信只有很好地执行并按时完成任务，才会获得满意的回报；

（4）能够换位思考，善于体会潜在顾客的感受和想法；

（5）足智多谋，具有领导智慧；

（6）做事有明确的计划；

（7）敢于承担风险；

（8）创新能力；

（9）执着和坚持。

（三）创业团队

创业团队是创业成败关键。据统计，60% 以上的创业活动都是以团队形式开展，团队创业的绩效要比个体创业更好。风险投资家非常重视创业团队，在创业项目早期阶段，风险投资家选择的不是项目，而是团队。

从狭义上说，创业团队是指由两个或两个以上具有一定利益关系的，彼此间通过分享认知和合作行动以共同承担创建新企业责任的，处在新创企业高层主管位置的人共同组建形成的有效工作群体。创业团队是高层管理团队的基础和最初组织形式，对创业成功具有重要的价值，一般拥有公司股份。从广义上说，创业团队还包括与创业过程有关的各种利益相关者，如风险投资家、专家顾问等团队力量。

创业团队是一种特殊群体，是群体的特殊形态，其工作绩效要大于所有成员独立工作绩效之和。在组建创业团队过程中，需要关注成员拥有的创业所需资源和能力，关注他们之间的志趣相投与技能互补。对于不同的创业机会，往往需要考虑不同因素：如果创业机会的不确定性高、价值创造潜力大，应该更理性地组建团队，强调互补性；如果创业机会的不确定性小、价值创造潜力不大，则可按非理性逻辑组建团队，强调齐心协力和信任感，组建的创业团队平均规模更小，团队成员之间因强调物以类聚而同质性更强，但彼此之间的熟悉程度更高，沟通和交流更顺畅。

确定好创业团队成员之后，创业者面临的一个关键问题就是确定成员之间的工作分工与所有权分配方案。工作分工是对成员所承担任务以及相互之间协调方式的规划，而所有权分配方案则是对创业利益分配方式的约定，是维系创业团队凝聚力的基础。工作分工有助于在短期内维持创业过程以及新企业早期运营的有序性，而所有权分配则有助于在长期内维持团队稳定和新企业的稳定成长。

二、创业机会

（一）创业准备

接受教育和获取经验对大多数创业者来说是必要的准备之一。虽然不同行业的需求是不一样的，但一些必要的"知道如何做"是需要的。此外，有远见的创业者为了进行初始的投资，还需要积累他们的"原始资本"。

创业虽然没有年龄的限制，但确实存在一些年龄上的障碍：年轻人往往由于准备不足和欠缺原始资本而在初创阶段遇到挫折；年纪较大的人由于建立了家庭、有稳定的工作和收入，而在初创阶段显得瞻前顾后。理想的创业年龄就在 30~40 岁。

创业前需要接受何种类型的教育和取得什么样的经验，取决于创业者选择什么样的行业进行创业。显然，创办软件公司和创办汽车修理厂需要不同的背景准备。在同一行业取得成功的创业者之间也存在显著的背景差异，一个很重要的因素是必须对创业的选择有清醒的认识。

（二）创业机会的选择

创业机会是指创业者通过生产新的产品、提供新的服务、使用新的原材料或者新的组织形式，从而能够以高于成本的价格进行销售的情形。这可被认为是创业者的创业思想或点子。这里所谓的"新"又可以细分为三类：第一类是提供一种新的产品（服务、原材料或组织形式），这种产品（服务、原材料或组织形式）在其他地区或城市可能已经有了。第二类是一种全新的产品（服务、原材料或组织形式），这种产品（服务、原材料或组织形式）在其他地区或城市并没有。第三类是提供一种改进的产品（服务、原材料或组织形式），这类产品（服务、原材料或组织形式）虽然在市场上已经有了，但改进后就成为新的机会了。

创业机会的选择过程可以分解为三个阶段：机会搜索、机会识别、机会评价。机会搜索就是搜索和发现可能的机会，这一阶段创业者需搜索整个环境以发现可能的机会，如果遇到了潜在的商机，便进入第二阶段——机会识别。在这一阶段，创业者可以先用标准化的机会识别模板判断所遇到的机会是否理想，然后再进行个性化识别阶段，考察这一机会与创业者自身特点的匹配程度。最后，考察先前收集的相关信息，将直觉进行量化，根据风险以及风险水平和预期回报的一致性评价决定是否将这一创业机会付诸实践。

所以，一个好的点子并不一定是一个好的投资机会。事实上，许多人往往因迷恋创业思想或点子而低估了开拓市场的困难。要确认一个好的投资机会，创业者提供的产品必须确实在外观、质量、耐久性和价格方面受到顾客的欢迎，并让顾客相信采用产品将带来好处。如果创业时不清楚服务对象和真实需求，那么就很难找到顾客和市场。

有很多因素决定着创业思想是否是一个好的投资机会，其中一些基本的要求必须满足：创业时机的把握；产品或服务的竞争优势；企业的成长性；创业者的创业基础；创业者没有致命的弱点和缺陷。

三、创业融资与风险投资

有的企业创业的核心财产可能是思想、知识或者技术，能够进行抵押的有形自有资产不多。这类企业的资金来源渠道可能有：自有资金、借款、股权投资以及风险投资等。种子期和创立期的资金来源主要是自有资金、借款和股权投资等。而到了成长期，企业需要的资金量可能很大，以上三种渠道的资金已经不足以满足发展需要。这时候往往需要风险资本的投入。

（一）风险投资的特点

概括地说，风险投资具有如下的特点：

（1）风险投资是一种权益投资。风险资本家是以股权方式投入创业企业的，他们和创业者共担风险。如果企业成功了，风险资本家以投入的股份分享利益。如果企业失败了，他与创业者一样分摊损失。

（2）风险投资是一种专家投资，或者称为专业投资。与一般的金融业者不同，风险投资公司积极地参与受资企业的管理，首先扮演创业者的角色，其次扮演金融业者的角色；用帮助其他企业成长所积累起来的经验，为新的受资企业作出提供资金以外的贡献。有的风险资本家形象地称创业企业就像一个婴幼儿，需要被"哺育"着成长。由于他们的介入，创业企业不但在资金方面得到保障，而且在管理方面也走向成熟。

（3）风险投资是一种长期投资。风险资本家向创业企业投入资金后，并不追求短期的利润。在企业发展过程中，风险资本家并不分享过程中的利润。根据企业发展的需要，风险资本家往往进行第二次和第三次的再投入。待企业被"哺育"大了以后，风险资本家将协助企业上市，通过上市，风险资本家撤出投资。或者通过企业被收购，风险资本家出售股权撤出投资。

（4）风险投资的对象。风险资本通常投资于年轻的、具有发展潜力的和快速成长的企业。这些企业一般是一些高技术企业，或者是提供一种全新服务的、具有创意的、具有潜在高回报价值的企业。

（5）风险资本家仅投资受资企业的一小部分股权，通常的投资额不超过企业股份的30%。

（二）风险投资的组织形式和资金来源

风险投资组织有多种形式并存，包括有限合伙制组织、商业银行、投资银行、直接投资者和政府风投支持机构等，其中最典型的组织形式是有限合伙制。

尽管有限合伙制在风险投资组织中占主导地位，但是近年来，美国税法已经允许有限责任合伙组织（limited liability partnerships，LLPs）形式和有限责任公司（limited liability companies，LLCs）形式作为替换形式。然而，有限合伙制形式依然占主导地位。对每一种组织形式的有利之处和不利之处的比较可以从责任形式、税务负担、企业管理权三方面进行讨论。

风险投资公司将组织一个合伙基金，该基金由主管合伙人和投资者（或称有限合伙人）组成。这种基金是有期限的，通常是10年。每个基金由投资协议进行约束。合伙人组织一旦达到了其目标资金规模，将不再接受新的投资者加入，甚至会让一些已经加盟的投资者退出，以使得基金规模保持在一定大小。

美国和欧洲国家风险投资业的资金来源有：抚恤金、基金、公司、富有的私人、外国投资者和风险资本家自有资金。目前中国的许多风险投资公司主要是政府或者法人出资成立的有限责任公司。

（三）投资期限和投资的退出

风险投资公司会帮助受资企业成长，但会在3~7年内寻找退出渠道。早期阶段风险投资的受资企业在7~10年内成熟，而后期阶段风险投资的受资企业的成熟期则短一些。因此，风险投资公司对投资对象的发展阶段选择与有限合伙组织的资产流动性要求是一致的。风险投资既不是短期的投资也不是流动性投资，但是，这种投资的投资人必须是勤勉的和具有专门知识的专家。

有限合伙人对风险基金进行投资时，已经知道这种投资是一种长期投资。在第一次投资以后可能需要几年时间才开始有回报。许多情况下，风险投资资金可能在受资企业中被占用7~10年。有限合伙人理解这种资金的不可流动性。

尽管公开发行股票是风险投资和创业者退出的理想途径，但是，大多数风险投资的成功退出是通过被创业者回购或者被其他方收购兼并的方式进行的。风险投资公司在退出方面的经验也指导着创业者。

公开发行股票是最常见的风险投资退出渠道。股票公开发行以后，风险投资公司将接收受资企业的股票，但是，风险投资公司所持有股票的出售是有限制的，需要等几年。一旦这些股票可以流通（通常是2年以后），风险投资公司将会分配股票或者现金给有限合伙人。

兼并和收购代表着大部分成功风险投资的退出。在兼并和收购的情况下，风险投资公司将从受资企业的收购者那里得到股票或者现金，然后分配给有限合伙人。

第二节　风险投资的融资过程

创业者为了争取风险投资，第一需要了解有哪些风险投资公司及其投资原则，第二要了解风险投资公司的项目选择标准，第三需要准备相关文件，如创业计划。

一、风险投资公司的投资原则

风险资本家有着各自的投资原则，创业者必须要有所了解。有的风险资本家可能投资于公司形成或者产品开发出来之前的阶段，这种投资称为"种子投资"；有的风险资本家可能投资于公司第一次或者第二次发展的创业阶段，这种投资称为"早期阶段的投资"；有的风险资本家可能投资于公司的成长阶段，这种投资称为"扩张期的投资"；有的风险资本家可能投资于公司发展后期阶段，通过投资使得公司能够上市公募资金。

因此，在了解不同风险投资公司的投资范围和原则以后，创业者才能根据自身企业的特点有针对性地寻找和选择风险投资公司进行洽谈。

二、风险投资公司的项目选择标准

不同国家、不同地区和不同的风险投资公司的项目选择标准均有所差异。但是，概括起来存在一些共同点。

第一，退出的考虑。无论是在中国投资的国外风险投资公司还是中国本土的风险投资公司，它们的一个共同特点是在选择项目时首先考虑退出的问题。

第二，创业者素质。风险投资公司对创业者素质考虑得比较多的是：人品、观念、经营管理能力和技术水平。其中，风险资本家认为前三者往往比创业者的技术水平更重要。因为一个企业需要各种人才。创业者如果在前三者中有所欠缺，可能会造成：不能凝聚人才和留住人才；不能有效地开拓市场，很可能被竞争者击败。

第三，管理队伍。对于扩张期的投资，考虑得较多的是管理队伍。管理队伍的组成既反映了创业者是否具有凝聚人才的能力，同时也反映了这个企业是否具有后劲。风险资本家对有过经营失败记录的管理者是持谨慎态度的。主要管理部门存在人才缺陷，或者公司的规模不同，使得各部门不能及时调整工作角色时，可通过聘用在这领域有丰富经验的专家作为企业的非执行董事，协助管理队伍进行企业的日常管理。

第四，所属行业和技术带头人。风险投资投向的行业一般是所谓的朝阳行业，最近几年获投资最多的是移动互联网行业、信息技术行业、通信行业、生物和医疗行业、新能源行业、人工智能行业等。特别是移动互联网行业和人工智能行业，受到国内政策的大力支持，并且容易被大众投资者所接受和看好。这种行业即使在上市时还没有利润，其股票价格也在不断上涨。另外，有的风险投资机构也非常重视创业企业中技术带头人的水平，他们认为，如果技术带头人不是一流的，那么，该企业也不可能有一流的技术和产品。

第五，项目前景。考察企业的发展前景时，主要依据其发展计划。风险资本家往往把现实收益和可实现的未来收益综合起来考虑。风险资本家希望受资企业不是为了开发新技术而作研究工作，而是为满足某一种新产品的特殊需要而从事新技术的开发。因而对发展前景的考察，与其说是对新技术本身可行性的考察，倒不如说是对新技术在新产品商业化过程可行性方面的考察，包括现有的竞争水平、技术的创新水平、市场进入的壁垒以及供应商和客户的讨价还价能力。

三、融资时需要准备的文件

创业者需要准备一些文件来证明：本人的素质，企业管理队伍的素质和水平，企业的发展前景。如果企业刚刚创业，则对于前两者，可以用一些历史业绩来证明。如果企业处于扩张期，则除了用历史业绩以外，还需要用历年的财务报表等证明。对于企业的发展前景，则需要有发展计划。

创业计划是一种管理资源以获得利润的方式或程序。一个计划应该包括现在的情况和目标，以及要达到目标所应该采取的方式。因此，创业计划应该回答4个问题：公司所处的环境和现在的情况如何？公司的资源和优劣势情况如何？目标是什么？如何才能达到目标？

四、企业成长不同阶段风险投资关注点

风险投资收益与进入的时间存在明显的关系。在企业发展的不同阶段，投资收益与风险的组合存在着明显的差别。在早期阶段，投资的风险最大，可投资一旦成功，将获得巨大的收益。随着企业的发展，投资风险相对减少，投资成功机会相对增加，但投资收益会减少。进入时间越早，收益也越高，亏损比例也越大。

风险投资一般分阶段对受资企业保持监控，采用把关式投资手段，设置多个"去／留"决策点，以制定严格客观的评价指标设定里程碑，以此设定投资协议，执行投资后的管理。企业成长不同阶段风险投资关注点见图 15-3。

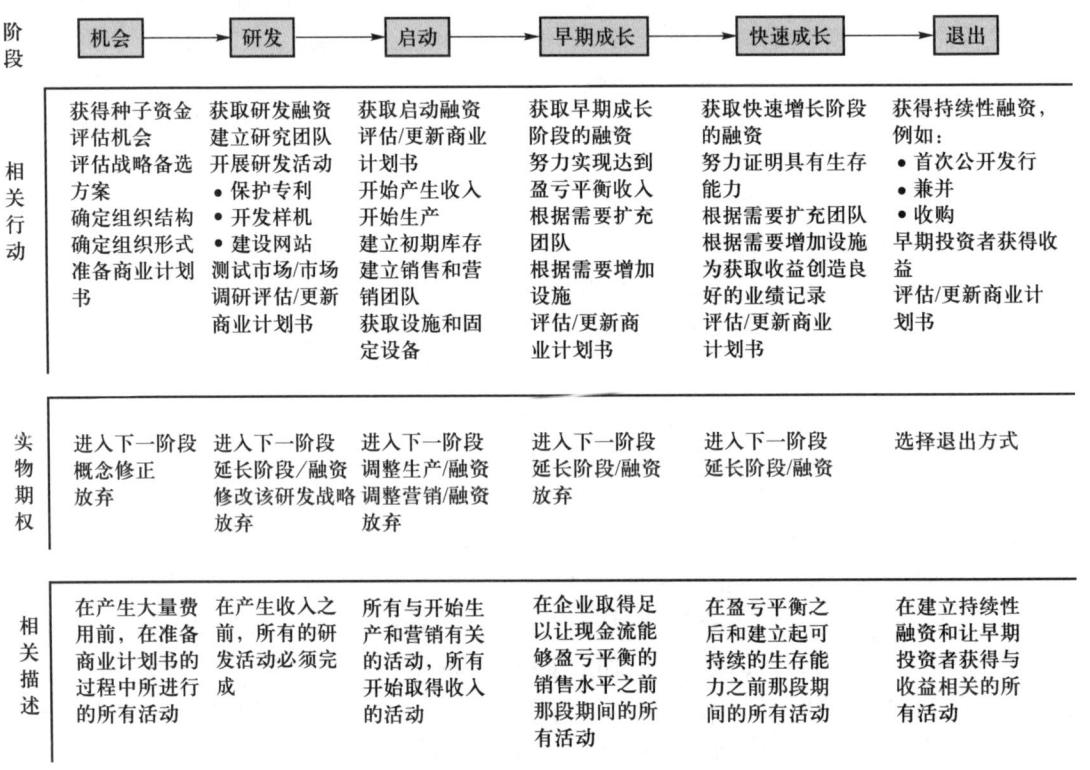

资料来源：珍妮特·K. 史密斯，等. 创业融资. 沈艺峰，等，译. 北京大学出版社，2017.

图 15-3　企业成长不同阶段风险投资关注点

第三节　创立期企业的组织体制与管理

对于创立期企业来说，突出问题是人才和知识的管理问题。可以分析以下几种情况：

（1）如果企业的技术或者产品是创业者自己开发的，并且创业者担心技术外泄，永远自己

掌握着技术，而不在公司内部培养核心技术人员，那么这个企业可能是长不大的。显然，这种管理办法并不可取。因此，重点是介绍后面的两种情况。

（2）如果创业者培养了核心技术人员，则核心技术人员流失和出走，就意味着知识产权的流失。特别是核心技术人员的跳槽或者自己创业，就意味着竞争者变得强大，或者多了竞争者。企业如何防范这种情况呢？

（3）随着企业的不断发展，可能会出现这样一种情况：企业内部没有一个人或者几个人能够全面地掌握技术，如一些咨询公司。对企业里的最重要财富之一的知识，如何进行有效的交流和管理呢？

一、创立期企业的人才管理

高技术企业最大的特点是：其最大财富是在人的脑子里，高技术企业的竞争是技术的竞争，而人才是技术的载体。如果核心技术人员走了，他也带走了技术，并且很可能使原公司多了一位竞争者。企业能否保持人员的稳定性，将关系到企业核心技术的保密及企业核心能力的成长。因此，高技术企业管理与一般企业管理的最大不同可能就是人员管理方面的不同。

新创立的高技术小企业在成长过程中会不断出现分裂现象，美国硅谷有些经验值得借鉴。其中最值得借鉴的是知识参与分配和管理参与分配，这种特殊的分配体制可以凝聚人才、吸引人才。知识参与分配、管理参与分配的主要方式有两种：一种是简单地送给核心技术人员或者管理人员企业股份，另一种是实行期权制度。

二、知识管理

前文已经提到，创立期企业人才流失造成的不仅仅是人才损失，而更重要的是可能将其竞争力的核心部分——技术泄露出去。因此，知识管理的问题是非常重要的。

在现实经济活动中往往存在很多矛盾。如果将知识牢牢掌握在创业团队自己手里，那么，这个企业是无论如何都做不大的；如果由非创业团队掌握着核心知识，就有可能存在技术泄露的风险。如何防范和管理呢？

首先，如果是可以申请专利的技术，可以申请专利。

其次，如果是无法或者不便申请专利的技术，而又有必要让其他人员掌握，那么，就想办法让这些人成为核心人员，增加这些人员与企业的黏性。

最后，对于重要的技术，需要建立知识档案。

三、生存空间的选择

任何企业要想生存与发展必须首先找到自己的生存空间，而对于处于创业阶段的高技术中小企业，市场空间是生存空间最重要的部分，也是最直接的体现形式，企业只有预见、把握住了极其宝贵的市场空间，才能克服种种创业困难。高技术中小企业的市场空间主要有地域型、时差型、地域时差综合型、制度保护型及特殊需求型等多种类型。

当不同地域的市场需求存在一定的差异，而强大的竞争者又忽视了这一差异，或当竞争对手无暇顾及该市场时，就给高技术中小企业留下了开拓地域型市场空间的机会；当市场对某一产品有需求或有潜在需求，而国内外竞争者尚未涉足该领域时，时差型市场空间就出现了；当地域对区域外竞争企业的进入构成一些障碍，会延迟竞争对手进入时，区域内企业就有了地域时差综合型市场空间；当国家对国外产品采购实行许可证制度限制时，就会给企业留下制度保护型的生存空间；此外，一些特殊需求也可能带来企业的特殊需求型市场空间。总之，把握住市场空间是中小企业生存与发展的关键问题之一。

四、部门设置与组织分工

从完成企业正常运营的角度，企业一般包含以下职能部门：生产部门、销售部门、财务部门、管理部门、技术部门和顾问。根据每个职能部门的工作性质，针对不同情况可以构筑一个战略任务矩阵，如表 15-1 所示：

表 15-1　不同职能部门在企业不同阶段下的分工

情况	生产部门	销售部门	财务部门	管理部门	技术部门	顾问
刚开张	研究与发展＋新产品研制与生产	市场调查与开拓计划制定	展示资金情况	计划与协调	试验研发成果	顾问队伍尚处于小规模状态，等待发展
慢速成长阶段	推进产品创新活动、引进新产品	协助生产部门进行创新和引进活动	寻求债务市场或引进权益投资以改进财务状况	组织班子努力推进公司的成长	努力寻找满足用户需求的产品、改进、创新和引进新产品	寻求具有积极进取精神的顾问
快速成长阶段	不断地推进和保持发展趋势	不断地抓住市场机会、扩大占有率	寻找新的资金来源	开拓和谨慎并行	需要开始重大的创新活动	顾问队伍需要扩大但也需要谨慎
改进和停滞阶段	试验新的和较好的生产方法	研究用户的需求和调整市场销售战略	寻找新的资金来源	向竞争者学习和引进有效的新的管理方法	增强培训工作和新产品研制工作	培训员工和增强工作效率
整顿阶段	努力提高效率以优于竞争者	努力在市场上战胜竞争者	保持财务状况的稳定性和灵活性	设法和努力在各方面超过竞争对手	改进产品和跟踪新产品动向	努力设法使公司成长

对于创业初期的企业，由于人员数量较少，业务有限，从节省运营成本的角度考量，一般每个人都身兼数职，以具体业务为核心，相互补强，团队成员之间分工边界模糊，往往具有强大的合力。随着业务量逐渐上升，企业就必须采用规范的职能划分方式来设定组织方式，进一步发挥所有员工的业务特长，采用更合理的绩效评价和激励方式来保持企业快速发展中的内部运作规范和稳定。

本章小结

创业是经营行为的一种方式，创立期企业因其特点，其经营管理活动有别于一般企业。

创立期企业主要有三个特点：① 高技术中小企业在发展初期具有很大的风险，创业者的知识或者技术作为无形资产在企业中往往占相当可观的股份，其贷款可抵押的有形资产不多。因此，银行往往不愿意提供贷款。② 如果创业成功，它将具有一般中小企业所不能比拟的成长速度。③ 它的最大财富是知识或者技术。

由于创立期企业的特点，对于创业者，了解该类企业的融资渠道和方法，如了解风险投资，了解人才、技术（知识）管理的特点，了解和把握自己的生存空间，使得自己创办的企业得到快速的成长，这些显得很有必要。

思考题

1. 创业的关键是什么？是不是所有人都可以创业呢？
2. 创业过程的各阶段中，创业者应该关注的重点是什么？
3. 在新形势下，创业的最大财富还是知识和技术吗？

案例分析

▶ **案例 15-1：石头科技创业发展历程** [①]

北京石头世纪科技股份有限公司（简称石头科技）是一家专注于家用智能清洁机器人及其他清洁电器研发和生产的、非常年轻的技术推动型创新科技公司。2020 年 2 月 21 日，石头科技在中国科创板上市。

2014 年 7 月，辞职后的昌敬等人成立了石头科技。背水一战的几个人用 42 天开发出了产品模型。8 月 12 日，昌敬向小米生态链投资人演示了同步定位与地图构建算法这一关键技术。演示效果很好，小米认可了石头科技的思路，也认为扫地机器人的软件同样重要，而且软件极有可能在人工智能领域占据非常重要的位置，人工智能领域的发力可以很好地解决现有扫地机器人存在的各种痛点。当时扫地机器人团队基本都具有硬件背景，昌敬团队的软件背景在小米生态链投资人眼中不再是其他投资人眼中的缺点，而成了优点。2014 年 9 月，小米生态链确定投资石头科技，并委托石头科技开发生产米家智能扫地机器人，石头科技成为小米生态链企业。

昌敬曾用"创业维艰"四个字来形容自己的创业经历，同所有的创业企业一样，开头之后便是困难。补充硬件团队成为当务之急，昌敬历经千辛万苦说服人才加入公司。

资金方面，2015 年年中，昌敬已与高榕资本、启明创投签订了数千万美元的 B 轮融资协议。但他没有预料到，外商投资的审批手续非常烦琐。2016 年年初，B 轮融资才到账。

产品方面，石头科技做第一代产品时，与硬件合作伙伴一直在修改设计方案，直到 2015

年9月开发的样板都不理想，石头科技决定自己推倒重来。时间计划一排就到了2017年3月，这相当于3年还不一定能做好一个产品，搞不好中途企业就死了。石头科技将一间大会议室改为研发"小黑屋"，从外面请了智能机器人领域资深的专家对整体框架进行了修改，但关键的模组坚持自己做，每晚奋战到12点。在"小黑屋"里封闭工作了几个月，石头科技终于完成了设计。2016年7月，经过2次工程样品验证测试、3次设计验证测试，终于有几种方案跑成功了，石头科技选了一个最成功的去量产。公司原计划2016年8月工厂要在一个月内备货1万台，但因为天气原因，潮湿导致刮条变形，已生产的5 000台全部返工。

供应链方面，石头科技开始谈判时通常不会直接亮身份，而在谈判进入一定阶段时，一旦对方了解到石头科技的小米背景，对待石头科技的态度马上就会有变化，对方会设想这是一个潜在的大客户。这样的困难还有很多，但办法更多。经过26个月的不懈努力，2016年9月，石头科技推出了第一个产品"米家智能扫地机器人"，石头科技的发展逐渐走上正轨。

石头科技的快速发展离不开小米生态链的加持，智能硬件领域非常现实，特别是研发生产比较复杂的产品，很多团队都会面临资金压力和生存危机。小米科技不仅仅在财务上支撑石头科技的发展，品牌背书的助力也很重要。

小米是石头科技的重要客户，2016年9月，石头科技推出米家智能扫地机器人，发售首年销量达到81.8万台，实现大规模量产，当年实现了1.83亿元的营收。2017年，石头科技扭亏为盈，实现营收11.19亿元，盈利达到6 700万元，达到了上创业板的财务指标。

从供应渠道看，石头科技的主要核心供应商欣旺达、信泰光学等也是小米的供应商。石头科技采用轻资产模式，以委托加工方式生产全部产品，无自建生产基地。从产品设计等看，小米的产品设计理念深入人心，获得市场验证和认可，依托小米的成熟和成功设计理念，石头科技在人力资源方面获得了很多有形和无形的资源支持。从公布的境内和境外专利看，石头科技和小米的共有专利很多，双方共用。从组织资源看，雷军在2020年小米十周年的讲话中提到小米生态链孵化了100多家生态链企业，石头科技是小米供应链企业中第三家成功上市的企业，华米科技和云米科技的成功经验模式和资本路径，可以被直接应用到石头科技的企业运营中，使得石头科技利用小米资源的能力和效率得到提升，加快了迭代的速度。

2020年2月21日，石头科技"一飞冲天"，以271.12元/股成为当时中国A股市场史上首次公开发行价格最高的企业，当日收盘价为500.10元/股，涨84.46%，63名高管及核心员工直接或间接持有石头科技发行前20.98%的股份，发行后摊薄到15.735%，按照发行价，市值就达到28.44亿元。

2020年12月16日中午，上市10个月后，石头科技股价突破千元大关，当日收于1 080元/股，公司市值超过700亿元。石头科技成为A股市场上继贵州茅台之后的第二支千元股，股民给石头科技起了一个形象的外号——扫地界的茅台。

研讨 1. 创业者为了争取风险投资需要做到什么？本案例中有何体现？

2. 生存空间的选择原则的重要性在本案例中有何体现？

3. 石头科技采用创业拼凑的方式成功突破了资源约束，这对企业自身的成长会产生怎样的积极和消极作用呢？

▶ 案例 15-2："水掌柜" 到 "师傅邦" 的创业成长之路

阅读文献

1. 张玉利，薛红志，陈寒松，等. 创业管理. 5 版. 北京：机械工业出版社，2020.
2. 于晓宇，王斌. 创业管理：数字时代的商机. 北京：中国人民大学出版社，2022.

第十六章
企业创新与创新管理

企业是创新的主体，企业创新是决定公司发展方向、发展规模、发展速度的关键要素。著名管理学家德鲁克认为：创新是体现创业的特定工具，是赋予了资源一种新的能力，使之成为创造财富的活动；实际上，创新本身就创造了一种资源。

党的二十大报告提出，到 2035 年实现高水平科技自立自强，进入创新型国家前列。其中，加快实施创新驱动发展战略是重要抓手，要"加强企业主导的产学研深度融合，强化目标导向，提高科技成果转化和产业化水平。强化企业科技创新主体地位，发挥科技型骨干企业引领支撑作用，营造有利于科技型中小微企业成长的良好环境，推动创新链产业链资金链人才链深度融合"。只有坚持创新是第一动力，才能推动我国实现高质量发展，塑造我国国际合作和竞争新优势。

因此，深化企业创新研究、加强企业创新实践，特别是在原有技术创新、市场创新、制度创新和管理创新等经典理论的基础上，充分吸收数字创新、节俭式创新、责任式创新等新兴理论的精华，方能更好地适应新的科技产业革命趋势、细分市场客户需求、制度变革与创新治理、企业文化与东方情境等时代特征，从而更好地发挥市场在资源配置中的决定性作用和社会主义制度优势，增强科技进步对经济增长的贡献度，形成新的增长动力源泉，推动经济持续健康发展。

第一节　企业创新概述

一、企业创新的含义

"创新"最早是一个经济学的概念。1912 年，约瑟夫·熊彼特（Joseph Schumpeter）在《经济发展理论》一书中首次提出创新是在经济活动中引入新的思想、方法以实现生产要素新的组合，他认为创新活动是在经济活动本身中存在着的某种破坏均衡而又恢复均衡的力量，企业的创新活动包括以下五个方面：

（1）引入一种新的产品或者赋予产品一种新的特性。

（2）采用一种新的生产方法，它主要体现为生产过程中采用新的工艺或新的生产组织方式。这种新的方法绝不仅仅是建立在新的科学发现的基础之上，它也可以是存在于商业上处理一种产品的新的方式之中。

（3）开辟一个新的市场，也就是有关国家的某一制造部门以前不曾进入的市场，不管这个市场以前是否存在过。

（4）掠取或控制原材料或半成品的一种新的供应来源，也不论这种来源是已经存在的，还是第一次创造出来的。

（5）实现任何一种工业的新的组织，比如造成一种垄断地位（如通过"托拉斯化"），或打破一种垄断地位。

熊彼特认为，创新是推动企业成长的根本途径。创新绝不等同于过去传统意义上的技术革新，而是一种新的变革，只有当它被应用于经济活动时才能成为真正意义上的企业创新活动。

企业创新不仅仅是技术创新，还包括创造新的商业模式，即创造新的资源配置方式、生产组织和技术方式，使资源效率更高，创造出新的符合需求的产品和服务。

二、企业创新的功效

企业的创新活动，一方面通过企业内部新的生产组织方式提高资源配置能力，另一方面通过在外部竞争环境中领先竞争对手获得更大的生存空间，从而大大增强企业的生存能力，并直接促进企业核心能力的形成、发展、维护和再发展。

（1）有助于企业领先一步并形成自己的核心能力，从而成为行业中的领先者。不论是成本、技术或是其他方面的领先都能使企业拥有比竞争对手更大的回旋余地，落后的竞争对手需要花费更大的时间和成本来追赶。同时，行业领先者往往能腾出更多的人力、财力和物力来科学谋划日后更长远的生存与发展，更有利于巩固甚至扩大领先地位。

（2）有利于企业创造新的生产组织方式，提高资源配置效率，增强企业的竞争力。随着"新基建"① 等硬件支撑的不断强化升级，以及大数据、人工智能算法等软件技术的不断积累突破，现有生产组织更倾向于社会化、网络化、平台化、小微化、扁平化，唯有创新才能主动适应甚至引领产业边界模糊化、产业组织网络化、产业集群虚拟化、组织结构扁平化的大趋势，进而赢得竞争优势。

（3）有助于企业在激烈的市场竞争环境下创造出奇制胜的机会。在日益激烈的市场竞争中，唯有创新才能出奇制胜，使企业或其产品与众不同，使企业获得巨大成功。竞争对手对于有别于传统的竞争方式需要花费一定的时间来适应，这就使创新企业在竞争中获得了主动。另外，新奇的出发点往往也是竞争对手防卫的薄弱之处，使企业能较轻易地克敌制胜。简单地说，创新能使企业在竞争中拥有易守难攻的优势。

（4）有助于推动企业提升适应能力，为持续健康发展打好基础。创新并不仅仅指企业根本的、全面的革新，企业进行适应性调整也是一种创新。特别是在当今百年未有之大变局加速演进的背景下，供应链安全、企业经营战略韧性已成为关系企业生存和发展的基本变量。因此，企业能否及时、科学、精准地对生产要素进行重新组合，使得调整后的企业能更适应生存环境

---

① "新基建"即新型基础设施建设，主要包括 5G 基站建设、特高压、城际高速铁路和城市轨道交通、新能源汽车充电桩、大数据中心、人工智能、工业互联网七大领域，是以新发展为理念，以技术创新为驱动，以信息网络为基础，面向高质量发展需要，提供数字转型、智能升级、融合创新等服务的基础设施体系。

的要求，是关系企业能否持续健康发展的重要因素。

第二节　企业创新的主要方面 ▩ ▩ ▌ ▌

企业创新活动主要涵盖了技术创新、市场创新、制度创新和管理创新这四个相互区别又相互联系的领域。

一、技术创新

技术创新是企业创新活动的重要领域，许多学者和实践者对此有积极的贡献。

林恩（G. Lynn）从创新时序过程角度来定义技术创新，认为技术创新是"始于对技术的商业潜力的认识而终于将其完全转化为商业化产品的整个行为过程"。

厄特巴克（J. M. Utterback）在 1974 年发表的《产业创新与技术扩散》中认为，"与发明或技术样品相区别，创新就是技术的实际采用或首次应用"。

弗里曼（C. Freeman）是技术创新方面的著名学者，在 1982 年的《工业创新经济学》中明确指出，技术创新就是指新产品、新过程、新系统和新服务的首次商业性转化。

20 世纪 80 年代中期，缪尔塞（R. Mueser）对几十年来在技术创新概念和定义上的多种主要观点和表述做了较系统的整理分析。缪尔塞将技术创新重新定义为：技术创新是以其构思新颖性和成功实现为特征的有意义的非连续性事件。这一定义突出了技术创新在两方面的特殊含义：一是活动的非常规性，包括新颖性和非连续性；二是活动必须获得最终的成功实现。

技术创新的分类方法基本上可以归纳为两大范畴：一是宏观与微观分类法，主要划分依据是创新层次与范围。有代表性的宏观分类法是英国科学政策研究机构（SPRU）的技术创新产出/应用分类法；微观分类法主要有厄特巴克等人的过程创新与产品创新分类法等。二是创新客体与主体分类法，主要划分依据是创新活动的技术变动强度与对象，主要有弗里曼的客体分类法和帕维特（K. L. R. Pavitt）的主体分类法。技术创新还可以按技术开发型和市场开发型进行分类，这里不一一讨论。下面仅简要介绍渐进性创新和根本性创新、产品创新和过程（工艺）创新这两种分类。

（一）渐进性创新和根本性创新

根据技术创新过程中技术变化强度的不同，技术创新可分为渐进性创新和根本性创新。

渐进性创新（incremental innovation，或称改进型创新）是指对现有技术的改进引起的渐进的、连续的创新。

根本性创新（radical innovation，或称重大创新）是指技术有重大突破的技术创新。它常常伴随一系列渐进性的产品创新和工艺创新，并在一段时间内引起产业结构的变化。

（二）产品创新和过程（工艺）创新

根据技术创新中创新对象的不同，技术创新可分为产品创新和过程创新。

产品创新（product innovation）是指技术上有变化的产品的商业化。按照技术变化量的大小，产品创新可分成重大（全新）的产品创新和渐进（改进）的产品创新。产品用途及其应用原理有显著变化者可称为重大产品创新。重大的产品创新往往与技术上的重大突破相联系，比如集成电路技术的突破带来了众多电子产品的换代，数字化技术的进步导致了电子产品市场整体格局改变等。渐进（改进）的产品创新是指在技术原理没有重大变化的情况下，基于市场需要对现有产品所做的功能上的扩展和技术上的改进。我们不能轻视渐进或改进式的创新，正是这类创新，不断地吸引大量的顾客，为企业产品开辟了广阔的市场前景。

过程创新（process innovation），也称工艺创新，是指产品的生产技术的变革，它包括新工艺、新设备和新的组织管理方式。过程（工艺）创新同样也有重大和渐进之分。

技术创新的经济意义往往取决于它的应用范围和对需求的满足，而不完全取决于是产品创新还是过程（工艺）创新。

二、市场创新

市场是企业生存发展的生命线，许多商业模式上的创新就体现为市场创新。当然，其中也会有技术创新的成分。从市场实现的角度来讲，企业一般的市场行为往往只能保持今天的市场，只有不断地创新才能开拓企业未来的市场。企业对市场的重视最重要的体现就是进行市场创新，市场创新是企业市场营销战略和技巧发展的必然。

企业对市场的认识先后经历了以下五个阶段：

（1）以生产观念为导向的阶段。生产观念是一种最古老的指导企业市场营销活动的观念，它产生于卖方市场的条件下。这种观念认为消费者喜爱那些可到处买到并且价格低廉的产品，因此，企业应致力于获得高生产效率和广泛的销售覆盖面。

（2）以产品观念为导向的阶段。产品观念认为，消费者最喜欢那些高质量、多功能和有特色的产品，因而产品导向型企业总是致力于生产高值产品，并不断改进产品，使之日臻完美。产品观念容易导致企业的"营销近视"，即不适当地把注意力放在产品上而不是放在消费者的需要上。

（3）以推销观念为导向的阶段。推销观念是在卖方市场向买方市场转化期间产生的，它是一种以产定销的企业经营哲学。这种观念认为，如果听其自然，消费者通常不会足量购买某一种企业的产品，因而企业必须积极推销和进行大量促销活动。企业如果能针对消费者的心理，采取一系列有效的推销和促销手段，使消费者对企业的产品发生兴趣，就能刺激消费者大量购买。

（4）以营销观念为导向的阶段。营销观念的形成是企业对市场认识的一次"革命"。营销观念认为实现企业目标的关键在于正确确定目标市场的需要和欲望，并且比竞争对手更有效、更有利地传送目标市场所期望满足的东西。营销观念的形成，不仅从形式上，更是从本质上改变了企业营销活动的指导原则，是企业经营哲学从以产定销转变为以销定产，第一次摆正了企业与顾客的位置。

（5）以社会营销观念为导向的阶段。社会营销观念是用来修正、取代市场营销观念的。这一观念认为，企业的任务是确定诸目标市场的需要、欲望和利益，并以保护或者提高消费者和社会福利的方式，比竞争者更有效、更有利地向市场提供所期待的满足，社会营销观念要求企业在制定营销决策时权衡三方面的利益，即企业利润、消费者需求的满足和社会利益。企业对市场认识的每一次进步都带来一系列的市场创新活动，这些市场创新活动成为营销理论发展与完善的基础；营销理论发展与完善又反过来促进着企业的市场创新活动。

综上所述，市场创新是指：企业管理者把社会需要转化为有利于企业的各种机会。市场创新过程的本身涉及企业的各项内部活动，其最终目的依然是如何从根本上使消费者和社会需求得到更高的满足。现代企业的市场创新可通过以下四条基本途径来进行：第一，开拓一个全新的尚未被人们所认识的市场，满足人们有意识的市场需求已为企业广泛实践；第二，创造企业在市场上的持久竞争优势；第三，谋求占有更大的市场份额的创新策略；第四，营销手段的创新。优秀的市场营销与普通市场营销的最大区别在于服务。营销手段的创新关键在于服务创新。服务创新是指一切能增加产品附加价值、便利消费者的新举措，如服务项目的增加、服务态度的改善、服务设施的改进及服务方式的推陈出新等。

市场创新往往与技术创新相互渗透、相互促进，这是企业管理者必须深刻认识并积极拓展的重要内容。同时，企业在进行市场创新的时候，亟须政府支持和援助，这是当今世界市场快速变化和激烈竞争导致的必然趋势，企业万万不可忽视政府资源的巨大威力。从发达国家提出低碳经济概念，到部分国家提出征收"碳排放税"，这些政府行为就是市场创新的"潜台词"，将很快促使市场格局的演变。学习企业管理、学习企业创新，一定要懂得争取各方资源的支持，尤其是政府。

三、制度创新

企业制度创新就是企业内部的体制机制的创新，是企业商业模式创新的重要内容，也是重新整合和优化资源配置的重要创新活动。企业制度是一个多层次制度体系，它包含企业产权结构、组织结构和管理结构，是企业顺利运转的产权规范、管理规则之集合，是调节人与人、人与物的关系以及现代企业在生产经营过程中的行为关系的重要规范与准则。企业制度的核心是产权制度，企业组织形式和经营管理制度是以产权制度为基础的，三者分别构成企业制度的不同层次。

通俗化理解的企业制度创新，是指引入新的制度安排。企业制度创新有狭义和广义之分：狭义的制度创新，亦称组织创新，是指随着生产的不断发展而产生的新的企业组织形式；广义的制度创新，不仅包括组织创新，还包括管理创新和市场创新。

一般而言，企业制度创新主要包括产权制度创新、管理体制创新和利益分配体制创新三方面的内容。

（一）产权制度创新

企业产权制度，简单地说就是围绕企业财产权利的运营而发生的相关主体间权、责、利关系的制度安排。它规定着企业内所有者、经营者、生产者在一定条件下的地位、相互关系以及各自的作用。它的实质在于说明企业通过何种权利框架和组织方式来实现自己的目的。

从历史角度来看，企业财产组织形式经历了由个人业主制到合伙制再到现代公司制的演进。企业产权制度的这一演进是一个自然的历史过程，即它反映着生产力进步的要求，并总是向着更有效率的方向进行调整。

（二）管理体制创新

企业的管理体制决定了企业资源的配置方式以及资源的利用效率。从整个社会的角度来看，在不同的经济体制下，企业的管理体制也各不相同。在计划经济体制中，政府直接干预企业的资源配置，国家的宏观经济政策决定了企业的资源利用率。企业管理体制在很大程度上表现为一种所有权与行政权的统一，企业的资产管理依靠庞大的行政管理系统直接进行。在市场经济体制中，市场通过价格机制来调配资源，理论上企业的资源可以得到充分的利用。与此对应的企业管理体制以市场的运作为导向，以企业自身效益的最大化为目标。混合经济体制中的企业管理体制，介于上述两者之间。企业管理体制的建立既受企业自身的效益影响，又受到社会的整体利益的约束。在实践中，其实既没有纯粹计划经济体制下的企业管理体制，也没有纯粹市场经济体制下的企业管理体制。

从历史的角度来看，企业的管理体制经历了以自由经济为指导到以政府宏观调控为主，再到重新审视宏观调控下的企业管理体制这样一个过程。管理体制的每一次创新都是以更合理的资源配置实现资源的有效利用为目的的。

（三）利益分配体制创新

企业的制度创新实质就是要改革人与人之间的利益关系，企业利益分配体制的创新就是要通过新的利益安排实现企业整体利益的最大化。在利益的调整中总会有人利益受损。这主要由三方面的原因造成：一是由于制度变革导致一部分人失去旧体制下的种种既得利益，又不可能在新体制下获得相应的替代物，因而发生了实际收入水平的绝对下降；二是由于改革虽说最终能使社会上绝大多数人获利，但人们最终获益相对多少是不同的，只要有人在社会收入结构中与他人相比收入的相对水平下降，他们就会反对制度创新；三是即使把补偿因素也考虑进来，人们可以用改革所带来的高额收益对受损者进行一定的补偿，也不能解决问题。因为"完全补偿"不可能实现。人们的相对收入水平总要发生变化，否则旧的利益格局不会变，制度创新也就失去了意义。因此，企业利益分配体制的创新必然会遇到各种各样的阻力。克服阻力、实施企业利益分配体制的创新是保证企业制度创新顺利进行的关键。

四、管理创新

由于经济发展、技术进步和市场竞争，企业的生存与发展过程将会不断地出现亟待解决的问题，由此需求推动了企业的管理创新。管理创新的成功实施可以使企业的制度创新、组织创新、技术创新和市场创新的功效得以更好地发挥。

管理创新是指创造一种新的更有效的资源整合范式，这种范式既可以是新的有效整合资源以达到企业目标和责任的全过程式管理，也可以是新的具体资源整合及目标制定等方面的细节性的、局部性的管理。管理创新在现代企业发展中所起的作用主要体现为：提高企业经济效益；降低交易成本；稳定企业，推动企业发展；拓展市场，提高竞争力；有助于企业家阶层的形成；等等。

企业的管理创新有五个重点。

（一）构建共同愿景

企业的共同愿景是指企业所有员工共同的愿望和共享的景象。这种景象是企业中所有成员所共同发自内心的意愿，这种意愿不是一种抽象的东西，而是具体的、能够激发所有成员为组织的这一愿景而奉献的任务、事业或使命，它能够创造巨大的凝聚力。企业的共同愿景包含企业的发展蓝图、价值观、使命和组织目标。

构建企业共同愿景的基本途径主要有培养组织成员的共同语言，进行团队学习、深度会谈以及实现自我超越等。

（二）把握产业先机

现代企业若想在市场上获胜，首先应选择那些能够为企业提供长期盈利可能的产业，然后才是在市场上、在企业资源的整合上如何努力的问题。现代企业应该努力在把握人类基本需求欲望的条件下创造人类未来的需求，由自己来开创一个新兴产业从而在产业演化更替中获得领先。

（三）开展资产运作

资产运作是指运作资产以达到一定目的的过程。这里所说的资产不同于资本的概念。资产是指企业由于过去的活动所形成的、现在拥有或掌握的、能够以货币计量的、在未来能够产生效益的经济资源或财产。企业的资产在运作的过程中能更快地得到增值，从而使得资产的配置效率更高。在企业的经营实践中，战略目标的变动、企业所处环境的变动等都要求企业的资产作相应的运作。

（四）再造工作流程

美国管理学家迈克尔·哈默（Michael Hammer）认为流程再造是：根本性地重新思考，彻底地更新作业流程，以便在衡量当前关键的要素表现上，如成本、质量、服务和速度等方面获得显著（戏剧性）的改善。这一定义中包含了四个关键词：根本性（fundamental）、彻底性（radical）、戏剧性（dramatic）和流程（processes）。流程再造的概念目前已经被广泛应用，包括政府部门。

（五）回归人本管理

人本管理作为管理创新的重点之一，一方面是因为人力资本将在企业众多资本要素中扮演越来越重要的角色；另一方面是因为人本身的发展将呈现很大的空间与需求，也就是说，人们将对自己本身的发展更加重视了。

人本管理概念是建立在对人的基本假设之上的，实际上就是把人看作一个追求自我实现、能够自我管理的社会人。人本管理是指以人的全面的、自在的发展为核心，创造相应的环境、条件和工作任务，以个人自我管理为基础，以企业共同理想为引导的一整套管理模式。显然，回归人本管理有助于人力资源能量的释放，是企业创新活动中不可或缺的内容。

第三节　企业创新管理

一、技术创新管理

企业技术创新过程涉及创新构思产生、研究开发、技术管理与组织、工程设计与制造、用户参与及市场营销等一系列活动。在创新过程中，这些活动相互联系，有时要循环交叉或并行操作。技术创新过程不仅伴随着技术变化，而且伴随着组织与制度创新、管理创新和营销方式创新。

（一）企业技术创新过程模型

20 世纪 60 年代以来，国际上出现了五代具有代表性的企业技术创新过程模型。

第一代：技术推动的创新过程模型。人们早期对创新过程的认识是：研究开发或科学发现是创新的主要来源，技术创新是由技术成果引发的一种线性过程。这一过程起始于研究开发，经过生产和销售最终将某项新技术产品引入市场，市场是研究开发成果的被动接受者。体现这种观点的是技术推动的创新过程模型。

现实中，许多根本性创新来自技术的推动，对技术机会的认识会激发人们的创新努力，特别是新的发现或新的技术常常易于引起人们的注意，并刺激人们为之寻找应用领域，如无线电和计算机这类根本性创新就是由技术发明推动的。

第二代：需求拉动的创新过程模型。21 世纪 60 年代中期，通过对大量技术创新的实证研究和分析，人们发现大多数创新特别是渐进性创新，并不是由技术推动引发的。实证研究表明，用于研究开发的资源投入大，创新成果并不一定多，如果只强调研究开发投入而忽视创新过程其他阶段的管理和市场导向，技术成果就可能没有商业价值，技术创新就无法实现。研究表明，出现在各个领域的重要创新，有 60%~80% 是市场需求和生产需要所激发的。市场的扩展和原材料成本的上升都会刺激企业创新，前一种创新是为了创造更多的细分市场，抢占更大的市场份额，后一种创新是为了减少相对昂贵的原材料的用量。于是有人提出了需求拉动（或市场拉动）的创新过程模型。在需求拉动的创新过程模型中，强调市场是研究开发构思的来源，市场需求为产品和工艺创新创造了机会，并激发为之寻找可行的技术方案的研究与开发活动，认为技术创新是市场需求引发的结果，市场需求在创新过程中起到了关键性的作用。

第三代：技术与市场交互作用的创新过程模型。20 世纪 70 年代和 80 年代初期，人们提出了第三代创新过程模型，即技术与市场交互作用的创新过程模型。技术与市场交互作用的创新过程模型强调创新全过程中技术与市场这两大创新要素的有机结合，认为技术创新是技术和市场交互作用共同引发的，技术推动和需求拉动在产品生命周期及创新过程的不同阶段有着不同的作用，单纯的技术推动和需求拉动创新过程模型只是技术和市场交互作用的创新过程模型的特例。

第四代：一体化创新过程模型。一体化创新过程模型是 20 世纪 80 年代后期出现的第四代创新过程模型，它不是将创新过程看作从一个职能到另一个职能的序列性过程，而是将创新过程看作同时涉及创新构思的产生、研究开发、设计制造和市场营销的并行的过程，它强调研究开发部门、设计生产部门、供应商和用户之间的联系、沟通和密切合作。波音公司在新型飞机的开发生产中采用一体化创新方式，大大缩短了新型飞机的研制生产周期。

第五代：系统集成网络模型。20世纪90年代初，人们提出了第五代创新过程模型，即系统集成网络模型，它是一体化模型的进一步发展。其最显著的特征是强调合作企业之间更密切的战略联系，更多地借助专家系统进行研究开发，利用仿真模型替代实物原型，并采用创新过程一体化的计算辅助设计与计算机集成制造系统。它认为创新过程不仅是一体化的职能交叉过程，而且是多机构系统集成网络联结的过程。例如，美国政府组织的最新半导体芯片的开发过程就是多机构系统集成网络联结的过程。技术在飞速地变化，技术创新过程模型也在不断更新。创新过程正变得更快、更灵活、更有效率，并越来越多地使用新的信息技术。同时，由于创新过程涉及的因素比以前更多，创新过程也变得越来越复杂。这就要求在创新过程中需要有高素质的技术和管理人员，使组织管理更具柔性，建立具有高度适应性的有利于创新的组织结构。

（二）技术创新过程管理

技术创新过程在逻辑上分为七个阶段：① 产生创新构思。创新构思可能来自科学家或从事某项技术活动的工程师的推测或发现，也可能来自市场营销人员或用户对环境或市场需要或机会的感受。② 评价创新构思。根据技术、商业、组织等方面的可能条件对创新构思进行评价，综合已有的科学知识与技术经验扩充创新构思，提出实现创新构思的设计原型。③ 开发实验模型。在实验室中将设计原型转变为实验原型，以验证设计原型的可实现性。④ 进行原型开发。按商业化规模要求进行工业原型开发，制定完整的技术规范，进行现场工艺试验和新产品试生产，并进行市场测试和营销研究。⑤ 商业化试生产。创新技术的初步实际应用或创新产品的初次商业化生产。⑥ 大规模生产。创新技术的广泛采用或创新产品的大规模生产，创新产生显著的商业效果或社会效果。⑦ 创新技术扩散。创新技术被赋予新的用途，进入新的市场（如雷达设备用于机动车测速、微波技术用于烹调等）。

在实际的创新过程中，阶段的划分不一定十分明确，各个阶段的创新活动也不一定按线性序列进行，有时存在过程的多重循环与反馈以及多种活动的交叉和并行。

创新过程管理主要涉及创新计划的制定、创新构思的形成与评价、研究与开发活动的组织与控制以及创新过程的阶段整合。下面以产品创新为背景阐述创新过程的管理。

1. 创新计划的制定

创新计划的制定是研发管理的起点。制定正确的创新计划可提高创新过程的效率和成功率。

创新计划要服从企业的总体目标。创新计划的制定要综合考虑企业的近期目标（如增加当前利润）、中期目标（如改善企业竞争地位）和长远目标（如提高创新能力），通过深入分析企业的外部环境和内部条件，弄清问题，发现机会，选择正确的创新方向和路径，明确具体的创新目标，确定切实可行的实施计划。

企业进行产品创新主要包括以下几个方面的工作：

（1）确定产品竞争领域。确定产品竞争领域需要分析四个方面的因素：产品的类型、产品的最终用途、细分顾客群和技术资源。这方面因素的各种可行组合就是产品竞争领域的备选方案集，最终确定产品竞争领域，需要综合考虑各种备选方案对企业总体目标的贡献。

（2）明晰产品创新目标。具体的产品创新目标包括三个方面的内容。第一，发展目标。发展包括四种选择：率先进入市场，迅速发展；形成竞争优势，受控发展；逐步更新现有产品，保持竞争地位；转移阵地，受控收缩。第二，市场态势。市场态势反映创新产品在市场上体现竞争优势的方式，也包括四种选择：开拓型态势，即通过产品创新创造新的市场机会；发展型（或进攻型）态势，即通过产品创新扩大市场占有率；维持型（或防守型）态势，即用创新产品替代即将退出市场的产品，保持市场份额；收缩型态势，即放弃部分市场份额，通过产品创新巩固其余市场。第三，特殊目标，包括产品多样化、产品结构合理化、避免被收购、取得满意的投资回报率、维持或改善企业形象等。

（3）实现创新目标的具体规划。实现创新目标的具体规划包括四个方面的内容。第一，确定关键性创新要素的来源。关键性创新要素是指企业进行创新活动所能利用的资源，主要有三类：第一类是市场和营销方面的要素；第二类是生产制造方面的要素；第三类是技术要素。第二，确定创新方式和创新的技术变化程度。企业要根据自身的经济实力、技术能力、在市场竞争中的地位和创新目标等决定创新方式和创新技术变化的程度，决定是进行根本性创新还是进行渐进性创新，是核心技术创新还是应用技术创新，是自主创新还是合作创新，是率先创新还是模仿创新，是开拓性的创新还是技术引进再创新。第三，选择进入市场的次序和时机。企业要根据对自身资源条件和能力的估计、对市场风险的判断和对创新产品投资报酬水平的预测决定创新产品进入市场的次序和时机。一般来说有三种选择：第一种选择是率先进入市场；第二种选择是敏捷反应；第三种选择是谨慎反应。第四，其他策略。实现创新目标的具体规划中还应包括对一些特殊方面的安排，如不同创新环节的资源配置，创新产品与企业原有技术体系的关系，产品质量和价格的定位，如何克服企业内部的阻力，如何规避某些法规的限制，如何避开竞争对手的优势，是否要获得技术专利，等等。

（4）应急计划。应急计划是指应付创新过程中出现的不利情况和突发事件的安排。这些不利情况和突发事件包括：市场突然衰退；创新产品不被市场接收；竞争对手的产品受到严格的专利保护；市场被竞争对手所控制；企业经营遇到困难，没有足够的资金支持创新；营销渠道难以打通；与合作伙伴的合作不顺利；所需要的外部技术无法得到，关键技术人员离开企业等。

（5）创新计划评估。产品创新计划完成后，还应组织企业的有关人员对创新计划进行评估。评估的方面包括机会的现实性、资源条件的可支持性、与企业总体目标的一致性、风险的可承受性、与政府政策的协调性、企业内部组织的可接受性、计划的可操作性等。如果认为创新计划不能令人满意，就要针对评估中提出的问题和建议，对创新计划进行修正和完善。

2. 开发过程控制

创新构思要通过后续的开发活动来实现。开发是一个有众多部门和人员参加，包括许多步骤和子项目，需要多个部门的密切配合，实施计划要不断调整、修正的动态过程。对开发过程进行有效的控制是创新成功的重要保障。

首先是明确开发过程控制的任务和重点。开发过程控制的主要任务是：制定合理的资源配置计划、开发活动计划和各阶段的开发产出目标；根据项目实施过程中的反馈信息纠正偏差，调整计划和目标；协调各职能部门的活动；消除开发过程中企业内部技术转移的障碍；解决因意外情况出现或影响开发的企业内外部因素变化导致的有关问题。

其次是正确采用开发过程控制的方法。采用何种方法进行开发过程控制取决于开发项目的复杂性和控制不周密可能带来的损失。开发过程控制包括成本控制、质量控制和进度控制，方法与企业日常经营活动中的方法大体相同。

最后是决策开发过程中的技术转移。在新产品或新工艺开发过程中，新技术在企业内部从上游开发部门向下游部门的完整转移是个非常复杂和困难的问题。解决这个问题涉及四项相互关联的决策，这四项决策是：

（1）技术转移的时机。决定上游开发部门何时将新技术向下游部门转移的因素：一是产品设计是否符合潜在用户的要求；二是设计规范文件是否完备，技术参数是否足够明晰，测试结果是否稳定；三是市场竞争的需要。

（2）技术转移的去向。当新技术在实验室开发成功后需要明确向哪个部门转移。一种选择是直接向制造部门转移，但在许多情况下，现有制造部门担心未经检验过的技术可能会导致短期利润下降，不愿意接受由实验室转移出的技术。另一种选择是建立一个新技术中转站，如新事业开发部、生产性实验室等。在这类"中转站"内实现创新技术的商业化。大的技术创新项目也可以进入专业的创新孵化器。

（3）参与转移的人员。由上游部门的技术开发者和下游部门的技术接收者共同组成项目小组是保证技术平稳转移最有效的方式。如果技术转移的目标是实现商业化，企业高层领导必须主动地对转移过程进行监督和指导。

（4）上下游部门间的沟通方式。技术转移上下游部门之间沟通方式一般来说有三种：一是设立一个由各个有关部门的人员组成的委员会负责整个开发项目的领导工作，在创新过程中进行信息沟通；二是伴随技术转移直接将上游部门的人向下游部门转移，如将研发人员连同项目一起转移到制造部；三是通过正式的文件和资料进行信息沟通。

3. 创新阶段整合

创新过程分多个阶段，创新的各个阶段常常由不同职能部门来完成。工作组或职能部门之间存在着明显的界线。创新过程中的阶段整合往往成为企业创新过程管理中的新问题。创新阶段整合的方式主要有三种：串行整合、交叉整合、并行整合。

（1）串行整合。串行整合是一种传统的创新阶段整合方式。在串行整合方式下，创新构思形成、实验原型开发、工程原型开发、小批量试制、商业规模生产、市场营销和售后服务等这些阶段依次完成。上游阶段的任务完成以后，创新阶段成果被移交到下游工作部门，下游阶段的工作才能开始。串行整合方式的优点在于，在各个创新阶段中，职能部门的内部效率较高，也易于管理。由于部门之间缺乏信息交流，在移交创新阶段成果时缺乏负责任的态度，创新思想在传递过程中会产生失真，造成工作反复，这样一方面增加了创新成本，另一方面延长了创新周期，最后可能导致生产出来的产品市场不接受，从而给企业带来巨大损失。

（2）交叉整合。如果对创新过程的各个阶段仔细地剖析，就会发现下游阶段的工作往往可以不必等到上游阶段的工作完全结束以后再开始，上下游阶段的工作可以有一定的交叉。交叉整合方式就是基于这种认识提出的。交叉整合有两重含义：一是在上游阶段的工作还未完成时就开始下游阶段的工作；二是在每一个上游工作阶段都吸收一定的下游工作部门的人员参加，从而在不同创新职能部门的人员之间形成了一定的交叉。由于有下游阶段的人员参与上游阶段的工作，在上游阶段的开发过程中就会充分考虑下游阶段的要求，人员交叉也有助于下游阶段的创新职能部门加深对上游阶段成果的理解，这使得前一阶段成果向后一阶段传递的效率大为提高，从而减少信息失真和工作反复，节约费用和时间。交叉整合的方式非常适合于汽车工业等产品结构复杂、工序繁多的行业中的创新管理。但这并不能解决所有的问题，因为创新活动面向的市场环境是不断变化的，需求的变化、竞争产品的推出、政策环境的变化、原材料供应条件的变化等都可能影响创新早期阶段工作的有效性，仅相邻的创新阶段之间的交叉仍难以完全避免因信息沟通不充分而导致的早期创新工作的失误。

（3）并行整合。并行整合是一种全新的创新协调与管理方式。并行整合方式也称同步工程或并行工程，这是一种在创新过程中支持集成化并行作业的系统方法。它要求把创新看成多职能部门并行推进的过程，各部门一开始就一起运行。一开始要考虑创新过程中的全部因素，及早沟通消息，发现问题并及时消除，尽量缩减创新周期，降低创新成本。与交叉整合相比，并行整合方式的先进性在于强调尽可能早地开始下游阶段的工作，不仅相邻的阶段之间有交叉，不相邻的阶段之间也尽可能有交叉。

二、市场创新管理

（一）市场创新域及其管理

市场是供求关系的总和。所谓新市场，即包含着新的市场供给、新的市场需求和新的市场关系等方面的新的市场要素。只要改变其中任何一种市场要素，就会改变市场状况，从而形成一个新的市场。所谓市场创新域，是指市场创新者可以选择的、能够引起现有市场发生变化并导致新市场出现的各种市场要素的总和。由于影响和制约市场变化的相关因素很多，所以，市场创新者可以选择的市场创新域也很多。由于各种相关的市场要素之间也是相互影响和相互制约的，所以，各种市场创新域之间的界限并不是绝对的，有些市场创新活动必须同时在若干个市场创新域里展开。

1. 产品创新域

产品是最重要的市场要素之一，产品变化是市场变化的一种主要表现形式。任何一个企业都要向市场提供一定种类和数量的产品，以满足顾客的需要，实现其企业的社会使命。从市场关系的角度来说，可以把任何一种产品看作满足不同市场需求的一种手段。因此，产品的市场意义不在于其本身的某一种特性，而在于其能够满足市场需求的某一种特性。改变一种产品的作用、结构、生产技术、市场形象、价格、服务或其他各种产品要素和产品属性，就会引起相应的市场变化，从而导致一种新市场的出现。这些能够影响和制约市场变化并导致新市场产生的各种产品要素群被称作产品创新域。由于产品的品种和规格的变化范围几乎是没有限制的，每一种产品又具有多方面的技术特性和市场特性，所以，产品的变化也是没有限制的，产品创新域是一个极其广阔的市场创新域。在选择产品变化域作为市场创新域时，还必须进一步分析产品的各种要素构成及其基本特征，充分考虑一种产品及其各种要素的变化方式、变化程度和变化后果的各种可能性。

第一层是产品的核心要素，也就是产品的使用价值。每一种产品都必须具有一定的使用价值，这实质上是为解决顾客的某种问题而提供的服务。在开发新产品时，市场创新者应该分析有关产品的核心要素，即其所具有的使用价值，为顾客提供新的使用价值满足顾客新的需要。只要改变产品的核心要素，就可以开辟相应的新市场。

第二层是产品的实体要素，也就是上述核心要素的载体。一种产品的实体要素主要包括该产品的质量水平、产品特性、式样设计、品牌名称、产品包装等不同方面的特征。改变其中任何一种实体要素，都可以引起相应的市场变化，创造出一种新的市场，这是一个更为广阔的市场创新域。

第三层是产品的引申要素，也就是企业为产品用户所提供的各种附加服务和附加利益，主要包括产品的质量保证、购买信贷、运送、安装、技术指导、维修等。

总之，产品创新域是一个由多层次、多维度、多要素、多属性构成的市场创新域，是一个十分广阔的市场创新域。面对如此广阔的创新大地，只要敢于创新，企业就有机会不断地开发新产品，开辟新市场。

2. 需求创新域

需求是一种最重要的市场要素，需求变化是一种最根本的市场变化。就发展社会生产的目的而言，任何一种产品都只不过是满足某种市场需求的手段或工具。因此，立足于市场需求来进行市场创新和市场发展，也就具有更为深刻的战略意义。

市场需求是人的基本需要的具体表现，也是人的生存条件的客观反映。市场需求的发展要受到一系列相关因素的影响和制约，市场需求的变化必然会引起市场规模和市场层次的变化。市场需求变化的程度和范围几乎没有绝对的界限，各种市场需求的不断发展变化为市场创新者提供了大量的市场创新机会，开辟了前景十分广阔的市场创新域。虽然产品创新也要着眼于市场需求，但产品创新域主要是面向生产者。在选择产品创新点时，企业考虑更多的是本企业的技术能力和资源条件等因素。而需求创新域则是直接面向用户，企业在选择需求创新点时考虑更多的是市场需求的实际状况及其变化趋势。一般来说，一个需求创新点可以容纳多个产品创新点。当然，有些产品具有多种功能与用途，同一种产品也可能满足多种市场需求。

总之，需求创新域是一个更为广阔的市场创新域。市场需求的多样性、广泛性、相关性和无限发展性，为各种企业进行市场创新开辟了广阔的道路。同时，市场需求的抽象性、复杂性、变动性又给我们识别和掌握市场需求的具体形态带来了一定的困难。因此，不同的企业应该认真进行市场调查研究，掌握市场需求的实际状况及其发展趋势，充分发挥本企业的市场竞争优势，选择适当的需求创新域和创新点，开展市场创新。

3. 顾客创新域

顾客是企业的生命源泉，根据不同类型顾客的不同需求来进行市场创新，以满足各种顾客的实际需要，是所有企业在进行市场创新时应该充分考虑的一个基本原则。

顾客是多种多样、千差万别的，不同的顾客有不同的需要。企业应面向顾客的实际需要进行市场创新以促进企业发展。因此，抽象地说，顾客创新域也是一个非常广泛的市场创新域。不过，对于任何一个企业，其真正的顾客都是极其有限的，任何一个企业都无法满足所有顾客的全部需要。因此，每一个企业都必须认识到自己的特殊使命。在制定市场创新战略时，应该进行必要的市场细分，确定本企业的服务对象，选择适当的目标顾客群作为本企业的目标市场创新域。

作为一个基本的市场创新域，对顾客群作出分类要比对产品作出分类更困难，也更加复杂。在对顾客进行细分的时候，必须根据企业和市场的实际情况，确定适当的细分标准，选择适当的顾客创新域。

总之，顾客是企业生存的基础，是企业的服务对象，选择适当的服务对象是关系到企业市场创新成功与否的一个关键因素。任何企业都不可能满足所有顾客的全部需要，都必须根据自己的实际情况来进行市场细分和市场定位，以确定适当的顾客创新域，选择有利的市场创新点。

（二）市场创新源及其开发利用

市场创新活动成功的一个重要前提是把握有利的市场创新机会。但是，有利的市场创新机会并不会自动地产生创新成果，人们要将市场创新机会转化为现实的创新成果，就必须利用这些机会，在企业的经营活动中引入某些能够改变市场状况、导致新市场产生的市场创新要素。因此，拥有相应的市场创新要素是进行市场创新的必要条件。所谓市场创新源，是指产生各种市场创新要素的源泉与获取这些市场创新要素的渠道。了解产生各种市场创新要素的源泉以及企业获取这些市场创新要素的主要渠道，有助于企业认识和掌握市场创新活动的基本规律，积极主动地开发和利用各种创新资源，开展市场创新活动。

市场创新是一个内涵十分丰富、外延也相当宽泛的概念，所有的市场活动都蕴含着创新机会，所有的市场要素都连接着潜在的市场创新领域，在讨论市场创新源这个问题时，我们必须充分认识到市场创新要素的多样性和来源的广泛性与复杂性。

通过采用一种新的产品设计、新的原材料、新的生产工艺、新的广告创意、新的产品包装、新的品牌商标、新的营销渠道、新的促销方式、新的组织形式、新的管理制度或其他新的市场要素，人们便可以改变现有产品的市场特性及其销售状况，或者开发出新的产品，开辟出新的市场，这就是市场创新。而那些能够改变现有市场状况、导致新市场产生的新技术、新方法、新思想、新制度、新的组织形式等都是市场创新要素。各种市场创新要素可以用不同的方式从不同的来源与渠道获得。

市场创新要素可以来自市场创新的主体。市场创新的主体是在市场中从事各种活动的人，包括企业内部的研究开发部门和市场营销部门的工作人员、企业外部的各类用户和供应商，以及企业的市场竞争者与市场合作者等。各种人都有可能从不同的角度提出市场创新的构想，提供市场创新所需的各种资源。因此，我们可以把所有与市场活动有关的人员都看作潜在的市场创新源。

市场创新要素也可以来自市场创新的客体。市场创新的客体是市场，而市场状况是由市场供给和市场需求这两个方面决定的。所有能够影响市场供给和市场需求的生产要素和市场资源，所有能够影响市场供给和市场需求之间结合机制与结合方式的制度、组织、手段与方法，都是可以开发利用的市场创新源。

市场创新要素可以来自市场创新活动的各个领域。市场创新活动涉及技术开发、产品生产、商品交易、消费和售后服务等市场活动的各个领域，在所有与市场创新活动有关的领域都存在可能产生各种创新要素的市场创新源。

市场创新要素可以从不同的途径获得。有些市场创新要素来源于企业内部，有些市场创新要素源自企业外部。自主开发、联合开发、委托开发、引进吸收、企业兼并联营等都是获取创新要素的途径。

在市场经济条件下，作为商品的生产者和经营者，企业的一个主要任务就是要选择和优化各种生产要素与市场资源的配置方式，从而不断地提高生产效率和资源利用的效益。市场创新既体现在对现有各种生产要素与市场资源的重新配置上，也体现在对各种新的生产要素与市场资源的引入与应用上。随着科技进步与社会发展，各种新的生产要素与新的市场资源会不断被开发，生产要素与市场资源的结合方式也会不断变革。所以，企业可以利用的各种市场创新源是不会枯竭的。只要企业建立起有效的市场创新机制，重视市场创新信息的管理，强化企业的研究开发与市场营销职能，不断开辟和充分利用各种市场创新源，善于从各种相关的新事物中发现有用的市场创新要素，就能不断地推进市场创新活动并取得成功，使企业在激烈的市场竞争中立于不败之地。

三、制度创新管理

企业制度创新成果是用一系列制度固定下来的，但在现实生活中经常出现制度创新的变形，即一种按照企业制度创新主体设计而形成的制度，在它产生的过程中，或者在它形成后不久，就发生了变化，同原来的设计有较大的差异，起不到它本来应当起的作用。例如，原来设计的股份公司既考虑股东的利益，又考虑公司法人的利益，并力求在经济发展中使企业有较大的活力，但在实际生活中发现同原来的设计相比有较大的出入；再比如企业管理创新中的人事制度的创新，目的是挖掘人力资源潜能，充分发挥人力资源优势，但在实际执行中发生了变异。各个不同层次创新主体根据其在企业制度创新中所获得的预期纯收入来决定其参加程度，并有意或无意在执行中进行调整，向着有利于自己的方向拉动，从而产生企业制度创新的变形。

合理的公司法人治理制度可以综合地解决一系列体制性矛盾，实现出资者所有权与企业法人财产权的分离，形成科学的决策机制、执行机制和监督机制，有效防范经营风险，促进公司规范运作。规范的公司治理结构通常是：资产所有者拥有公司的所有权；股东通过股东会选举董事会，董事会成为由股东会授权的公司财产托管人，拥有重大决策及对以总经理为首的经理人员的任免权和报酬决定权；以总经理为首的经理人员受聘于董事会，作为董事会的代理人，具体负责公司的日常经营管理事务；监事会对公司财务和董事、监事进行监督，向股东会负责。公司法人治理结构的功能是在所有者与经营者之间合理配置权力、公平分配利益以及明确各自职责，建立有效的激励、监督和制衡机制，从而提高公司效率，实现公司的经济效益目标。

虽然许多国有大中型企业已改制为有限责任公司或股份有限公司，建立了法人治理结构，但由于体制和企业运行机制等方面的原因，原有的许多结构性问题、矛盾和弊病，在新的机制下依旧存在，突出表现在：

（1）治理结构不完善。股东会、董事会、监事会、经理层的职责不明确、运作不规范，缺乏有效的约束和制衡机制。

（2）董事会的作用未能真正得到发挥。董事会的重要职能是进行重大决策、推动决策的实施和选聘经营者，但是公司治理的这一重要制度安排往往无法有效落实。现实中，许多公司的董事会内部缺乏制约机制，代表大股东的董事利用优势地位，左右公司决策，影响了公司决策的民主化和科学化。

（3）经营层缺乏独立性。董事会成员与经营层高度重合，总经理没有充分、明确的授权，董事长、总经理之间"越位"和"缺位"的问题突出。

（4）监事会不能实施有效监督。监事会的职责主要是对公司的财务状况和经营管理者的违规、违纪、违法行为进行监督，但监事往往被视为领导职务和形式上的安排，监事会懂财务管理的人才甚少，形同虚设。

（5）"新三会"与"老三会"① 难以协调运作。职工参与经营管理的渠道不畅，积极性得不到有效发挥，新机制运行不顺。

在分析这些问题的症结时应该看到，制度创新不仅仅是一项新制度的引进或制定，其实际效果还取决于这一制度的运行规则和运行程序，以及与内外部环境的协调。

本章小结

本章解释了企业可持续发展和企业创新的含义；讨论了企业创新与可持续发展的关系，指出企业创新具有四大功效：① 创新能使企业领先一步并形成自己的核心能力；② 创新能增强企业的竞争力；③ 创新有助于推动企业的发展；④ 创新能给企业创造出奇制胜的机会。

企业创新涉及技术创新、市场创新、制度创新和管理创新等主要方面。就技术创新管理而言，本章归纳了五种国际上具有代表性的企业技术创新过程模型，介绍了产品创新管理过程，即创新计划的制定→开发过程控制→创新阶段整合。市场创新管理主要内容包括市场创新域及其管理，市场创新源及其开发利用。制度创新管理重点介绍了我国企业制度创新的一些现状、做法和问题。

思考题

1. 简述创新的概念，并讨论企业创新的目的。
2. 企业创新的关键是什么？如何保证企业的创新一定能够有助于提升企业竞争力？
3. 为什么说企业创新不局限于技术创新？如何认识商业模式创新的意义？
4. 党的二十大报告提出，到 2035 年，我国要实现高水平科技自立自强，进入创新型国家前列。你怎样理解创新型国家？另外，首次提出要"强化企业科技创新主体地位"，这与以前表述中的"企业创新主体"或"企业技术创新主体"有什么区别？

案例分析

▶ **案例 16-1：责任式创新——卫宁健康的领航秘笈** ②

卫宁健康是一家专注于提供医疗健康整体数字化解决方案与服务的科技型企业，总部位于上海，在全国共有 10 个研发基地和 20 个分支机构。"用户为先，卓越品质，创新务实，引领发展"是卫宁健康一直以来的核心价值观。

2016 年，卫宁健康经过了市场扩张、公司收购和产品技术升级，具备了雄厚的实力，并成功跻身行业领军企业，但卫宁健康一刻也不敢放松。凭着在行业多年练就的敏锐嗅觉，卫宁健康察觉到了物联网、大数据等新技术给生产生活带来的改变和冲击。在新阶段，卫宁健康全力推进"四朵云"和创新服务平台的健康服务发展战略。"四朵云"包括"云医""云药""云

---

① "老三会"是指国有企业和集体企业中的党委会、职工代表大会和工会。"新三会"是指股东会、董事会、监事会。
② 资料来源：卢超，潘婷，姜宇阳，等. 责任式创新——卫宁健康的领航秘笈. 中国管理案例共享中心案例库，2021-10-25.

险""云康"，分别对接四大服务。其中，"云医"对接医疗服务，主要通过纳里健康平台，布局医疗机构及医联体；"云药"对接药品服务，持续打造一个融"处方流转、药险联动、B2B赋能、健康服务"于一体的"药联体"，创造了"个人医药电商＋处方平台＋直送＋在线结算"模式，打通药品服务"最后一公里"；"云险"对接保险服务，以医疗支付为主线，构建统一支付平台以及保险风控体系为核心，创新打造了"风控＋药品福利管理＋第三方理赔直付"商业健康险理赔服务的新模式；"云康"对接患者服务，旨在实现线上线下一体化的"居民保健＋慢病管理＋就医导医＋体检服务"，参股中国领先的公立医院体检与医疗服务平台运营供应商——上海好医通健康信息咨询有限公司。

此外，卫宁健康积极创新服务，打造衔接管理、运营、输出、服务"四朵云"的新型业务模式。在管理方面，运用"资本运作＋业务指导"的方式，集中组织、发动、协调、指挥各类资源；在运营方面，进行云间业务协调和线下服务协调，构建孵化器、转化器；在输出方面，利用卫宁健康已有资源，向全国推广"四朵云"服务模式，还承担与实体机构的合作，推进资源共享，推动"四朵云"资源向卫宁健康外辐射；在服务方面，卫宁健康提供财务、法律、规范、管理、信息技术、运营等技术扶植和服务。在互联网创新服务平台方面，通过"四朵云"可以实现复杂商业模式设计和健康产品设计与培育。卫宁健康打造的更具想象空间的"4+1"协同发展战略，广泛地利用了外部知识开展开放式突破性技术创新，通过不同的方式及时对利益相关者和公众价值观作出响应，并针对不断变化的环境及时作出调整，旨在打造"4+1"互联网＋医疗健康生态格局。

随着大数据和云计算等技术的发展，大数据可以提供更准确的分析，进而有效支撑管理决策，但也使得数据的安全性成为产品最重要的一个维度。身处本来就分外敏感的医疗健康行业，信息安全保障是基本前提。卫宁健康采用技术研发和系统创新并举的方式，健全重要隐私数据的管理制度，从而帮助产品解决这一行业的内生性问题。

第一，数据留存于医院端，在与医院合作的过程中，信息数据所有权归医院所有；第二，对软件数据进行专门的组织管理；第三，对相应工程师进行分级管理。以第三种措施为例，卫宁健康已付出以下努力：（1）在产品由调试环境转移到生产环境时，卫宁健康制定了系列流程制度，规避了工程师在人为操作上可能会犯下的差错，以制度保障信息安全。（2）在系统的相关配置文件处理上，卫宁健康采用多种加密传输等手段保障其数据信息的安全，大大降低了信息泄露的可能性。（3）在产品的使用阶段，卫宁健康积极联动其他行业部门，与医院一起应用第三方监督型软件，监测数据信息安全。（4）结合政府需要，卫宁健康主动帮助政府监管部门完成有关隐私数据的抹除等工作，既高效达到预期，又以技术服务保障技术服务的信息安全。此外，卫宁健康前瞻性地进行三级认证，努力追求达到国家及行业标准。除了上述面向医疗的数据，卫宁健康对于面向患者的数据也会进行处理。如此，卫宁健康促使医院将患者信息进行开放，帮助患者对其个人医疗信息进行自主管理与支配，从而方便患者在就医过程中使用自身数据。

需要特别指出的是，与其他公司鼓动患者或医生将个人报告数据传到部分平台上进行管控和提供服务的行为不同，卫宁健康基于医院实体，不断创新线上线下相结合的模式进行数据与资源服务。同时，卫宁健康更加深入考虑医疗责任，寻找需承担法律责任的主体来承担需承担的风险，进而给此类行为提供保障。总体来说，卫宁健康对于该项目的创新一直是通过面向企业（2B）或面向消费者（2C）的形式帮助医院进行数字化转型、建设互联网医院，以医院和医生为基础，通过数字化、线上线下结合的手段，打破时空与地点的限制，让资源更有效地配置到相关需求方。

卫宁健康于 1994 年进入医疗健康行业，先后经历了以碎片化业务功能优化为核心的医院信息化建设时代（智慧医院"1.0"）和以智慧平台为核心推进的集成化闭环服务时代（智慧医院"2.0"），正处于当下和未来以中台重构全业务的数字化时代（智慧医院"3.0"）。随着大数据、互联网、人工智能的深度发展，医疗健康服务也面临着数字化、在线化、智能化的新要求，传统基于医疗事件驱动的技术信息化建设模式已然无法满足目前医疗行业需求多、接口多、标准少与代码多的行业困境。

卫宁健康历时三年研发，花费大量人力物力，于 2020 年 4 月推出全新一代产品 WiNEX 6.0。WiNEX 6.0 拥有极致的数字化体验，目标是充分了解所有用户的每个动作和操作，提高用户的体验；夯实"基建工程"，透彻了解国家和地方相关标准数据，以及一些国际标准数据；融入医学知识，与医护专业人才深度合作，积极引入人才，收集整理医学知识，建立医学知识库。当前，WiNEX 6.0 系列产品已进入快速迭代的第三阶段，其核心设计思路是引入中台思想，采取了"1+1+N+X"的体系架构：1（统一的数据架构）、1（统一的技术架构）、N（丰富多样的业务服务）与 X（灵活的个性化业务），突破了过去医疗信息化架构的瓶颈，其标准化的特点使得不同医院之间互通有无成为可能。WiNEX 6.0 将是促进智慧医院成为社会卫生服务网络的关键支撑，促进医疗数字化转型加速发展。

研讨
1. 按照企业创新活动的划分标准，本案例是哪一方面的创新活动？
2. 技术创新可分为哪几种？请简要阐述。
3. 卫宁健康各阶段创新转型的背景和契机是什么？哪些因素促使卫宁健康专注于医疗数字化的责任式创新？

▶ **案例 16-2：长隆集团创新战略何以步步为"赢"？**

阅读文献

1. 陈劲，郑刚. 创新管理（精要版）. 北京：北京大学出版社，2021.
2. 张振刚，李云健，周海涛. 企业创新管理：理论与实操. 北京：机械工业出版社，2022.

主要参考文献

［1］黄梯云，李一军．管理信息系统．7 版．北京：高等教育出版社，2019.

［2］马费成，宋恩梅，赵一鸣．信息管理学基础．3 版．武汉大学出版社，2018.

［3］赵曙明，张正堂，程德俊．人力资源管理与开发．2 版．北京：高等教育出版社，2018.

［4］张玉利，薛红志，陈寒松，李华晶．创业管理．5 版．北京：机械工业出版社，2020.

［5］芮明杰．管理学：现代的观点．3 版．格致出版社，2013.

［6］王永贵．客户关系管理（精要版）．北京：高等教育出版社，2018.

［7］徐飞．战略管理．4 版．北京：中国人民大学出版社，2019.

［8］郭国庆．市场营销学通论．8 版．北京：中国人民大学出版社，2020.

［9］崔介何．物流学概论．5 版．北京：北京大学出版社，2015.

［10］陈荣秋，马士华．生产与运作管理．4 版．北京：高等教育出版社，2016.

［11］宋要武．大学生创新创业导论．3 版．北京：高等教育出版社，2018.

［12］郭复初，王庆成．财务管理学．5 版．北京：高等教育出版社，2019.

［13］尤建新，王莉，赵红丹，程国萍．管理与组织行为学．2 版．北京：清华大学出版社，2023.

［14］尤建新，邵鲁宁，李展儒．质量管理简明教程．北京：高等教育出版社，2018.

［15］刘虎沉，尤建新，施华．质量工程与管理．2 版．北京：科学出版社，2023.

［16］刘艳玲．市场调查与预测．4 版．北京：清华大学出版社，2024.

［17］熊国钺，吴泗宗．市场营销学．6 版．北京：清华大学出版社，2024.

［18］中华人民共和国公司法．北京：法律出版社，2024.

教学支持说明

　　建设立体化精品教材，向高校师生提供整体教学解决方案和教学资源，是高等教育出版社"服务教育"的重要方式。为支持相应课程教学，我们专门为本书研发了配套教学课件等教学资源，并向采用本书作为教材的教师免费提供。

　　为保证教材配套教学资源仅为教师获得，烦请授课教师清晰填写如下开课证明并拍照后，发送至邮箱：jingguan@pub.hep.cn 或 weiyl@hep.com.cn，也可通过高教社管理类专业教学交流QQ 群 234904166，进行索取。

　　咨询电话：010-58581020，编辑电话：010-58556265

....

证　　明

　　兹证明_____大学_____学院 / 系第_____学年开设的
_____课程，采用高等教育出版社出版的《_____》
（_____主编）作为本课程教材，授课教师为_____，学生_____个班，
共_____人。授课教师需要本书配套教学资源用于教学使用。

　　授课教师联系电话：_____E-mail:_____

学院 / 系主任：_____（签字）

（学院 / 系办公室盖章）

20____年____月____日